北京文化发展研究院
北京文化发展研究基地

北京文化前沿

2022

主编 沈湘平

执行主编 杨志
执行副主编 程光泉 石峰 常书红

中国社会科学出版社

图书在版编目（CIP）数据

北京文化前沿．2022／沈湘平主编．—北京：中国社会科学出版社，2022.12
ISBN 978-7-5227-0906-2

Ⅰ.①北… Ⅱ.①沈… Ⅲ.①文化发展—研究报告—北京—2022 Ⅳ.①G127.1

中国版本图书馆CIP数据核字（2022）第183036号

出 版 人	赵剑英
责任编辑	朱华彬
责任校对	张爱华
责任印制	张雪娇
出　　版	中国社会科学出版社
社　　址	北京鼓楼西大街甲158号
邮　　编	100720
网　　址	http://www.csspw.cn
发 行 部	010-84083685
门 市 部	010-84029450
经　　销	新华书店及其他书店
印　　刷	北京明恒达印务有限公司
装　　订	廊坊市广阳区广增装订厂
版　　次	2022年12月第1版
印　　次	2022年12月第1次印刷
开　　本	710×1000　1/16
印　　张	19.25
插　　页	2
字　　数	326千字
定　　价	118.00元

凡购买中国社会科学出版社图书，如有质量问题请与本社营销中心联系调换
电话：010-84083683
版权所有　侵权必究

目　录

· 深度报告 ·

深化"首都"性质与功能的研究报告
　　……………………………… 北京文化发展研究基地课题组 / 1

· 名家访谈 ·

城市生存与城市书写
　　——邱华栋访谈录 ………………………………… 程光泉 / 60

· 寻味北京 ·

北京国际形象嬗变与京味文化的形塑 ……………… 沈庆利 / 84
重审北运河与京味文化
　　——以里二泗村为例 …………………………… 毛巧晖 / 97
"京味儿"三题：概念、方法与实践 ………………… 祝鹏程 / 102
新北京第三代作家的胡同视角 ……………………… 杨　志 / 111
现代京味文化的内涵、结构与阐释刍议 …………… 王　旭 / 127
"意谓"中的现实：立德夫人中国作品的文本分析 ……… 席卿循 / 148

· 文化观察 ·

双奥之城：北京制造，中国骄"奥" ………………… 李　玉 / 165
造梦紫禁之东
　　——环球影城"京考"上岸 …………………… 张翼飞 / 182
2021 首都"双减"反思 ……………………………… 邰美秋 / 189

家国记忆之银幕争霸
　　——《你好，李焕英》《长津湖》热议 …………… 李啸洋／199
偶像塌房！价值重塑？ ………………………………… 杨春彦／208
从"西四包子铺"到"老字号"的求生之路 …………… 黄少卿／224

· 守正创新 ·

北京中轴线文化的特质 ………………………………… 姜海军／234
关于元大都文化活化利用的思考
　　——来自古罗马的启示 ……………………………… 常书红／253
首都蓬勃兴起的创新文化 ……………………………… 石　峰／267
以创新文化推动北京创新型城市建设 ………………… 孙　权／274
在历史教育中传承优秀传统文化的实践调研：以北京为例
　　………………………………………………………… 李　凯／295

·深度报告·

深化"首都"性质与功能的研究报告

北京文化发展研究基地课题组

摘　要　本文是北京文化发展研究基地课题组,经梳理调研撰写而成的长篇深度报告,旨在探讨如何深刻理解首都的性质与功能,如何处理首都功能与非首都功能的关系以在服务中央的过程中保障北京市的可持续发展。本文集中探讨了新中国成立以来北京作为首都功能的历史变迁,分析了定位与性质的重心转变,特别是从确定首都功能到疏解非首都功能的转变,以此为基础,集中探讨了当前首都性质功能定位中存在的突出问题,并比较研究了其他国家凸显首都功能的主要做法,最后就如何深化对首都性质功能的科学认识提出了系统建议。

关键词　首都功能;重心转变;工作体系;首都法

北京是中华人民共和国的首都,这是一个世人皆知的常识。但是,究竟什么叫首都?首都应该具有什么样的性质与功能?长期以来并没有得到很好厘清。这种厘清的必要性不是一种纯粹理论的、经院哲学式的讲究,而是在根本上影响着北京的定位和发展。中共中央、国务院在关于《北京城市总体规划(2016年—2035年)》的批复中强调北京要"明确首都发展要义",其实具有鲜明的针对性。习近平总书记关于"建设一个什么样的首都,怎样建设首都"的时代课题更需要北京进行系统、科学和与时俱进的解答。

2014年2月,习近平总书记要求北京市明确战略定位,坚持和强化全国

"政治中心、文化中心、国际交往中心、科技创新中心"的首都核心功能，并多次强调北京要疏解非首都功能。2015年4月，中共中央政治局审议通过的《京津冀协同发展规划纲要》，核心就在于有序疏解北京非首都功能。同年7月，北京市委市政府通过《贯彻〈京津冀协同发展规划纲要〉的意见》。七年后再回首，疏解北京非首都功能确实取得明显成效。毫无疑问，非首都功能的理解与首都功能的理解是一体两面的同一个问题。直至今天，如何深刻理解首都的性质与功能？如何处理首都功能与非首都功能的关系以在服务中央的过程中保障北京市的可持续发展？这些问题并没有完全解决，其"昏昏"之状依然在思想上和行动上影响着决策者、行动者乃至社会大众。有鉴于此，我们需要从更长历史时段、更宽广的视野和最深刻的层面加以追问，以期有所帮助。

一　新中国成立以来北京首都功能的历史变迁

新中国成立以来，随着国家发展战略和北京地方发展需要的变化，中国共产党对北京的"首都"特质和功能在表述上多有变化，这些变化基本反映了"首都"定位和功能的历史演变。从演变轨迹来看，北京的首都功能定位大致经历了四个阶段。

（一）从三个服务、三个中心到四个"现代"（1949—1979年）

新中国成立伊始，经济落后，百废待兴，同时面临帝国主义所谓"制裁"和"禁运"，全力发展经济成为全国的大局。其中，发展现代化工业的任务尤为紧迫。"我们这么大一个国家，吹起来牛皮很大，历史有几千年，地大物博，人口众多，但是一年才生产二百几十万吨钢，现在才开始造汽车，产量还很少，实在不像样子。"[①] 由于当时现代工业仅占国民经济总产值的10%，而且主要分布在东部狭长的沿海地区尤其是上海、青岛、天津、广州等几个大城市。1949年3月召开的七届二中全会做出了党的工作重心上实现由乡村到城市的转变，党的总任务上实现从落后的农业国向先进的工业国转变的决定，宣布："从现在起，开始了由城市到乡村并由城市领导乡村的时期。党的工作重

---

① 《毛泽东文集》第6卷，人民出版社1999年版，第500页。

心由乡村移到了城市。"①为此,要"解决建立独立的完整的工业体系问题",使中国由落后的农业国转变为先进的工业国②。同时指出,"我党必须用极大的努力去学会领导城市人民进行胜利的斗争,学会管理城市和建设城市"③。

在此背景下,北京由新中国成立前的消费型城市迅速转变为生产型城市,经济工作成为压倒一切的中心工作。1949年4月,北京市相继颁布《中共北平市委关于加强城市管理与生产建设的决定》《关于北平市目前中心工作的决定》和《关于恢复、改造与发展生产的初步计划》等一系列决定与规划。关于北京的城市性质功能定位,彭真认为:北京是我国的政治中心、文化教育中心、科学技术中心,同时还应该是经济中心,应把北京建成一个大工业城市。他在北京市第二届各级人民代表会议上的开幕词中指出:"今后,我们北京市全体人民最中心的和决定一切的任务,仍然是继续恢复与发展生产,如果没有生产的恢复与发展,革命也将因此失掉其最根本的意义。只有发展生产和经济,才能解决北京市的失业问题,才能逐渐改善北京市人民的生活,才能发展市政建设和文化教育事业,一定要把北京发展成为经济繁荣的人民的首都。"彭真还指出:"我们的教育事业,我们的市政建设,是为人民大众服务的,为恢复发展生产服务的。北京是光荣的人民首都,因此我们的市政建设,同时又是为党中央和中央人民政府各级机关服务的。服务于人民大众、服务于生产、服务于党中央和中央人民政府,这三个任务是统一而不可分的。"④1953年11月,北京市委草拟首都五年经济计划,提出了把首都建设成为我国强大的工业基地和技术科学中心的设想,同年编制并上报中央的《改建与扩建北京市规划草案的要点》(以下简称《草案要点》),阐明了首都建设的总方针:"为生产服务,为中央服务,归根到底是为劳动人民服务,从城市建设各方面促进和保证着首都劳动人民劳动生产效率和工作效率的提高,根据生产力发展的水平,用最大努力为工厂、机关、学校和居民提供生产、工作、学习、生活、休息的良好条件,以逐步满足首都劳动人民不断增长的物质和文化需要。"《草案要点》对城市性质等根本性问题也提出了明确的意见,再一次肯定:"首都是我国的政治中心、文化中心、科学艺术的中心,同

---

① 《毛泽东选集》第4卷,人民出版社1991年版,第1427页。
② 邱守娟:《毛泽东的思想历程》,人民出版社2003年版,第310页。
③ 中共中央文献研究室编:《中华人民共和国开国文选》,中央文献出版社1999年版,第44页。
④ 《彭真传》编写组:《彭真传》,中央文献出版社2012年版,第816页。

时还应当是也必须是一个大工业城市。"1954 年，中共北京市委在 1954 年上报中共中央的《关于早日审批改建与扩建北京市规划草案的请示》中也重申了这一点："首都是我国的政治中心、文化中心、科学艺术的中心。同时还应当是也必须是一个大工业城市。如果在北京不建设大工业，而只建设中央机关和高等学校，则我们的首都只能是一个消费水平极高的消费城市，缺乏雄厚的现代产业工人的基础。显然这和首都的地位是不相称的。""我们在进行首都的规划时，首先就是从把北京建设成为一个大工业城市的前提出发的。"针对这一规划草案，国家计委在向中央提出的审议报告中，一方面赞成"首都应成为我国政治、经济和文化的中心"的提法，另一方面对把北京建成"强大的工业基地"的设想提出反对意见，主张在北京适当地、逐步地发展一些冶金工业、轻型的精密的机械制造工业、纺织工业和轻工业。[①] 为了丰富和深化《草案要点》的内容并将其中的许多规划设想更加具体化，1957 年春拟定了《北京城市建设总体规划初步方案》。这个初步方案在规划指导思想、城市性质、城市规模等方面与 1953 年的规划草案基本一致，但也有一个重要的变化，就是在工业发展方面提出了"控制市区，发展远郊"的方针。

随着社会主义改造的完成和社会主义建设的展开，实现现代化成为北京发展的主要导向。1954 年 9 月，毛泽东在第一届全国人大一次会议的开幕词中提出："准备在几个五年计划之内，将我们现在这样一个经济上文化上落后的国家，建设成为一个工业化的具有高度现代化文化程度的伟大的国家。"[②] 也是在这次人大会议上，周恩来在政府工作报告中第一次提出四个现代化概念："我国的经济原来是很落后的。如果我们不建设起强大的现代化的工业、现代化的农业、现代化的交通运输业和现代化的国防，我们就不能摆脱落后和贫困，我们的革命就不能达到目的。"[③] 这是新中国领导人第一次明确提出建设四个现代化的目标，"四个现代化"的提出，意味着国家的发展重点在立足工业化的基础上，大大突破了工业化的范畴，拓展到农业、科技、国防、社会、政治、文化等多方面的内涵。

---

① 中共北京市委党史研究室编：《社会主义时期中共北京党史纪事》（第二辑），人民出版社 1995 年版，第 35—36 页。
② 毛泽东：《中华人民共和国第一届全国人民代表大会第一次会议开幕词》，《新华月报》1954 年 10 月号，第 3 页。
③ 中共中央文献研究室编：《周恩来经济文选》，中央文献出版社 1997 年版，第 176 页。

1958年，在"大跃进"运动的背景下，北京市人民委员会第九次会议提出：要继续坚持政治挂帅、以虚带实，彻底破除迷信，解放思想，进一步推动全市大跃进，争取在短期内把首都建设成为一个现代化的工业基地。1958年6月形成的《北京城市规划初步方案》，再次确认北京作为我国的政治中心和文化教育中心的定位，还要迅速地把它建设成一个现代化的工业基地和科学技术的中心，使它站在我国技术革命和文化革命的最前列。同年，中央政治局扩大会议作出决定，"要大规模庆祝国庆十周年，展现我国各方面的成就。这是对我国社会主义建设特别是首都建设的巨大促进。我们要建设一批'国庆工程'，反映新中国成立十年来工农业生产和各个方面建设取得的巨大成就，检验社会主义中国已经达到的生产力水平"[①]。

1964年12月，周恩来根据毛泽东的指示，在向全国人大三届一次会议所做的政府工作报告中，明确提出建设具有现代农业、现代工业、现代国防和现代科学技术的社会主义强国的历史任务和实现这一历史任务的两个步骤："今后发展国民经济的主要任务，总的说来，就是要在不太长的历史时期内，把我国建设成为一个具有现代农业、现代工业、现代国防和现代科学技术的社会主义强国，赶上和超过世界先进水平。为了实现这个伟大的历史任务，从第三个五年计划开始，我国的国民经济发展，可以按两步来考虑：第一步，建立一个独立的比较完整的工业体系和国民经济体系；第二步，全面实现农业、工业、国防和科学技术的现代化，使我国经济走在世界的前列。"[②] 然而，由于众所周知的原因，北京市的城市职能没能根据变化的情况和经验教训进行及时的调整。直至1973年，《北京市建设总体规划方案》再次提出，要"多快好省地把北京建成一个具有现代工业、现代农业、现代科学文化和现代城市设施的清洁的社会主义首都"。"四五"计划期间，北京工业发展的主要变化是，从五六十年代以发展传统工业和原材料工业为主，逐步转变到发展新兴工业为主，电子工业、仪器仪表、自动化设备、家用电器、塑料制品等工业部门开始迅速发展。1975年1月召开的第四届全国人民代表大会上，周恩来总理遵照毛泽东主席的指示，向全国人民提出：在本世纪内，全面实现

---

① 万里：《在北京市国庆工程动员大会上的讲话》，载《万里文选》，人民出版社1995年版，第48页。

② 中央财经领导小组办公室编：《中国经济发展五十年大事记（1949.10—1999.10）》，人民出版社、中共中央党校出版社1999年版，第197页。

农业、工业、国防和科学技术的现代化，使中国国民经济走在世界的前列，把中国建成为社会主义的现代化强国。经过四个五年计划的持续努力，到 1978 年，北京建成了门类比较齐全的工业体系，冶金、化工、纺织、重型机械制造加工等产业发展成为北京市的支柱产业，工业占全市地区生产总值的比重达 64.5%，北京一度超过了沈阳、太原和天津成为中国北方重工业城市之首，确立了生产型城市地位。"首都北京、文化北京和工业北京"成为这个时期北京建设与发展的重要理念。

上述提法中，包含了对首都生产与服务的关系、中央与人民大众关系的思考和定位，北京逐步完成从消费型城市向生产型城市的转变。

（二）经济功能的弱化、转型（从工业北京到科技北京）和国际交往功能的凸显（1980—2000 年）

首都经济功能的强化对促进首都民生改善、引领新中国国民经济的发展都发挥了重要作用，但由于工业耗能造成的资源紧张、环境污染等问题也日益突出，同时也对北京政治、文化中心职能形成挤压。改革开放后，北京的性质和功能发生变化，经济功能有所弱化。进入 20 世纪 80 年代，根据中央对首都建设方针的重要指示，北京进行了大规模"退二进三"的经济结构调整。北京的产业结构从以重工业为主导的"二、三、一"产业格局，进入了以金融、信息服务为主导的"三、二、一"产业格局不断优化的演变进程。

1980 年 4 月，中共中央总书记胡耀邦主持中央书记处会议，在听取北京市的汇报后明确指出：首都是全国的政治中心，是神经中枢，是维系党心、民心的中心；首都又是中国对国外的橱窗，全世界就通过北京看中国。首都建设要解决一个方针问题，就是建设一个什么样首都的问题。胡耀邦同志认为，北京城与其他 28 个省会城市相比，其特殊性在于它是首都，这一性质决定了它是"党中央和中央政府的所在地，它是政治、经济中心、中枢"，但"不一定是经济中心"。关于应该把首都建设成为一个什么样的地方？他认为应体现在四个方面：①全国、全世界社会治安最好，社会风气（道德风尚）最好的城市。②全国环境最清洁、最卫生、最优美的城市，全世界上等的城市。对全世界具有吸引力。③全国文化、科学、技术最发达、教育程度最高的城市，全世界一流的城市之一。④经济繁荣，生活方便和安定。经济建设要服从前面三条。他认为北京还应成为中国和世界各国交往的"橱窗"，它的国际地位是客观存在的。根据胡耀邦的意见，1980年4月，中共中央书记处根据首都的特点，总结中华人民共和国成立三十多年来首都建设的经验，对首都建设方针提出了四项指示，即：要把北京建成全中国全世界社会秩序、社会治安、社会风气和道德风尚最好的城市；要把北京建成全国环境最清洁、最卫生、最优美的第一流城市，也是世界上比较好的城市；要把北京建成全国科学、文化、技术最发达，教育程度最高的第一流城市，并且在世界上也是文化最发达的城市之一；要使北京经济上不断繁荣，人民生活方便、安定①。中共中央书记处的这四项指示明确了北京的政治中心、文化中心、国际交往中心的战略定位，指出经济建设要适合首都特点，第一次明确指出经济中心不再是首都北京的城市职能。同时，中共中央书记处明确指出："北京是全国的政治中心，是我国进行国际交往的中心。""经济建设要适合首都的特点，重工业基本上不再发展"。②

根据中央对北京城市性质定位的变化，在1982年7月出台的《北京城市建设总体规划方案》（以下简称《总体规划》）中，明确强调北京的城市性质是"全国的政治中心和文化中心"，而不再提"工业基地"。规划还第一次提出要提高北京环保质量，保护历史文化名城。随后，首都产业布局开始实施结构调整，疏解过于集中市区的状况，逐步向高、精、尖为特征的产业形态转型。将控制城市规模、改善城市环境、合理调整城市布局等提上城市建设日程。同年11月6—13日召开的中共北京市第五次代表大会上，从"文化大革命"对社会风气的严重破坏和北京市重要的地位出发，把加强社会主义精神文明建设看作关系到社会主义兴衰成败的大事，提出了全面开创首都社会主义现代化建设新局面的纲领，并提出四项主要任务：①加强社会主义精神文明建设；②走以提高经济效益为中心的新路，积极发展适合首都特点的经济；③加强城市基础设施建设的先行地位；④继续健全社会主义民主和法制。③为推动精神文明建设，北京市先后成立了"五讲四美三热爱"活动委员会、党政军民学共建文明城市协调委员会，制定了《首都市民文明公约》

---

① 胡德平：《中国为什么要改革——思忆父亲胡耀邦》，人民出版社2011年版，第218—219页。
② 中共北京市委党史研究室编：《社会主义时期中共北京党史纪事》（第九辑），人民出版社2012年版，第55—56页。
③ 中共北京市委党史研究室编：《社会主义时期中共北京党史纪事》（第九辑），人民出版社2012年版，第37页。

《北京市民须知》。首都经济发展则确定了以首都科技文化优势为依托、高新技术产业为先导、第三产业为主体的可持续发展经济的路线。1983年7月，中共中央、国务院又在对《北京城市建设总体规划方案》的十条批复中指出：北京是我们伟大社会主义祖国的首都，是全国的政治中心和文化中心；北京的城市建设和各项事业的发展，都必须服从和充分体现这一城市性质的要求；北京的建设，要反映出中华民族的历史文化、革命传统和社会主义国家首都独特风貌；今后北京不再发展重型、耗能多、用水多、运输量大、占地大、污染扰民的工业，而应着重发展高精尖的、技术密集型的工业。[1] 从而夯实了1980年以来北京城市性质和工作重点的转变方向。

1986年4月22日召开的首都发展战略讨论会则是北京以高科技为核心的文化产业酝酿的开始。在这次会议上，提出要充分发挥首都的科技文化优势。随后，1988年，以北京新技术产业开发试验区成立为标志，北京经济增长和经济发展方式的转型走在全国前列，第三产业比重从1978年的23.7%上升到1991年的48.9%。首都特色经济的发展转向高新技术推动经济发展的增长方式，经济实力也实现了快速增长。

1992年底，在国家确定社会主义市场经济体制改革方向的背景下，北京市政府编制完成《北京城市总体规划（1991年至2010年）》，提出了"两个战略转移"——城市建设重点从市区向远郊区的转移，市区建设从外延扩展向全面调整改造转移的发展目标。同年发布的中共北京市第七次代表大会报告提出了90年代首都经济建设的奋斗目标：国内生产总值平均每年增长9%，提前三年实现在1980年的基础上翻两番；进一步改善人民的物质文化生活，提前步入小康水平。到20世纪末，初步建立起适应社会主义市场经济的体制和运行机制；拥有面向全国、走向世界、符合首都特点的经济；形成为中央、为全国、为国际交往和首都人民提供优质服务的现代化城乡建设设施；具有全国一流的科技、教育、文化、道德风尚和清洁优美、生态健全的环境；成为多层次、全方位对外开放的现代化国际化城市。[2]

---

[1] 中共北京市委党史研究室编：《社会主义时期中共北京党史纪事》（第九辑），人民出版社2012年版，第57页；《为人民服务，对人民负责——回忆段君毅主政北京时的几件事》，转引自龙新民《感悟党史》，人民出版社2014年版，第221—222页。

[2] 中共北京市委党史研究室编：《社会主义时期中共北京党史纪事》（第九辑），人民出版社2012年版，第423页。

1995年，中央和国务院强调：首都首先是全国的政治中心，要搞好四个方面的服务，即北京市的工作要更好地为中央党政军首脑机关正常开展工作服务；为日益扩大的国际交往服务；为国家教育、科技和文化发展服务；为市民的工作和生活服务。① 科技继续成为首都发展的重要推动力。1997年2月，北京市第八次党代会明确提出以知识经济为方向，以高新技术为核心的"首都经济"发展战略。围绕这一战略，北京全面优化调整产业结构，电子信息、生物医药、新材料等高新技术产业落户开发区、科技园区或工业开发区，高新技术产业聚集群逐步形成。"十五"时期，全市科技进步贡献率达56%，比上一个五年计划时期提高5个百分点。到2002年，第三产业占地方生产总值比重急升到69.1%。随着科技成为北京经济发展的核心，"首都北京、文化北京、工业北京"的理念被"首都北京、文化北京、科技北京"所取代。

（三）从三个奥运到三个北京（2001—2011年）

第29届奥运会的成功申办，为北京带来了新的发展机遇。2001年，北京为申办奥运提出"绿色奥运""科技奥运""人文奥运"理念，北京市根据中央精神，结合市情提出了"新北京、新奥运"战略构想、建设"繁荣、和谐、文明、宜居"城市、构建和谐社会首善之区、加快首都创新型城市建设等思想。2002年，北京围绕"绿色奥运、科技奥运、人文奥运"三大理念，出台并实施《奥运行动规划》，"三个奥运"理念蕴含着强烈的人文精神和时代特征，体现了北京城市新的发展方向。2004年，北京市委市政府组织编写了第七版《北京城市总体规划（2004年—2020年）》，其中提出：北京是中华人民共和国的首都，是全国的政治中心、文化中心，是世界著名古都和现代国际城市。② 2005年，在国务院对上述北京城市总体规划的批复中，正式明确北京"四个服务"的城市定位，即：为中央党政军领导机关的工作服务、为国家的国际交往服务、为科技教育发展服务、为改善人民群众生活服务。

奥运会后，北京市委、市政府把奥运三大理念转化为建设"人文北京、

---

① 首都精神文明建设领导小组办公室编：《新编文明市民读本》，人民出版社1995年版，第11—12页。
② 《北京城市总体规划（2004年—2020年）》，《北京规划建设》2005年第2期。

科技北京、绿色北京"的后奥运目标。"三个奥运"到"三个北京"的传承和发展大致可分为三个阶段：第一阶段（2001—2008年）为北京奥运会筹办阶段，同时也是"三个奥运"到"三个北京"的谋划阶段。第二阶段（2009—2020年）为后奥运时代的前期，也是从"三个奥运"向"三个北京"过渡的关键时期。第三阶段（2021—2050年），是中国全面迈向现代化的阶段。在这个阶段，将全面实现"三个北京"目标，使北京成为经济、社会、生态全面协调发展的可持续城市，进入世界城市行列。①

（四）四个中心的提出和强化（2012年以来）

党的十八大以来，习近平总书记八次视察北京、十二次对北京发表重要讲话，始终关心"建设一个什么样的首都，怎样建设首都"这一重大问题。2014年2月，习近平总书记考察北京时对北京的核心功能予以明确定位，即全国政治中心、文化中心、国际交往中心、科技创新中心，要求努力把北京建设成为国际一流的和谐宜居之都。2017年2月23—24日，习近平总书记再次来到北京考察工作时指出，城市规划在城市发展中起着重要引领作用。北京城市规划要深入思考"建设一个什么样的首都，怎样建设首都"这个问题。他强调，疏解北京非首都功能是北京城市规划建设的"牛鼻子"，在这个问题上要进一步统一思想，围绕迁得出去、落得下来，研究制定配套政策，形成有效的激励引导机制。2017年5月17日，中共北京市委十一届十四次全会召开，《北京城市总体规划（2016年—2035年）》出炉上报党中央、国务院审定。根据规划，北京中心城区是"四个中心"的集中承载区。顺义、大兴、昌平、怀柔等10个周边城区，按照京津冀功能分区要求、不同承载能力和区位条件，在市域范围内实现内外联动发展、南北均衡发展、山区和平原地区共同发展。至此，北京各区功能进一步明确。2015、2017年，中共中央国务院先后审议通过了《京津冀协同发展规划纲要》《北京城市总体规划（2016年—2035年）》，对北京的核心功能定位再度进行了明确，强调北京的一切工作必须坚持"四个中心"的城市战略定位，"有所为、有所不为"，深入实施人文北京、科技北京、绿色北京战略，努力把北京建设成为国际一流的和谐

---

① 骆秉全、刘兰：《"三个奥运"到"三个北京"的历史传承研究》，《体育文化导刊》2012年第3期。

宜居之都。同时要调整疏解非首都核心功能。

2020年11月29日，中国共产党北京市第十二届委员会第十五次全体会议通过的《中共北京市委关于制定北京市国民经济和社会发展第十四个五年规划和二〇三五年远景目标的建议》强调，"十四五"时期，北京市要坚持以首都发展为统领。要正确处理好"都"与"城"的关系，始终把大力加强"四个中心"功能建设、提高"四个服务"水平作为首都发展的全部要义来牢牢把握，将"四个中心""四个服务"蕴含的巨大能量充分释放出来，促进经济社会高质量发展。政治中心建设方面：北京市将立足迈向中华民族伟大复兴的大国首都新需要，始终如一提高政治站位、强化使命担当，始终如一把全国政治中心的服务保障摆在首位，始终如一把主城区作为工作重心，把突出政治中心与突出人民群众有机统一，以更优越的空间、更优良的环境和更优质的服务，保障国家政务活动安全、高效、有序运行。文化中心建设方面：北京市将扎实推进人文北京建设，紧紧围绕古都文化、红色文化、京味文化、创新文化的基本格局和"一核一城三带两区"总体框架，努力提高社会文明程度，精心保护历史文化金名片，全面繁荣文化事业和文化产业，把北京建设成为弘扬中华文明与引领时代潮流的文化名城、中国特色社会主义先进文化之都。国际交往中心建设方面：北京市将适应我国日益走近世界舞台中央的新形势、新要求，强化中国特色大国外交核心承载地功能，优化国际交往环境建设，推动更高水平、更深层次、更高质量的开放合作。到2025年，初步建成国际交往活跃、国际化服务完善、国际影响力凸显的国际交往之都。科技创新中心建设方面：北京将把科技自立自强作为发展的战略支撑，面向世界科技前沿、面向经济主战场、面向国家重大需求、面向人民生命健康，实施国际科技创新中心建设战略行动计划，着力打造国家战略科技力量，强化科技创新主平台主阵地引领作用，强化企业创新主体地位，抓住人才和体制的关键，提升自主创新能力，塑造发展新优势。到2025年，基本建成国际科技创新中心。

二 定位与性质的重心转变：从确定首都功能到疏解非首都功能

新中国成立70多年来，党和国家对于北京的首都定位及性质在不同层面都有过一系列的重心转变，北京城市功能也发生一系列转型，主要表现为：政治功能方面，从强调政治中心的阶级属性向人民属性转变，服务中央的意识不断巩固和加强；经济功能方面，由消费型城市向生产型城市再向服务型城市转变，从工业化向后工业化阶段转型，从传统经济中心向以科技创新为引领的新经济中心转型；文化功能方面，从"文化教育中心"到"弘扬中华文明与引领时代潮流的文化名城、中国特色社会主义先进文化之都"，首都文化的格局和视野持续得到提升和拓展；国家交往功能方面，随着中国逐步迈向世界舞台的中心，首都国际交往的水平、层次、质量已非新中国成立之初可同日而语。当然，最大的变化是，从"正"的方法到"负"的方法的转变，即从确定首都功能转变为疏解非首都功能。具体了解诸方面的转变，也有利于我们更好理解首都性质与功能。

（一）政治中心：从突出阶级性到强化首都服务功能

中华人民共和国成立以来，在任何时期，北京作为全国政治中心的定位都被反复强调，从未有过改变。这是北京作为我国首都的最根本属性。但是，在这个最根本属性之下，对于北京作为政治中心的要求，也有过一定的调整，主要表现在从中华人民共和国成立以后到改革开放前，我们更强调和突出它的阶级性；从改革开放至今，我们更强调其首都服务功能。

新中国定都北京以后，新民主主义革命取得了胜利，对于北京的政治中心定位，党和国家领导人特别强调"为人民服务"的首都属性。1950年，彭真提出了关于北京的教育事业和市政建设的"三个服务"，即"服务于人民大众、服务于生产、服务于党中央和中央人民政府，这三个任务是统一而不可分的"[1]。随后，1953年出台的《草案要点》将此确立为首都建设的总方针："为生产服务，为中央服务，归根到底是为劳动人民服务。"其中提出的城市改建与扩建的六条重要指导原则中，前三条分别是：（一）北京是我们伟大祖国的首都，必以全市的中心区作为中央首脑机关的所在地，使它不但是全市的中心，而且成为全国人民向往的中心。（二）我们的首都，应该成为我国政治、经济和文化的中心。（三）在改建与扩建首都时，应当从历史形成的城市基础出发，既要保留和发展合乎人民需要的风格和优点，又要打破旧的格局

---

[1] 田西如：《彭真传略》，人民出版社2007年版，第201页。

所给予我们的限制和束缚，改造和拆除那些妨碍城市发展的和不适于人民需要的部分，使它成为适应集体主义生活方式的社会主义城市。①1958年6月形成的《北京城市规划初步方案》，再次确认了北京作为我国的政治中心的定位。

这样一种阶级性意识在"文化大革命"时期达到顶峰，1968年12月1日和12月26日，毛泽东在中央发出的文件中两次对清理阶级队伍工作作了批示。北京市对此加以积极贯彻落实。②直至"文化大革命"后期，即使在生产劳动中，北京建设也要求贯彻阶级性意识，比如1975年6月4日，北京市传达贯彻钢铁工业座谈会精神时强调，"深入开展无产阶级专政理论的学习运动，纠正工作上和工作作风上的缺点错误"。③

以阶级性作为重心的情况，党的十一届三中全会后发生了改变，开始转向强调首都服务功能。中共北京市委于1979年1月16—25日召开工作会议，传达贯彻党的十一届三中全会精神。会议明确把全市工作的着重点转移到社会主义现代化建设上来。④1986年，首都发展战略第一次讨论会强调，要更好地服务中央、服务全国、服务首都人民。⑤1992年发布的中共北京市第七次代表大会报告提出，要"形成为中央、为全国、为国际交往和首都人民提供优质服务的现代化城乡建设设施"。1996年，党中央、国务院再次强调，北京是全国的政治中心和文化中心，北京市要为党、政、军首脑机关正常开展工作服务，为日益扩大的国际交往服务，为教育、科技和文化服务，为市民的工作和生活服务。2004年市委市政府组织编写了第七版《北京城市总体规划（2004年—2020年）》，提出：北京首先是全国的政治中心。2005年经国务院批复，北京由1953年的"三为"发展到"四个服务"：为中央党政军领导机关的工作服务、为国家的国际交往服务、为科技教育发展服务、为改善

---

① 中共北京市委党史研究室编：《社会主义时期中共北京党史纪事》（第二辑），人民出版社1995年版，第35页。

② 中共北京市委党史研究室编：《社会主义时期中共北京党史纪事》（第七辑），人民出版社2012年版，第195页。

③ 中共北京市委党史研究室编：《社会主义时期中共北京党史纪事》（第八辑），人民出版社2012年版，第195页。

④ 中共北京市委党史研究室编：《社会主义时期中共北京党史纪事》（第八辑），人民出版社2012年版，第195、269页。

⑤ 中共北京市委党史研究室编：《社会主义时期中共北京党史纪事》（第九辑），人民出版社2012年版，第108页。

人民群众生活服务。2011年发布的《国家及各地区国民经济和社会发展"十二五"规划纲要》继续强调:"未来五年首都发展仍然处于可以大有作为的重要战略机遇期……首都服务功能拓展提升和潜力释放,全国政治中心、文化中心、国际交往中心和正在形成的国家创新中心的功能显著增强,为我们在更高层次上参与全球分工、实现更高水平发展提供了新的契机。"[1]

这样一种对首都服务功能的强调,在党的十八大以后得到进一步深化,习近平总书记多次视察北京、对北京发表重要讲话,始终关心"建设一个什么样的首都,怎样建设首都"这一重大问题,中共中央国务院先后审议通过了北京城市总体规划、北京城市副中心控制性详细规划。要求北京进一步明确城市战略定位,坚持和强化首都全国政治中心、文化中心、国际交往中心、科技创新中心的核心功能,深入实施人文北京、科技北京、绿色北京战略,努力把北京建设成为国际一流的和谐宜居之都,同时要调整疏解非首都核心功能。2020年,《首都功能核心区控制性详细规划(街区层面)(2018—2035年)》明确了首都功能核心区的战略定位,提出建设政务环境优良、文化魅力彰显和人居环境一流的首都功能核心区的发展目标;提出优化中央政务功能布局,保障中央政务功能高效运行。

(二) 文化中心:从服务满足大众需要到强调辐射引领全国

北京自金建都以来,其传统文化有着八百多年的深厚根基,积淀了元、明、清、民国时期和新中国成立以来的文化精粹,融合了汉、满、蒙、维等各个中华民族的勤劳智慧,因其各方面横向纵向的关联性织成了一张经纬联络、气象万千的历史画卷,具有时间空间的复杂性。深厚的文化底蕴,创新的文化精神和蓬勃的文化力量是北京作为首都不可或缺、极其厚重的因素之一。尽管如此,在民国时期,由于国民政府的南迁以及日本外敌的逼近,北平的文化资源和文化人才不断流失,它的文化中心地位逐渐被上海—南京地域所取代,它的文化影响主要体现在作为"大学城"的存在,随后日寇入侵,占领北平以后,大批北平高校内迁,北平地区的文化影响几乎不复存在。这样一种衰退的局面,直至新中国成立并定都北京以后才得以改

---

[1] 国家发改委规划司编:《国家及各地区国民经济和社会发展"十二五"规划纲要》,人民出版社2011年版,第72页。

观。中华人民共和国成立以后，北京成为全国文化中心，是党和国家的共识，至今未有任何变化，并且随着"文化强国"口号的提出，更趋强化。可以说，文化中心是继政治中心后，中央政府对北京定位的第二个属性。当然，作为文化中心的北京的定位也有一个从服务满足大众需要到强调辐射引领全国的前后变化。

新中国成立后，文化的发展强调服务于大众，服务于社会。这时候，由于百废待兴，亟待发展现代工业，国家对于文化的理解，主要是强调"服务大众，服务社会"层面，并未强调文化本身的特性。1953年11月，北京城市规划领导小组提出了《草案要点》强调：首都是我国的"文化中心"，强调要用最大努力"逐步满足首都劳动人民不断增长的物质和文化需要"，同时也特别强调文化的阶级性，"在改建、扩建首都时，应从历史形成的城市基础出发，既要保留人民需要的风格和优点，又要打破旧格局的限制和束缚"[1]。1957年的《北京城市建设总体规划初步方案》再度确认了北京作为"文化教育中心"的提法，文化和教育并称，也表明这一时期的党和政府把文化和教育不做太大区别，跟强调文化要"服务于大众"的理念是一致的。1973年，《北京市建设总体规划方案》提出，要"多快好省地把北京建成一个具有现代工业、现代农业、现代科学文化和现代城市设施的清洁的社会主义首都"。需要指出的是，文化具有阶级性的观念一直贯穿于这一时期，在"文化大革命"时期达到高峰。1968年，北京市文化艺术系统开展所谓"清理坏人"运动，便是这样一种观点走向极"左"的表现。

党的十一届三中全会以后，北京作为全国文化中心的观点依然得到巩固，但纠偏了过于强调文化阶级性的极左论述。1980年，中央书记处对首都建设方针的批示中指出，要把北京建成全国科学、文化、技术最发达、教育程度最高的一流城市，并且在世界上也是文化最发达的城市之一。[2] 而不再强调文化的阶级色彩。1994年11月，江泽民同志来北京市调研指出，北京是全国的政治、文化中心，在很大程度上代表和反映着改革开放的社会主义中国的形象，做好北京市的工作，对全国的改革、发展、稳定具有举足轻重的作用。

---

[1] 中共北京市委党史研究室编：《社会主义时期中共北京党史纪事》（第二辑），人民出版社1995年版，第35页。

[2] 胡德平：《中国为什么要改革——思忆父亲胡耀邦》，人民出版社2011年版，第181页。

北京作为全国文化中心的辐射作用得到强调，是在北京申办奥运期间。这一时期，随着国家政治、社会、经济形势的进展，再加上 2001 年北京申办奥运提出"绿色奥运""科技奥运""人文奥运"理念，党和政府对于文化的认识和强调达到了一个新的发展阶段。2008 年奥运会后，北京市委、市政府把奥运三大理念转化为建设"人文北京、科技北京、绿色北京"的目标。2011 年，党的十七届六中全会提出"文化强国"口号，提倡发挥首都全国文化中心示范作用。刘云山在北京调研中强调，要坚持高起点、高标准，立足全局、面向全国，把首都建设成文化精品创作中心、文化创意培育中心、文化人才集聚中心、文化信息传播中心、文化要素配置中心、文化交流展示中心。[①] 2011 年 9 月 8 日，李长春同志来北京市调研，强调："努力把首都建设成为在国内发挥示范带动作用、在国际上具有重大影响力的著名文化中心城市。"[②] 可以说，随着"文化强国"口号的提出，北京作为全国文化中心所蕴含的辐射作用和地位也得到了前所未有的强调。

党的十八大以来，党和国家领导人之于北京的文化中心作用又有了进一步的认知，集中在进一步强调文化与城市的密切关联，强调它之于城市的灵魂作用。2014 年 2 月，习近平总书记来北京市考察指出：历史文化是城市的灵魂，要像爱惜自己的生命一样保护好城市历史文化遗产。北京是世界著名古都，丰富的历史文化遗产是一张金名片，传承保护好这份宝贵的历史文化遗产是首都的职责，要本着对历史负责、对人民负责的精神，传承历史文脉，处理好城市改造开发和历史文化遗产保护利用的关系，切实做到在保护中发展、在发展中保护。2019 年 2 月，习近平总书记在北京看望慰问基层干部群众时强调，一个城市的历史遗迹、文化古迹、人文底蕴，是城市生命的一部分。文化底蕴毁掉了，城市建得再新再好，也是缺乏生命力的。要把老城区改造提升同保护历史遗迹、保存历史文脉统一起来，既要改善人居环境，又要保护历史文化底蕴，让历史文化和现代生活融为一体。2017 年 2 月，习近平总书记视察北京时强调，要强化"首都风范、古都风韵、时代风貌"的城市特色，"首都风范"是首要的要求。

---

① 《刘云山调研强调发挥好首都全国文化中心示范作用》，中央政府门户网站，2011 年 10 月 29 日。

② 李长春：《发挥首都全国文化中心示范带动作用（2011 年 9 月 8 日）》，载《文化强国之路：文化体制改革的探索与实践》，人民出版社 2014 年版，第 317 页。

(三) 国际交往中心：从国内外交往"橱窗"到国际交往中心

从中华人民共和国成立起，北京就被视为新中国交往中枢，只不过在新中国成立初期，国家刚刚统一，党和国家领导人更多考虑的是国内方面，随着国家形势逐渐稳定，北京作为国际交往中心的作用也逐渐引起高度重视，并在2008年北京奥运会的举办前后得到强化，从那以后开始，它的国际交往中心作用得到了不断提升。大体而言，北京作为国际交往中心的定位始终没有变化，区别只是随着国家形势和国际形势的变化，所辐射和交往的层次越来越多、越来越为世界瞩目。

中华人民共和国成立初期，国家刚刚平静，北京的交往中枢作用主要考虑的是全国以及苏东国家。1949年9月，新政协在国都问题提案建议中写道："地理上，北平位于一个大平原之中，将来有足够的扩充的余地，在交通上是四通八达，有平沈、平绥、平沪等铁路干线，连络全国各地。"1958年万里在北京市国庆工程动员大会上的讲话中提出，要借十年大庆之机，"邀请数千外宾和华侨来参加，不但社会主义国家要来人，许多资本主义国家也会来人，需要建设万人大会堂、五千人的宴会厅、迎宾馆以及工业展览馆、农业展览馆、军事博物馆、科学技术馆、民族文化宫、美术馆、革命博物馆、历史博物馆等重点工程，还有配套的供电、供水、道路等市政公用设施"[①]。尽管主要目的是展示新中国建设的成就，但这些设施大多是用于交流的。

改革开放后，随着我国的大门向世界各国同时开放，北京的国际交往对象越来越多层次、全方位，不再局限于国内和部分国家。1980年，胡耀邦同志认为，首都的性质决定了它应成为中国和世界各国交往的"橱窗"，它的国际地位是客观存在的。[②] 1992年，中共北京市第七次代表大会报告提出，将北京建设成为多层次、全方位对外开放的现代化国际化城市。[③]

这样一种多层次全方位对外开放的格局，因为2008年举办奥运会而得

[①] 万里：《在北京市国庆工程动员大会上的讲话》，载《万里文选》，人民出版社1995年版，第48页。

[②] 胡德平：《中国为什么要改革——思忆父亲胡耀邦》，人民出版社2011年版，第219页。

[③] 中共北京市委党史研究室编：《社会主义时期中共北京党史纪事》（第九辑），人民出版社2012年版，第423页。

到了进一步强化。吴邦国在指导北京奥运会主办工作时指出，"北京是祖国的首都，是全国政治、文化和国际交往中心，做好稳定工作，事关全局、意义重大"①。自奥运会后，随着国家国际地位的提升，北京的国际交往中心功能发展越来越快，一日千里。2011年的《北京市国民经济和社会发展第十二个五年规划纲要》特别强调"提升城市国际影响力"，"致力于营造国际一流的服务环境和条件，进一步强化首都国际交往中心功能，不断扩大国际交流与合作，大力开展公共外交，在服务中提升城市的国际地位和国际影响"。北京提出提升首都职能，增强面向世界的服务能力，以更高标准履行好"四个服务"，加快建设国际活动聚集之都、世界高端企业总部聚集之都、世界高端人才聚集之都、中国特色社会主义先进文化之都、和谐宜居之都。2020年8月21日，党中央、国务院正式批复的《首都功能核心区控制性详细规划（街区层面）（2018年—2035年）》指出，"首都功能核心区是全国政治中心、文化中心和国际交往中心的核心承载区，是历史文化名城保护的重点地区，是展示国家首都形象的重要窗口地区，地位特殊、责任重大，是全市工作的重心所在"。

（四）科技创新中心：从"科学艺术中心"到"科技创新中心"

落后就要挨打的历史教训，使得新中国从成立一开始就积极发展科技创新，把北京定位为中国的"科学中心"，从而开启了新中国紧追世界科技发展的征程。随着中国科技从落后到先进并赶超世界先进水平的历程，党和国家之于发展科技有了新的认识和领悟，在实践中不断加以调整和部署，因而对于北京的定位又从科学中心发展成为科学创新中心。当前，党中央立足新发展阶段、贯彻新发展理念、构建新发展格局做出的重要战略部署，支持北京建设国际科技创新中心，这意味着更多的责任、更高的使命。

1949年4月，在解放战争即将取得胜利的时候，中共中央做出了"在新中国成立后建立统一的科学院作为全国最高科学机构"的战略决策。11月1日，中科院在北京正式开始办公。中华人民共和国成立初期，党和国家对于北京的一个定位是"科学艺术中心"。1953年出台的《草案要点》首次提出

---

① 吴邦国：《把北京奥运会办成有特色、高水平、世界一流的奥运会》（二〇〇八年四月二日），载《吴邦国论经济社会发展》（下），人民出版社2017年版，第160页。

将"科学艺术中心"作为北京城市性质之一。① 截至1966年，中科院直属研究机构有118个，分布在北京的有28个，其中有22个集中在中关村地区。日后的中关村科学城的基本格局已经在"文化大革命"前形成。1973年，《北京市建设总体规划方案》提出要把北京建成一个具有"现代科学文化"的社会主义首都。

1978年3月18日，新中国成立以来的首届全国科学大会在北京举行。大会开幕式上，邓小平同志提出"科学技术是生产力""科学技术现代化是实现四个现代化的关键""知识分子是工人阶级的一部分"等重要论述。作为拥有全国高校最多的城市，北京很自然而然地成为中国科学发展的几大中心之一。1983年11月下旬和1984年3月下旬，国务院在北京先后召开了两次"世界新的产业革命与我国对策"讨论会。中关村地区由于智力密集区的优势，得到不少与会学者的关注。在1988年5月10日，经国务院批准，我国第一个国家级高新技术产业开发区——北京新技术产业开发试验区在"中关村电子一条街"的基础上诞生。

进入21世纪以后，党和国家意识到了发展科技的紧迫性，经摸索和实践，逐渐提出了把北京建设成"科技创新中心"的共识。这成为北京近20年来科技迅猛发展的一个理论基础。

2001年，北京申办奥运提出了"科技奥运"的理念，奥运会后，北京市委、市政府发展成为建设"科技北京"的目标。《北京市国民经济和社会发展第十二个五年规划纲要》着眼建设科技北京战略，在新的起点上开创科学发展新局面。2006年底，北京市发布《北京市"十一五"时期科技发展与自主创新能力建设规划》，提出了"一二三"科技发展思路，以深化科技体制改革为主线，实现了从以院所、高校为中心的技术主导型创新体制向以企业为中心的市场主导型创新体制转变；加强科技创新资源向郊区县的辐射、扩散，加强科技对城市建设、城市管理和社会发展的支撑；集中力量重点实施；力促企业成为创新主体的"引擎行动"，实现市区与郊区县协同发展的"涌泉行动"，推进首都全面、协调、可持续发展的"科技奥运行动"。此外，北京市还出台了《中共北京市委市政府关于增强自主创新能力，建设创新型城市的

---

① 中共北京市委党史研究室编：《社会主义时期中共北京党史纪事》（第二辑），人民出版社1995年版，第37页。

意见》，制订实施了《十一五时期自主创新和科技发展规划》，启动了"三大任务""十大工程"和"十八个重点专项"。2010 年，为了推进"科技北京"建设，市委市政府制定了《"科技北京"行动计划（2009—2012 年）》。总的设想就是，加快推进以中关村国家自主创新示范区为龙头的科技创新体系建设，积极对接国家重大科技专项和国家重大科技基础设施建设，通过实施 8 大科技振兴产业工程和 12 项科技支撑工程，全面提高首都的自主创新能力，发挥科技对首都经济社会发展的支撑引领作用。该行动计划明确提出，建设"科技北京"的总体目标是：努力把北京建设成为我国创新发展的核心引领区和具有全球影响力的科技创新中心。① 2011 年，李长春同志到北京市调研，表示："北京科技实力很强，拥有一批创新成果，在推动文化与科技融合方面具备有利条件。希望北京积极实施文化创新、科技创新'双轮驱动'战略，加快推动文化与科技深度融合，把科技创新优势转化为文化发展的强大动力和现实竞争力。"② 2011 年的《北京市国民经济和社会发展第十二个五年规划纲要》强调要"集中力量打造中关村科学城和未来科技城，着力加快建设北部研发服务和高技术产业带、南部高技术制造业和战略性新兴产业发展带，基本形成国家创新中心的新格局"。

党的十八大以来，随着我国科技的进一步发展，党和国家领导人对于北京的科技发展定位做出了更高的要求，那就是成为"国际科技创新中心"。2016 年，习近平总书记强调："着力实施创新驱动发展战略。把创新摆在第一位，是因为创新是引领发展的第一动力。……当今世界，经济社会发展越来越依赖于理论、制度、科技、文化等领域的创新，国际竞争新优势也越来越体现在创新能力上。谁在创新上先行一步，谁就能拥有引领发展的主动权。"③ 同年的《"十三五"国家科技创新规划》提出，"支持北京上海建设具有全球影响力的科技创新中心"，其中强调，"支持北京发挥高水平大学和科研机构、高端科研成果、高层次人才密集的优势，建设具有强大引领作用的全国科技创新中心。鼓励开展重大基础和前沿科学研究，聚集世界级研究机构和创新

---

① 刘淇：《加快建设"科技北京" 推动首都科学发展》，《科技日报》2010 年 1 月 11 日。
② 李长春：《发挥首都全国文化中心示范带动作用（2011 年 9 月 8 日）》，载《文化强国之路：文化体制改革的探索与实践》，人民出版社 2014 年版，第 317 页。
③ 习近平：《深入理解新发展理念》（2016 年 1 月 18 日），载《习近平谈治国理政》（第二卷），人民出版社 2017 年版，第 201—203 页。

团队，打造原始创新策源地。强化央地共建共享，建立跨区域科技资源服务平台，全面提升重点产业技术创新能力，积极培育新兴业态，形成全国'高精尖'产业集聚区。建设国家科技金融创新中心，推动科技人才、科研条件、金融资本、科技成果开放服务，在京津冀及全国创新驱动发展中发挥核心支撑和先发引领作用。构筑全球开放创新高地，打造全球科技创新的引领者和创新网络的关键枢纽"[1]。2018年9月，《国务院关于推动创新创业高质量发展 打造"双创"升级版的意见》进一步强调打造具有全球影响力的科技创新策源地。进一步夯实北京、上海科技创新中心的创新基础，加快建设一批重大科技基础设施集群、世界一流学科集群。

（五）协同枢纽：从京津唐秦经济联合到京津冀一体化

自古以来，华北平原号称燕赵之地，最初是中华文化的北部边疆，后来随着中国文化及疆域的逐渐拓展，渐渐成为中国的中枢地带，出现了大规模的华北地区城市群，后来随着北京成为中国的都城长达千年，华北地区的城市群便逐渐形成了拱卫北京首都的历史格局。各个城市群彼此呼应，在政治社会经济等领域都互相融为一体，已经形成了一个华北城市群系统。随着社会政治经济形势的发展，京津冀协同发展不仅仅是解决北京发展面临的矛盾和问题的需要，也不仅仅是解决天津、河北发展面临的矛盾和问题的需要，而且是优化国家发展区域布局、优化社会生产力空间结构、打造新的经济增长极、形成新的经济发展方式的需要，是一个重大国家战略。随着我国现代化事业的逐渐发展，如何进一步推进一体化的发展趋势，就成为党和国家加以推进的重要课题。京津冀一体化的推进工作，正式起始于1980年代，迄今已经四十年，大致可以分为三个阶段：

第一个阶段是80—90年代，可以视为一体化的初创期。这一时期的主要工作有如下：1981—1984年，有关部门联合进行京津唐国土规划纲要研究，将京津唐地区的地域范围确定为北京市、天津市、河北省的唐山市、唐山地区（内含秦皇岛）和廊坊地区。1986年3月，国务院正式发布了《关于进一步推动横向经济联合若干问题的规定》，推进以大城市为中心的不同层次、规

---

[1] 国家发展改革委员会编：《"十三五"国家级专项规划汇编》（上），人民出版社2017年版，第46页。

模不等、各有特色的经济区域网络的建立。1986年，首都战略发展讨论会提出，北京应以实行全方位开放和广泛联合作为自己发展的出路，加强与其他地区，特别是，天津、唐山、秦皇岛等城市的横向经济联合，从条条块块的封闭模式中解放出来，发挥首都的辐射力和聚合力，这对于北京城乡经济和较大范围区域经济的发展都是有利的。[1] 1987年，成立了环渤海经济研究会，完成了涵盖辽东半岛、山东半岛和京津冀地区的环渤海经济区经济发展规划纲要。1988年，北京与河北环京地区的保定、廊坊、唐山、秦皇岛、张家口、承德6地市组建了环京经济协作区，建立了市长、专员联席会议制度。1992年，江泽民同志提出"加速广东、福建、海南、环渤海地区的开放和开发"[2]。1996年3月17日发布的《中华人民共和国国民经济和社会发展"九五"计划和2010年远景目标规划纲要》提出，我国要"按照市场经济规律和内在联系以及地理自然特点，突破行政区划界限，在以后经济布局的基础上，以中心城市和交通要道为依托，逐步形成7个跨省区市的经济区域"。第一个是长江三角洲，第二个就是环渤海地区。

第二个阶段是进入21世纪以来至党的十八大以前的深化期。这一时期随着世界全球化的发展，以及我国加入世贸组织，掀起了新一轮的区域化合作浪潮，京津冀区域的合作趋势也越发明显和加速。这一时期的主要工作有：北京市、天津市、河北省三地官员达成了"廊坊共识"，建立京津冀发展和改革部门的定期协商制度，并将石家庄市划入京津冀大都市圈，启动京、津、冀区域发展总体规划并重点转向规划的编制工作，共同构建区域统一市场体系；国家发展和改革委员会正式启动京津冀都市圈区域规划的编制工作；2005年7月开工建设京津城际轨道；同年，国务院常务会议审议并原则通过《环渤海京津冀地区、长江三角洲地区、珠江三角洲地区城际轨道交通网规划》，将建设以京津为主轴，以石家庄、秦皇岛为两翼的城际轨道交通网络，覆盖京津冀地区的主要城市，基本形成以北京、天津为中心的"两小时交通圈"；2006年，北京市、天津市、河北省的规划部门开始启动编制京津冀城镇群规划，以统筹安排区域城镇空间布局，规划内容重点涉及区域交通、环境、

---

[1] 中共北京市委党史研究室编：《社会主义时期中共北京党史纪事》（第九辑），人民出版社2012年版，第109页。

[2] 江泽民：《加快改革开放和现代化建设步伐，夺取有中国特色社会主义事业的更大胜利》，载《江泽民文选》（第一卷），人民出版社2006年版，第230页。

资源等问题；2007 年，京津冀都市圈区域规划基本完成；同年，京津冀旅游合作会议在天津召开，三地旅游部门共同于 2007 年签署《京、津、冀旅游合作协议》，建立京津冀区域旅游协作会议制度；2008 年，京津冀发改委共同签署《北京市、天津市、河北省发改委建立"促进京津冀都市圈发展协调沟通机制"的 2008 年意见》；同年，京津冀城际轨道全线通车。

　　第三个阶段是党的十八大以来的快速发展期。党的十八大以来，党和政府高度重视京津冀一体化，视为重要国家战略，京津冀一体化工作迅速升级。2014 年 2 月 26 日，习近平总书记指出："京津冀城市群是我国三大城市群之一。城市群是京津冀实现区域合作、优势互补、互联互通、协同发展的重要载体。从国内外区域经济圈发展看，超大城市周边都有一批布局合理、层次鲜明、功能互补、规模适度的重要节点城市，对区域经济社会发展起着强有力的支撑作用。要加强规划和建设，提高城市综合承载能力和内涵发展水平，突出城市地域特点和人文特色，围绕首都形成核心区功能优化、辐射区协同发展、梯度层次合理的大首都城市群体系。""中央有关部门要会同三地进行深入调查研究，抓紧编制首都经济圈一体化发展的相关规划，明确三地功能定位、产业分工、城市布局、设施配套、综合交通体系等重大问题，并从财政政策、投资政策、项目安排等方面形成具体措施。作规划还要统筹首都经济圈、京津冀协同发展、环渤海经济区涉及的重大问题。这个指导意见一定要有前瞻性，一旦确定就要至少管十年、二十年，大家都朝着这个目标一步一步往前走。"[①] 2015 年 2 月 10 日，中央财经领导小组第九次会议审议研究了《京津冀协同发展规划纲要》。2015 年 4 月 30 日，中共中央政治局召开会议，审议通过的《京津冀协同发展规划纲要》指出，推动京津冀协同发展是一个重大国家战略，核心是有序疏解北京非首都功能，要在京津冀交通一体化、生态环境保护、产业升级转移等重点领域率先取得突破。这意味着，经过一年多的准备，京津冀协同发展的顶层设计基本完成，推动实施这一战略的总体方针已经明确。2016 年 5 月 27 日，习近平总书记主持召开中共中央政治局会议，研究部署规划建设北京城市副中心和进一步推动京津冀协同发展有关工作。2018 年，《国务院关于印发进一步深化中国（天津）自由

---

① 习近平：《在北京市视察工作结束时的讲话》，载《习近平关于社会主义经济建设论述摘编》，人民出版社 2017 年版，第 249—252 页。

贸易试验区改革开放方案的通知》设计"深化协作发展，建设京津冀协同发展示范区。……支持京津冀地区能源、钢铁、对外承包工程等企业通过自贸试验区与一带一路沿线国家和地区开展合作"。2021年，《北京政府工作报告》回顾十三五时期的疏解非首都功能，表示继续扎实推进京津冀协同发展工作。

（六）经济优化：从发展工业到优化产业结构

自古以来，北京城就是一个消费型城市，但是在新中国成立以后，它发生了一个巨大的转型，那就是一度从一个消费型城市转变为一个生产型城市，强调工业生产特性，强调经济功能。新中国的开创者们，鉴于旧中国的工业落后情况，痛感缺乏现代工业的城市弊端，特别强调城市发展必须具有生产性。对于北京而言，从50年代开始，有两个方针一直被反复提及，那就是"把消费城市变成生产城市"，与"服务于人民大众、服务于生产、服务于中央人民政府"。这两个方针与50年代北京的城市定位息息相关，又跟新中国成立初期大力发展工业化的氛围相关。在中华人民共和国成立的前三十年，这是非常重要的功能定位。但随着国家经济的发展，党和政府对北京的定位发生了调整。今天，北京作为"经济中心"的战略定位已经明确剔除，当然，剔除"经济中心"不意味着放弃经济发展，而是要放弃原先包罗万象、大而全的经济发展模式，使经济发展走向高端化、服务化、集聚化、融合化、低碳化。

由此，北京的经济发展，经历了如下几个发展阶段：第一个阶段在中华人民共和国成立初期，强调北京须由消费型城市向生产型城市转变，发展重工业成为城市的重要功能。1949年1月31日，北平和平解放，中共北平市委各部门开始进入北平城内办公。3月17日，《人民日报》发表社论《把消费城市变成生产城市》指出："怎样才能把城市工作做好？怎样才能使城市起领导乡村的作用？中心环节是迅速恢复和发展城市生产，把消费的城市变成生产的城市。"1950年2月，北京市市长彭真在北京市第一次工人代表大会上进一步强调，我们的中心任务"第一是生产，第二是生产，第三还是生产！"[①]

[①] 中共北京市委党史研究室编：《社会主义时期中共北京党史纪事》（第一辑），人民出版社1994年版，第210页。

1953年《草案要点》明确将经济中心和大工业城市作为城市性质之一；并在关于城市改建与扩建的重要指导原则第六条指出：在改建与扩建首都时，应采取各种措施，有步骤地改变这种自然条件，并为工业的发展创造有利条件。①1954年，国家计委关于《草案要点》向中央提出的审议报告中，虽赞成首都应成为"经济中心"的提法，但对于工业发展则主张"在照顾到国防要求，不使工业过分集中的情况下，在北京适当地、逐步地发展一些冶金工业、轻型的精密的机械制造工业、纺织工业和轻工业"。不赞成北京市提出的"强大的工业基地"的设想。②尽管如此，北京仍然把工业化视为重要目标，1958年5月3日，《中共北京市委关于北京市工业发展问题向中央的报告》提出："争取在十年内根本改变首都工业的落后面貌，赶上天津。"1973年，《北京市建设总体规划方案》提出要"多快好省地把北京建成一个具有现代工业、现代农业、现代科学文化和现代城市设施的清洁的社会主义首都"。

这一时期的北京经济发展，跟全国各地一样，是把革命与生产相结合的。1967年2月11日，《人民日报》发表题为"抓革命，促生产，打响春耕生产第一炮"的社论。2月20日，中共中央发出《给全国农村人民公社贫下中农和各级干部的信》，号召广大贫下中农认真抓革命、促生产，动员一切力量，立即为做好春耕生产而积极工作。2月末，北京市"抓革命、促生产第一线指挥部"建立，各县（区）也相继建立起"抓革命、促生产第一线指挥部"。③

第二个阶段是从改革开放到党的十八大以前，党和国家反省过度强调工业化导致的环境问题，不再强调北京的"经济中心"地位，对北京发展的工业门类有了限定，逐渐强调轻工业和高科技。1980年，胡耀邦建议将北京从"经济中心"改为"经济中枢"。中央书记处对首都建设方针的批示中则指出，要使北京经济上不断繁荣，人民生活方便安定。要着重发展旅游事业、服务行业、食品工业、高精尖的轻型工业和电子业。④1983年，中共中央、国务院批准了该方案，并明确批复指出：北京的经济发展要服从和服务于北

---

① 中共北京市委党史研究室编：《社会主义时期中共北京党史纪事》（第二辑），人民出版社1995年版，第36页。

② 中共北京市委党史研究室编：《社会主义时期中共北京党史纪事》（第二辑），人民出版社1995年版，第36页。

③ 中共北京市委党史研究室编：《社会主义时期中共北京党史纪事》（第七辑），人民出版社2012年版，第110页。

④ 胡德平：《中国为什么要改革——思忆父亲胡耀邦》，人民出版社2011年版，第181页。

京作为全国的政治中心和文化中心的要求,今后不再发展重工业,着重发展高精尖的技术密集型工业,迅速发展食品、电子、轻工等工业。这期间,社会经济发展与生态环境变化的特征是:第一,对市区有严重污染的工厂和位于城市规划绿地或道路红线内的工厂、侵占文物古迹和占有学校的工厂,采取了向市中心区以外搬迁疏散等生态环境治理措施。第二,农业经济结构调整步伐加快,乡镇企业异军突起。第三,工业快速增长,但工业增加值占GDP的比重下降,重工业仍是工业主角。第四,高新技术产业和第三产业迅速崛起。① 1986年的首都发展战略讨论会指出,要从只有发展工业才能解决资金问题的圈子里跳出来,向发展第三产业要出路,大力发展智力密集型产业和科学与高新技术相结合的产业群,发展信息产业、咨询业,等等。② 1992年,中共北京市第七次代表大会报告提出,到本世纪末,初步建立起适应社会主义市场经济的体制和运行机制;拥有面向全国、走向世界、符合首都特点的经济。③ 1994年,北京被国家有关部门确定为贯彻实施《中国21世纪议程》的试点城市。1996年,北京市委、市政府组织各方面力量开展了北京经济发展战略研究,正式提出了发展"首都经济"的战略思想。

第三个阶段是进入21世纪以来,北京市紧紧抓住迎接知识经济和信息技术浪潮的新机遇,以高新技术产业、知识型服务业和现代制造业为龙头,有力地推动了产业结构的转换与升级。2006年,北京市市长王岐山就加快中关村科技园区建设发表讲话,强调:"提高自主创新能力,是保持首都经济长期较快发展、调整结构、转变增长方式和统筹城乡发展的重要支撑。多年来,我们将中关村科技园区作为实现首都经济可持续发展的战略重点,努力探索和实践以自主创新为核心、具有中国特色的高科技产业发展道路,使园区成为首都高新技术产业的龙头和建设创新型城市的重要载体。"④ 2011年的《北京市国民经济和社会发展第十二个五年规划纲要》强调,要"集中力量打造

---

① 中共北京市委党史研究室编:《社会主义时期中共北京党史纪事》(第九辑),人民出版社2012年版,第55—57页。

② 中共北京市委党史研究室编:《社会主义时期中共北京党史纪事》(第九辑),人民出版社2012年版,第109页。

③ 中共北京市委党史研究室编:《社会主义时期中共北京党史纪事》(第九辑),人民出版社2012年版,第423页。

④ 王岐山:《加快中关村科技园区建设》,载《增强自主创新能力 建设创新型国家》,人民出版社2006年版,第151—152页。

中关村科学城和未来科技城,着力加快建设北部研发服务和高技术产业带、南部高技术制造业和战略性新兴产业发展带,基本形成国家创新中心的新格局"。2014年2月,习近平总书记考察北京,明确定位为"全国政治中心、文化中心、国际交往中心、科技创新中心",不再要求原来"经济中心"的战略定位。调研提出调整疏解非首都核心功能,优化三次产业结构,优化产业特别是工业项目选择,突出高端化、服务化、集聚化、融合化、低碳化,有效控制人口规模,增强区域人口均衡分布,促进区域均衡发展。

(七)文明示范:从道德最好城市到打造全国精神文明建设示范区

在封建时代,北京就有近千年时间作为中国的首都,见证了封建中央集权的顶峰,特别是甲午战争之后的十余年间,维新运动的发生和民族主义的兴起使北京成为政治变革的焦点。中华民国的成立,使民主共和观念深入人心。然而这时候中国共产党人便意识到,一方面,北京是公认的政治中心;另一方面,在北京这个政治中心,老百姓由于传统观念和政治高压的影响,一贯将政治视作帝王的事情或者军人和政客的事情,甚至在学生主导的五四爱国运动后也没有多少人关心政治,"知识分子阶层的爱国主义精神还没有在无产阶级中扎下根来"。[①] 因此,中华人民共和国成立以后,党和国家始终着力于发扬并重塑北京的人文精神,坚持以人为本,力图通过首都视野,寻找大众可接受的方式,重塑符合时代发展的人文精神,促进人的改革及其现代化,发挥首善之区的引领作用。

其中发展可以分为两个阶段:第一个阶段是从中华人民共和国成立以后到1986年的第一次首都发展战略讨论会前,主要特色是强调把北京建设成为中国道德风尚良好的城市,成为首善之区。1980年,中央书记处对首都建设方针的批示中强调,要把北京建设成为中国、全世界社会秩序、社会治安、社会风气和道德风尚最好的城市。[②] 1983年,万里在首都规划建设委员会第一次会议上的讲话,呼吁把首都建设成"第一流的、具有高度物质文明和精神文明的、最好的城市"[③]。

[①] 中央档案馆编:《北京共产主义组织的报告》,载《中国共产党第一次代表大会档案资料(增订本)》,人民出版社1984年版,第16页。

[②] 胡德平:《中国为什么要改革——思忆父亲胡耀邦》,人民出版社2011年版,第180页。

[③] 万里:《城市管理要治乱治散治软》,载《万里文选》,人民出版社1995年版,第270页。

第二个阶段是从 1986 年举办的第一次首都发展战略讨论会至今，在强调把北京建设成人文城市的同时，越来越凸显北京文化底蕴，先后提出"北京精神""人文北京"等口号。1986 年，第一次首都发展战略讨论会认为，作为全国的政治文化中心，大力加强社会主义精神文明建设应是首都发展战略的主要特征之一。应以抓好服务态度和服务质量为突破口，建设具有现代性、科学性和创新性的"北京精神"，使首都真正成为全国精神文明建设的首善之区。① 1992 年，中共北京市第七次代表大会报告提出，建设具有全国一流的科技、教育、文化、道德风尚和清洁优美、生态健全的环境。② 2008 年 10 月 6 日，北京市召开奥运会、残奥会总结表彰大会。中共北京市委书记刘淇同志在会上强调："根据首都实际，深入学习贯彻科学发展观，使绿色、科技、人文成为奥运后北京市经济社会发展的响亮口号与鲜明特色，努力推动'人文北京、科技北京、绿色北京'建设。"经过一年多的提炼和 290 多万群众投票评选，2011 年 11 月，北京市公布了"北京精神"——"爱国 创新 包容 厚德"。作为城市精神，它是首都人民长期发展建设实践过程中所形成的精神财富的概括和总结，体现了社会主义核心价值体系的要求，体现了首都历史文化的特征，体现了首都群众的精神文化追求。

党的十八大以来，以习近平同志为核心的党中央进一步强调和升华我国的人文精神，把"培育和践行社会主义核心价值观"作为核心目标。2017 年，习近平总书记强调："社会主义核心价值观是当代中国精神的集中体现，凝结着全体人民共同的价值追求。要以培养担当民族复兴大任的时代新人为着眼点，强化教育引导、实践养成、制度保障，发挥社会主义核心价值观对国民教育、精神文明创建、精神文化产品创作生产传播的引领作用，把社会主义核心价值观融入社会发展各方面，转化为人们的情感认同和行为习惯。……深入挖掘中华优秀传统文化蕴含的思想观念、人文精神、道德规范，结合时代要求继承创新，让中华文化展现出永久魅力和时代风采。"③ 随后，《北京市推

---

① 中共北京市委党史研究室编：《社会主义时期中共北京党史纪事》（第九辑），人民出版社 2012 年版，第 109 页。

② 中共北京市委党史研究室编：《社会主义时期中共北京党史纪事》（第九辑），人民出版社 2012 年版，第 423 页。

③ 习近平：《决胜全面建成小康社会　夺取新时代中国特色社会主义伟大胜利——在中国共产党第十九次全国代表大会上的报告》，人民出版社 2017 年版，第 42 页。

进全国文化中心建设中长期规划（2019年—2035年）》，强调"注重立德树人，构建思想道德建设引领区"，"强化实践养成，打造全国精神文明建设示范区"。全国文化中心建设十四五规划也明确指出，要把北京建成社会风气和道德风尚最好的城市。北京作为中国的首都，在建设人文精神上有了更高更强的责任和使命。

（八）民生典型：从"维护与发展人民的福利"到宜居城市

民国时期，由于长期战乱，社会失序，经济凋敝，北京城郊下游区河湖淤塞、肮脏污秽、流水不畅、遇雨积潦盈街、城市环境很差、满目疮痍，即城市贫困、环境污染与郊区生态破坏同时凸显。北京城市民生程度远远落后于国内许多大城市。新中国成立以后，北京成为国家首都。1949年4月，彭真在北京市第二届各级人民代表会议上的开幕词中要求"解决北京市的失业问题"，"逐渐改善北京市人民的生活"，"发展市政建设和文化教育事业，一定要把北京发展成为经济繁荣的人民的首都"。1950年1月31日，北京市市长聂荣臻发表了"纪念北京解放一周年"的演讲。他指出："我们的工作，是……实现人民的文化教育事业与市政建设的计划，维护与发展人民的福利。"[①] 在党中央、国务院的直接关怀下，1953年出台的《草案要点》将此确立为首都建设的总方针："为生产服务，为中央服务，归根到底是为劳动人民服务。"在这样一种政策和精神的指导下，北京市委市政府为了改善北京的民生，做了大量工作，在短短的时间内，就让北京城的面貌为之一新，发生了翻天覆地的变化。原先凋敝的旧北平很快成为新北京，人口越来越密集，发展越来越快，虽然期间也遭受了一定的挫折，特别是"文化大革命"的十年动乱，但总体而言，民生问题得到了一定程度的解决。经过工业化和社会主义三大改造，中国共产党开始探索社会主义经济建设道路，对社会主义经济体制进行适应性调整。经过艰苦卓绝的奋斗，国家基本形成了完整工业体系的雏形，为后来中国经济的持续快速发展和人民生活水平的提高奠定了基础。

改革开放以来，北京市许多重大民生问题得到了较好解决，比如教育问题。1983年9月10日，邓小平同志为北京市景山学校题词"教育要面向

---

① 《纪念北京解放一周年——聂荣臻市长广播演讲词》，《人民日报》1950年1月31日。

现代化、面向世界、面向未来"。作为"三个面向"题词的发源地，北京的教育事业始终坚定不移地把"三个面向"作为教育改革与发展的重大战略指导方针，使教育走上健康快速的发展轨道。在改革开放中，北京的教育实现了全国"六个率先"的重大历史成就：普及九年义务教育、废除青壮年文盲、普及高中阶段教育、进入区域高等教育大众化阶段、进入区域高等教育普及化阶段、实现新增劳动力平均受教育14年。以此为标志，北京基本完成了教育普及的任务，成为中国内地人均受教育年限最高、教育国际化程度最高、教育信息化程度最高的地区之一。高等教育的毛入学率是衡量一个国家或地区高等教育发展水平的重要指标。按照国际通行惯例，毛入学率达到15%，即达到了高等教育的大众化；毛入学率达到50%，即达到了高等教育的普及化。2004年，北京的毛入学率就达到了52%，迈入普及化的门槛。

进入21世纪以来，随着申办奥运会的成功，北京民生问题得到了更进一步的关注。2005年1月12日，国务院通过了《北京城市总体规划（2004年—2020年）》，确定了北京未来发展的四个主要目标定位：国家首都、世界城市、文化名城和宜居城市。关于宜居城市，至今没有普遍通用的标准。国家建设部2006年4月立项的"宜居城市科学评价指标体系研究"课题从6个方面对宜居城市进行评价：社会文明度、经济富裕度、环境优美度、资源承载度、生活便宜度、公共安全度。根据得分情况，宜居城市可分为三类：宜居城市、较宜居城市、宜居预警城市。[①] 2007年5月召开的中共北京市第十次党代会提出，今后5年，北京将实现4个"更加"：经济更加繁荣、城市更加文明、社会更加和谐、环境更加宜居。并确立了"建设繁荣、文明、和谐、宜居首善之区"的奋斗目标，这是中国特色社会主义事业赋予首都的光荣历史使命。2008年奥运会的举办，给北京市提升市民素质和加强城市精神文明建设提出了更高要求，也带来了千载难逢的机遇。几年来，由迎接奥运会所带动的全民健身运动和人文奥运进社区活动，给社区文化建设和市民素质提高注入了强劲活力。

党的十八大以来，关于北京民生最为重要的是以疏解北京非首都功能为契机而展开的居民生活空间重塑。2015年，习近平总书记强调，通过疏解北

---

① 程静主编：《建设人文北京　科技北京　绿色北京》，北京出版社2009年版，第25页。

京非首都功能，调整经济结构和空间结构，走出一条内涵集约发展的新路子，探索出一种人口经济密集地区优化开发的模式，促进区域协调发展，形成新增长极。[1] 2015年4月，中央政治局会议审议通过《京津冀协同发展规划纲要》，明确了三地各自的功能定位。北京的定位是"全国政治中心、文化中心、国际交往中心、科技创新中心"，着重疏解非首都核心功能。为此，动物园、大红门服装批发市场数万商户外迁，中心城区优质教育、医疗资源向远郊区县迁移，更为艰巨的是在通州建设行政副中心。2016年，《北京市政府工作报告》中明确指出，"将加快市行政副中心建设"，确保到2017年市属行政事业单位部分迁入，带动其他行政事业单位及公共服务功能转移。2020年，《首都功能核心区控制性详细规划（街区层面）（2018年—2035年）》在居住环境方面更加强调更新改善的可持续性。该规划提出要重点研究平房区与老旧小区综合整治实施机制与路径，持续改善人居环境，提升老街坊、老居民的获得感、幸福感、安全感，建设环境优美、整洁有序、设施完备、邻里和谐的美丽家园。对于平房区，鼓励居民采用自愿登记方式改善居住条件，并不断完善"共生院"模式，引导功能有机更替、居民和谐共处，让老胡同的居民过上现代生活。对于老旧小区，提出以菜单式整治分类推进老旧小区综合整治，推进服务设施补短板与适老化改造，提升住宅品质与环境质量。同年，《北京市"十四五"规划和2035年远景目标建议》强调民生福祉明显提升。实现更加充分更高质量就业，居民收入增长和经济增长基本同步，分配结构明显改善，中等收入群体持续扩大。健康北京建设全面推进，公共卫生应急管理体系建设取得重大进展。教育、社保、住房、养老、文化、体育等公共服务体系更加健全，基本公共服务均等化水平走在全国前列。

（九）生态模范：从卫生城市到绿色北京

新中国成立初期，为了尽快发展工业的需要，北京市把发展工业特别是重工业视为重要目标，并未意识到工业和污染之间存在联系，对于生态问题关注不够，随着工业生产的长足发展，才意识到这一问题，在1970年代起反思并逐渐修正原有的决策问题，开始重视生态发展理念，2008年提出"绿色北京"是这样一种反省和修正的节点，从此以后，生态文明观念在北京发展

---

[1] 习近平：《在中央财经领导小组第九次会议上的讲话》，《人民日报》2015年2月11日。

中日益深入人心，延续到今天。总体而言，北京七十余年来的生态发展情况可以分为两个阶段：

第一个阶段是从中华人民共和国成立以后到改革开放之前，这一时期国家侧重于发展生产型城市，倡导发展工业，增加城市人口，对于生态问题并没有理论上的高度认识。1953年，在制订城市建设总体规划方案时，提出了城区实行雨污分流的原则，并按此规划开始了下水道干管和城市污水处理厂的建设。在此期间，北京市地域及行政区进行了调整，1958年3月，国家将原河北省的通县、顺义、大兴、良乡、房山划归北京市；1958年8月，又将原河北省的怀柔、密云、平谷和延庆县划归北京市，使北京市地域范围和人口规模得以扩大。1958年的《北京城市建设总体规划初步方案》中，北京市政府进一步提出"北京不只是我国的政治中心和文化教育中心，而且还应该迅速地把它建设成一个现代化工业基地和科学技术中心"的要求。在"一五"和"二五"期间（1953—1962年），新建了一大批骨干企业，重点建设了煤炭、电力、冶金、机械、化工、建材等基础工业，同时建设了一批棉纺、毛纺、食品、造纸、特种工艺和日用小商品等轻工业项目，建成了东北郊酒仙桥电子工业区、东郊纺织工业中心等专业化工业区。从"三五"到"五五"前期（1965—1977年），经济建设的重心是"以钢为纲"，重点发展冶金、石化、电力等工业，实现了由"消费型城市"向"生产型城市"的转型。这期间，社会经济发展与生态环境变化的特征是：第一，工业化水平大大提高，工业增加值占GDP的比重由1952年的34.1%，提高到1962年的50.1%，1970年的70.0%。第二，重工业比重显著上升，到20世纪70年代中后期，北京重工业比重一度跃居全国第二位。第三，过度依靠投入，产业粗放发展，耗能耗水多，环境污染严重。直至这时，北京城市污染问题才开始引起重视，1973年，《北京市建设总体规划方案》提出，要"多快好省地把北京建成一个具有现代工业、现代农业、现代科学文化和现代城市设施的清洁的社会主义首都"。

第二个阶段是改革开放以后至今。这一时期，生态观念逐渐深入人心，越来越引起重视，进入21世纪以后陆续提出的"绿色奥运"和"绿色北京"口号，代表了党和国家对于北京城市生态问题的认识达到了一个新的理论高度。1980年，中央书记处对首都建设方针的批示中首次提出，要把首都变成全国环境最清洁、最卫生、最优美的第一流城市。① 1982年,万里在全民义务植树绿化首都动员大会上号召:"尽快把我们的首都建设成为绿树成荫,百花盛开,绿草铺地的优美、清洁、具有第一流水平的现代文明城市。"② 1982年12月,北京市正式向中央上报《北京城市建设总体规划方案(草案)》,将北京的城市性质确定为"全国的政治中心和文化中心",不再是"经济中心"和"现代工业基地",明确指出首都的经济发展要适合首都特点。1983年11月,万里在首都规划建设委员会第一次会议上反省了工业化导致的城市污染问题:"由于当时对城市污染问题没有引起注意,所以现在污染问题压在那里,还没有根本解决。这只能作为没知识来检讨。五十年代,整个世界对环境污染、生态问题还没有注意,是六十年代、七十年代才引起注意的。对北京的污染问题我们也没有高度重视。"③ 1983年,中共中央、国务院批准了该方案,并明确批复指出:北京的经济发展要服从和服务于北京作为全国的政治中心和文化中心的要求,今后不再发展重工业。而对市区有严重污染的工厂和位于城市规划绿地或道路红线内的工厂、侵占文物古迹和占有学校的工厂,采取了向市中心区以外搬迁疏散等生态环境治理措施。④ 1992年,中共北京市第七次代表大会报告提出,建设具有全国一流的科技、教育、文化、道德风尚和清洁优美、生态健全的环境。⑤ 1995年,朱镕基强调,要进一步抓好首都的环境治理市政建设,把首都建设得更加美好。⑥ 2001年7月13日,北京获得奥运会举办权;2002年,中共北京市第九次党代会将"绿色奥运"作为北京奥运会的三大理念之一。2008年9月27日,在总结奥运会筹办经验的基础上,中共北京市委召开常委会又提出了"绿色北京"的口号。

党的十八大以来,党和政府高度关注生态问题,最终提出了"生态文明"的口号。2014年2月26日,习近平总书记在考察北京时指出,要加大大气污

---

① 胡德平:《中国为什么要改革——思忆父亲胡耀邦》,人民出版社2011年版,第180页。
② 万里:《全民义务植树,绿化祖国,造福子孙后代》,载《万里文选》,人民出版社1995年版,第207页。
③ 万里:《城市管理要治乱治散治软》,载《万里文选》,人民出版社1995年版,第270页。
④ 中共北京市委党史研究室编:《社会主义时期中共北京党史纪事》(第九辑),人民出版社2012年版,第55—57页。
⑤ 中共北京市委党史研究室编:《社会主义时期中共北京党史纪事》(第九辑),人民出版社2012年版,第423页。
⑥ 朱镕基:《关于北京市的经济工作(1995年7月1日)》,载《朱镕基讲话实录》(第二卷),人民出版社2011年版,第165页。

染治理力度，应对雾霾污染、改善空气质量的首要任务是控制 PM2.5，要从压减燃煤、严格控车、调整产业、强化管理、联防联控、依法治理等方面采取重大举措，聚焦重点领域，严格指标考核，加强环境执法监管，认真进行责任追究。2016 年，习近平针对冬奥会指出，绿色、共享、开放、廉洁的办奥理念，是新发展理念在北京冬奥会筹办工作中的体现，要贯穿筹办工作全过程。绿色办奥，就要坚持生态优先、资源节约、环境友好，为冬奥会打下美丽中国底色。2017 年，《北京城市总体规划（2016 年—2030 年）》提出："按照以水定人的要求，根据可供水资源量和人均水资源量，确定北京市常住人口规模到 2020 年控制在 2300 万人以内，2020 年以后长期稳定在这一水平。"并划分出了"生态涵养区"，"包括门头沟区、平谷区、怀柔区、密云区、延庆区，以及昌平区和房山区的山区，是京津冀协同发展格局中西北部生态涵养区的重要组成部分，是北京的大氧吧，是保障首都可持续发展的关键区域"。2021 年《北京政府工作报告》要求在"十四五"期间："生态文明明显提升。绿色发展理念深入人心，绿色生产生活方式普遍推广，垃圾分类成为全市人民自觉行动。……主要污染物排放总量持续削减，基本消除重污染天气，消除劣 V 类水体，森林覆盖率达到 45%，平原地区森林覆盖率达到 32%，绿色北京建设取得重大进展。"

三 当前首都性质功能定位中存在的突出问题

城市发展是一个有规律的历史过程，首都作为城市的特殊类型，同样有其自身规律。首都的发展必须认识、尊重、顺应城市发展规律。"首都北京"是统一的概念，却又由首都和北京两个部分构成，两者又分属于不同的范畴。首都属于国家的范畴，承载着其他任何城市所不具备的首都功能；北京是我国的一个省级地方性城市的范畴，必然承载着任何城市都有的一般城市功能。首都与北京虽然融为一体难以厘清，却有着各自不同的内涵，客观上潜藏着并不完全一致的矛盾。两个功能协调一致，能够产生城市发展的最大动能。两种功能失衡错位就会相互掣肘，影响发展。因此，正确处理好"都"与"城"的关系，成为北京城市发展的关键。[①]

[①] 文魁：《把握好北京"都"与"城"的关系》，《前线》2018 年第 4 期。

首都的想象与城市发展现实之间矛盾，是"都"与"城"关系的真实表征。中华人民共和国成立七十多年来，首都一直作为国家的象征，无论表现在城市规划还是在社会想象之中，首都都是一种神圣性的存在。正如《北京颂歌》中所唱的，北京是"祖国的心脏，团结的象征，人民的骄傲，胜利的保证"，首都的发展被看作国家发展的代表与缩影。然而，城市的发展往往都超出了人类的预期。"凡试图预测现代都市之未来者，最后都容易变成无人听信的过气预言家。"① 无论是乐观的预测还是悲观的估计，往往都是与事实相距甚远。看看城市高楼不断穿破城市的天穹和公路不断突破城市规划，就会发现城市的规划往往并不是用来遵守的，而是用来突破的。绝大多数城市都遇到了这样的问题。"城市呈现漩涡般的扩展，仿佛一滴油渍以同心圆的方式漫展开来。"② 北京作为首都与一座超大型城市的叠加，人口膨胀、资源紧张、环境污染、交通拥挤等"大城市病"如影随形，它所遇到的问题是空前的，甚至是独一无二的。城市的发展往往是在试错中前进的，接受这样的观点，并非意味着我们可以坦然接受城市发展中的问题，更重要的是以理性的态度来逐步改变现实。理想与现实之间的矛盾，在北京表现为首都的战略定位与北京城市功能的合理平衡上。

北京的首都功能，就是首都所在城市的战略定位。与其他城市相比，北京的战略定位是从国家站位出发的。北京是全国的政治中心、文化中心、国际交往中心、科技创新中心。这"四个中心"的城市战略定位就是首都功能。首都功能的实现，是通过首都职责的履行来完成的。落实北京城市战略定位，就要履行为中央党政军领导机关服务、为国家国际交往服务、为科技和教育发展服务、为改善人民群众生活服务的基本职责。北京的发展核心内涵是首都发展，首都发展统领北京发展。以"四个中心"为灵魂，优化提升首都功能，履行"四个服务"的基本职责，是北京一切工作的落脚点。

北京的城市功能，是说北京作为一座城市必然具有城市的一般功能，是任何一座城市发展必然产生的作用和效能。城市是人类社会生产方式和消费方式发展到一定阶段的产物。城市的基本功能是人口和要素的集聚，人类劳

---

① [英] 斯蒂芬·曼斯菲尔德：《东京传》，张旻译，中国出版集团中译出版社2019年版，第177页。

② [意] 科拉多·奥吉阿斯：《罗马传》，吴菡译，新星出版社2020年版，第351页。

动分工合作及其产品和服务的集中交易。"人口聚集推动经济聚集，反过来刺激人口聚集，这就是城市化的动态过程。"① "正是人口分布与空间的密度提升，才反映了人口聚集；也因为人口聚集，才汇集了需求而容纳得下更高水准的分工，从而推进生产力提升、推高收入，并对人口更高程度的聚集，产生难以抗拒的引力，这样看，以密度定义的城市，才是城市化之核。"② 北京作为首都并不是平地起高楼，它是在原有城市的基础上被定都的，它本身又是拥有两千多万常住人口的超大型城市，城市发展又必须面对这一现实。脱离"城"的功能，"都"的功能就会被孤立；而离开"都"的功能，"城"的功能也发挥不出来。如何明确界定"都"与"城"的内涵和外延，是北京绕不开又必须解决的现实问题。

（一）在疏解非首都功能中，如何促进北京经济发展和社会繁荣

北京作为首都，必须具有首都意识，处处把国家挺在前面，坚定不移地执行中央疏解非首都功能的政策，守住人口天花板、生态红线、城市开发边界三条红线，尤其要坚持人口与建设规模双控，严格执行城乡建设用地实现负增长、中心城区规划建设规模实现动态零增长。经过几年来的工作，疏解非首都功能已经取得明显成效，环境污染和交通拥挤的状况得到了很大程度的缓解。

北京连续三年出现了人口负增长，"2019 年末北京全市常住人口 2153.6 万人，比上年末减少 0.6 万人。这是自 1978 年以来，北京首次出现连续三年常住人口下滑的情况。即 2017 年减少 2.2 万人，2018 年减少 16.5 万人，2019 年减少 0.6 万人"③。第七次全国人口普查数据显示，"2020 年 11 月 1 日零时，全市常住人口为 2189.3 万人，与 2010 年的 1961.2 万人相比，十年增加 228.1 万人，平均每年增加 22.8 万人，年平均增长 1.1%。比 2000 年到 2010 年的年平均增长率 3.8% 下降 2.7 个百分点"④。虽然最近两年北京常住

---

① 周其仁：《城乡中国》，中信出版集团 2017 年版，第 11 页。
② 周其仁：《城乡中国》，中信出版集团 2017 年版，第 99 页。
③ 《2019 年北京常住人口 2153.6 万人，比上年末减少 0.6 万人》，《北京晚报》客户端，https:// baijiahao. baidu. com/s? id = 1656231611114410045&wfr = spide&for = pc。
④ 《北京第七次全国人口普查数据公布：常住人口 2189.3 万人》，《北京日报》客户端，https:// baijiahao. baidu. com/s? id = 1700152186513738700&wfr = spider&for = pc。

人口数据有所回升,但增势明显式微,外来人口持续减少的趋势十分明显。总体来看,北京已进入收缩型城市行列。人口波动,特别是外来常住人口持续减少,会导致市场需要下降,加速北京人口老龄化速度,进而影响北京城市发展活力。从城市发展史来看,人口大规模向大型城市迁移是经济社会发展的客观规律,大型城市人口激增更是当代社会的普遍现象,城市人口下降而经济社会同时持续繁荣的现象并不多见。

伴随着人口流出的,还有制造、零售、批发、运输、仓储等业态的外迁,经济要素的外流也意味着GDP、地方税收的流失,造成局部地区经济波动。由于新冠疫情的叠加影响,北京制造业比重下降,产业链绷紧,城市经济出现萎缩,财政吃紧。2015年北京市GDP增长6.9%,2016年增长6.7%,2017年增长6.7%,2018年增长6.6%,2019年增长6.1%。2020年增长1.2%,北京市GDP增幅呈现逐年下降的趋势。而据北京市财政局公布的数据,2020年,全市一般公共预算收入5483.9亿元,比上年下降5.7%;一般公共预算支出6776.0亿元,下降3.6%。市级一般公共预算收入3024.7亿元,下降9.2%。北京财政收支平衡趋于紧张。中央要求北京把握好"舍"与"得"的关系,抓住疏解非首都功能这个"牛鼻子"来提升首都功能,腾笼换鸟,调整结构,提升发展水平,这的确是北京创新发展的战略举措。从现实运作来看,北京市的产业转型升级需要一个过程,低端产业的退出并未带来高端产业的快速增长,产业调整的阵痛,可能需要经历相当长的时间才能完成。国家"十四五"规划提出要"加强超大特大城市治理中的风险防控,促进高质量、可持续发展"[①]。首都要保持持续繁荣,必须防止城市经济下滑的"黑天鹅事件"。首都发展既要突出政治站位,也要尊重城市发展的客观规律。

(二)在服务中央国家机关和国际交往中,如何提升市民的幸福感和主体性

城市的发展不仅要改善市民生活质量,而且应不断满足生产方式的更迭和美好生活的期待,唤醒城市经济的潜在动力,要激发城市创新活力,

---

[①] 《中华人民共和国国民经济和社会发展第十四个五年规划和2035年远景目标纲要》,人民出版社2021年3月版,第84页。

不断促进消费升级，扩大需求市场，归根结底是为人民服务。北京要增强首都意识，坚持首都城市战略定位，做到首都的规划建设始终围绕"四个中心"城市战略定位来开展，首都的发展要自觉围绕"四个中心"城市战略定位来推进。其中最重要的是处理好服务中央与服务市民的关系问题。首都要坚定不移地为中央党政军领导机关服务，为国家国际交往服务，做好中央政务功能服务和首都政治安全保障工作，保证国家政治中心功能的实现。同时又需要体现以人民为中心的发展思想，提升人民的获得感、安全感和幸福感。要让市民成为首都发展的主体，通过激发市民的主体性、参与性和创造性，为首都发展提供持久动力，让市民是否满意成为首都发展的根本性指标。

服务中央与服务市民在根本上是统一的，但在现实中，无论是空间布局还是在城市服务功能方面，又存在先后次序的矛盾，这会影响到市民的幸福感受。"推动城市化本质是改善人类生活质量，增强经济发展动力，归根结底是为人类服务的，是社会合理分配的一种机制。"[1] 由新华社《瞭望东方周刊》、瞭望智库根据市民对所在城市的认同感、归属感、安定感、满足感，以及外界人群的向往度、赞誉所进行的"中国最具幸福感城市"[2] 排名，北京市自 2017 年以来已经连续五年跌出幸福城市前十名；由国家统计局与中央电视台等机构联合主办的《中国经济生活大调查》所评出"中国最具幸福感城市"是以市民的幸福感指数为评选标准的活动，这一活动自 2009 年举办以来，北京从未入围前十。这些排名虽然并不能全面反映城市发展的全貌，难免存在这样那样的偏颇，却在一定程度上反映了人民群众的主观感受。从最根本的意义上讲，以人民为中心，就是要提升人民的幸福感。人们的幸福感不足，既会影响到首都的社会风气和精神面貌，也会影响到首都的安定与繁荣。在北京城市发展中，一定要动员市民坚决服从服务中央机关需要和外事交往的需要，同时要动态平衡方方面面的利益，不断满足市民不断增长的物质文化生活需要，不断提升首都市民的荣誉感和幸福感。

---

[1] 郑荣华：《城市的兴衰：基于经济、社会、制度的逻辑》，广西师范大学出版社 2021 年版，第 258 页。

[2] "中国最具幸福感城市"调查推选活动由新华社《瞭望东方周刊》、瞭望智库共同主办，是中国具影响力和公信力的城市调查推选活动。该活动自 2007 年开始，已经连续举办十五届。

（三）在城市创新发展中，如何利用首都的影响力，实现以都带城、以都兴城

北京作为首都，是国家机关的集中驻地，是国家权力的集中之地，自然也集中了城市发展的大量资源，为北京的发展提供了潜在的动力与可能。由于这些资源分属于不同的层级和部门，北京市在调动这些资源、挖掘这些潜能方面，还存在着巨大的空间。北京是全国高等院校和科研机构的集聚之地，集中了大量的人才和技术，理应作为北京发展的条件。但条件不等于现实，这些条件并没能为北京充分利用。

人口是一切经济社会活动的基础，人才更是第一资源。据 2020 年 8 月恒大研究院发布《2020 中国城市人才吸引力报告》，广州、深圳等少数核心城市成为新的人口集聚地，年均净流入超 20 万；北京人口持续净流出，年均人口净流出超 10 万。从人才吸引力指数上看，上海、深圳、北京位居 2019 年最具人才吸引力城市前三名，但三个城市的吸引力指数却在拉大。上海为 100%，深圳为 85.3%，北京则为 78.7%。上海已经连续三年成为最具人才吸引力城市第一名。由于上海、北京控制人口及产业转移，人才净流入占比不断下降，北京人才保持净流出且降幅扩大。从城市群来看，长三角、珠三角成为新的人才聚集地，2019 年人才净流入占比分别为 5.0%、2.8%，高于京津冀、成渝、长江中游等主要城市群。2021 年，同一家机构的报告显示，北京人才吸引力指数虽有所上升，但杭州异军突起，人才吸引力指数逼近北京，只差 1 个百分点。由于房价、交通等生活成本的增加，生存压力的增大，再加上政策和城市发展活力等方面的因素，北京面临上、广、深、杭等城市的人才竞争，且不断有新兴城市加入这个竞争行列，北京人才流出现象有所抬升。许多城市通过设立分校、研究生院和博士后流动站等方式，吸引北京高校和科研机构到当地发展。这种现象在北京却十分鲜见。

北京作为首都，虽然在金融机构设置上保持天然优势，但其金融中心地位依然受到上海、深圳的激烈竞争。根据国际通行的分类方法，全国性金融中心是指拥有全国性的金融交易市场，本地的法人金融机构业务活动覆盖全国，具备调配全国金融资源的功能，金融影响力和辐射力实现覆盖全国范围的金融中心，目前在我国大陆地区能达到上述条件的为上海、北京和深圳三个城市。据权威机构的数据分析，2019 年，上海综合竞争力得分 271.8 分，

排名全国第一。北京综合竞争力得分233.17分,排名全国第二。深圳综合竞争力得分138.18分,排名全国第三。北京的特点是集聚了全国性大型金融机构总部,特别是在银行类机构及保险类机构方面保有巨大优势。上海的优势主要体现在证券类金融机构实力方面,是全国性证券交易市场所在地,在期货公司数量、私募基金数量等方面也均高于北京。深圳以本地法人金融机构发展质量见长,地方性金融机构发展成效相对突出,地方性金融机构如小额贷款公司、融资担保公司、融资租赁公司等在数量方面整体超过北京。虽然北京在金融机构上占据优势,但在金融创新和金融活力上却受到上海与深圳的强力挑战。[1]

北京需要以改革的精神、创新的思维,想方设法撬动首都资源,促进北京的发展。"都"与"城"的关系是双向形塑的,北京体制创新能力既应体现在对城市活力的增强上,也体现在对首都资源的深度挖掘和充分利用上。

(四)在城市总体格局中,如何实现以"一核"统"两翼"

《北京城市总体规划(2016年—2035年)》提出"一核两翼"的空间结构,充分体现了都与城、源与流的关系,首都功能核心区主要服务政治中心、文化中心和国际交往中心,是大国首都的集中呈现;北京城市副中心更多强调北京城市行政功能和经济功能,是实现京津冀联系的重要纽带;河北雄安新区是京津冀优质高端资源的重要承载地,是京津冀协同发展的重要支点。通州城市副中心与雄安新区都是疏解非首都功能的重要环节,构成北京城市发展的整体格局。国家"十四五"规划特别提出,"高质量建设北京城市副中心,促进与河北省三河、香河、大厂三县市一体化发展"[2]。高质量建设城市副中心,带动中心城区功能与人口疏解,并发挥对周边区域的带动作用,同时又要以实际行动支持雄安新区建设。

从现实层面来看,通州副中心由于地处北京东部边缘,原有产业基础薄弱,空间发展受到约束,与其他各区之间的协同关系亦受到限制。现在,北京市级机关向通州区城市副中心疏解,目前各单位间的主要沟通方式为公函,

---

[1] 综合开发研究院(深圳):《北京、上海、深圳三大金融中心的发展现状》,澎湃网,2019年12月26日。

[2] 《中华人民共和国国民经济和社会发展第十四个五年规划和2035年远景目标纲要》,人民出版社2021年3月版,第93页。

但公函的使用频率与效率较低，导致各单位缺乏长效的沟通机制与对接途径，进而产生信息不对称，影响工作效率。运用物联网、云计算、大数据、空间地理信息集成等新一代信息技术，促进城市规划、建设、管理和服务智慧化的新理念和新模式还有待进一步落实。

同时，随着通州人口增加以及河北省北三县人口向通州周边的聚集，城市核心区与副中心之间的交通、通信以及其他基础设施配套，都会变得日益紧张。通州与河北省三河、香河、大厂三县市一体化发展，受到诸多因素的影响。从经济实力、产业规模和发展效益看，通州的产业发展水平仍偏低，与北三县相比尚不具备明显优势。从重点产业发展看，通州与北三县在高技术产业、现代制造业的细分领域，如汽车、电子信息、生物医药等，同质化现象明显。通州与北三县在文化旅游、影视产业等服务业领域也存在一定的同质化竞争。从基础设施看，北三县在道路、交通、市政及生态基础设施等方面与城市副中心差距较大。从教育、医疗等公共服务设施看，北三县无论配置标准还是服务水平都不及城市副中心。由于通州和北三县隶属不同行政区，行政级别不对等，规划编制、机制设计、重大项目建设等很多跨区域协同发展问题，都需要北京城市副中心与廊坊市对接，有些重大项目还需要北京市、河北省层面统筹协调，使一些问题的决策效率偏低。通州与北三县的产业政策差异较大，特别是高技术产业面临高新技术企业资质互认、行业跨区域监管等方面的政策约束。2020年底至2021年初，由于受到跨区防疫等因素的影响，北三县房地产价格和成交量急剧下跌，引起了严重的市场恐慌，便是通州与北三县脆弱关系的客观显现。

雄安新区作为"副都"的建设，北京理应发挥主导作用，但其行政隶属又归属于河北省管辖，协调难度很大。雄安是国家的"副都"，是首都功能的疏解之地，与北京相关，却不属北京管辖。央企总部的外迁，必然影响到北京的财政税收，使北京的实际利益受损。有专家建议，雄安新区由北京市托管，以解决协调上的问题。但这种呼吁并未得到回应。[①] "一核两翼"发展的现实问题，既需要解决横向行政区隔的问题，更需要明确中央与地方事权的递解。必须加强在中央层面的协调，发挥首都规划建设委员会的实体机构作用，突破省市间协调发展的瓶颈。

---

① 陈剑：《北京进入收缩型城市面临的风险及应对》，《京师文化评论》2020年秋季号，第151页。

（五）在京津冀协同发展中，如何发挥北京带动与辐射作用

2021年是习近平总书记提出京津冀协同发展战略七周年，也是我国国民经济和社会发展"十四五"规划的开局之年。京津冀协同发展战略是党的十八大以来我国第一个区域发展国家战略，京津冀协同发展战略实施七年来成效显著，实现了《京津冀协同发展规划纲要》中2020年预定目标，初步形成了京津冀协同发展、互利共赢新局面。据国家发改委2021年5月公布的数据，京津冀、长三角和粤港澳大湾区GDP总量分别达到8.5万亿元、23.7万亿元和11.4万亿元。① 在国家区域重大发展战略"第一梯队"的发展态势，特别是相对于长三角一体化和粤港澳大湾区建设，无论是经济体量还是发展速度，京津冀都明显滞后。近年来，长三角一体化和大湾区建设频频发力，京津冀一体化与它们之间的差距有进一步拉大的趋势。这一方面是由于三省市协同各自考虑自己的利益，没有形成统一的格局，更重要的是北京作为经济协同发展的核心引领作用没有充分发挥出来。

由于历史原因，北京作为一个消费主导型城市，对周边的经济辐射引领作用有限，甚至形成一定的吸附效应，以至形成了学术界所说的"环京津贫困带"。近年来，由于滨海新区发展缓慢、天津人口总量下降的因素，尤其是河北的市场化指数仍低于全国平均水平，北京在京津冀协同中压力增大。"决定区域集聚能力的不是交通，而是产业和制度环境等生产要素。""随着发达城市劳动力的不断吸入和经济快速增长，'虹吸效应'将会演变成'马太效应'，让相对落后的城市形成恶性循环，最终导致区域发展的严重失衡。"②"目前，北京推动京津冀协同过程中，缺少市场主体的参与，市场化程度较低。"③ 北京推动京津冀协同治理的主体应是政府和市场双重作用的结合。要根本改变这种状况，就必须发挥市场的作用，调动三地资源优势，形成京津冀之间的合理的产业结构、市场链条和空间布局。国家"十四五"规划提出，要建设现代化都市圈，优化提升特大城市中心城区功能，转变城市发展方式，

---

① 《答卷2020：京津冀、长三角和粤港澳大湾区三大城市群GDP占比全国近一半，谁更有实力成为世界级城市群？》，《中国经济周刊》2020年12月31日。

② 郑荣华《城市的兴衰：基于经济、社会、制度的逻辑》，广西师范大学出版社2021年版，第8—9页。

③ 宋维珍、安树伟：《北京推动京津冀协同治理的进展与趋势》，《城市》2020年第4期。

全面提升城市发展品质。同时加强区域经济、地区经济发展协调，优化国土空间发展规划，深入和实施区域重大战略，加快推动京津冀协同发展。而这些工作要在国家层面进行综合协调，北京应该昂起京津冀协同的龙头，自觉担当核心城市作用，同时要认真发育市场主体，发挥市场机制的作用，特别是加快北京自贸区建设，提高北京科技创新中心基础研究和原始创新能力，发挥中关村国家自主创新示范区先行先试作用，推动京津冀产业链与创新链深度融合。

（六）在北京形象塑造中，如何在国内代表首都，在世界代表中国

要实现首都在国内的示范引领作用，发挥首都的国际影响力和交往中心功能。北京作为经济中心的引领作用式微之后，对其他省市的示范引领作用和影响力如何保持乃至提升，就成为突出问题。

北京作为全国文化中心，应该发挥示范引领作用。现在，广州、成都都提出了建设全国文化中心的目标，上海市更提出建设世界文化中心城市的目标，这客观上形成了与北京的竞争。如何将首都现有的文化优势转化为发展优势，加快构建高精尖文化创意产业体系，把北京建设成为弘扬中华文明与引领时代潮流的文化名城，亟待提出具体的落实举措。首都如何引领思想建设，如何构建起一套既符合市场经济规律，又与社会主义核心价值观相通、为全体中国人高度认同、能够走向世界中国思想与中国价值，需要付出艰苦的努力。北京要真正形成思想创新力和文化引领力，发挥社会主义先进文化之都的作用，在国内发挥示范引领作用，建成巩固国家思想高地、价值高地和道德高地，需要有明确的路线图和时间表。

在国际范围来看，长期以来，北京的国际交流作用，主要还是在政治交往方面。2008年之后，随着北京奥运会的召开和中国经济实力的快速提升，北京在国际交往中的作用日益拓展，影响力日益提升。但无论是国际组织在北京设立，还是大型国际活动在北京的举行，数量和影响力还明显不足。相对于伦敦之于16世纪的世界，巴黎之于17、18世纪的世界，纽约之于20世纪的世界，北京作为世界历史文化名城和世界文脉城市的影响力，还有大幅提升的空间，在人类命运共同体建设中的作用还有待进一步发挥。"首都发展只有放在全球空间尺度之下，才能够实现首都功能定位，才能够展示大国首

都形象，才能够率先实现高水平发展。"① 近年来，由于逆全球化趋势和单边主义盛行，西方世界正在形成对中国发展的约束合力。可以预见，在未来相当长的时间里，首都北京在国际政治舞台上的作用将会受到一定负面影响。北京要发挥国际交往中心的作用，在国际上发挥文化与思想的影响力，尽一切可能突破西方对华"统一战线"。

总之，"都"与"城"的关系是北京发展中面临的核心问题，首都功能的提升与非首都功能的疏解、核心功能区与非核心功能区的划分、中心与副中心的关系、首都与副都的关系、辐射带动与自身发展之间的问题，都是由这一问题显现与派生的。强化"四个中心"的首都功能，伴随着城市的去中心化、多中心化、转移城市人口，疏散非首都功能。首都不仅意味着机构的强化和向中心的聚集，更标志着城市功能的提升和影响力的扩大。对首都内涵与功能的理解，直接影响到首都北京的发展。中央提出，要紧紧围绕实现"都"的功能来谋划"城"的发展，努力以"城"的更高水平发展服务保障"都"的功能，这个课题还亟待突破。

四 其他国家凸显首都功能的主要做法

作为一个国家的行政中心，首都的发展需要服务于政治中心的要求。每个国家发展历史不同，传统文化有较大差异，国家发展体制迥异，现实国情的悬殊使得每个国家相应的首都功能和定位亦有差别。他山之石可以攻玉，了解全球主要发达国家首都的功能定位，对北京首都发展具有借鉴意义。

（一）突出首都的功能定位

国家首都功能定位的确定并非一蹴而就，而是一个历史发展的过程，是在各自国家的历史发展当中不断探索，进而形成了首都核心功能。首都是一种特殊的城市类型，世界绝大多数首都基本都拥有对内政治功能和对外国际交往功能等核心功能定位，基于每个国家的历史文化传统与现实需要，在核心功能之外有的也承担着国家文化、科技、经济等中心的叠加功

---

① 靳诺：《多维度理解首都发展的内涵及外延》，《北京日报》2020年12月7日。

能定位。如果说政治功能定位是所有首都城市皆应具备的共同特征,那么叠加功能则是反映首都城市差别或特色的功能定位。明确了首都的功能定位,首都的发展才能更加聚焦,更能发挥自己的核心功能,从而实现国家赋予首都的功能。

世界著名城市巴黎,作为法国的首都,在19世纪末工业化的大发展时期,即面临城市快速扩张的难题,为了约束巴黎城市的无序发展,巴黎在此后一个世纪的时间里,城市实际的人口规模和建成区面积屡次突破规划限制,不得不频繁制订规划,调整城市的发展建设。目前形成多极化的区域中心来优化、调控城市功能。建成了巴黎市和大巴黎区相辅相成的具有复合城市功能的首都,成为法国的政治、经济、文化和商业中心。[1]

日本的首都包括以东京为中心的都会区,也称"东京圈"或"东京都市圈"。占日本国土面积的9.6%。首都圈内人口相当于日本总人口的34.2%,GDP占全国总量的38%,是日本政治、经济、文化的核心区域。[2] 东京圈在发展过程中,注重构建圈域内不同区位的错位发展,注重优势互补,打造合理的产业分工体系,有效配置资源,从而突出强化了首都圈的功能,使东京成为政治、经济、文化、科教、生产、贸易、航运等的中心。

除了首都多功能定位之外,世界上还有部分国家的首都功能定位比较单一。较有代表性的是美国首都华盛顿,其主要承担政治功能,其他功能由别的城市承担。这是由美国的政治制度和经济制度决定的。美国强调小政府大社会,而且是联邦制,中央政府承担的职能相对单一,掌握的资源也有限,社会的经济运行很大程度上由大型企业负责,所以美国的首都华盛顿的功能相对单一。

(二)合理规划首都的空间布局

良好的城市空间形态和功能布局是首都城市提升竞争力、实现首都功能健康发展的必然要求。城市的空间形态对于城市运转效率和宜居程度具有基础性的影响。在国家城镇化和工业化发展过程中,集中大量优质资源的首都城市,常常面临人口规模和建成区面积不断扩张的巨大压力。于是出现了

---

[1] 袁蕾:《巴黎城市副中心建设的经验与借鉴》,《农家参谋》2018年第18期。
[2] 田庆立:《日本首都圈建设及对京津冀协同发展的启示》,《社科纵横》2017年第3期。

"都"与"城"、"城"与"人"之间的矛盾。任由首都"摊大饼"式无序蔓延，会在很大程度上影响首都城市健康发展和竞争力的提升。许多国家都意识到了这一点，通过国家顶层规划推动首都功能的空间结构由单中心、"摊大饼"式的形态向多圈层、多中心的都市圈形态转变，引导首都城市空间形态的优化和有序拓展。

工业革命以来，世界上不少首都的"爆炸式"发展带来了各种环境与社会问题，例如伦敦由于工业分布密集，污染严重，"雾伦敦"成了首都的代号。在霍华德、盖迪斯、芒福德等学者"尺度重构"的理论背景下，[1] 城市空间规划由"就城市论城市"逐步走向"区域整体观"。首都特大城市的区域空间规划就照顾到空间布局、功能配置、形态塑造等方面。从区域的视角疏解首都功能，重塑首都功能。通过顶层设计，大多数国家单一的首都城市逐渐发展成以首都城市为核心的城市群，城市群拓展多为层级式圈层结构，每个圈层均有明确的功能定位。英国伦敦由伦敦城发展至大伦敦，包含伦敦城及周边的几十个行政区，具体分为内伦敦与外伦敦两个圈层；法国巴黎发展而成的巴黎首都经济圈由巴黎市与其他七个省组成，具体分为巴黎市区、内环和外环三个圈层；日本东京最终发展成以东京为中心、半径100公里范围内的一都七县城市群，具体分为内层、中间层和外层三个圈层；韩国首尔首都圈则包括中心城市首尔特别市、仁川直辖市、京畿道行政区及其下属的64个次级地方行政区等三个圈层。[2]

一些国家通过在首都地区不同圈层建设功能分工互补的城市副中心、新城、卫星城。事实上，构建多中心城市空间结构，分担首都中心城区的部分功能，是许多首都城市发展到一定阶段之后的共同规律。伦敦为疏解中心城区的人口与就业，通过建设"反磁力中心"城市，推动大伦敦中心的人口、就业问题在更大的范围内实现平衡布局。伦敦经过多年的新城建设，形成围绕中心城区的"环状路网＋绿带＋卫星城"典型模式，对疏解城市功能和中心城区人口起到了重要的作用。巴黎依托已有城市化区域，提升土地利用效率、提高人口密度，形成各种资源要素的城市集聚，同时通过发展多中心空

---

[1] 吴骞:《尺度重构下的国外首都特大城市地区空间规划分析》,《国际城市规划》2019年第1期。

[2] 国务院发展研究中心课题组:《典型首都城市建设和治理的经验启示》,《中国经济时报》2016年8月16日。

间结构，促进区域内职住平衡和大都市区整体均衡发展，实现城区内各要素资源的有效配置和城市功能的高效利用。在一定程度上分流了涌入巴黎主城区的新增人口，并有效引导原单中心放射发散型格局的巴黎都市区向多副中心和多卫星城同步协同发展格局转变。最终形成"1中9副5新城"的多中心空间模式，使巴黎中心地区有更多的空间来发挥服务中心的作用。东京都分成三大圈层，规划建设了19个微型中央商务区，新建的副中心有效分担了部分市区功能。① 东京则在首都圈发展过程中，在城市外围的广域地区内建设了专业化职能明确、发展模式各异的自立性新城，以促成多极分散型网状构造的均衡发展格局。世界上大多数首都在建设过程中大都依据承载能力、地理区位、发展规模和功能定位的差异性，形成不同层级的城市极核，同时注重各极核在整个区域层面的联系与协作。

（三）完善首都城市管理制度

首都作为国家治理与地方治理交织重叠的特殊区域，公共事务复杂多元。要实现首都良好治理，必须明确中央政府和首都城市地方政府的公共治理权责关系。无论是纵向的上下级政府之间，还是横向的同级职能部门之间，都需要明确分工。对于涉及首都地区具有国家战略意义的重大事项，或者需要跨部门协调的公共事务，则设立相应具有协调和执行权能的机构或上级政府专门负责。为保障首都城市的健康发展，大多数如巴黎、东京等首都城市都建立了健全的城市管理体系，大到政府治理、经济发展、社会活动，小到露天市场、停车规则、公共卫生等，都有相应的管理制度加以保障。例如法国巴黎的首都治理，推出了"中央主导—地方自治"的双层治理结构，法国中央政府负责立法、审批、规划等举措促进巴黎大都市区的整体发展框架，同时下放部分权力给社会其他主体包括市镇，促使各种社会力量之间合理地协作发展。②

日本在推动首都圈建设过程中，日本政府注重建立具有权威性的协调机构，完善跨区域协调机制。例如成立都市圈整备局，作为政府的协调组织，

---

① 国务院发展研究中心课题组：《典型首都城市建设和治理的经验启示》，《中国经济时报》2016年8月16日。

② 苏黎馨、冯长春：《京津冀区域协同治理与国外大都市区比较研究》，《地理科学进展》2019年第1期。

主要职责是协调东京都市圈与调整局和土地局等其他政府机构的关系。东京都市圈还专门成立了包括地方政府领导人、企业家、大学教授等具有社会影响力的人士组成都市圈整备委员会。促进了地方政府、企业、学者之间进行密切的分工协作。同时，行政协同机制还有"九都县市首脑会议"，主要由首都圈的各个重要县市参加，在行政层面进行顶层设计。①

世界上不少首都都在进行治理模式的创新。在全球城市治理层级结构调整中，出现了新型层级制发展趋势。以伦敦大都市圈为例，尽管1998年又恢复了两级政府管理模式，但其对上下一致的传统治理模式进行了创新，即两级政府之间不存在隶属关系和管辖关系，而是一种合作和伙伴关系。其中，大伦敦政府是作为战略型政府而运作的，其作为政策整合和协调多中心治理机制的一个平台，着眼于城市长远和可持续发展及提升。伦敦自治市政府是作为日常运作型政府，重点是提供具体日常公共服务，这种两极政府管理模式在确保伦敦大都市圈发展的统一性的基础上，尽可能多地给予地方自治权力，最大限度地激发区级政区的活力，实现城市一体化管理与地方自治并存。②

比较项目	战略型政府	日常运作型政府
目标	长远眼光和可持续发展	对城市居民所需的公共产品和服务的有效供给
职责	决策和规划，提升城市综合竞争力	提供具体的公共产品和公共服务
内部组织	决策、执行与监督部门分立	执行与监督部门
面向	变化着的环境	公共事务
权威	影响力	执行力

概括起来，国外首都治理具有参与主体类型多元，且关系稳定、权责明晰的特点。以立法为根本、行政为保障、发挥市场机制。③ 有效地杜绝了机构重叠、交叉扯皮的现象。

---

① 田庆立：《日本首都圈建设及对京津冀协同发展的启示》，《社科纵横》2017年第3期。
② 姜乾之、张靓：《东京大都市圈演化的治理结构研究》，《现代日本经济》2020年第3期。
③ 苏黎馨、冯长春：《京津冀区域协同治理与国外大都市区比较研究》，《地理科学进展》2019年第1期。

（四）制定首都治理的法律法规

首都城市发展不仅关乎自身的发展和治理，也是保障中央政府高效运转、展示国家竞争力、实现区域协同发展的重要政策工具，必须进行高位统筹。跨区协同、高位统筹、立法保障、动态调整是首都发展区别于一般大城市和区域城市的主要特点。世界上一些发达国家出台有类似首都法的法律法规规范首都发展。例如，日本中央政府为支持东京都可持续发展，有机疏散非中心城市的功能，政府有计划地规划和发展东京都市圈内其他城市，1965年制定了《首都圈整备法》，确立了"首都圈整备计划"，并赋予其绝对的权威地位。调整首都圈功能，提出"地域复合体构想"整体构想。1968年和1976年，日本政府又分别出台首都圈规划，将首都圈扩展至"一都七县"，首都圈的范围得以扩大，而且首都功能被进一步分散，在此基础上，提出构建"区域多中心城市复合体"的蓝图。1986年，东京"一极集中"的结构转变为"多心多核"结构的"区域多中心城市复合体"，1999年又第五次制定《首都圈建设规划》，重新将城市功能在都市圈内进行合理布局，打造"分散型网络结构"的空间模式。目标是将首都圈建设成为更具经济活力、充满个性与环境共生、具备安全舒适高品质生活环境的可持续发展区域。[1]

1978年，英国伦敦颁布《新城法》，遏制伦敦主城区发展萎缩的趋势，提升伦敦主城地位。2000年后，大伦敦政府重新成立，分别于2004年、2008年、2011年、2016年先后颁布了四部伦敦城市发展战略规划，旨在将伦敦建设成为欧洲主导型城市和世界级城市的发展目标。着重强调可持续发展、高效率增长、城市功能完善与便捷、设施更新。由市场驱动，通过各种资源要素配置与流动、人口自发迁徙与集聚、环境与服务功能逐步优化等措施推动城市发展，不再片面地限制伦敦城市规模扩张。认为只有实现将大伦敦区着力发展成为世界级城市的发展战略，才能有效带动英国的发展，提升其在世界级城市的领先地位、占据全球价值链高端。同时明确未来伦敦城市发展应坚持增长、公平及可持续三个基本原则。[2] 法国也于2000年后制定了《巴黎

---

[1] 田庆立：《日本首都圈建设及对京津冀协同发展的启示》，《社科纵横》2017年第3期。
[2] 刘佳骏：《国外典型大都市区新城规划建设对雄安新区的借鉴与思考》，《经济纵横》2018年第1期。

大区 2030 指导纲要》，确立了巴黎 21 世纪发展目标，重点打造巴黎世界级都市区。[1]

（五）转型升级首都核心产业

近年来，世界级城市在全球和区域经济中的功能不断扩展，地位迅速提升，对国家及世界经济发展的作用越来越显著。世界级城市之间的竞争格局直接决定了全球经济、文化的发展走向。世界上大部分国家的首都是本国政治、经济、文化的中心，有些在世界上都有重要影响。在全球化背景下，首都城市代表国家和地区参与全球城市竞争和全球治理，通过构建合理的城市产业结构体系，形成全球竞争力，在全球经济分工体系中发挥协调、控制和指挥作用。首都城市对全球经济的控制力和影响力集中体现在金融业、商务服务业、科技服务业、信息服务业、文体娱乐业、教育培训业等现代服务业，一般性制造业和低端服务业则在首都城市发展过程中逐步向外围转移。

推动产业结构和就业结构转型升级、迈向高端，是打造首都城市竞争力、治理"大城市病"的重要支撑。推动产业结构和就业结构转型升级、迈向高端，有助于带动城市人口合理布局，提升资源能源使用效率，大大缓解首都城市在人口集聚、环境、交通等方面的治理压力，同时，也是提升首都城市核心竞争力的重要支撑。世界上许多首都城市都把产业转型升级作为城市发展的重大战略。

随着新知识经济的发展，首都传统工业产业必须转型。比如伦敦城市的转型是从工业和金融之都向创意之都的转变，文化创意产业已成为伦敦支柱产业之一，是推动当地经济发展的重要动力。根据伦敦政府报告，伦敦文化创意产业每年创造约 470 亿英镑产值，超过 15% 的伦敦市民从事与文化创意产业相关的工作。2017 年，伦敦文化创意产业增加值为 522.3 亿英镑，占英国文化创意产业增加值的比重达到 51.4%。[2] 通过发展数字技术，为艺术家和创意工作者提供实习机会或就业帮助，培养市民文化素养等政策扶持和推动，伦敦文化创意产业不断发展，在增强文化软实力、提高城市国际吸引力

---

[1] 刘佳骏：《国外典型大都市区新城规划建设对雄安新区的借鉴与思考》，《经济纵横》2018 年第 1 期。

[2] 贺菁伟：《国际首都城市特色功能建设经验及启示》，《中国统计》2021 年第 3 期。

和影响力等方面发挥着重要作用。

在推动首都产业升级中，增强新型产业的创新能力，是提升首都产业发展的重要举措。根据创新型城市指数报告，东京城市创新能力进步显著，从2010年全球第20位上升至2018年全球第1位；伦敦和巴黎城市创新能力稳居全球前列，2018年分别排在全球第2位和第9位；首尔城市创新能力发展平稳，从2010年全球第27位稳升至2018年全球第12位。[1] 根据世界知识产权组织统计，2013—2017年，东京—横滨地区以创新产出总量（国际科学出版物和国际专利申请量）占全球总量的12.6%，继续领跑全球创新产出集群第1位；首尔以5.6%的全球产出占比位列全球第3位；巴黎和伦敦分别位列全球第9位和第15位，创新产出总量占全球比重分别为2.5%和1.7%。同时，由于首都产业的大发展，不少首都经济发展在各自国家的比重较高，例如，巴黎、首尔、伦敦、东京地区生产总值占该国地区生产总值的比重分别为33.9%（2017年）、29.8%（2016年）、21.5%（2015年）和20.6%（2015年）。[2]

世界各国的首都依据自身的资源禀赋，根据国家发展的需要，调整、强化、弱化某些功能，其宗旨都是为了突出首都的核心功能，增强首都在本国或者国际上的竞争力。

五 深化首都性质功能认识的建议

基于对首都性质功能的历史变迁、现实问题、国际借鉴的分析，我们进一步认识到深化首都性质功能的认识对于北京和全国发展而言的极端重要性，但同时也深刻感受到这种深化认识的极度复杂性，不能简单地非此即彼地看问题，而必须坚持系统观念。坚持系统观念是党的十九届五中全会通过《中共中央关于制定国民经济和社会发展第十四个五年规划和二〇三五年远景目标的建议》中强调"十四五"时期经济社会发展必须遵循的"五个坚持"原则之一。习近平总书记深刻指出："系统观念是具有基础性的思想和工作方法。全面建成小康社会后，我们又开启了全面建设社会主义现代化国家新征

---

[1] 贺菁伟：《国际首都城市特色功能建设经验及启示》，《中国统计》2021年第3期。
[2] 贺菁伟：《国际首都城市特色功能建设经验及启示》，《中国统计》2021年第3期。

程，我们发展环境面临深刻复杂变化，发展不平衡不充分问题仍然突出，经济社会发展中矛盾错综复杂，必须从系统观念出发加以谋划和解决，全面协调推动各领域工作和社会主义现代化建设。"坚持系统观念的核心要义在于"加强前瞻性思考、全局性谋划、战略性布局、整体性推进"①。这对于首都建设而言具有指导思想和遵循原则的意义。自觉坚持和贯彻系统观念，我们对首都性质功能的认识就将有一些新的收获与启示。

第一，更加自觉地在"中央—北京—京津冀—全国—世界"的同心圆中定位首都。

1. 需要厘清、构建中央和北京市责权明晰的工作体系。毋庸讳言，北京发展中"都"与"城"的矛盾，事实上就是中央对北京市四个中心、四个服务的首都功能定位与北京市自身发展及其能力建设之间的矛盾——"四个服务"中首先是"为中央党政军领导机关服务"。中央的定位和要求是不容商榷的绝对命令，但北京作为特大城市也只有自身发展好了，才能更好地扮演好这样的角色。党的十九届四中全会把"健全充分发挥中央和地方两个积极性体制机制"作为推进国家治理体系和治理能力现代化的重要内容，并作出了部署。这是习近平新时代中国特色社会主义思想治国理政论述的重要体现，是完善国家行政体制、提升政府治理效能的重要举措。中央与北京是一种特殊的央地关系，也可以说是中央和地方关系中最直接、最重要的关系，需要特殊的、专门的规定。只有构建责权明晰的工作体系，北京市才能明确自己的权力、责任的边界，才能在利益增进的条件下不断增强活力，体现积极性，发挥创造性，从而也能更有效地提高服务中央的能力。

2. 在世界格局中构建京津冀利益共同体。京津冀协调发展战略是重大的国家发展战略，也是北京发展的难得机遇。京津冀协调发展战略的提出确实有其明显的针对性，那就是要疏解北京的非首都功能。但是，对于北京市来说，既要深刻领会中央的精神，又要摆正自己的位置，以更宽广的视野、更谦逊的胸怀去理解和实现这一战略，从而使首都真正获得可持续发展的理想效果。实事求是地说，七年多来京津冀协调发展取得了阶段性成效，但远不尽如人意。根本的原因就是未能照顾好各方利益，真正把各方积极性激发出

---

① 《中共中央关于制定国民经济和社会发展第十四个五年规划和二〇三五年远景目标的建议》，人民出版社2020年版，第56、57页。

来。京津冀各自的利益诉求不同,这是客观事实,能否协调好利益问题是决定京津冀协调发展战略成败的关键所在。京津冀利益协调的焦点和节点在北京,如果北京也只考虑自己的利益,而不是最大限度追寻三地公约数并扩大共同的利益,那么这一战略就会大打折扣。例如,多年来北京市大多"政治正确"地把京津冀协同发展当作解决自己"大城市病"、疏解非首都功能的手段,即便是《关于制定北京市国民经济和社会发展第十四个五年规划和二〇三五年远景目标的建议》相关部分的标题也表述为"牢牢抓住疏解非首都功能这个'牛鼻子',深入推进京津冀协同发展"。境界不高、行之也必不远!真正长远的定位应该是具有超越性的、理念性的"范导"。换言之,不应该是以"治病"的非常态出现的,而应该是以顺应规律发展的常态出现的。要从世界城市发展已经进行城市群发展的高度以及国内面临长三角、珠三角(大湾区)等城市群严酷竞争的事实出发,充分认识到打造京津冀利益共同体乃至生命共同体的极端重要性,长远来看是北京更需要京津冀,而非相反!因此北京在对待其他两个主体时要尽量淡化"工具性"话语及其策略,要有"以大事小在于仁"的胸襟与魄力,避免关于首都功能的"非(首都功能)此即彼"的说法与做法。一方面,简单剥离首都功能与非首都功能是不合理的,两者水乳交融,"皮之不存毛将焉附",没有非首都功能的涵养、支撑,首都功能就不可能实现。另一方面,厚此薄彼的也不合情,还是要充分照顾津冀两个主体的感受,尊重其利益、增进其利益,真正在结构优化中壮大城市群整体力量,从而使北京获得可持续发展的后劲,增强服务中央的能力。"知其雄,守其雌,为天下溪……知其白,守其黑,为天下式……知其荣,守其辱,为天下谷。"(《道德经》第二十八章)在一定程度上说,北京恰恰需要以"去中心"化的思维和方法完成"中心"定位的任务。

3. 在"率先""首善"基础上努力发挥对全国的辐射、引领作用。首都就意味着北京不仅是北京的北京,还是全国的北京。作为首都,做到"前列""率先""首善""标杆""典范"是题中之义,但还远远不够,因为这些别的省市也可以努力做到,甚至实际上在某些方面它们已经雄心勃勃地设置目标并且脚踏实地地做到了。作为首都,北京还必须考虑这些"前列""率先""首善""标杆""典范"是如何可能的,以及如何对待作为竞争者的其他地区的问题。作为享受全国优势资源的首都,不应该以排他性的竞争方式获得自己的有利地位。至少在以往的发展中多多少少是存在这样的问题的。即北京客观上成了周边地区乃至全国地区的资源"黑洞"——环北京贫困带的形成与持续存在就是抹不去的残酷事实，成为好处的"大漏斗"，坏处的"不粘锅"。这样的"率先""首善"不仅不能服众，而且制造了矛盾，使外在关系无机化、内在结构也未优化。因此，北京发展要有更加自觉的辐射、引领全国的意识，甚至要将之作为首都功能重要的参数指标，而且这一参数的权重加大到什么程度，首都就在多大程度上真正无愧于首都。目前北京市十四五规划中"'一核'辐射带动作用明显增强"的目标还主要限于北京和京津冀，而不是全国。主动发挥辐射、引领作用不是说方方面面北京都做得比其他地区好，而是首先有一种真诚愿意帮助、服务的态度。一方面，这种态度会"倒逼"北京自己努力提升自己的能力以足够能够带动、引领，可谓：法乎更上，适得其上；另一方面，正是在与其他地区的互动中北京才获得更多发展的机会，从而形成"辐射、引领—更多资源、机会—更好辐射、引领"的正向反馈。

4. 在国际上树立好走向民族伟大复兴的国家形象。在深化首都性质功能认识、推进北京经济社会发展中坚持系统观念，最重要的是要放眼两个大局——世界百年未有之大变局和实现中华民族伟大复兴的战略全局，这是谋划首都一切工作的基本出发点。在国际社会，首都与其所在的国家从来存在一种借代关系，这也就意味着，首都在世界上全方位地代表着其所在国家的形象。北京的首都功能定位为"全国中心"——例如全国政治中心、全国文化中心，在此应称为"国家中心"更恰当。例如上海也提出建立全国文化中心，但真正的国家文化中心则只有北京。今天的中国已经迈上第二个一百年，即实现社会主义现代化国家的新征程，日益走近世界舞台中央，将在21世纪中叶实现民族伟大复兴。这就要求作为首都的北京能匹配这样的民族、国家的时代高度，必须全息地反映中华民族、中国人民今天的文明成就和精神状态。北京市"十四五"规划明确提出，到2035年将努力建设好伟大社会主义祖国的首都、迈向中华民族伟大复兴的大国首都、国际一流的和谐宜居之都。但是，其中相关分析却认为，"首都北京与党和国家的历史使命联系更加紧密。我国日益走近世界舞台中央，必将进一步提升北京的国际影响力"，将之作为重要的机遇当然是有道理的，但将之作为自己的责任、压力，以提升北京来襄助民族、国家发展才是更积极的态度。

第二，以政治中心为灵魂，把准新时代新阶段首都建设的关键性质。

"四个中心"是新时代党中央对首都的战略定位，这也是不容商榷的绝对命令。但是，一方面，作为首都，讲政治是第一位的，全国政治中心的定位是核心；另一方面，在新时代的不同阶段，"四个中心"建设的侧重点或重点任务是有所不同的。在全面建成小康社会后，中国进入了全面建成社会主义现代化国家的新阶段，在这个阶段必须把准四个中心建设的性质及其侧重点。

1. 坚持党领导一切建设全国政治中心。现代政治本质上是政党政治，中国特色社会主义最本质的特征和最大的优势就是中国共产党的领导，坚持党的领导也是党百年奋斗历史经验中最重要的一条。北京作为中国特色社会主义祖国的首都，全国政治中心是首要的和最本质的功能，一方面，必须做坚持党的领导、贯彻两个"确立"、做到两个"维护"的全国表率；另一方面，要为党中央领导全国创造尽可能好的条件，做好四个服务。前者是题中之义，而后者才是首都的特殊之处所在。

2. 在2035年建成文化强国的目标下建设全国文化中心。作为全面文化中心，必须充分领悟国家的文化战略，并在这一战略实现中发挥与首都相称、无愧于全国文化中心的作用。按照第二个一百年的奋斗目标，全国要在中华人民共和国成立一百周年之际建成社会主义现代化强国。党的十九届五中全会明确指出要在2035年先建成文化强国。这其中蕴含着这样的逻辑：文化强国是现代化强国的引导和支撑，只有先成为文化强国，而后才能建成现代化强国。同时，提升文化软实力是建成文化强国的关键所在，而正如习近平总书记指出的，中华优秀传统文化是我们最深厚的文化软实力。2017年两办文件《关于实施中华优秀传统文化传承发展工程的意见》还明确提出，到2025年建成中华优秀传统文化传承体系。北京是一座有着50万年人类生活史、3000多年建城史和800多年建都史的世界著名古都、历史文化名城，北京历史文化是中华文明源远流长的伟大见证，丰富的历史文化遗产是一张金名片。全国文化中心建设"十四五"规划尽管提及文化强国等大背景，但意识上还不够，贯彻不够全面和彻底。在持续写好首都文化这篇大文章以推进全国文化中心建设过程中，必须对标和服务于国家的这些战略目标与路径，在建设中华优秀传统文化传承体系、实现中华优秀传统文化创造性转化和创新性发展、提升国家文化软实力、2035年建成文化强国方面发挥首都的表率和引领带动功能①。

3. 在为百年未有之大变局中建设国际交往中心。随着中华民族伟大复兴的进程，中国日益走近世界舞台中央，包括北京、上海、广州，甚至杭州、成都都日益成为重要的国家交往中心，目前北京毫无疑问是排在首位。但是，中央对北京国际交往中心的定位，绝不仅仅是因首都在北京而自动、自在地形成的状态，而是包含着许多"应然"的期许。当今世界面临着百年未有之大变局，谋求"变局"之后于中国和世界有利的"新局"是中国外交大局的基本意图，而推进"一带一路"倡议、弘扬全人类共同价值、构建人类命运共同体是现实的选择或应对变局的中国方案、中国智慧。作为首都，与一般的国际交往中心不同的地方就应该是，最有资格也应该最有雄心，在增强外交活动承载力的基础上，前瞻性、创造性地为这样的意图和现实选择积极营造氛围、创造条件。

4. 基于工业4.0变革在科技与经济互动中建设科技创新中心。工业4.0是利用信息化、数字化、智能化技术促进产业变革的时代，孕育大量的新型商业模式。早在2015年通过的《中国制造2025》已经做出反应，2020年国家"十四五"规划更是系统部署了数字经济。北京市拥有全国独一无二的科技创新资源，在其"十四五"规划中也对"加快构建科技创新中心"作出了未来部署。与此同时，在经济建设方面为落实中央规划中关于发展数字经济的思想，北京市在2020年发布了《关于加快培育壮大新业态新模式促进北京经济高质量发展的若干意见》《北京市促进数字经济创新发展行动纲要（2020—2022年）》，2022年1月市政府工作报告指出，北京将加快释放数字经济新活力，加强算力算法平台等新型基础设施建设，着力推出20个重大应用场景，推动形成区块链、人工智能、扩展现实和超高清显示等产业集群。现在的问题是，从北京市经济下行压力大的现实出发，如何把建设科技创新中心与发展高质量经济结合起来，把科技创新资源优势转变为经济优势，建立现代经济体系与建设科技创新中心应该做到一体规划。实际中，科技创新优势资源对于北京来说更多只具有"在地性"，更多受制于国家、部委及其科研院所。这就是

---

① 为落实两办文件，2017年北京市印发《落实〈关于实施中华优秀传统文化传承发展工程的意见〉实施方案》，明确2025年传承发展中华优秀传统文化体系基本形成的目标，并梳理出52项重点任务。北京市"十四五"规划中提出"打造弘扬中华优秀传统文化典范之城"的目标，但没有明确回应2025年基本形成传承发展中华优秀传统文化体系的目标。

北京作为首都面临的优势和难处，必须努力谋求一个更优的解决方案。

5. 突出市民民生首善和在全体中国人实现美好生活中的地位。进入新时代一个根本性的标志就是社会主要矛盾发生了历史性的全局变化，即从过去的人民群众日益增长的物质文化需要同落后的生产之间的矛盾，转变为人民日益增长的美好生活需要与不平衡不充分的发展之间的矛盾。实现人民对美好生活的向往就是我们的奋斗目标，也是中国共产党最根本的初心与使命。人民的美好生活是一个复杂、系统的有机整体，至少包括物质生活与精神生活两个层面。物质生活需要发展经济和进行社会保障予以解决。2021年在我国发展史上是一个重要的分水岭，那就是这一年中国宣布已经全面建成小康社会，历史性地解决了绝对贫困的问题。这意味着，一方面，中国发展真正从"富起来"进入"强起来"阶段，以后在物质生活方面更多是如何实现共同富裕和更高水平物质生活的问题；另一方面，中国社会发展总体进入了"后物质时代"，也是更加凸显精神生活的时代。因此，人民的美好生活中精神维度变得特别重要。在党的十九届五中全会通过的"十四五"规划意见中突出了增强人民精神力量、提高社会文明程度的内容。北京率先全面建成小康社会，并也明确提出"十四五"期间市民"七有""五性"需求在更高水平上有效满足的奋斗目标，民生保障在全国居于前列。但是还应该有更高要求，一是在民生方面要做到全国最好，做民生首善。二是更为重要的，那就是不仅要在人民美好生活方面为全国树立一个榜样，而且要为全国人民的美好生活作出首都应该做的贡献；不仅使首都公民在获得感、幸福感方面在全国居于前列，而且让全国各地来到首都的人民获得感、幸福感得到提升，使首都成为全国人民心目中的美好生活之都。实事求是地说，北京城市幸福感目前还不尽如人意，与首都的地位差距比较大。中央电视台财经频道2012年以来的全国幸福城市排行、清华大学《幸福中国白皮书》等都显示，北京居民的幸福感排行比较靠后。"城市让生活更美好"，如何让北京市民以及从全国各地来北京的国人乃至全世界来北京的人们都感受到美好，是北京需要下大力气做的系统工程。

6. 顺应人类存在方式变化，积极打造首都元宇宙。2021年"元宇宙"（Metaverse）十分火爆，就其实际达到的技术成效而言，无疑大有炒作成分，但是它确实反映了一种发展趋势，元宇宙自我规定的总体性特征和总体化趋势决定了它的标本、证候性质，反映了当今人类已经和将要普遍发生的存在方式变化，而这对于国家、城市治理都产生了重大影响，如果不能未雨绸缪，就会陷于被动。例如，当前，作为元宇宙的"疆域"基础，Soul 的用户数量突破了 1 亿，Roblox 有 1.4 亿玩家，Facebook 的用户数量更是多达 29 亿。它们以被用户认同的方式构建了一个让任何民族、国家都畏惧的公共空间。它们有自己的规则、秩序甚至发行、使用加密货币，当然也就有自己的共同价值和意识形态，在现实国家的政治生活、地缘政治竞争中已经发挥非同寻常的作用，甚至不断挑战主权国家。如何治理元宇宙？这个问题的本质是对人的想象进行治理，以获得元宇宙居民的认同，这正在成为统治合法性的重要源泉。目前，绝大多数政府还处于"蒙圈"状态，对元宇宙的出现反应迟钝。2021 年 11 月，韩国首都首尔最先行动起来，在世界上率先建立元宇宙政务平台（Metaverse Seoul），提供虚拟世界新概念的公共服务，并制订"元宇宙首尔基本计划"。我国则是上海已经拔得头筹，在 2021 年 12 月底通过的《上海市电子信息制造业发展"十四五"规划》中，明确强调"鼓励元宇宙在公共服务、商业办公、社交娱乐、工业制造、安全生产、电子游戏等领域的应用"。此前北京市的"十四五"规划中也提到要"建设数字孪生城市"，但没有明确"元宇宙"的概念。更为重要的是，即便是首尔、上海提出的元宇宙，更多是从公共服务、产业发展的角度提出的，还未上升到元宇宙治理的层面。北京作为首都，必须坚持系统观念，前瞻性地看待这一问题，率先进行研究（例如虚拟社区的治理），如何在元宇宙中，基于想象及其兴趣、价值观进行有效治理，在虚拟世界中赢得人们的拥护。这是中国社会治理必然要走的一条路，也是一条绝对创新之路，一条目前因为观念超前就可能领先、否则会将机会拱手让人的先进之路。

7. 建设法治首善，推动适时制定和实施《首都法》。首都功能性质的认知、定位及实现，最终都需要制度、机制的保障，有赖于治理体系和治理能力的现代化，而其中最为关键的是法治化。法治中国的首善之区正是首都北京的重要建设目标。但是，首都的特点就决定了其法治必须首先从国家高度以国家意志的形式奠定下来。早在 2001 年，就有学者指出，国家应该确定"都制"即首都行政体制，就是指国家从法律制度上对首都城市的性质、地位、功能、组织机构、管理权限、决策程序与规章制度等方面的制度安排。从纵向关系看，"都制"涉及行政组织的上下级关系，如中央政府与市政府之间的关系；从横向关系看，"都制"涉及北京市政府与周边省、市及其他非政府组织、社会组织之间的关系。这其实就是要为首都立法，直接体现为制定《首都法》。从国际上看，各国政府一般均将首都规划的核心内容通过立法予以明确，并根据规划实施情况对法案进行阶段性修订，以保障首都发展规划的严肃性和权威性。2005年北京市16位市人大代表提出，国家应借鉴国外经验，尽快研究制定《首都法》，用法律形式解决好首都存在的问题。2021年，连玉明再次建言，要加快《首都法》的立法进程，将《首都法》列入全国人大"十四五"立法规划，以立法引领、促进和保障全面推进首都治理体系和治理能力现代化。毫无疑问，《首都法》必须由全国人大来制定，北京要做的事情就是通过各方面的工作推进这一进程。同时，作为首都建设的章程和根本遵循，《首都法》不仅要明确北京作为首都的义务，也要明确其权利，实现权利与义务的统一。

·名家访谈·

城市生存与城市书写
——邱华栋访谈录

程光泉[*]

邱华栋，1969 年生于新疆昌吉市，祖籍河南西峡县。16 岁开始发表作品，18 岁出版第一部小说集，1988 年被破格录取到武汉大学中文系。1992 年毕业于武汉大学中文系。后攻读在职研究生，获文学博士学位，研究员。曾在《中华工商时报》工作多年，后任《青年文学》主编、《人民文学》杂志副主编、鲁迅文学院常务副院长。2018 年由江苏凤凰文艺出版社出版了《邱华栋文集》38 卷。2020 年 12 月出版《北京传》。中国作家协会第九、十届主席团委员，书记处书记。

2021 年 11 月 17 日，在中国作协办公楼里，邱华栋的办公室书籍盈架充栋，更像是学者拥挤的书房。我在他书桌对面挤出一张椅子的空间，开始了我们的访谈。话题从他的《北京传》说起：

一 要把城市的舞台展现出来

程光泉：您的《北京传》出版有一年了吧？

邱华栋：有了。中间也有些读者、朋友写信纠正了里面一些小错误，有的是笔误，还有史料上的不确定，起码改了十几处。每次重印都在改。

---

[*] 北京师范大学北京文化发展研究院研究员。

程光泉：因为我所处的机构是北京文化发展研究院，这本书我读了两遍，我看得还是很苛刻、很挑剔的。从史实的角度说，这本书写得很准确。

邱华栋：毕竟我也看了30年的材料，资料还是不少。最开始想写一个更有个人经验的、文学性更强一点的东西，后来写着写着发现，还是《北京传》比较客观。

程光泉：您不是北京人，哪一年来的北京？

邱华栋：我1992年大学毕业以后来北京工作，到现在快30年了。我是武汉大学中文系本科毕业，后来在武大又读了一个在职博士。我一直特别向往北京这个文化中心，本科毕业以后来北京，觉得要写点什么，就自觉地收集各种资料，有六七百种、装了两柜子各种类型的资料，有关历史沿革、山川风物等。还有就是个人的经验也很重要，因为作家突出自己的创作主体，和学者的研究有区别。2017年，北京十月文艺出版社与我们谈，让我们把下一部作品给他们。就签了八九个认为比较有创造力的作家，有阿来、宁肯、刘庆邦、李洱、徐则臣等。

程光泉：我看您后记里面讲到这个。

邱华栋：对，到底写什么当时没想好。因为当时我看了《伦敦传》这本书，英国历史学家、传记作家彼德·阿克罗伊德写的。他写得非常丰厚，有些地方很细、很有意识，我就感觉把我激活了。柜子里那些材料我就觉得能经过剪裁，再加上个人经验融进去，好像一下有一种写作的冲动。聊天的时候，我就跟十月文艺出版社的总编辑韩敬群讲，咱们把合同签了吧。签了以后，我花了好几个月时间琢磨，最开始弄了一个大纲，想写个80万字的，确实也能写出来，没有问题。特别有一半的篇幅，我想写1949年以后，特别是最近这40年或者30年经历过的北京生活，各种各样的，有很多世态人情的观察。这个可能更有价值，因为一切历史都是当代史。前边可以抄资料，可以剪裁，但那个东西其实是一个死功夫。真正显示出这本书的价值，恰恰是当代价值，恰恰是记录下来当代的一些感觉。我就尝试着写了一两章。写完以后觉得文学性太强了，再加上如果写一个80万字的，我觉得读者可能受不了，一般读者谁有心情读那么厚的一本书？从文学角度讲，文学界同行一定会很吃惊，80万字，一看文学性也一定很强，但是它相对圈子小了一点，我就觉得这可能不行。如果要叫《北京传》这个名字，还是要更亲和、更大众。普通人能拿起来，很快就能够看下来。

后来，我就改变了思路，做减法，把大纲减减减，把原来计划三分之二的内容都删掉了，但是保留了一个主干，写法我也想采取纵线和横线相结合，时间的发展和空间的变化交叉起来写。时间就是三千年多一点的城市史，按朝代更迭的线索来，历史分期也是公认的，好像也不好变，不好用别的方式。我也想过以某个特殊的东西，比如建筑或者什么作为一个主角来写，就是不按汉唐宋元明清朝代延续来写，那也是一个写法。我还尝试了一下，后来觉得那个也比较文学、太个性了。如果用卢沟桥或者什么风物，从蓟这种植物、雨燕这种鸟写起，串起历史，这也是一种写法，后来我觉得算了，一个普通人读书拿起来这本，历史分期是约定俗成的一个概念，就好读，时间线索就这么定下来。

然后，空间部分，我预留了一些可以延展的东西，比如说每个历史时期横着都挑了一些点，比如民国写前门改造，再写个老舍，其实横着还有很多能放进来的，我原来大纲上都有一二十篇的，删来删去，保留得越来越少了。因为现在的篇幅已经不小了，出版后还有 28 万字。

程光泉：时间是主线，是主章，接着还有一个副章的部分，选写了典型的历史事件和历史人物。

邱华栋：原定每章有一二十个小节，最后只保留了两个。这样就做了好多减法，就变成现在这样一个东西。这个书出来之后，很明显普通读者看起来不累，能非常清晰地获得北京城市三千年变化的时间感和空间的变化。

我也看了很多城市传记，包括叶兆言老师的《南京传》、阎崇年先生的《北京文化史》等。比如叶兆言写到 1949 年就不往后写了。另外他关注历史中的人，那些人和事其实都是挺繁复的，中国历史上纠缠不清的东西，如文人命运、皇帝命运那些东西。我是学文科的，从十几岁就开始看这个东西，不爱看。我就觉得南京的空间感是什么，谁建的，大概用什么材料，都没有。当然，叶老师的《南京传》有他的特点，写得很有激情，甚至很激愤，对中华文化的曲曲折折非常熟悉。叶老师有士大夫的精神状态，很了不起。我的趣味则在于城市本身，我就觉得他们可能过于关注舞台上的那些人与事，城市舞台本身被一定程度地忽略了，舞台这个空间的变化没有呈现出来。同时我又看到，建筑学家的一些书主要着眼于一些建筑，显得更加学理，人文关照又少一点。我就是这样调整了自己的思路。

程光泉：我读您的这本书，面很广，涉及的内容还很宏富，感觉第一个是它的历史线索非常清晰，这于一部有史学意义的城市传记十分重要。第二点，它的空间布局与变化写得气势恢宏，有虚有实，变化万千。您重视城市的舞台空间及变迁。我一直觉得，历史如果不落实到空间上，就缺乏质感。我的一位校友马晓东很认真地读完您的《北京传》，他说有一种冲动，说想写《我与北京》。近年来，他是带着孩子们在南城的胡同里做北京文化的讲解普及，他对北京南城特别是宣南一带有很深入的了解。

邱华栋：他的切口很好的，也是一种文体类型。

程光泉：他讲了一个例子。毛泽东当年到北京来住在湖广会馆，到北大图书馆上班，他怎么走？他说，这条路我带着学生们走过。鲁迅先生当年在北京住了14年，7年的时间住在绍兴会馆，他要到辟才胡同的教育部上班，多数时候是坐车，有的时候是走过去，他必经的地方就是菜市口，那里是清代的刑场，所以那时候他写《药》、写"人血馒头"，一定是对这个地方印象太深刻了。我感觉这就是把历史落实到空间上。读您的这本书也给我这种感觉，在这一点上做得尤其好。再就是这本书有细节，不仅仅有框架，还有血有肉。我评价历史性著作的标准就两条，第一是线索清楚，第二是能有细节。《北京传》都能满足我了，包括对空间的感觉。

二 每座伟大的城市都对应一些伟大的作家

程光泉：书写完之后，您自己的感觉，抓没抓住这个城市的灵魂？

邱华栋：北京城政治属性强，有的东西不太好写，比如有一节关于中南海的建筑布局和内部结构，从袁世凯进驻到中华人民共和国成立后的变化，但这个不好体现。北京90年代以来的夜生活等我也写了，后来删了些。在北京精神的提炼上，我觉得没有做太多，也有读者给我发短信提醒过我。

程光泉：您自己对这本书如何评价？

邱华栋：自己的感觉，总的来讲，这是一个完成度比较好的东西。对普通读者来讲，这么一本书在手，对北京的时间和空间变化，三千年时空应该是一目了然。读者会获得这样一个感觉，这也是我追求的目的。这本书也是在一年之内印了五次，两三个月印一次，算是比较快的，一年卖几万册，也不容易。特别在疫情防控情况下，纸质书还能印好几次，说明大家对这个书还是比较认可的。

再一个，我也重点着笔于1949年以后几十年的，在里面占三分之一篇幅，越往后越近。这几十年对于北京城市建设有很多争议，包括旧城改造、城市规划、城市功能的演进，也有失误或者偏差的地方。我在写作上有的地方也做了些探讨，包括"梁陈方案"的实现，在当时的可能性有多大，等等。我仔细看了很多材料，发现那是比较理想的想法。当时还涉及苏联援助我们，苏联专家的意见很重要。包括从周代以来的都城建筑文化理念，城市的中心要放在哪儿。毛主席是在天安门广场上挥手的，1949年中华人民共和国在这里成立，考虑天安门作为城市中心点也是情理之中。

程光泉： 当时如果离开这个中心来考虑城市建设，会有更大争议，这涉及对首都的理解。

邱华栋： 对，有的东西可能不是像想象那样理想化，城市就演化成这么一个实际的样子。而且在当代来讲，北京在全世界的评价体系里，地位很高，现在进入前十名。我的这本书对1949年以后的中华人民共和国这一阶段的北京，也做了很好的呈现，用三分之一的篇幅来写，里面有很多历史争议，有很多值得商榷的地方，但是我力求把握得中正平和。特别是进入新时代这些年，北京空间感又有变化，这是很多人意识不到的。如关于大兴机场，关于城市副中心，甚至张家口、奥运会场馆和雄安，等等，还有京津冀一体化的空间变化，也是北京人没有太多意识到的。当然，我觉得像你们北京文化发展研究院这样一个研究机构会很敏感，您对这些会了然于心。我看到你们对当代北京的文化建设和未来规划做了很多学术上的探讨，对正在发展的北京很有帮助，这个我也做了一些描述，这也是这书的特点。

程光泉： 我觉得你这本书下了功夫，对历史的梳理非常准确、线索清晰。原本要讨论一个问题，就是现在关于城市的书写，有史、有志，也有现在的"传"的写法，但是我觉得您很好地把这几种写法结合起来，这个很难。再就是，您能够把不同的观点很中正平和地做了判断，有了自己的见解，而不是随声附和。事实上，两派的观点在当时可能都是极端化的。比如当年中华人民共和国成立以后把城市的中心放在哪里的问题，我甚至注意到了，您看到"梁陈方案"，很大程度上是当年日本人在这里做的方案的基础上做了些许改变，我也看过那张设计图。

邱华栋： 我也找到了他们原来那个方案，我觉得这里面可能也挺复杂的。从心理上，也不好明说。而且当年日本人在西边都建了一部分了，都已经能住好几万人。

程光泉：是，首钢的前身就是他们那时候开始建设的。

邱华栋：所以这里面还有一个民族记忆、民族耻辱，这也是很复杂的一种情绪。

程光泉：一般来讲，城市是一个物质性的存在，是一个空间的存在，但也是一种记忆、一些书写，几乎所有的城市都是既因为它的物质性存在，又因为某种意义上对它的这种书写才使它有意义，甚至放大了它的意义。所以我在想，写一本城市传的书，会提供给这座城市什么，或者说在原来对于这座城市的理解基础上我们增添了什么，或者我们把什么新的理解带给了读者。比如说一个读者从其他国家或者外地到这座城市来，可能看不到这座城市的全貌，就要通过您这本书来了解它，这本书事实上是重建了一座北京城，不仅仅是简单地复制了客观的北京城。您在写作的时候想过这个问题吗？比如您要给这个城市灌注哪些您自己的理解？

邱华栋：我是一个作家，十几岁就开始写小说。我在 90 年代时写了很多关于城市背景的一些小说，小说都是非常个人化的，描写个人命运，描写人在城市里的奋斗，但是我写的不是纯写实的小说，是有些诗歌的意象式的写作。比如公关人、直销人、蜘蛛人等，把城市的符号提炼出来，赋予它一个想象的意识，把它铺陈出来，有象征主义、意象派、现代派的写法，也有现实的底色。我写了很多城市小说，也做了些研究，我发现，二百年来工业革命以后的大城市，都对应有一些大作家，比如，写伦敦的有狄更斯，写巴黎的有巴尔扎克。我挑了 20 座大城市分析，包括墨西哥城、墨尔本，最近两百年来从老城市到新世界的城市，我发现，都有一些作家对应着他居住的城市作为书写对象。

我就想，一个作家要获得更长久的写作资源和写作生命，应该和一座城市绑在一起。而我的前辈如莫言、贾平凹这些作家，他们都有乡村记忆。我却没有，我是在新疆小城市长大，然后到武汉，又到北京。我没有故乡的感觉，没有文学意义上的故乡。我老家是河南，那是我真实的故乡，但是我写不了。新疆也是我的一个成长地，我也很难把它写出来。相反，我能和北京建立一个作家和城市的关系，就像狄更斯和伦敦建立的关系一样。特别有意思的是，像詹姆斯·乔伊斯和都柏林建立的关系，他的《尤利西斯》到 2022 年 6 月 16 日，就是出版一百周年了。这一百年里，全世界每年关于这本书诞生的专著，都有几百本，不光是按篇算论文，您在大学里知道，几百部专著，这多可怕。他的书里面竟然能复原都柏林一些街巷，一些空间。现在这书都出了一百年了，因这本书的写作，都柏林永远活在人们的心中，活在人们的想象中，当然也在现实里继续生长。这是精神性的文学和物质化的城市之间建立的一种奇妙的文化关系。文学家通过对城市的书写，让这个城市本身以文化的方式存在，这个是我最开始没有意识到的，我是做着做着突然发现，如果我能把这个城市内部的肌理各方面写得再细一点，哪怕这个城市再怎么生长变化，有一部分会永远留在我们的文字里。

从文学写作的角度讲，确实就像您讲的，写完以后觉得这个城市好像是某种程度上被我做了一种定格，时间最后定格在 2020 年。但是我预留了一些空间，以后我还想再出个修订版，过几年等我退休了，再增写厚一点的，再一种想法是换个书名，如叫《北京三千年》。或者还叫这个书名，另外一种想法是写一本新书，一股脑写得更具有文学性那种。

程光泉：在这本《北京传》里，您的书还是力求客观，把自己从里边超拔出来的。这个写作对你来讲不容易，您毕竟是靠虚构写作的作家，写实是很难的。您在很多细节上都写得很准确。比如您说白浮泉是在凤凰山脚下的神山，我专门去过那个地方，今天叫龙山。但它历史上的确就叫神山，元代的记录里面就叫神山，后来侯仁之先生写的《白浮泉志》里，也是叫神山。

邱华栋：是，有些史料讲过，现场也看了看。

程光泉：这样的地方，可以看出您是下了考证功夫的。

邱华栋：侯仁之先生的书里面应该从那儿有记录。确实后面有些地方都演化了。也有些老北京说，比如燕京八景不对，缺了一个银锭观山。我给他们拿了更新的史料，我说你看我现在采用的是这个，明代时候这么说的，后来变化了，到清以后才变成你说的这个。

三 对城市的感受因时而变、因人而异

程光泉：我们现在编一本类似"北京读本"的书，叫《京华撷英》，把历史上的重要文献找出来，觉得特别重要，还有学者编了《北京文选》，按断代编的。我们也觉得有些地名解释起来特别麻烦，历史上不停变化，作者写的时候的名字和今天名字之间没有办法一一对应，甚至编选文章的范围都颇

费思量。比如北京的范围边界在哪里，古代的幽州有多大，幽云十六州要不要写进去？北京市和河北省区划中间很多地方原来属于河北，后来属于北京，哪些应该选进去？

邱华栋：延庆就是，延庆原来不是北京的。

程光泉：是从河北划过来的，像大兴这些地方。北三县还有蓟县包括天津很多的地方也不断变更所属关系。历史变迁导致的地名及属地关系特别复杂。这本书的难度在这儿，作为一个虚构作家写非常实的东西，这会不会限制您的写作？

邱华栋：倒也没有，写作有多种方式。写小说的时候，完全是我个人的一个创造，可以喷发想象，可以随时按照自己的想象驰骋。但写《北京传》，它本身就是一个存在的客体，而且我觉得北京也不属于我一个人，属于所有在北京生活的人，也属于全体中国人。作为一个首都，作为一个文化概念，内心可能要更庄重、更严肃地对待这件事。不像写小说，主体性是我个人，我自己负责了。写这本书还是要为看这本书的人负责。

程光泉：您刚才说将来可能写本更大的书，我看到您原来的计划是《北京传：时空中的人与万物》，这个名字超大，写出来可能需要非常大的篇幅。

邱华栋：会写所有的植物、动物、山川、河流，不能资料堆砌，那就没有意思，我还得让它有文学性。

程光泉：现在出版的城市传很多，像《南京传》有两本可能你都看到了，张新奇写了一本，叶兆言写了一本，也说明不同的读者或者不同的作者，可以有他心目中不同的城市传记，这个是肯定的。但是他们两位写的南京就有很明显的个人色彩。您刚才说，叶兆言先生是把历史作为主线来写。他写的是个性化的一种历史，他还力图通过这部《南京传》来折射整个中国历史，里面穿插了大量史料，实的和虚的纠缠在一起。比如三国期间的材料，他不选《三国志》，他选《三国演义》，这纯粹就是他个人爱好，他觉得那个更有文学性，表述更贴合他自己的感觉。但是从准确性上讲，肯定不如《三国志》更准确，这就是作者自己的选择。张新奇那部《南京传》更有意思，他是湖南人，他写《南京传》的时候把湖南人打南京所有的过程写得特别丰富，完全是以一个外人的角度去看这座城市。相比之下，叶兆言则有更强的城市主人翁的感觉。您有没有这种感觉——我也来北京二十多年了，到现在觉得我还不是一个北京人，尽管我努力地想去了解它。

邱华栋：我倒觉得您肯定是北京人，北京作为一个首都，最大的特点是由各地中国人构成的，真正的土著并不存在，老北京人也是不断变化的。

程光泉：我们假设一下，如果《北京传》让老舍先生来写，让刘心武先生来写……

邱华栋：可能风格都不一样。

程光泉：或者我们再找一个人如让郝景芳来写。就像京味文学一样的，老一代像老舍先生是一种风格，刘心武先生又是另一种风格。到了王朔也是新京味小说，他是大院里面，中华人民共和国成立以后突然出现了一个特殊的生活方式和空间结构的变化。

邱华栋：大院我原来也列了一个小题目放在里边，也有些材料。

程光泉：我有个同事杨志最近有关于新京味的书要出来，专门研究这批作家。

邱华栋：大院随着军改，功能变化了，不可阻挡地要衰落，这个东西也是一个时代性的东西。

程光泉：生存的空间没了，书写的文字也就变了。像郝景芳这样的作家，纯粹就是外来的，她对城市的理解，内卷的、折叠的，完全是很冷峻的、站在城市外头的写作。还有我们看到更底层的，比如说打工村里面的那些诗人对北京的理解。人们对这座城市的理解是各种各样的。我倒是觉得您这本书做了相对客观的描述，给了我们一个时空，为将来做更具个人化的书写提供了条件。因为客观，这些东西就可以放在这儿，我知道北京城是这样的，我知道怎么演化过来的，原来这个地方是什么样的。接下来就是我在这个地方生活的感受，这个是一种感悟。我特别期待您把您自己的感悟写出来，你眼里看到的这个北京。特别想知道，这本书给北京贡献了什么？比如我们读历史，读曹子西先生的《北京通史》也可以，我读侯仁之先生的北京记述也可以。读《北京传》应该有什么不同的感受？

邱华栋：当代的北京社区，90年代的从浙江村到上访村，我都有计划写一下。包括后来的皮村那些我都看过，皮村这边还有一些作家给他们做文学辅导，但是这个容易引发争议，有人会借这个事说贫富分化，不太好写。某年，在南城发生了一个案子，一个女孩之死引发了一个群体性事件，大概二零一几年。几年过去了，浙江村也没有了。像这些都是很多城市空间变化，浙江村是怎么回事，到大红门那些市场，原来还有上访村。我为什么能写这本书？我做了十多年记者，大学毕业在《中华工商时报》，那会儿交通工具是自行车，整天骑自行车在三、四环里面来回跑。想细致的观察街区，跑来窜去的，后来可能没有人有这种体会了。我现在走到哪儿都能浮想起1993、1994年是什么样，现在是什么样，都有强烈的对比。这些东西，我没在这本书里做更丰富的呈现，因为有的比较个人化，有的正在变化，有的还没有形成历史价值，没有形成更大意义上的符号价值，还需要再等一等。就目前来讲，这本书的确是了解北京历史文化、城市空间变化的一个挺好的文本，也给更具个性表达书写，带来很多启发和空间。比如您刚才讲，一个朋友一看这个书突然激活了他关于北京的记忆，关于北京的那些他很想写，我觉得这就特好。他把这些写下来，就能变成一个很重要的资料留下来。

关于北京人的感觉问题，我觉得您肯定是北京人。在我眼里也是这样的，我自己也觉得我是个北京人，是个新北京人。北京作为首都，所谓土著是不存在的，永远都是流动的，没有真正的土著，绝对是这样。我们就观察城市中心住的是哪里来的人，就会知道，绝不可能就是真正的所谓土著，永远都是流动的。越伟大的城市，永远都越有流动性，所以，所谓以老北京自居的，多少年往祖上推，新中国成立前生在北京的都没多少了，清代的满族人也没多少。我觉得还在不断变化。

我接触过一个50年代在北京生活了十多年的学者，他在使馆待过，在大学任教，在外文局也干过，后来他又回中国了。他就很生气，在他记忆里全部都是二环内无比漂亮的四合院，他说八九十年代以后拆掉太多，我是老北京，我就喜欢那个。他是一个德国人，但他说他是老北京。这几年我接触了一些在北京生活过十年八年的翻译家，他们觉得自己也是北京人。有一位说，我在这里生活十年了，我45岁了，人生中近三分之一的时间和这个城市有关系，他说，我是个英国人，但我觉得我也是北京人。北京城市的那种文化记忆、那种感觉已经进入他的意识、他的生活习惯，已经是他生命中不可分割的一部分了，这给了我一个很大的启发。所以，我们没有理由说自己不是北京人，像你我待了那么多年，咱俩都是新北京人。

程光泉：上海好像分得更清楚，老上海和新上海人。北京这座城市地位特殊，它是首都，首都就具有全国性，地方性只是它的一个特点。

四 城市是一个有机的生态系统

邱华栋：咱们有一个北京是首都的概念，北京可能是地方性的，但它也在变化，也变化挺大的。你像城市副中心绝不可能都是当地土著，相反更多的是外面来的人，所以都是新北京人。

程光泉：我的这种感觉其实是一种焦虑，就是这个城市是否能容纳我。我在思考一个问题，一座城市真正的意义是什么？就是这个城市吸引我、包容我，或者这个地方让我安心。老舍先生写北京，觉得北京就是他的家，不仅仅是物质性的存在，而且是精神性的存在，它就是他的归属。我没有这种感觉，为什么？我读博士时在济南—北京来回走。到了济南，朋友会问什么时候回北京，他认为北京是你的家；我在北京，同学又会问我啥时回济南。我就有一种飘在空中的感觉。我后来也分析，什么是城市？第一个就是它的密集性，和乡村比较起来一定是更为密集的居住方式。第二就是仅仅密集不行，还要有异质性，就是不同地方的人能够进来，不像乡村一样是个熟人社会，城市整体上是一个陌生性的社会。再一个就是城市的流动性。

邱华栋：我讲城市文学，和作家班学员交流时候，我要求他们给城市下一个定义。城市就是陌生人待的地方，互相都不认识，他们直觉上是这么一个反应。后来，我就聊到城市一些一般性的定义，我觉得，城市其实就是人类文明发展到一定的形态，就是人的聚集，两千多万人、三千多万人待在一起，他们能创造出多少种人生形态，和你村里的那点人生形态比，得有多复杂啊！同时，建筑空间也在变化，建筑空间反过来影响人的意识。

获得诺贝尔奖的秘鲁作家马里奥·巴尔加斯·略萨就说，现代小说就发源于城市本身的建筑，事实就是这样，小说要关注人的生活的复杂性、丰富性，所以城市生活一定是呈现人类复杂和丰富性以及生长性的一个空间。您说的焦虑，是现代人普遍的一种焦虑，因为人们都有大地的根性，我们离开一个故乡，我们到城市以后，首先它是个物质空间，钢筋、水泥、玻璃幕墙，和人的大地属性自然相隔绝，就在排斥你。咱们都会有这种感觉，这是一个心理上、我们人作为动物的感受，我们来到这个城市一下就觉得很陌生，车流、人流、各种各样的，特别是物质空间会挤压我们。我记得一些香港作家写香港的高楼大厦，很明显觉得楼对他形成了巨大的压力，他说那个东西叫

"人工犀林"，因为他害怕，他恨它，觉得那个东西不亲和，挤压他。的确是这样。好在北京还算比较疏朗，上海、深圳那种环境都会对人构成这种压力，造成了你刚才讲的我们怀念故乡，想念大地。那是人的那种根性，土地的根性，但实际上我们回不去了。我觉得您现在山东也不回了吧？

程光泉：回不去了。

邱华栋：其实您已经是这个城市的主人，毫无疑问。另外，城市意味着机会，意味着实现我们的价值，只要一个人在城市中找到了他的位置，实现了他的价值，他在城市里就已经算是成功了，不管是谁。90 年代，我一度跟着捡垃圾的老头生活一天，当时报社记者部派我们几个人和城市普通人生活一天，从早跟到晚。我从六点跟到晚上九点，也挺有意思。我发现人家也在城市中找到他的位置，因为城市里垃圾特别多，各种纸盒子，他非常兴奋，他在城里一天的收入等于回老家干三个月，很高兴，他也找到了他的位置。所以不同的人在城市里一旦找到自己的位置，实现自己的价值，城市的作用就达到了，城市也是这么一种平台。

程光泉：不光人有这种记忆，或者归属感，动物也有。北师大有一个特别的现象，这个季节一到傍晚漫天乌鸦。

邱华栋：这已经多少年了。

程光泉：我们学校东门进去一个路就叫"天使（屎）路"，学生这么说，就是因为那地方原来是坟地，靠近新街口豁口，豁口就是扒开的城墙，官宦人家要埋人是要走门的，普通老百姓就葬在外面乱坟岗子，就从豁口里面搬出去埋在那儿。那个时候北师大建校时候有大量无主坟，全是坟地，到现在还有许多碑刻。

邱华栋：说明乌鸦真的有记忆。

程光泉：群居性的动物会有这样的记忆。回到刚才的问题上，我们这个城市如果失去了一些城市性，就会使人们产生焦虑，比如说城市很重要的就是它的流动性，可我们的户籍制度、疏解非首都功能政策等，会引发一些焦虑。一些低端产业要出去，重点发展高端产业，北京市提出来要吃白菜心不吃白菜帮，事实上没有白菜帮白菜心也长不出来，产业生态是一个有机整体，产业链的生成也是一个自然过程。北京的现实发展也需要关注它的历史，需要有一种批判性或者是反思性，找到城市健康发展的道路。

邱华栋：低端人口这种说法是不妥的，一个城市它是一个生态系统，就像我刚刚讲的，从捡垃圾，处理这些纸盒子的人都有专门的人在做。把他赶走了，谁来处理这纸盒子，只剩下消费纸盒子里面东西的人，纸盒子谁去收拾？它本来已经形成好的系统，没有必要用行政的手段粗暴打断。特别是北京城并不只有大款大腕，每个人都是我们国家的国民，都是人民，我们要坚持以人民为中心，这话不停地在讲，就是要尊重人，尊重每一个来到这个城市里的人，要给他适合生活、生长的空间。但是这方面落实到个案上，有很多问题。比如多少年前我就因为这个事在街上和城管差点打起来，1999年还是2000年，城管没收一个烤红薯的车，很野蛮地就把车推翻，我就非常火，我把那几个家伙拉在边上说，你们小心点，我说我是报社的记者，你们不能这样对待一个卖红薯的，他在这儿也是为了混口饭吃。一个城市需要干净，可老百姓得生活，你以为呢！从这个角度讲，这个城市更应该有人性。当然我觉得这十多年来变化很大，一个是生态环境生态理念上变化了。这个城市原来有很多脏乱差的地方，现在真的是少多了。但是在城市的人性化的塑造上，在对每一个来到这里的个体的生命的尊重上，在这儿能找到他的价值实现感，去除掉内心里失去归属感的那种迷茫、苍茫的那种感觉，我觉得还是有很长远的路要走。

五　追寻城市书写的伟大传统

程光泉：在城市扎根的感觉，就像一个植物移栽过来，它会怀念原来的那个土壤，没有问题，但是新的土壤要给它一个机会，这个确实是很重要的问题。我们刚才说关注了人，在城市里，人才是中心。我们写一本城市传，其实很大程度书写城市的人性化。我有一个观点，就是我们过去写城市，就写城市史或者城市志，现在改成城市传，其实是书写方式的重大变化。我们中国人的历史书写有一个光荣的传统，是从司马迁开始的伟大的传统，就是纪传体，《史记》里面写了大量的以地名、民族为主的传，比如《大苑列传》，其实不是光写那块土地，是把张骞出使西域放在那里写，把他和汉朝建立起来的联系，从我们的角度怎么看待这个问题，怎么建立这个联系，把这个写进去。还有《匈奴列传》，从李广利、霍去病这些人打匈奴的过程写进去。这些地名传、民族传，其实打开主要还是人物传。您刚才讲到几位大作家，他们写的一些城市传，我看过一个，就是帕慕克的《伊斯坦布尔》，重点就在写人。

邱华栋：我看过了，我说了 20 个城市也包括伊斯坦布尔，伊斯坦布尔有好几个土耳其作家都写，帕慕克写得最好。

程光泉：我读时就特别感动，一个作家的城市书写，当然和他自己的写作风格有关，他在里面写"呼愁"，就讲土耳其对这个土地、对这个城市的感觉，"充满帝国斜阳的忧伤"。

邱华栋："呼愁"那两个字翻译成汉语，传达着他们土耳其的文化概念的内涵特别准确，黄昏降临的时候，诵经师登上宣礼塔要呼喊，我在新疆也听过这种声音，这时候夜幕降临、鸽子飞翔，内心会有一种苍茫的忧愁和甜蜜混合的东西，主要是忧愁，带有一点点甜蜜感，就觉得人生也值得过，正反都有的，很复杂的。

程光泉：非常复杂。我儿时也会有这种感觉，傍晚炊烟升起，环绕着村庄，太阳似落未落，站一个高处看你生活的村子，对外面的世界很懵懂、很茫然，就会产生难以言说的惆怅，这是与原乡之间血脉相连的情感。

邱华栋：帕慕克写得确实好。文章一开始就说，"从很小的时候开始，我便相信我的世界存在一些我看不见的东西"，他就从那儿开始写下来。我对他做过深入的阅读，写过好几万字的读书笔记，都发过。主要分析他的小说和城市之间的关系，还有一个长篇小说叫《我脑袋里的怪东西》，台湾版叫《我心中的陌生人》，两个译本。就写一个小贩在伊斯坦布尔街上转悠，卖一个饮料叫钵扎，像俄罗斯的格瓦斯。

程光泉：不是酒，稍微有点发酵的那个东西，能起点酒精的作用。因为穆斯林不能饮酒。

邱华栋：写那么一个小贩，以至于一度引发了我也想写一个人，一个在北京生活的一个普通人的这么一种状态。

程光泉：帕慕克确实提供了常人难以想象的视角。

邱华栋：他还写了一本《瘟疫之年》，已经出版了，中文可能 2022 年上半年能出来，他正在写《瘟疫之年》的时候，新冠来了，他写的也是奥斯曼土耳其帝国时期的故事，挺有意思的。所以我觉得文学的书写，对城市文学来讲可能还是个开端。另一方面，中国从汉朝以来已经有一些大城市了，比如说长安、开封、洛阳，在那个年代，就是在唐以前这几个大城市，就中国人的城市经验跟西方的，特别是欧洲的工业革命以后的城市经验相比，那是一段挺辉煌的城市史。关于这些城市的书写，我们一些作家也在做，比如马伯庸对长安街坊做了精心研究，人们如何在坊间行走。他仔细琢磨，还真是按照当时长安坊的情况，再把美国电视剧叫《24小时》的时间手法糅合在一起，写了《长安十二时辰》，节奏很快。

程光泉：我们过去也有很多这样的东西，像《东京梦华录》等，有一些城市书写。但那个写作，我觉得还是主观性不够。为什么刚才说到帕慕克，特别期待您将来重新写北京传，写出那种切肤的感觉，特别有质感。就像我第一次来北京，赶上春天最大的风，感觉能把人卷起来，那种风后来都没有了。

邱华栋：您说的我都有体会，我有一个朋友叫睢安奇，是95、96年来北京，住在我们宿舍里，白天出去找了一堆废胶片，拍了一个纪录电影《北京的风很大》，到处问"北京的风大吗？"，拍了一个纪录片，记录下北京那几年的风沙，打到脸上都疼。

程光泉：都能吹到地下都没有尘土，一般情况下风一定和沙相伴，北京的风到最后都吹到没有沙，那感觉至今难忘。

邱华栋：我有一位同事，也是复旦文学博士，他夫人是心理学著名教授，原来一直不愿意来北京，可来了以后也觉得北京好，到北京平台不一样，接触的学术层级高，视野宽广，因为首都还是不一样。"居高声自远，非是藉秋风。"唐代虞世南的诗，确实在北京还是有这个特点。在北京，写东西的人互相之间少有矛盾，因为文人很容易文人相轻，在省里资源有限，要不都挤到作协里，要不在文化单位，其他没地方可待了。北京是什么单位都有，有部队的作家，有作协的，有高校的，还有媒体的作家，哪儿都有，反正空间很大，所以彼此之间都挺好的。我原来在《人民文学》当编辑，约稿列了一百个签约名作家，我一看，约莫半数都是在北京。可见北京聚集的文化人才真多。

程光泉：北京的发展还有一个矛盾，就是都和城的关系。北京是地方性的，又是一个国家性的，要代表国家。在北京考虑问题时候，包括我们每个人的生存其实折射整个国家的，甚至它因为是首都，是站位更高。看整个世界的，所以无论是眼界还是生存空间、社会网络都是完全不同的，确实是有很大的优势。

邱华栋：我的书里写了一小节，一些英美人士专门研究城市文化的，成立了全球化与世界城市研究网络,有个城市评价体系,从 1999 年开始,进行城市排名,北京在前十大城市里。当然,世界一线城市主要是从金融角度、经济总量和对全世界的文化影响来讲的,这个榜单认为,伦敦和纽约这两个城市是远远领先的,后面还有八个城市,就是东京、北京、上海、香港、巴黎、新加坡等。进入这个世界城市排行是很不容易的,北京 40 年前是不会在这个名单里的,经济总量也不行,对全球的影响力也不一样。我觉得现在的北京已经有了这样一个优势。一个人来到北京,我们怎么生活、生存,还是希望这个城市更加亲切、待人要更加友善,管理上不能粗放。这涉及怎么样的城市更亲和、更有人性方面,这个城市还是有更长的路可走。

六 作家要从个体生命的价值去观察

程光泉:如果把城市里面的人分成不同类型,其实诉求是不一样的,管理者会更考虑城市秩序,社会精英会更考虑城市文明,普通市民可能更多考虑的是生活,是可以更好地生活。我们作家在书写这些东西时候,立足点应该要放在哪里呢?

邱华栋:作家还是要从个体的生命出发。作为一个作家,我还是从个人的经验写了很多,像 90 年代时青年人在城市中寻找价值实现,既有收获也有迷茫,我是传达了那种特殊的生命经验,写了那种情绪。但从学者角度讲,就要更宏观,就是从更大的空间来思考问题,而作家永远要站在个体生命的价值书写上。

程光泉:您在北京待了 30 年,什么时候有了这样的自觉,把自己的书写和这个城市联系起来,甚至某种意义上,将来说邱华栋先生是和北京这座城市联系在一起的,是代表了这座城市的。

邱华栋:我作为小说家,少年时期的写作就不算了。因为少年时期写一些动物小说,算是个有天赋的文学少年,通过它被保送到武大。但是那些东西从文学史的价值来讲不大,只是显示了你有一定的写作才华。文学史则要看你有没有对文学有所贡献,贡献了什么符号价值和时代价值。就像建筑师一样,一定要有个代表性建筑在那儿。我在 1993—1998 年五六年间写了一批中短篇小说,全部是以城市北京迅速变化的 90 年代作为一个背景,涉及商场、酒吧、三里屯各种各样的符号。当时在中国别人还没怎么写过,我写了好多。这批作品出来以后好多评论家就在研究，王朔是写大院的，邱华栋写了90年代的新北京，正在发生的北京。写着写着也这么给我带上一个文学符号，我是中国当代城市文学写作小说家。反过来又会促使我更多地思考文学和城市的关系，于是我就自觉地在这方面也寻找文本阅读，理论上也做一些建设。当然，作家最重要的是感性的东西要更蓬勃才行，要把理性融化掉，融化成一种感性的表达，所以我也就慢慢地越来越自觉了。

最开始是自发的，我来了，我感觉到周围这些年轻人都找不到方向，生活都要奋斗，怎么办？每个人都有自己的痛苦，女朋友跑了，捡破烂的都要被赶走甚至被殴打，各种各样的，写了一大堆。写着写着慢慢自发地心态沉淀下来，变成自觉的关注：这个城市到底和我们是什么关系？是让我们异化还是变得更美好？还有多少可能性？它是我们一边讨厌一边不得不在这儿待的空间吗？有很多疑问给自己设立，有的也有些答案。对北京的书写慢慢地由自发变为自觉，同时我在一个阶段内观察不同的人群，比如90年代，我20多岁的时候，关注的都是京漂、新京漂、老京漂及青年人的状态。到了30岁以后，我自己的家慢慢变成一个小康之家，我就关注城市的中产阶层了。比如郊区的万科城市花园社区里这些人的生活状态，写了一系列关于城市生活的、人们生活中的一些问题，写成了系列小说。文学永远都站在个体生命价值的角度去观察，文学本身才会成立。

当然，非虚构写作是另一种，把自我隐藏起来，藏在文本的后头，尽量做一个减法。比如《北京传》，我尽量是把自己放在后头，你看不见；小说里都是冲在前面，我作为主人公叙事，言说者一定是我本人。

程光泉：我也看这些城市传，这两年陆陆续续出了很多了。有一些引进的写得很不错的，比如最近出的《巴塞罗那传》《罗马传》，写得也很不错。这些传记提示了我们城市传是没有一定之规的，每个人都可以站在自己的角度写。

邱华栋：没有一定之规，但是这个对作家提出更高的要求。关于写巴黎的书我有不少，我前两天刚拿到一本上海文艺出版社出的《巴黎：光影流动的盛宴》，完全是个人眼光，我第一次到巴黎时候看到那条街上怎么样，第一句话就是这个。我一下就很喜欢，马上就读下去了，写得很漂亮。

程光泉：我与一些朋友聊天，如果能选择居住地的话，你会选择哪座城市？巴黎是很多人都首选。当然也有一些中小城市，我就去过布拉格，要让我选我就会选布拉格，卡夫卡、聂鲁达、昆德拉作家都住过，的确很有魅力。我们评价一座城市，心里是有衡量标准的。比如说巴黎，当年它并不是规模最大的城市，但是因为有了启蒙运动，应运而生了一系列的作家和众多的思想家，引领了思想与艺术的潮流，它作为世界首都的地位就立起来了。北京要建成一个什么样的城市？在众多的国际城市里边，我们怎么来界定它？将来它以什么样的形象在这个世界上立足？

邱华栋：北京现在从政府的角度有四个中心，政治、文化、国际国内交往和科技中心，"经济中心"这个词没用，但实际上，一座城市必须要发展经济。但就我们刚才说的，我们作为作家或者学者提出的更高期待，希望一座城市在人类新的文明中发挥更大作用，呈现出像当年的巴黎或者伦敦，呈现出引领文明曙光和方向的存在。我觉得时下还没有这种表述，可能还没想到这一层。

程光泉："是有"思想文化引领高地"这样的说法。

邱华栋：学者们在这方面还是有提炼和研究的空间。

七　城市已成为作家们自然的写作背景

程光泉：您对现在的城市文学，对国内作家们的城市写作有什么整体的评价？

邱华栋：老一代作家都有乡村记忆，所以这些作家以描绘故乡记忆来成就文学世界，像莫言的高密东北乡、贾平凹的商州、迟子建的额尔古纳河、刘震云的延津故乡系列，这都是他们成功的经验，也是他们创造了这样的文学世界。但是更年轻的作家，天生都在城市里生活，现在城市已经变成他们非常自然的一个背景了。

程光泉：城市提供了当今社会的主要生活方式，因为大多数人口都在城市，中国已有近60%的人生活在城市。

邱华栋：所以我接触这些作家，城市是他自然的一个生活的空间，那么，城市文学怎么发展就还有一些可能性，一种比如类似郝景芳这样从科幻角度，来看人类城市文明的优劣。包括在深圳，前些年我和深圳作家接触，有一些人写的还是他们老家的事，我说你到深圳，你看前海那一片玻璃幕墙楼，对我都会有一种刺激，会让我的想象飞起来，有些科幻的感觉了，怎么你还写你们老家村里的事？你应该写一种新的城市景观对你的激发、刺激的影响，写科幻。我的话对他们还是有一些启发。所以，我觉得大部分年轻作家已经把城市生活作为一个自然的、当然的背景，有的是写心理上的感受，有的是写一些城市生活的形态。像我这样把一个作家和一个城市建立起对应关系，从各个角度深入做这个事还不是太多。我希望他们更自觉一点。

程光泉：我们的城市化是走了弯路的，像北京，我看了一下您的统计，1949年共产党进城之前，北京人口130万，我看到数据可能还要少一点。建都后用了一年多时间就到了300多万将近400万，因为大量的军人进来了，城市就急剧膨胀。有专家指出，1949年北京的城市化水平和宋代的城市化水平差不多。

邱华栋：和开封当年差不多。

程光泉：对，这个状态持续到1978年，此后这些年发展非常快。我们是在很短的时间内完成了城市化过程，现在到60%，城市是我们这代人最基本的生活形态，即便在农村他要到城市里来生活，打工的人总量很大。

邱华栋：好像这几年一些人又回来了。前几年疏解，税收受到一定影响。

程光泉：前边连续三年北京城市人口连续下降，从2019年开始又回来了，这两年又有下降，很明显，这是疫情造成的。为什么是这样？我们城市规划似乎都是用来突破的，一个规划制定出来，过不了两年数字就突破了。其实，北京城市发展的速度找不到可以复制的经验。1978年，北京人口大概是700多万，现在到两千一百多万常住人口，若加上流动人口，北京应该有三千多万人。城市生存的形态就变了，刚才说以前作家们的书写，那代人的根还在农村，老舍先生例外，因为他祖祖辈辈在北京，他也会写到大量从农村来的那些人，像《骆驼祥子》都很典型。还有一些人就是在城市里边，但是他在乡村里边还有房产，有地产，他会去收租子，甚至会回去，城市和乡村之间的关系那时候还是很密切的，没有做严格的区隔的，是一体的。现在的情况不是这样，现在理解乡村的时候，你离了城市都没办法理解。

老舍先生写的像祁老爷子的大家族也有，官宦人家也有，下边开车行的人也有，拉车的人也有，这才构成一个完整的生态。我们也没有平等到大家都享有同样的生活，不是这样的。城市发展，有时候看起来是极大弊端的东西，恰恰是城市发展的节点，比如说一看西方的贫民窟，到墨西哥，看南非的、巴西的，我深入进去看过，真的不是人过的日子。但是你知道它最大的用处是什么？恰恰是那地方是城市劳动力的蓄积池，大量人在这个地方完成了最初的训练，这是第一代人，第二代人就进城。

邱华栋：帕慕克也写了这些东西。当然这和土耳其土地制度有关，只要在太阳出来之前，你把房子盖出来了，有地基，圈起来盖了一个屋就永远归你了，警察早晨来只能给你开个单子交点钱算了。

程光泉：给你发桶油漆，你刷刷吧，太难看了。

邱华栋：我们是土地公有制。

程光泉：在深圳也有城中村，城市很大，里边是个村子，这个村子也完全城市化了，但是结构依然是村子，村子里面的房子建得非常拥挤，但是一个村子里边能藏几十万人。就是因为年轻的劳动人口才可以在那里生存，要不然那个城市怎么会创造这么高的生产力。

邱华栋：城市管理者应该从这个角度想想，人怎么样生存的空间可能性，要不然城市为了最后让它表面上漂亮，内生动力枯竭了，经济不行，什么都没活力了怎么办。

程光泉：市场本身是最敏锐的，它可以自然生成一个产业链条。深圳要发展高端产业，它就转移出一部分来到惠州、东莞。它们也不断在变，生产链条很完整。现在深圳市里面的生产企业已经很少了，都是设计和销售，其他都转移到东莞、惠州这些地方去了。

邱华栋：这是自然变化的形态，没有必要用行政权力去干涉。

程光泉：这不是我们研究的范围。从我们写作的状态讲，以您的经验看，你是从什么角度切入来写城市的？

邱华栋：我们就是写人的命运，还有人的内心的感觉。一个东西，命运需要时间去呈现，比较这个人1992年是什么样，到了2022年，有30年的变化。还有一种一天写尽千年，这个人一天的心理活动呈现了他所有的事，有很多写法。但文学的角度切入，还是从个体生命的经验观察来写。

程光泉：对比写农村的这批作家和以您为代表的写城市的作家之间，所书写的人物的命运、生存状态、人和人之间的关系等有没有明显的变化，这种变化体现在什么地方？

邱华栋：当然有变化，乡村题材的是一个伦理社会，是一个血缘纽带和乡情纽带一层层扩大连接起来的，基本上都是熟人社会。城市最重要的是陌生人的社会，是根据工作关系，根据城市形态本身的需要聚合起来的，所以更加复杂丰富，作家就应该去表现这个复杂丰富的形态下，人还能追寻到什么更新的价值。这方面世界文学上都有很多成功的例子，帕慕克就是一个，看他笔下的小贩在1930年伊斯坦布尔变化中不断寻找自己的价值，坚守着他那一担钵扎，它既是土耳其文化传统的象征，也是他个人谋生的手段。他把这个东西坚持下来，体现了土耳其人的奋斗，寻求人生价值的东西。我觉得这是文学应该关心的。

北京也是这样，我们可以从很小的人物命运角度折射出我们在这个城市里获得的尊严、获得的价值，这才是作家应该表现的，当然，这是从小说家角度，写实属于另一种，咱们现在就是两边都谈。

程光泉：以您的观察，当代中国城市文学领域的典型形象，印象深刻的有哪些？

邱华栋：老舍的《骆驼祥子》。

程光泉：这是上一代人的。

邱华栋：还有王朔的。越近的东西越不好判断，有一句话叫"远香近臭"，就是正在发生的对他的价值认定要经过时间淘洗，你像我这儿有很多当代作家写的书，包括你背后都是一些新作家刚刚出的书，他们写的很多都是和城市有关，里面也有人物，但是这个人物能不能立得住，还得等一等。比如有一个作家叫杨好，90后，写的《男孩们》，里面写了一个男孩就生活在母亲的控制下，在一个别墅里面打游戏，生活在一个二次元的空间和母亲的纠葛中。你说这东西是不是一个新形象？一定是个新形象，但我们要过一段时间才能认定这本书的价值。但是就我个人来讲，这样的东西原来是没有的。

程光泉：肯定是有相当多的孩子生活在这样的状态下。

邱华栋：对，他们的语言有的我也不见得懂，里面有打游戏，什么英雄联盟，完全是他们的系统了，这种还是很多的。他们一出手全是这种作品，很多年轻作家。

程光泉：有没有一些引领性的想法，比如我们关于城市文学。

邱华栋：这个比较难，因为现在大家都在发散的状态，是一个扇面的发散。就像宇宙大爆炸之后，你说宇宙爆炸的中心点在哪儿，没了，都是往外扩散的星辰，是这么一个感觉。作家也不追求我一定要变成什么符号中最强烈的那个东西，不是，他就找到他自己的感觉，大概是这样的。

程光泉：回到我们刚才说的那个话题，还是有些专家慢慢沉淀下来，他会和某些形象、某个城市建立起紧密联系，就像我们今天说到北京，一定不会忘了老舍先生。

邱华栋：写上海已经变成定评的肯定有张爱玲、王安忆。王安忆《长恨歌》写得确实好，是根据一个凶杀案写出来的，有一个警察喜欢一个少妇，后来追求不成把人杀了。王安忆就根据这个写一个长篇，写得真好，上海城市的面貌、肌理丰盈。那个小说一开始特像吴冠中的画，点点线线面面，从上面看一片市区弄堂的感觉。再比如说，当代作家像金宇澄写的《繁花》，他回忆的是70年代到90年代这一段，工厂青年那一段的生活。他自己后来一直做编辑，这都是关于上海的非常重要的文本。后面还有一些年轻作家，有一个叫路内的写了好几本。还有一个叫小白的作家，写民国时期30年代，有一本小说叫《封锁》，讲的是租界区的那些故事。他也写当代题材。其实有很多都在不同的角度在挖掘城市的书写，每个城市都有一些作家在写这些东西，有的可能不太鲜明，有的可能规模没有那么大，这个得看作家自己的兴趣和能力。

程光泉：北京的新生代的作家里面你关注谁？

邱华栋：比如小说家石一枫，北大中文系毕业，《当代》杂志的副主编。他写了好多关于北京的小说，《世间已无陈金芳》《红旗下的蛋》等，最近又出了几个长篇都很好，他的角度都比较刁，语言相当鲜活和当下。再有像徐则臣这样的小说家，从江苏来北京生活了很多年，他写了《跑步穿过中关村》《耶路撒冷》，写年轻人在城市中的命运，都是行进中的北京之书。

程光泉：评价可能也需要时间。

邱华栋：需要时间。当代作家和作品也需要淘洗，需要慢慢来。但是他们确实是都在做。现代派作家更着重于一个人内心东西的呈现万物，比如《尤利西斯》里面通过两个主人公19个小时的活动，把整个都柏林城市、整个爱尔兰民族历史都带进来了，所以文学观念也变了。我们想一个总体能不能把一个城市全写了，像巴尔扎克、左拉都这么干。还有一个叫多斯·帕索斯的美国作家，他写了美国三部曲《北纬四十二度》《1919年》《赚大钱》，现在看起来他是从外部的眼光，有无数个摄影机在拍曼哈顿，这是一种写法，在文学史上有价值，是宏阔的、宏观的进去，里面有好多人物，几百个。20世纪初以后这一百年来的现代派、后现代派小说家就不追求那么多人物、那么大场景，往往从一个人、几个人的内心和他们的轨迹呈现出城市的万事万物。比如，德国作家德布林写的《柏林，亚历山大广场》，他就写了一个人物的命运，一个从监狱里释放的人，通过他的眼光来看柏林的亚历山大广场串起来的一个东西，写出了柏林这个城市的本质。被拍成 12 个小时的很长的一个电视剧，很有名。德布林是很重要的一个德语作家，排在 20 世纪前十大德语作家。所以从文学角度讲，北京文学现在还正在处于发展阶段。

程光泉：《伦敦传》采取的不是历史的写法，是散点式的，抓住一个点然后去挖掘各种各样的形态，你发现它不是作家一个人的眼光，是 N 多人的眼光呈现出来的，对这个地方的光怪陆离的写作，内容极其丰富。我在伦敦也走过那些小街巷，有的地方一定要进去慢慢去走，一定要在那个地方住上几天，一定要去吃点东西，一定要找个当地人和他聊天，找找那种感觉。

邱华栋：对，一定要吃吃当地的特色小吃，在宾馆待着肯定不行。因为你的生命感觉就是从你的眼睛、耳朵、舌头这些地方来的。

程光泉：当然也有更宏观的切入点，像《巴黎传》就是从奥斯曼改造巴黎开始写的。那的确是翻天覆地的变化，从物质层面上讲，没有奥斯曼的改造，巴黎根本就不可能有后面的发展。

邱华栋：确立了整个巴黎空间的变化基点。

程光泉：这样的例子还有巴塞罗那，它的一次性的改造。这个回过头来印证了您的观点，我觉得写得很平和。城市要发展，其实现在没有成功范式，关键是能不能有更深邃的历史思考和长远的发展眼光。

邱华栋：比如说关于北京副中心也是这样的，其实我觉得弄晚了，早一点就好了。

程光泉：有可能晚了还做不起来。前人说北京"左环沧海，右拥太行，北枕居庸，南襟河济"，从这样的空间来看，北京当年选址是很好的，的确是站得高，看得远。

邱华栋：是，侯仁之先生当年搞了好多研究，重点谈到北京湾的历史地理的作用和妙处。

程光泉：今天我们在城市选址，前人也有许多研究。比如亚里士多德的《政治学》开篇就讲了城市选址，写了城市通风多么重要。元代为什么选元大都的中心在中南海及其以西的地方，直到牛街这一带，因为这是条风道，他们要逐水草而居，所以水一定是首选的考虑因素，辽金都是这个因素，因为南城有莲花池那一带的水系。你的《北京传》确立了宏阔的北京框架，我特别期待您在此基础上书写北京的新作早日面世。

邱华栋：我也很想和您聊聊，挺有意思的，咱们作为城市一分子，对于城市都是有一个理想的期待，希望这个城市变得更美好。北京一定会更美好。

程光泉：谢谢您。

· 寻味北京 ·

　　京味文化是北京文化的重要组成，对其进行资源发掘、价值阐释及转化研究，有利于我们厘清京味文化的核心价值，促进京味文化中"老"北京的传统承续与"新"北京的文化生产之间的关联与转换，为京味文化的现代化实践寻找多元路径，让北京留住乡愁，让国人理解首都，让世界读懂北京。有鉴于此，北京文化发展研究院于 2022 年 1 月 22 日举办了题为"寻味：北京文化与京味思考"的文化沙龙，在北京师范大学文学院康丽教授的主持下，来自中国社科院、复旦大学、中央民族大学、北京师范大学等高校的专家学者发表演讲，各抒己见，互相探讨，现刊载部分演讲，以飨读者。

北京国际形象嬗变与京味文化的形塑

沈庆利[*]

摘　要　现代"京味文化"的发生与国际视野中"古（故）都北京"形象的定格相关，西方人眼中的北京形象经历了从"东方帝都"到"东方巴比伦"的嬗变过程，最终凝缩为传统中国社会和文化艺术神韵的原型象征。20 世纪初到来的西方人士，通过文字和影像率先建构一个美轮美奂的国际化"古都北京"形象，这一形象被现代中国文人和流散世界各地的海外华人作家所承传，剔除其中的西方中心主义和殖民主义色彩后将其提升为现代华夏民族的"肉身"原型。现代意义的"京味文化"也在这一基础

---

[*] 北京师范大学文学院教授。

上形塑而成。"京味文化"是传统中国性与现代民族性融汇的产物，是民间性与国家性、地域性与中国性的统一，应成为中华优秀文化走向世界的重要符码。

关键词 北京国际形象；京味文化；"古/故都"情怀；历史嬗变

　　北京是链接中国与世界的关键性"门户"，也是世界观察中国的首要窗口。不仅北京"城内外"发生的诸多事变极易演变为举世瞩目的"国际性事件"，围绕北京而形成的不少文化典型案例往往也离不开"国际性因素"的融入，"京味"文化现象及其传统的形成也不例外。"京味"及其相关的"京味文化""京味文学"等概念的涌现虽是近三十年的事情，但对其"今生前世"的探源却完全可追溯至19世纪后期至20世纪初那个急剧变动的年代，甚至与北京国际形象的千年演变不无关系。

　　近千年北京国际形象的嬗变轨迹，始终与世界舞台上华夏民族的整体国家形象相辅相成。根据周宁等学者的研究，西方视野下的中国形象作为西方现代化的"他者"镜像，鲜明地呈现出"理想化"与"丑恶化""妖魔化"的两极，前者表达了西方人对古老东方的"欲望与向往"，中国成为他们表现自我否定与自我超越的"乌托邦"；后者则表达了"恐惧与排斥"，中国形象就此沦为西方人"满足自我确认与自我巩固的需求的意识形态"。[①] 而从"乌托邦"到污蔑化"意识形态"形象的跌落，则发生在欧洲启蒙运动高潮时期。曾经作为社会文化想象产物的"乌托邦"想象，一变而为高度意识形态化的带有腐朽专制主义特征的，既停滞衰败又野蛮落后的东方帝国形象。[②] 与之相应的是国际视野的北京城市形象同样以欧洲的启蒙运动达到高潮、西方进入现代社会为分界点，经历了一个从"乌托邦"式的东方帝都，转变为衰落残败却极具美感的古都。但颇为吊诡的是20世纪随着北京城被迫向世界全面开放，先后来到北京的西方人士在充分领略这座历史古都之魅力的同时，也通过文字和影像等方式率先建构一个美轮美奂的国际化"北京古都"形象，并被历史定格。一个融合传统与现代、东方与西方、凝聚海内外文化共识的多

[①] 周宁：《跨文化研究：以中国形象为方法》，商务印书馆2011年版，第292页。
[②] 周宁：《跨文化形象学》，复旦大学出版社2014年版，第3—4页。

棱立体的北京国际大都市形象，开始走向成熟。现代意义的"京味文化"也由此孕育并形塑而成。

一 古典北京形象变迁："京味文化"的"前生"

13世纪的意大利商人马可·波罗最早将"汗八里"（Cambaluc）（元大都）的繁华盛况介绍到西方，在欧洲受到广泛关注并引发了西方社会对华夏中国的浪漫想象和神往。在马可·波罗笔下，雄伟壮阔、富丽堂皇的元大都几乎使所有的欧洲城市相形见绌，成为一座无与伦比的国际都会和"世界之都"。此后一批又一批旅行家、西方传教士和外国使团先后来到北京，他们虽以自己的亲身经历、所见所闻逐渐拨开关于北京城的种种离奇传说和美丽幻想，但同时又交错着各种虚浮夸张和"道听途说"。西方从15世纪开始，历经文艺复兴、工业革命、地理大发现和全球性航海贸易等伴随对外扩张的全方位现代化运动，已快速推进自身的进步与发展。相对而言，古老的中国却在一次次皇朝更替和兴亡转换中越来越陷入故步自封的"天下一统"幻梦难以自拔。只是由于中西方之间的长期隔膜和文化历史差异，作为中华帝国之都城的北京，在西方人眼中的"乌托邦"形象尚未发生根本颠覆。

16世纪末抵达北京的意大利传教士利玛窦，曾长期居住北京并安葬于此，他对这座都市的观察和记述显然要客观细致了许多。利玛窦通过实地考察，验证当年马可·波罗所描述的金碧辉煌的"汗八里"就是他眼前的北京城，曾经的契丹国则已并入中国的北方，从而解开了困扰西方学术界多年的"北京与汗八里""中国与契丹"之间难以辨别的历史谜团。但这些实证性的发现在西方造成的影响却远不如夸大其词的描述和想象，西方民众显然更愿意维护和重复那个富丽堂皇的"世界大都"形象。通过这一东方帝都形象，"他们体验着自身的缺憾、压抑和不满，并表达了欲望和向往"[①]。而在利玛窦等西方传教士看来，北京乃至整个中国都需要"福音的光辉"照耀，北京遂成为一座有"改造前景"的古老都市。只是随着中西方文化冲突的日益尖锐和东西方政经实力的逆转，他们对北京的观感也渐渐发生变化，对北京这座满怀期待的"天城"也开始失去信心。尤其是雍正皇帝下令驱逐在华的各国

[①] 吕超：《东方帝都——西方文化视野中的北京形象》，山东画报出版社2008年版，第30页。

传教士，教皇也于1773年解散了极力向中国等远东地区散播"福音"的耶稣会之后，北京在一些西方人眼中，甚至已沦为危险、堕落和衰败的"东方巴比伦"[①]。

更大也更实质性的转折发生在18世纪末。1793年，已成为"世界头号强国"的大英帝国派出了一个由400多人组成的庞大外交使团访问中国，试图按照他们的意愿与中国建立通商关系，即历史上著名的"马戛尔尼使团访华事件"。作为近代西方与古老中国的第一次正式接触，应该说中英双方都对马戛尔尼一行的此次访华高度重视。英国各界迫切希望与中国"建交"并通商，满清宫廷上下同样将使团的来临视为头等大事。应当说使团在北京期间受到了前所未有的礼遇和款待。然而英国人却感觉他们自己"如同乞丐一般地进入北京，如同囚犯一般地居住在那里，如同贼寇一般地离开那里"[②]。如此鲜明的反差折射出中西方之间无法跨越的文化隔阂。满清官方想当然地认定，对英使的怀柔已充分彰显中华"天朝上国"的"皇恩浩荡"，那些远道而来的"蛮夷"不仅不领情，还得寸进尺地提出诸多过分的"大不敬"要求。而在英国人眼中，古老的中华帝国徒具外强中干的庞大躯壳，从最高统治者的皇帝到大小官吏、普通民众，都已故步自封、冥顽不化到不可救药的地步，他们能听得懂的"语言"除武力之外再无其他。作为国都的北京，也很自然地成为帝国封闭落后的直观象征。

四十多年后，英国等西方列强便凭借武力强行撞开古老中国的大门，当年使团成员的观察记录和航海经验"功不可没"。鸦片战争后中国境内一座座通商口岸和城市"租界"被迫出现，它们既将古老的中国社会强行拖入西方主导的现代化进程，又在中华大地上强行划分一个个"国中之国"和"势力范围"，造成了中国主权的撕裂和民族的屈辱。身为京师"禁地"的北京在面向西方世界的开放过程中，则比其他城市艰难曲折了许多。在西方殖民者和侵略者看来，只有将国都北京最"核心"的大门撞开，才意味着真正打开古老中国的门户。而对惯于闭关自守的满清政府而言，本为皇家重地的京师怎能任由外邦蛮夷横行？这一关乎"天朝上国"乃至天子颜面的"原则性"问题，绝不可能轻易退让。于是在北京是否向外国人（西方人）开放这一问题

[①] 吕超：《东方帝都——西方文化视野中的北京形象》，山东画报出版社2008年版，第96页。
[②] ［法］雅克·布罗斯：《发现中国》，耿昇译，山东画报出版社2002年版，第94页。

上，中西方展开了持久而尖锐的交锋，甚至必须通过战争才得以解决。中国近代史上一系列不平等条约的签订，中华民族"内忧外患"危机状况的日益加剧，说起来都与此有关。无论1860年英法联军对北京的攻占和火烧圆明园的野蛮暴行，还是1900年八国联军对北京的占领，都成为中华民族近代史上最屈辱的标志性事件。而早在第二次鸦片战争期间英法联军对北京的攻占，某种程度已意味着满清王朝统治"合法性"的终结。按照传统中国内部王朝更替和"成王败寇"的历史规律，对国都的攻占已喻示旧王朝的败亡和新王朝的开启，当时的咸丰皇帝和满族贵族已做好逃回"东北老家"的打算。只是留守北京的皇帝胞弟奕䜣等人通过与西方人打交道，发现他们的思维方式跟国人大不一样：他们只关心中国能否遵从他们的意愿，服从他们制定的"规则"，并无"取而代之"的颠覆意图。正是这一与传统中国完全不同的思维方式及由此导致的行为做派，又让衰颓腐朽的满清王朝苟延残喘了近半个世纪。然而满清政府终究难以逃脱腐朽沦落的宿命，当1900年的慈禧当局在八国联军大军压境下，不得不像当年的咸丰帝那样再次仓皇逃离北京之时，已充分彰显"大清国"在西方铁骑的践踏面前的束手无策，只能陷入"唯命是从"、摇尾乞怜的境地。

与之相应的则是大量外国使节、传教士、西方商人和平民随着八国联军的"战果"进入北京，他们对眼前这座辉煌都城的观感和印象，也发生了从曾经的"未来之城""繁华之城"到"过去（历史）之城""落后（守旧）之城"的转换。老北京城的贫困落后，城市居民的愚昧麻木，以及城市卫生条件的脏乱，等等，都在他们"现代"眼光的烛照下"触目"呈现。不过站在今天的角度重温那些明显带有西方偏见的北京记述和北京想象文字，还可发现在其傲慢刻薄背后，不乏一些令人深思、值得借鉴的冷峻批判和独到见解。北京这座古都虽然已不可避免地走向衰朽和破败，但她最大限度地保留了传统中国的社会历史和文化艺术神韵，凝聚着独一无二"最中国"的文化历史传统。几乎所有抵达北京的西方人士都为之赞不绝口并对此深深倾倒。在他们眼中没有哪座城市能像北京这样更能体现"古中国"之美，更能代表他们心向往之并值得细细品味的东方异国情调。北京遂成为那些漂洋过海来到中国，试图一睹东方人文景观之神采的西方文人的首要选择，成为他们想象中国的关键视窗。

二 "民国北京"：中外互动与"京味文化"的定型

在西方文人汗牛充栋的北京记述中，一个"经典案例"是法国作家谢阁兰对北京城与中国其他现代化都市之间的"对比"观感。他于1909年从香港"登陆"，在由南至北的旅程中一路所见，皆是近代中国半殖民地化和被迫西方化的痕迹。只有抵达北京后，他才见识到了一个"真正的中国"并为之欣喜若狂："我的行程先是经过香港，英国式的，不是我要找到的；然后是上海，美国味的，再就是顺着长江到汉口，以为可到了中国，但岸上的建筑仍然是早已眼熟的德国或英国或别的。最后我们上了开往北京的火车，坐了三十个小时，……北京才是中国，整个中华大地都凝聚在这里。"① 谢阁兰的体验和描述无疑极具代表性。他敏锐注意到了作为国都的北京之于整个传统中国的"文化凝聚"力量，而他对"真正的中国"的找寻，其实从未脱离西方人对东方异国情调的向往。他所说的"真正的中国"，与其说是现实的中国，不如说是主观想象的一个幻影。谢阁兰对此也十分清楚，正如他在给友人的信中所说："我来这里寻求的既不是欧洲，也不是中国，而是梦幻中的中国。我抓住它，一口咬住。"② 北京无疑最大限度地满足了谢阁兰对东方中国的传奇与浪漫想象，他紧紧将其"咬住"并以此为叙事背景创作了长篇小说《勒内·莱斯》，出神入化地表现了"老北京"乃至"老中国"的文化艺术魅力。

《勒内·莱斯》所呈现的北京，在北京国际形象的演变历史中堪称具有"划时代"的转折意义。如果说13世纪的马可·波罗奠定了一个曾经在西方乃至全世界"流行"数百年，既富丽堂皇又时尚前卫的"东方帝都""世界大都"形象，那么20世纪初的谢阁兰则将北京打造成一座既封闭又开放、既原始又浪漫、既衰朽破败又充满特殊美感、既危险重重又有着致命诱惑的"东方古都"形象。这一形象堪称独立于现代西方社会之外的"别一洞天"，堪称迥异于西方社会的充满东方异国情调的"世外桃源"。谢阁兰笔下的北京尽管与马可·波罗口中的"大都"有天壤之别，但他借此对东方浪漫传奇和异国情调的渲染，却几乎如出一辙。而谢阁兰本人也毫不掩饰他对马可·波

---

① 吕超：《东方帝都——西方文化视野中的北京形象》，山东画报出版社2008年版，第3页。
② [法]谢阁兰：《勒内·莱斯》，梅斌译，生活·读书·新知三联书店1991年版，第9页。

罗的追慕和自觉传承，这从他把《马可波罗行纪》这部书称为"异国情调的伟大圣经"，"不可想象的他乡征服史"①一类赞词中足可看出来。

20世纪初期的北京虽然风雨飘摇，政治变动此起彼伏，然而像谢阁兰这类西方人却凭借"治外法权"等特权，不仅在这座曾经严厉拒斥外国人的"京师禁地"长期居住，而且还享受着类似于"京城洋隐士"般优哉游哉的自由生活。他们既摆脱了本国世俗事务的烦扰，又可抱持一种"隔岸观火"的从容视角，"既近且远"地观察着中国社会的急剧动荡，并在此探寻到一种古老东方的异域情调，对眼前的这座城市乃至整个中国展开诗意浪漫的传奇想象。正是在那一时期，大批西方人带着怀旧和猎奇的心态来到北京，并留下大量关于北京的记录、观察和想象性文字，从而在北京对外文化交流史上写下了绚烂多姿的关键一页。此种"以北京想象中国"的思维定式和叙事模式首先由西方人"开创"后，被老舍、林语堂、熊式一、金庸等海内外华人作家加以创造性转化，已成为海内外华人作家想象中国最经典也最直观生动的"方式"。

北京作为国际古都形象的明朗化、清晰化，并成为举世闻名的文化之都、田园之都和艺术之都，某种程度还与清帝逊位、封建王朝统治被迫终结这一重大变迁相关。中外文人和海内外游客都反复提到从景山之顶眺望故宫——紫禁城的审美体验。这似乎已成最能代表老北京城之富丽堂皇的"经典"画面，但不可忽略的是，昔日的皇宫变身为"故宫"，紫禁城不再为帝王私有，而是回到了人民手中；那里不再是决定"天下大事"的最高权力中心，不再居住着享有九五之尊的皇帝，它才由原来戒备森严、令人"望而生畏"的皇家禁地，摇身变为集辉煌壮丽与祥和宁静于一身的公共博物馆，成为令人流连忘返、赞叹不已的历史陈迹，以及"中华民族的珍贵文化遗产"、享誉世界的旅游胜地。而正是在进行了一系列"去禁忌"和"去政治化"的平民化举措之后，位于北京内外的"三山五园"等皇家园林也开始向普通市民开放，成为"国家公共机构"，成为全体国民共有、共享的游览与休闲场所。它们所蕴含的文化历史和艺术魅力才前所未有地绽放四射；而当年的皇帝和王公贵族从各地搜罗来的那些书画名篇、珍宝奇玩，也在"改朝换代"之后成为来自世界各地的人们共同观赏的对象，变身为中华民族名副其实的"国宝"。

---

① [法]谢阁兰：《勒内·莱斯》，梅斌译，生活·读书·新知三联书店1991年版，第151页。

经过辛亥革命等重大社会变迁之洗礼的老北京,积蓄其中的千年"王气"虽然不可避免地黯然褪色,但一种"敦厚宽容""和平幽默"的社会民风却由此酝酿升腾起来;爆发于1919年的五四新文化运动,则为其"深长悠远的古都韵致注入了新鲜的活力"①。于是,20世纪前期的北京不仅近乎完美地把东方的古老情趣与西方的现代化城市特征融为一体,还将自身那悠久深厚的文化历史底蕴,与变革时代锐意创新、自由民主的新鲜空气"机缘巧合"地加以融汇。这一原本由"闯进"北京的西方人"发现"并建构起来的带有东方"异国情调"的老北京形象,也逐渐由最初的原始落后、封闭保守,演变为20世纪前期的浪漫华丽与安宁祥和,并被现代中国文人所认可并传承。他们把蕴含其中的西方中心主义和殖民主义色彩剔除之后,将这一集中体现传统中国文化艺术特色的和谐唯美的"古都北京"形象,提升为现代华夏民族认同的一种象征,于是雄伟的北京城便化身为古老华夏中国的伟大骄傲之一。

历史上没有哪座城市能比"老北京"更能集中体现传统乡土中国的文化心理归属感。当代学者赵园指出,周作人、郁达夫、林语堂等现代作家的北京体验简直"统一到令人吃惊"的地步,与他们那"芜杂""破碎"且不无矛盾的上海体验完全不同。②赵园显然未充分考虑二三十年代的沈从文在体验北京时的"乡下人"痛感,也未预见20世纪90年代以后刘震云、刘庆邦、邱华栋、冯唐等当代作家对北京的"不适"经验及其书写。但她意识到北京特有的"乡土感",正是其吸引和召唤现代中国文人的力量源泉,却不能不说极有见地。近代以来中外文人笔下的北京形象大都有着共同的特征:它们一般指向过去,指向传统中国,尤其是传统"乡土中国"。正如赵园所说,"比乡土更像乡土"的北京几乎浓缩了传统"乡土中国"所有梦幻般的美好因素,并使之具有了一种生动具体、可感可知的"肉身"观感和体验。正因如此,北京之于现代文人的意义并非简单的对于"本乡本土"的情感认同,而是建立在"扩大了的乡土感情"基础之上的,由共同的文化心理结构、共同的文化经验和共同的心理情感积淀下来的,对共同"文化乡土"和"精神故园"的一种身心归属感。③

---

① 杨东平:《城市季风:北京和上海的文化精神》,新星出版社2006年版,第5页。
② 赵园:《北京:城与人》,北京大学出版社2014年版,第34页。
③ 赵园:《北京:城与人》,北京大学出版社2014年版,第6、14页。

三 当代"京味"热潮:"文化怀旧/寻根"的海内外"合流"

通过以上粗浅的梳理可知,"古都北京"形象的定格既是现代西方观照下的产物,又是西方强行植入的现代性直接"参与"的结果,某种程度可视为特殊时代背景下"中西合璧"的历史结晶。20世纪初期的北京市政当局在"西方现代性"的直接影响下,迅速启动了城市基础设施的现代化步伐。北京的市容面貌几乎与20世纪初急剧变迁的中国社会一样,每天都在革新和进步。20世纪初的北京,已经在到处修筑"碎石铺就的马路"、城市广场、博物馆等各种形式的现代化建筑,自来水和现代化电力设施也开始普及,自行车和汽车等现代交通工具陆续出现在城市街头。北京城急速的现代化转型,连生活于其中的西方人都感到不可思议:"我毫不怀疑不久将出现有轨电车……全城到处都在修建大楼。"[1] 他们以欣喜的眼光和客观的笔触记录了北京城在那个年代的"日新月异"。正是在那样一种古与今、中与西复杂纠缠和急剧变革中,一个"半新半旧"、既新且旧的老北京形象"登上历史舞台"。不无吊诡且让人惊异的是,恰恰在那样一个日渐衰落却又美丽异常、散发着源源不绝生命活力的"古都文化"土壤中,滋养并孕育出一种融汇古代与现代、乡土与都市的崭新"文明之花",亦即我们今天所说的"京味文化"之雏形。它既体现了中华传统文化历经沧桑动荡之后的浴火重生,也充分显示我泱泱华夏"海纳百川"、融汇中西古今于一体的开放包容精神。

无论对"京味文化"怎样理解和界定,"古都情怀"都是其中最基础也最核心的精神内涵。作为千年古都和"首善之区"的北京集中体现了中华民族文化心理的稳定性和连续性,满足了华夏子孙乃至海内外华人共同的文化归属感需求。但也正因如此,北京文化堪称是地域风情与民族共性、国民劣根性与文化独特性的复杂交织。对此,老舍等土生土长的"本土京味作家"无疑有着更为深切也更为痛切的体验与认知,他们一方面对老北京那独特的文化艺术魅力表达了无比热爱和留恋的情感,无比诗意地表现

---

[1] [澳]西里尔·珀尔:《北京的莫理循》,谭东鍟、窦坤译,福建教育出版社2003年版,第324—325页。

着老北京的风土人情；一方面又从中西文化比较的启蒙视角出发，冷峻观照且尖锐批判了老北京人的因循守旧、故步自封和麻木不仁。然而无论如何，北京最能折射出中国社会的急剧变动，又体现出急剧变动中恒常不变的"超稳定"因素。

"古都北京"鲜明直观地体现了我们这个古老民族生生不息的文化心理连续性。正如当代文化学者杨东平所说："北京满足了中国人文化心理中稳定、连续、凝聚和向心的强烈要求。"① 她既古老又"维新"，既传统保守又时尚摩登，既是"乡土中国"的典型表征，又是"现代中国"的集中代表。不无吊诡的是，不论是沈从文等"身在北京"而想象"乡下"故土的现代"京派"作家，还是老舍一类深谙北京文化艺术神韵的本土"京味作家"，以及近代以来因各种缘由流散于世界各地的华人作家，他们大都未曾脱离"通过北京观察中国""以北京想象中国"的思维定式，甚至通过对"古（故）都北京"的艺术构造不约而同地建构一个既原始又艳丽、既唯美又朽腐的古老中国形象。这一古老中国形象在近现代社会的剧烈变动和强力冲击下正不可避免地走向衰颓，却又如此恒常稳定，仿佛永远定格在永恒的历史时空之中。这也可以理解，中外文人作家瞩目于发生在北京城内外风云变幻的同时，又深深地被这座古老城市历经"翻天覆地"的社会乱局，却依然展示出的那种雍容大度、宽厚包容的文化精神所打动，并在那些历经动荡却依然乐天知命，抱持一种从容淡定之人生态度的"老北京人"身上，探寻到一种关乎整个华夏民族生生不息、乐天知命、随遇而安却坚忍顽强的文化心理性格。此种坚忍顽强、乐天知命的文化心理性格既是整个华夏文明生生不息的重要"源泉"，也是建构现代"京味文化"的坚实根基。

"古都（北京）情怀"如何演变为华夏审美传统中的"超稳定"因素，无疑是值得探讨的话题。当代学者王一川曾将"京味"和"京味文学"的精神特质概括为："故都北京在其现代衰颓过程中让人回瞥到的一种独一无二的和不可重复的地缘文化景观。"② 在他看来，京味文学乃是一种"能让人回瞥到故都北京城衰颓时散溢出的流兴的文学"③。这一表述虽有些晦涩拗口，却

---

① 杨东平：《城市季风：北京和上海的文化精神》，新星出版社 2006 年版，第 41 页。
② 王一川：《京味文学及其演变》，载王一川主编《京味文学第三代》，北京大学出版社 2006 年版，第 7 页。
③ 王一川：《京味文学及其演变》，载王一川主编《京味文学第三代》，第 8 页。

概括出京味文化和京味文学的文化心理特征：在时空定位上，"京味"属于"故都北京"这一历史地理范畴；在美学形态上，京味作家和艺术家以自己的文化体验和艺术想象，反复表现着现实生活中正走向衰颓或消失的古（故）都北京的文化历史神韵，折射出新与旧、古与今之间的复杂冲突和融汇渗透。"回瞥"体验则显现出国人在时代剧变中所面临的文化心理认同的纠结困惑，以及通过文化记忆和怀旧重建自我身份认同的尝试。"京味文学"和"京味文化"在20世纪80年代迅速崛起并形成一种浩浩荡荡"势不可当"的文化热潮，说到底与80年代以来的"文化怀旧""文化失根"及其"寻根"社会思潮不可分割。在今天，经济、政治诸领域的全球化潮流已使人类社会进入前所未有的"地球村（城）"时代；贸易一体化又导致文化领域的同质化乃至一体化，从而加剧现代人在文化认同、身份认同诸多领域的纠结，于是我们看到本土化、地方化及其"全球在地化"名义下的文化怀旧和"乡愁"，文化"失根"之痛与"寻根"实践，同样成为一种新型的具有全球意义的文化心理诉求。而"怀旧"并非一味指向过去，更孕育着崭新的文化生机，隐含着未来发展趋势的"萌芽"，现代"京味文化"的孕育和发生便是如此。

所谓"京味文化"，笔者认为它应是最能展现"老北京"文化精粹与特色，也最具生命活力、最地道、最"接地气"的文化神韵和艺术风味的统称。作为北京这座古都神韵的艺术呈现，"京味文化"同时又应成为华夏民族对外展示自我文化特色的国家级"名片"。它源自地域又大大超越某一地域文化背景，它以燕京地区文化形态为基础，又吸纳其他地域的文化特长融汇创新而成，是最（可能）接近中华民族文化整体风貌的地域文化形态。与"川味""广味"等同样风靡全国的文化风味形态既可相提并论又略有不同的是，特殊的天时地利因素决定了"京味"必然与整个国家民族的主体文化传统建立起最直接、最密切的关联。"杂糅性"无疑是京味文化最鲜明的特征，这种杂糅性还体现在"民间"与"官方"、"草根"与"精英"之间的奇妙呼应关系上。"京味"出自民间又远远超越了民间，在历史上它曾荟萃"草根性""上层精英性"和"宫廷性"于一身，在今天它更应融合平民性、地域性和民族性、国家性于一体，通过"北京味"展示出的，应是最纯正、最地道的"中国风味"。

以雅俗共赏、古今杂糅、中西合璧为特征的"京味文化"，是普通百姓最喜闻乐见的艺术形态,从中折射出华夏子民"生活艺术化"的人生理想。"京味文化"的背后由此也可成为海内外华夏儿女家国情怀的凝缩与象征。事实上对以北京味代表的"古/故都回瞥"及其文化怀旧、文化寻根和文化归属感的追求,早已成为海内外近现代华人作家极具典型意义的一种文化心理体验和审美感受。尤其对港澳同胞及流落到世界各地的华人同胞来说,北京往往是他们心中不可或缺的精神原乡,对故国故土的怀念和依恋往往集中表现在对北京的特殊情感之中。百余年来台港文人暨海外华人作家关于北京的书写、记忆和想象可谓"汗牛充栋"。且不说台湾作家中从 20 世纪 30 年代日据时期的张我军、张深切、洪炎秋、钟理和等人来到北京,并在此定居后对北京生活的多重情感纠结,到素有"台湾文学祖母"之称的林海音念念不忘的"城南旧事",乃至梁实秋、唐鲁孙、郭立诚、夏元瑜、白铁铮、小民、喜乐、侯榕生、齐如山等 1949 年前后由大陆迁往台湾的"老北平"们,更对当年老北京的生活频频回首,留下了大量关于老北京的"故往记述"。香港作家也同样如此,不论是一代又一代"南迁"作家的无数次"北望",还是香港本土作家对"北上"经验的描述和回味;不论是香港早期的"绿背文学"还是反美反蒋的左翼文学,短期的意识形态对立怎么也掩藏不住的,却是对祖国大陆的不舍之情。而对"故都"北京的回想与怀念,也就成为这种不舍之情的重要寄托方式之一。从曹聚仁、李辉英、徐訏到陶然、杨明显、金兆等当代香港作家,都反复诉说着自己的"北京往事"和北京观感。而流散到世界各地的海外华人作家,如林语堂、聂华苓、陈若曦、赵淑侠、高行健、曹桂林、哈金、张北海、严歌苓、查建英等对北京这座辉煌之城的品位流连,更称得上"不计其数"。至于那些虽不以北京为作品主题和叙事重点,却在作品中屡屡"绕不开"北京"城内外"的现代武侠小说和通俗历史演义更浩如烟海。然而对这一文学、文化现象的关注和相关研究,时至今日依然还非常匮乏。他们对"古/故都北京""文化北京""艺术北京"的全方位呈现及其想象,不仅已构成现代京味文化不可或缺的重要内容,还对未来北京文化建设具有丰富的启示意义。

今天的北京正朝着"国家文化中心"和"世界城市"的目标定位而开拓奋进,可以设想在不远的未来,她将是现代中国首都与"世界化大都市",乃至全球华夏儿女共同的精神家园等多种角色的融汇统一。如果说"世界城市"的打造与中国的实力崛起和全方位对外开放相辅相成,那么"国家文化中心"

的目标定位将使北京更突出中华文化本土特色，使之成为全球华人心目中"文化本土"的典范象征，成为他们共同向往的"华夏之都"。笔者相信并祝愿全球华人和世界各国友人的"北京梦"，早日成为中国梦的典型表征；"京味文化"由此也发展为中华优秀文化走向世界、融汇人类文明主流价值的重要符码。

重审北运河与京味文化

——以里二泗村为例

毛巧晖[*]

摘　要　本文以里二泗村为例，探讨了北运河与京味文化复杂而又微妙的联系，认为在京味文化的研究过程中，我们应当扩大北京文化的区域，注意文化的多样性和复杂性，包括文化的不同层级，注意没有引起大家关注的一些元素，把它们包容进去。这样我们的研究才能做得深入全面。

关键词　北运河；京味文化；里二泗村

大家对京味文化的探讨，更多集中在老北京城里，而我对北京文化的关注则是从曾经的郊区开始的，本文跟大家分享一些自己的研究心得。

我对北京文化的第一个感知是宏大，地域上比我想象的宏大。我不是北京人，曾经对北京文化的理解更多是符号性、标志性的，很多来源于文艺作品，如刘恒的《贫嘴张大民的幸福生活》，对北京的理解是胡同文化、皇城文化及市井文化。直至2018年，开始参与北京市宣传部的重点课题，研究北运河的民俗，从这以后，有更多机会了解北京的大地域文化，才开始发现北京是一个多"地域"形成的文化，不单局限在四九城。

我对北京文化的第二个感知是北京文化是多民族的文化，特别是在研究北运河的过程中，更多看到了多样性、复杂性、多民族性。于是，我对我们

---

[*] 中国社会科学院民族文学研究所研究员。本文为北京市社会科学基金重点项目"京味文化的资源发掘、价值阐释及其转化研究"（21JCB009）阶段性成果。

往常关注的一些北京标志性符号的理解不一样了。现在研究北京文化强调一个词"开放性",从我的理解来说,应该包括整个北京,不只是都城文化或者皇城文化。

在进行运河文化的研究过程中,对我触动较大的是:我们如果要理解北京,必须更多关注文化的流动性。运河文化比较典型的特点就是流动性。

大家都知道,环球影城建在通州区张家湾,我们2018年在这一区域调研了很多地方,比如高力营、大高力村。大高力村,《燕行录》里面提到朝鲜使臣来京,首先在张家湾停留,其中有一个庄叫高力庄。我们2018年到大高力村调研时,看到了当时处于拆迁中的村落,现在则埋在环球影城下面了。这是非常典型的变化。

我们长期追踪调查的里二泗村,在清代非常繁华,不次于环球影城。当地有一句俗语"船在张家湾,舵在里二泗"。《红楼梦》原型的曹家在张家湾有一个当铺,另外张家湾有一片空坟,据说就是曹家的坟地。总而言之,张家湾的繁华程度是我们现在不了解的,目前的张家湾只是个偏僻的小镇,现在因为建环球影城拆迁,才又开始受到一定的关注。

里二泗村在当代作家刘绍棠的作品中被多次提到。刘绍棠是通州西集人,西集现在被命名为文学小镇,当地很多人喜欢写作、关注文学。刘绍棠在他的作品中多次提到里二泗村,其中,对他印象最深和影响最大的是佑民观。大运河跨北京六个区,从南方运大量的物资,而里二泗是很重要的码头。我们都知道,海运中影响最大的信仰就是妈祖。现在,北京与运河有关的庙宇就是什刹海附近的火神庙,里二泗的佑民观,大家一般认为曾经就是个妈祖庙,所有船到了北京首先要在那儿拜。为什么叫里二泗?先有这个寺,后来才有村子,因寺成村,后来这一地方形成了影响很大的庙会。刘绍棠在作品当中多次提到小时候赶庙会的情景,而庙会就是在里二泗佑民观。后来,里二泗码头逐步废弃,码头往通州城里移动。虽然里二泗的码头功能发生了变化,但佑民观在这一带信仰文化圈中的影响并未消退。

这一带的村落,大部分是因运河形成的,和我们传统村落完全不一样。当地都是经商的人,有一些商铺,举办庙会雇一些人表演,如跑运河的船工在闲下来时,或者有地方举办庙会,他们就被雇去耍中幡。里二泗的花会不像城里面的花会,以流动性为主,有一些店铺为了生意兴隆,拉拢顾客,当然也有一些商会,就像摊派一样,哪个村子雇几个人,出几个花会的人。后来，随着社会经济的发展，特别到清代的时候，一些旗人要划一些土地，里二泗、张家湾这一带逐步有一些旗人过来划了一些土地，这些土地划归到某些家族的名下。其中，里二泗就属于一个家族，他们开始把花会变成固定的地方组织，而且制度化了。比如，围绕佑民观，不同的村子怎么进香、怎么表演、每年如何组织。其中有几个比较典型的，我们做过调研，一个是里二泗的小车会，另外一个就是当地的皇木厂。

现在，皇木厂以旅游为主，建了很多别墅，所以有一些人以商品房住户的身份到皇木厂居住，现在的形态基本像南方的水镇一样。过去，皇木厂在张家湾以竹马会而出名，他们的竹马会在当地排名比较靠前。但是后来竹马会慢慢消失了，我们调研的时候，皇木厂老人告诉我们，应该是80年代左右消失的，之前还是有的。但是，慢慢因为这一区域随着经济发展变化，不管是皇木厂还是里二泗，居住的当地人越来越少，这些活动就消失了。

现在，皇木厂和里二泗原村落的居民比例不到20%，主要以外地人为主。皇木厂变成了以旅游文化为主，里二泗是北京的仓储地，一些工厂还有物流产业，很多总存储点都在里二泗租的厂房、存储地。我们日常穿的一些衣服也是在里二泗做的。慢慢地，随着厂房腾退，这一块租住的人越来越庞杂，所以这两个地域都变成外来务工为主，本地人仅占20%。

但有意思的是，里二泗一直维系着小车会，在我们调研的过程中，小车会还在村里发挥着重要功能。在北京，大家觉得村落很少，但里二泗一直保留村落的形式。不过，这一村落由于形成的特殊性，是因为运河而形成的，所以与流域联系在一起，超越了民俗学研究的传统村落范式。因为它是水域形成的，妈祖信仰后来升级换代，到清朝尤其是顺治时期，前往求子的，进京赶考的，下了码头就要到佑民观去拜。也就是它的功能在清代变了。后来佑民观中断了很长一段时间，到了90年代以后，成为道教信仰的一个场域，道教在北京有白云观和佑民观。90年代后期，从山西五台山来了一批人，住进了佑民观。现在的佑民观和里二泗村产生了一定剥离，也就是，佑民观脱离了里二泗的管理，属于宗教局管理，和当地村民的联系也发生了一些变化，村民不再围着佑民观生活了。但有一点没有变，是每年正月举办花会时，里二泗村甚至整个张家湾这些有花会的村子走会的时候，依然首先要到佑民观，而且里二泗的小车会都要去迎，迎接后，他们再到佑民观附近表演。正月十五，张家湾的花会还会聚集到佑民观，在佑民观前面的广场上进行表演。在这一特殊时刻，村民的生活又与佑民观紧密联系在一起，他们在日常生活中跟佑民观剥离了，但是在一个重要的节点上，还是紧密联系在一起。

里二泗的小车会，现在有一个比较重要的功能。我们刚才提到，现在它的实际居住者是以外来人口为主，本地人口只占20%。但是在小车会表演的时候，表演者还是以里二泗村民为主，特别有一位民俗精英韩德成，组织大家表演。但是，观看表演的人绝大部分都开始变成外地人，所以，小车会变成了村落人际关系重新构建的桥梁和渠道，而且起到新的连接作用。特别是，我们在调研时也看到了新北京人，也就是一些外来务工者，也很喜欢看小车会表演。我们访谈韩德成的时候，他也表示特别愿意接受这些外来务工者，愿意教他们。这个我们也觉得非常有意思。

我研究里二泗村的时候，比较重视花会功能的转化，里二泗小车会在当下的功能和当下村落的治理中的作用是什么？调研的时候，我发现花会在村落管理中的作用其实非常大。韩德成除了是花会会首外，还是里二泗村的文化组织员。大家如果熟悉现在的文化管理工作就知道，2010年前后，文化部在各个村子都设了文化组织，并且对文化组织员进行了培训，像过去的文化站一样，起到联络村民和村政府的作用。韩德成兼任文化组织员，负责组织里二泗村的各项活动。里二泗村除了小车会以外，还有广场舞，也有乐队，并且巡回演出。上次我碰到他们乐队在张家湾甚至通州区会组织民间乐队巡回演出。通过这种方式，在里二泗村重新建构了新的一种文化认同，这是值得我们关注的。当地的文化组织投入也有，但不是特别大，所以里二泗的小车会需要通过一些方式自己赚钱，比如到别的村子演出。他们到河北的香河演出，因为这一带曾经同属一个文化区，还有到天津表演。一些丧礼喜欢邀请小车会，给他们一些费用。总之，小车会在新的公共文化体系中发挥着一定作用。调研发现，现在的村干部都是公务员统考调过来的，大部分是外地人，不熟悉当地文化。这些文化组织员，比如韩德成，恰恰起到了一个连接作用。

我的目的，是想通过分享里二泗村这样一个个案，让大家看到北京文化的丰富性。我觉得，在京味文化的研究过程中，还要扩大北京文化的区域，注意文化的多样性和复杂性，包括文化的层级。比如，运河文化对北京的影响，海运仓、什刹海、积水潭，大家提到这些名字没有再把它们和运河联系起来。还有大家关注度并不高的白浮泉、历史上辉煌过的张家湾，大家关注都很少。它们曾经对北京文化的影响，是不是应该纳入京味文化的讨论？还有，我们在张家湾一带看到的萧太后河、高力庄，相关记忆中的一些北京文化事象是不是应该也纳入我们的讨论？随着全球影城的建设，里二泗也会很快拆迁，小车会还会不会继续下去？这个地方曾经的村落联系会不会完全打破，又发生新的变化？这是我们后续要关注的一些问题。整体而言，我们看到了曾经没有引起大家关注的北京文化的一些元素，这些对皇城文化、市井文化、胡同文化有什么影响？未来对京味文化的研究，应当把这些都包容进去。北京城有长期的历史积淀，我们要关注不同的文化维度，才能做得更深入和全面。

"京味儿"三题：概念、方法与实践

祝鹏程*

摘 要 "京味儿"是一个层累建构的概念，不同时代的民众出于不同的时代思潮与社会需求，来建构自身对于北京的认知与想象。以此反观当下北京学的研究，就会发现其中存在着古典化的倾向，以及过分关注传统性和符号化的文化资源等问题。因此，有必要将"京味儿"视为一个开放的、流动性的概念，打破对本真性的迷思，去充分关注普通民众在当代北京城市中的文化实践。此外，如能把城市建设所需的政策导向性、应用性和流动性、开放性的传统观结合起来，可以产生兼顾学理性与实践性的北京学研究成果。

关键词 "京味儿"；普通民众；日常生活；实践

在现代北京的发展过程中，对"京味儿"的追求成为一道醒目的风景线。应该如何认识"京味儿"？目前对于"京味儿"和北京学的研究还有哪些值得我们反思和改进的地方？如何将学术研究与城市建设结合起来，推进北京学研究的学以致用？这是本文要考虑的问题。

---

* 中国社会科学院文学所副研究员。本文为北京市社会科学基金项目"京味文化的资源发掘、价值阐释及其转化研究"（21JCB009）阶段性成果。

"京味儿"三题：概念、方法与实践

一　层累的"京味儿"想象

"京味儿"这个概念正式产生于 80 年代对北京的文学书写中[①]，我们今日用它来笼统形容对北京的某种文化面貌，且已经不再有时代的局限。总体来讲，近一百年来，北京有三次"京味儿"文化的打造高潮。第一次是 1927 年国民政府从北京迁都到南京以后，"北京"改名为"北平"，这一变革造成很多在北京的文化人的失落，开始书写"旧京"和"故都"的回忆。比如汤用彬等人的《旧都文物略》(1935)，陈慎言的《故都秘录》(1933)，还有老舍的很多小说的面世，都和迁都引发的"旧京"的书写密不可分。这些文本记忆涉及文学、武术、戏曲、说唱、天桥文化等多方面，大体以对旧日风华的悼念和叹惋为主旋律，这些文本中的北平是传统而优裕的，同时也是衰败而苍老的。我们当下所说的"老北京"，以及与此相关的素材、表述的规则和修辞的策略都来自当时的这些文本[②]。

第二次是 1949 年以后对"新北京"的打造和相关的文化想象。当时的定位是"人民首都""生产城市"，要把北京从原先旧的、腐朽的消费型城市转变为生产型城市。除了拆城墙等建设实践外，也出现了一些经典的代表作品，比如老舍的《我热爱新北京》(1951)、《龙须沟》(1950)、《茶馆》(1956)等，这些文本的表述核心是改天换地，强调的是如何在党的领导下摆脱原先的封建文化和殖民文化，建设一个属于人民大众的新北京。因此，很多在北平时代被叹惋的传统都成为"落后"的代表，诗人艾青曾经写过一首诗，大意是说他走过东四牌楼，发现那四个牌楼终于被推倒了，取而代之的是宽敞的马路，于是他高喊一声"好！"[③] 从中不难看出要推倒旧世界、创造新首都的雄心。

第三次是 80 年代以后的文化书写。在这个时间段里，借着改革开放和寻根文学的东风，陆续出现了很多相关的书写实践，比如说邓云乡的《燕京乡

[①] 尽管此前有很多类似的文化追求，比如 1982 年就出版了邓云乡的《鲁迅与北京风土》一书，但"京味儿"其实是 80 年代中后期才形成的概念。比如，知网上第一次出现这个概念是 1985 年，参见林大中《变革与反思——评〈钟鼓楼〉》，《当代》1985 年第 2 期。
[②] 董玥：《民国北京城：历史与怀旧》，生活·读书·新知三联书店 2014 年版。
[③] 艾青：《好！》，载《艾青全集》第二卷，花山文艺出版社，1991 年版，第 279—281 页。

土记》(1986)、《北京四合院》(1990)、《文化古城旧事》(1995),张中行的《负暄三话》(1986、1990、1994)等,再加上邓友梅、赵大年、刘心武、陈建功等当时的中青年作家的书写,以及"京味儿文学丛书"等出版物的推动和一些评论家的鼓吹,"京味儿"文学一度产生了极大影响。这次书写包含的内容更广,既包括了"旧京风华"的遗产(比如邓云乡的回忆文章),也包括社会主义时代的文化传统(比如《钟鼓楼》《皇城根》《人虫儿》)等。这一文化打造工程可以说一直没有结束,一直延续到当下。

历史学者董玥在《民国北京城:历史与怀旧》中用"怀旧"(nostalgia)和"回收"(recycling)两个概念来整合全书,她考察了关于"现代"的经验是如何影响民国时期民众对北京的历史认知和想象的,指出恰恰是因为在现代性的过程当中需要怀旧的体验,才产生出了对于"老北京"的种种的描述和修辞。在结语中,她写道:

> 当它不再是政治中心以后,北京人仍留恋过去,遵守陈旧的习俗,怀念往日的荣耀,培养着感伤的氛围。但无论他们如何努力,总有一种虚假的成分渗透入他们的生活中,使得每件事只是"看上去"像真的。不过,我认为,这种怀旧直接地针对现在而非过去,北京不是一个仅仅因为过去而兴旺的幽灵城市。在民国北京,那些被当作"过去"的东西事实上常常就是当下。当下通过两种途径替代过去:往昔依然存在于日常生活中,同时,当下被一个想象中的未来视角打量着。现代永远存在于未来,对往昔的怀念实际上是指向于当下的。①

纵览这三次书写热潮,可以发现,不同时代的主体对历史的书写和想象都是立足于他们各自的历史处境做出的。第一次是因为迁都对旧京文化人的触动,他们对北京的关注,既有平民关怀,但又没有脱离原先的精英视角。第二次是因为改天换地的建设热情,强调的是城市的"人民性",从人民的立场去描写城市的变迁和民众的生活。第三次则是在改革开放以后,市场经济和文化商品化的环境当中形成的,是在社会主义市场经济语境下对传统的想象和建构,以及营造地方文化产业、地方品牌,构筑地域认同的实践。

---

① 董玥:《民国北京城:历史与怀旧》,生活·读书·新知三联书店2014年版,第328页。

因此，在"京味儿"的话语建构过程中，我们可以看到一种随着历史变迁和时代需求而产生的"层累"。"京味儿"的生产与不同时代的意识形态、社会思潮之间有着密切的关系，从中不难看出在不同的时代里，人们对"京味儿"的认识、想象是不一样的，不同时代的社会需求决定了不同的故事讲述动力，进而框定了故事文本的呈现形式。因此，我们如今了解"京味儿"，不应该只局限在对历史的追溯上，而应该立足当下，观察传承至今的层累与积淀。

二 北京学研究的反思：如何寻找"京味儿"？

那么，如何在研究中寻找"京味儿"？总体来讲，在目前和北京相关的大量文史著述中，对"传统"和"本真性"（authenticity）的迷思仍然占据了整个京味文化的生产和研究，当然，这里说的不是那批最顶尖的北京文化研究的成果，而是针对整体的研究倾向而言。

总体上，北京学的研究呈现出了古典化、景观化和掌故化的倾向。一说起北京，学者还是会强调"老北京"，即那些被高度符号化和传统化的元素，比如中轴线、民国风味的四合院、天桥艺人的绝技、"天棚鱼缸石榴树，先生肥狗胖丫头"，在描述修辞上，会大量使用比如"活化石""国粹""皇家文化"等。学者更关注文化的传承性、稳定性和连续性的一面。从一定程度上讲，这些研究也是将文化资源传统化（traditionalization）的一部分，使用了大量涉及本真性和民族主义的修辞，在不断巩固、再生产指向传统的修辞。如果我们把国内北京学的研究跟海外中国都市研究的成果（比如已经译介进来的"上海史研究译丛"和"海外中国城市史研究译丛"）相比，就会发现还是有很大的差距。海外中国都市研究更关注的是这些问题：都市中的民众有哪些人？他们是谁？他们做了什么？而北京学的研究更多是在不停下定义："京味儿"是什么？是帝都？皇城根？而不是去描述这个东西是怎么形成的，与民众有什么样的关系，以及具有什么样的意义。所以，研究往往呈现出以下问题：

其一是"抓大词儿"，主要集中在制度性的皇家文化、精英文化方面，缺乏对普通民众日常生活的关注。比如在北京历史研究方面，有一本非常经典的、征引率很高的《北京史》[①]，这是由北京大学历史系于1985年主编的，但

[①] 北京大学历史系《北京史》编写组编：《北京史》，北京出版社1998年版。

它整体上还是一本北京政治史，不是北京民众的历史。

其二是向后看，忽视当下北京的剧烈变迁。以够不够"文化"、够不够"传统"作为北京文化价值的衡量标准。这一点，在很多北京地方文史学者的著述中显得尤其明显，比如一说起北京城市空间，就追溯到《周礼·考工记》关于"匠人营国"的描述，提及"里九外七皇城四，九门八点一口钟"的谚语，而遗忘了新中国成立后强有力的社会改造工程对都市空间的再塑造，以及改革开放以来大规模人口流动对北京居住空间的重构。相比之下，一些当代作家，比如王朔倒是更关注平民生活。他专门写过一篇文章叫《烦胡同》，在他的观察之下，胡同里芸芸众生的生活并不是如人们想象的那样美好优雅的，而是非常有待改进和提高。他甚至猛烈批评了一些学者作家把北京的文化古典化和理想化的做法："反正对我来说，满北京城的胡同都推平了我也不觉得可惜了的。住一辈子监狱的人回忆监狱生活也少不了廉价温馨，你不能真觉得监狱生活是人过的日子。狱卒的回忆更不算数。"①

其三是大量的北京文史类著作存在着互相抄袭，低水平重复的问题，缺乏新的见解。

究其原因，是因为上述研究对现代北京剧烈的社会变迁是忽视的，尤其是对全球化时代、生活在当下北京的民众的日常生活是忽视的。职是之故，我们有必要在开放的视野中重审"京味儿"。"京味儿"是一个"层累"的概念，也是一个流动的过程。研究者应该采取动态的、开放性的视角，去综合考察北京是如何被塑造成现代中国"文化之都"的过程，以及在这个过程当中，不同的主体（尤其是普通人）如何通过日常生活的实践来完成对"京味儿"的想象和打造。

首先是研究主体的开放性。研究的群体应既包括北京土著，也包括外来的"新北京人"。北京现有常住人口 2189 万，其中外来人口 841 万，有将近四成人口是外来的②，他们广泛参与到了北京的日常生活和日常文化的实践当中，极大地激活了北京城市的活力。就像陈平原有一篇文章叫《"五方杂处"说北京》③，如今的北京就是五方杂处、人口流动极大的城市，关注人口的多

---

① 王朔：《烦胡同》，《中国作家》1994 年第 2 期。
② 统计数据截至 2020 年 11 月 1 日零时，参见陈雪柠《专家解读北京人口数据：推动人口红利向人才红利转变》，《北京日报》2021 年 5 月 21 日。
③ 陈平原：《"五方杂处"说北京》，《书城》2002 年第 3 期。

元构成及其流动对于揭示城市的活力，促进城市各阶层的健康发展不无裨益。

其次是研究事象的开放性。既应该包括传统属性较强的文化元素，更应该包括当下民众的各种文化实践，凡是围绕着"北京认同"展开的各种文化实践，都应该归于对"京味儿"的体悟和实践。比如，既应该关注如以"北京孩子北京味儿"为品牌的"大逗相声"等相声团队，也应该包括聚集在中关村等地的码农编写的涉及自己在北京工作、生活的相关脱口秀，还应该包括京郊某些乡村中外来务工者撰写的那些记录自己来京打工的感悟和体会的诗歌，这里记录了他们对北京的文化想象和认同。

最后是研究时段的开放性。陈平原在上文提道："北京是个有历史、有个性、有魅力的古老城市，正迅速地恢复青春与活力，总有一天会成为像伦敦、巴黎、纽约、东京那样的国际性大都市。观察其转型与崛起，是个很有趣味的课题。"[1] 北京的日常生活已经是现代的日常生活，而不是传统的、可以被"乡土记"的体裁记录的日常生活，应该走出只对传统的"老北京"文化事象感兴趣的做法，去关注当下民众的实践，以及他们是如何赋予这些实践以文化的意义的。

说到这里，又想回到前文提及的《钟鼓楼》这部小说上。这本书让人感动的地方，在于它关注的是钟鼓楼底下的住在大杂院里的普通民众。从书中很多章节的设置，就可以看出刘心武所坚守的"平民"的视角，比如："钟鼓楼下，有一家人要办喜事。最操心的是谁？""一位正在苦恼的京剧女演员。人家却请她去迎亲。""一位局长住在北房。他家没有自用厕所。""一位修鞋师傅。他希望有个什么样的儿媳妇？"[2] 这些内容延伸到北京民众日常生活的每一个角落。我们现在谈"京味儿"，不应该只谈"天棚鱼缸石榴树"，还应该去关注那些住在大杂院中的、住在楼房里的、住在廉租房里的北京人的生活方式，是什么人住在那里？他们如何认识北京？他们对自己的居住环境是什么样的情感？此外，还应该关注这些问题：围绕四合院等传统符号，当下民众展开了什么样的创新性实践？再比如，当下的很多文化机构、运营者会在四合院里开旅社、开会所，他们是如何认识四合院的？又是怎么去打造四合院的文化景观的？在这一过程中，哪些资本参与到了打造的过程中？相关

---

[1] 陈平原：《"五方杂处"说北京》，《书城》2002年第3期。
[2] 参见刘心武《钟鼓楼》，人民文学出版社2015年版。

工程对附近民众的生活产生了什么样的影响？等等。

再以笔者比较熟悉的相声为例。近年来，以德云社为代表的相声团体以复兴"传统相声"为己任。在他们的带动下，北京的曲艺演出得到一定程度的振兴，各小剧场恢复上演了一批传统相声段子，不仅有《卖布头》《八大吉祥》等家喻户晓的节目，还包含了《论梦》《怯洗澡》《卖面茶》等曾经被视为"糟粕"的段子。这些段子作为一个整体，涵盖了近世以来北京市民阶层衣食住行、婚丧嫁娶的方方面面，生动刻画了老北京的风物、生活与心理。

如果我们停留于表面，就会将这次相声复兴简单等同于"传统"的复兴。但突破表层的传统化策略，深入到其生产模式中，就会发现，德云社等市场化程度较高的团体恰恰是充分利用了大众文化的生产机制。如果说姜昆等老一辈相声演员是电视的宠儿，那么德云社一代则是互联网、自媒体的运营高手。他们采取多元的实践，开辟多种经营模式，发展小剧场，并借助互联网、微信等大众传媒，在年轻人中打开了市场。

在一个时间即金钱的年代里，演员们需要有效控制运营成本，尽量缩短相声从创编到演出的流程。他们不再通过确立主题→体验生活→提炼素材→组织语言这一系列漫长的流程来创作相声。于谦在一次访谈中便提到，他和郭德纲上台前并没有完整的脚本，也没有排演，只有一个写了内容梗概的小纸片，两人根据现场的环境进行发挥。[①] 为了在最短的时间内把最密集的笑料提供给观众，相声的创作呈现出了更加短、平、快的特质，向互联网借力成为必然，造成了"段子化"相声的流行。不少演员则直接从网络笑话、段子中获取创作的素材，再将这些笑话改头换面地融入相声里。"段子化"的相声符合大众快节奏的娱乐需求。当演员们选择了大家都熟悉的网络段子时，无须再进行反复的铺垫和解释，能很快引发观众的笑声。[②] 此外，受限于知识结构与快餐化的生产方式，面对整个传统相声的资源时，年轻的演员们往往只选取娱乐性较强、结构较为松散（可以往里面加大量笑料）和具有猎奇效应的相声。这些现象之所以能够出现，是因为其便于生产，低成本，高产出，符合市场法则。在很多场合，郭德纲都称自己的艺术只是娱乐，并非艺术，

---

① 凤凰卫视《锵锵三人行》2013年10月17日节目。
② 关于"段子化"相声的综合报道可参见《相声段子化：全是包袱很闹心》，《中国艺术报》2013年12月9日；《相声创作：扒网络段子还是"置产业"》，《北京日报》2014年2月27日。

恐怕这不仅是自谦之词,也道出了部分事实。①

显然,深入机制层面后就会发现,这些受"传统"大旗荫庇的表演内容、形式与修辞恰恰和当下都市的怀旧情绪,以及文化经营团体的生产关系与生产机制紧密相连,进而能挖掘出话语表述背后的政治、经济、意识形态等因素,并勾勒出当代相声受众的心理世界与精神面貌。

三 北京学研究如何回应城市建设?

尽管前文对北京学的研究现状有一定的批评,但笔者并不想否认,北京学的研究对于北京的城市建设有着积极的智力支持作用。中国文化向来讲究"学以致用",北京学的研究也应该起到资政的效应,回馈北京的城市建设。如果能把城市建设所需的导向性和应用性,和我们所提倡的流动性和建构性结合起来,置于一个开放性的理论框架中,应该能产生兼顾学理性与实践性的研究成果。

挂一漏万,此处仅列举三点:

①尊重民众对"京味儿"的感受和言说。与其从本质主义的视角对"京味儿"下定义,不如去充分关注"京味儿"是如何被言说和生产的?当下不同的主体是如何认知和定位"京味儿"的?人们对"京味儿"各有理解和言说,探求他们之所以如此表述,是可以发现文化表象背后的生活欲求的。此外,尽管言说不同,但总能发现一些核心性的东西,在此基础上可以总结出一些共性。这些核心性的内容很可能就是前文提及的"北京认同",因此,不妨以"北京认同"为起点去定义"京味儿"。当政府认识到当代市民群体最在意的是什么时,就可以采取相应有效的措施。以"北京认同"等民众的认知为基础去下定义,同时保持定义的相对开放,会使研究更具社会价值,同时使政策更有现实针对性。

②要去关注民众针对"京味儿"的实践模式,尤其注重其中的差异性。可以在具体的研究当中把"京味儿"分成若干个类型,比如"原生阐发型""隔代挖掘型""移植发明型"等。"原生阐发型"指的是某种传统一直存在,

---

① "我不指望天塌地陷,地球都会灭了,还有我的一段相声在宇宙飘荡。"参见郭德纲《过得刚好》,北京联合出版公司2013年版,"序言",第3页。

经过近年的阐发，被赋予了新的意义，如相声；"隔代挖掘型"指的是那些一度消失了的，经过挖掘被赋予新意义的传统，如近年来稻香村挖掘的"京八件"等；"移植发明型"指的是随着移民群体、人口流动带来的新传统，比如现在北京满街的烤冷面、兰州拉面。这种类型化的处理继承了我们"具体问题具体分析"的优秀传统，可以有效地服务于城市建设。当我们把它分出不同的类型时，就意味着有不同的人群选择了不同的类型，他们出于不同的需求，出于不同的目的才会有不同的举措，对应产生不同的文化实践。我们在分类的基础上展开研究，有助于政府针对不同的人群和语境的文化需求，去制定有针对性的文化政策，提供不同的文化服务。当然，上述几个类型只是初步的设想，并不是成熟严谨的分类，具体应该如何操作还可以做进一步思考。

③要充分关注当下语境中的新因素和新成分。比如大众传媒，尤其是新媒体，还有旅游产业、文化的商品化、资本运营、城市化和拆迁等对北京民众的影响，等等，这些因素在当代北京开放的、全球化的、五方杂处的城市文化打造中，起到了举足轻重的作用，深刻影响了"京味儿"的知识生产和实践模式。关注这些因素，不仅有利于推进"京味儿"文化朝向当下的追求，而且在研究中观察这些因素的走向，评估它们对北京文化的影响，也会产生积极的资政作用，对于相关部门调整政策和举措也有一定的借鉴意义。

"京味儿"看不见摸不到，但却存在于每一个北京民众中。寻找、捕捉"京味儿"是当下每一个北京学研究者的职责。以开放的视角观察北京城市，关注当代市民的言语与行动，充分揭示背后的主观诉求，挖掘民众利用"京味儿"资源展开的社会交往、群体认同与文化批评等创造性实践，对于展示北京城市生活的多样性，呈现当代北京鲜活的都市生命力，推进北京城市建设的健康发展有着深远的意义。

新北京第三代作家的胡同视角

杨 志[*]

新中国成立后,百万革命干部及家属移居北京,建起大批大院,是为"新北京人"。此后的20世纪50至70年代,如学者杨东平所述:"大院和新北京人,胡同、四合院和老北京人,构成北京城市社会的两个不同层面,两种异质的社会生活和文化空间。"[①] 中华人民共和国成立前后在北京出生长大的共和国第三代人有了"新北京人"(大院子弟)和"老北京人"(胡同子弟)的区分。改革开放后,新北京人中出现了许多著名作家,几乎占据文坛半壁江山,如老鬼(1947年生)、食指(1948年生)、阿城(1949年生)、王小波(1952—1997)、毕淑敏(1952年生)、陈凯歌(导演,亦从事文学创作,1952年生)、王山(1953—2012)、张辛欣(1953年生)、海岩(1954年生)、杨炼(1955年生)、刘索拉(1955年生)、顾城(1956—1993)、铁凝(1957年生)、王朔(1958年生)、止庵(1959年生)等。相形之下,老北京人出身的重要作家相对较少,据笔者统计,只有王学泰(1942—2018)、霍达(1945年生)、叶广芩(1948年生)、张承志(1948年生)、李龙云(1948—2012)、刘恒(1954年生)、刘一达(1952年生)、宁肯(1959年生)等,改革开放以来的北京文学空间主要是由大院子弟作家建构的。这也就意味着,原本立体多元的北京文学空间,因前者的强势存在,多少被遮蔽了。有鉴于此,本章以上述作家为研究对象,将他们与大院子弟作家进行比较,从身份认同、文化融汇和文学想象三个角度切入,探讨他们的整体特征,彰显这一

---

[*] 北京师范大学北京文化发展研究院副研究员。本文为北京市社会科学基金项目"新北京第三代作家的心灵史研究"(16JDWXB001)阶段性成果。

[①] 杨东平:《城市季风》,东方出版社1995年版,第251页。

群体的存在，呈现北京文学空间的内部多元性。

一　身份认同

所谓"身份"，其社会功能"是对社会成员所处的位置和角色进行类别区分，赋予不同类别及角色以不同的权利、责任和义务"，个体根据自己的社会网络，生成种种身份认同，[①] 下面以北京城为中心，探讨上述作家的社会身份、阶层身份和族群身份。

1. 社会身份

大量革命干部及家属子女迁居新北京后，重塑了北京社会身份系统，生成了"新北京人/老北京人"这对衍生于"新中国/旧中国"的政治区分概念。所谓"老北京人"，有狭义和广义两种，狭义指三辈以上住在老北京胡同的市民，即使在民国末期，这类人也不多，如李龙云认为："偌大的北京城，堪称老北京人者并不太多。除了满清贵族中公侯伯子男留下的破败世家，除了保卫过大清皇朝的满汉旗兵的后裔，旧北京市民，大都是从山东、河北、山西流徙来的饥民……组成了旧北京'受治于人'的'劳力者'阶层；而状元及第的官宦豪门，大江南北的野心家，闽粤江浙的行商，投亲靠友的农妇村夫中的小爬虫，则组成了旧北京的'劳心者'一小撮。"[②] 如取狭义，本书研究对象如王学泰、张承志、刘恒、宁肯的父母都是民国来京，不算"老北京人"。但新中国成立后"老北京人"也取广义，新中国成立前在京的都算，而且随着时间流逝，后者的使用越来越广。本书取广义，把上述作家都视为"老北京人"。

老北京子弟还有一个称呼是"胡同子弟"，跟"大院子弟"组成对应概念。实际上，北京人也是从"大院子弟"去定义"胡同子弟"的："大院子弟"一般在大院长大，朋友多为结识于幼儿园、小学、中学的内部子弟，自成群体，此外皆"胡同子弟"。要补充的是，因为"胡同子弟"有政治区分意味，住在胡同里的也不一定是胡同子弟，有些领导干部及机关宿舍也安排在胡同里，他们的子女（如刘索拉、史铁生、陈凯歌等）也是大院子弟。这

[①] 张静主编：《身份认同研究》，上海人民出版社2006年版，第3页。
[②] 李龙云：《古老的南城帽》，黑龙江人民出版社1986年版，第96页。

样,因大院子弟的存在,老北京子弟又形成了模糊的胡同身份,如李龙云称:"我们那条小胡同,雅称小井。它古老而又破败:古老到连明末刊刻的《京师五城坊巷》中,都有明明白白的记载;破败到眼睛再好的人,也难以辨清街门上的每付对子。它距龙须沟仅有一百五十步之遥。穷,可谓穷矣,但在我的记忆中,故乡的小胡同却是质朴而又多情的。"①

对于胡同子弟,胡同生活本身有其魅力,陆昕(1953年生)这样写道:"我知道自己有一种深深的市民情结,市井生活对我来说有一种莫大的吸引力,在脏、暗、潮、破的小铺里,看那些所谓引车卖浆者之流出出进进,听着他们相互间高腔大嗓地笑闹,和老板娘粗鲁无羁地调情,以及老板娘回过来的笑骂,啃着火烧,吸溜着豆腐脑儿,我心里总有快乐和满足。在这最嘈杂最市井最乱纷纷闹腾腾的地方,我却有了远离尘嚣的感觉,身心彻底轻松的感受。"② 这是多数胡同子弟作家的感触。宁肯写散文集《北京:城与人》,追忆自己的胡同生活。刘一达写散文集《胡同范儿》,展示胡同的历史变迁和人物。对他们而言,胡同不但是生活的居住地,也是精神的栖息地。

反之,在大院生活过的大院子弟,再搬到胡同居住后,感触则不一定如此。王朔在北京胡同里住过近十年,但明确表示自己不喜欢胡同,"没给我留下什么美好的记忆"。原因是:

> 1970年我家从西郊搬到东城朝内北小街仓南胡同5号。那时我十岁。城里随处可见的赤贫现象令我感到触目惊心。……住在胡同里的同学家里大都生活困难,三代同堂,没有卫生设备,一个大杂院只有一个自来水龙头。房间里是泥地,铺红砖就算奢侈的了。
>
> 70年代是暴雨倾盆的年代,北京城西高东低。每逢雨季,大雨便会泡塌一些房子,我上学路过这些倒了山墙的房子,看到墙的断面竟无一块整砖,都是半拉碎砖和泥砌的。1976年大地震北京塌了7万间房,百分之百是胡同里的房子。
>
> 生活在这样的环境中有什么快乐可言?胡同里天天打架、骂街。大姑娘小媳妇横立街头拍腿大骂,污言秽语滔滔不绝。赤膊小子玩跤练拳,

---

① 李龙云:《古老的南城帽》,黑龙江人民出版社1986年版,第5页。
② 陆昕:《京华忆前尘》,北京出版社2018年版,第11页。

上学时书包里也装着菜刀，动辄板砖横飞，刀棍加身。毫不夸张地说，那一带每条胡同的每座街门里都有服刑的半大小子。据说"朝阳门城根儿"解放前就是治安重点区，可说是有着"光荣传统"。很多同学从他爸爸起就是"顽主"，玩了几十年。一打架全家出动，当妈的在家烙饼、煮红皮鸡蛋。

他的结论是："反正对我来说，满北京城的胡同都推平了我也不觉得可惜了的。"① 这体现出了部分大院子弟和胡同子弟的体验差异。

两批子弟最初存在区隔，至1955年发生变化。1955年10月，中共中央决定取消干部子女学校，改为普通小学，招收附近机关的工作人员和群众的子女为走读生，停招寄宿生。至1957年9月，北京干部子弟小学全部改为普通小学。这样，两拨孩子的交流密切起来。老北京子弟的张承志入读清华附中，后成红卫兵创始人之一。王学泰入读北京师范大学附中，跟张闻天的儿子是同学和朋友。② 据学者李伟东调查，清华大学附中1963年入学的高631班，红五类一共18人，其中干部子弟12人，工人子弟6人，"黑五类"8人，其他28人；全年级红五类出身同学44—47人，占全年级比例为23%—25%，干部子弟33—36人，比例为17%—19%；预科班中，红五类子弟19—21人，比例为24%—26%，干部子弟14—16人，比例为18%—20%。③ 由此可见两者交集之一斑。

不过，区隔未完全打破。老北京子弟幺书仪（1945年生）回忆，自己班的干部子弟同学"有自己的圈子和远近亲疏的分别，并不想轻易和普通百姓出生的同学过从甚密"④。王朔的《动物凶猛》有一则逸事，揭示了两者隔阂："我们是不和没身份的人打交道的。我记得当时我们曾认识了一个既英俊又潇洒的小伙子，他号称是'北炮'的，后来被人揭发，他父母其实是北京灯泡厂的，从此他就消失了。"杨东平认为："相当多大院的子弟——建国后在北京出生长大的第二代移民，从来没有到过四合院，他们没有属于老北京人的亲戚，也没有家住四合院的私人朋友：从幼儿园、小学和中学，他都生

---

① 王朔：《烦胡同》，《中国作家》1994年第2期。
② 闵家胤：《我所知道的王学泰》，《社会科学论坛》2018年第3期。
③ 参见李伟东《清华附中高631班（1963—1968）》，纽约：柯捷出版社2012年版，第40页。
④ 幺书仪：《寻常百姓家》，台湾：人间出版社2010年版，第221页。

活在单位或部门'内部',生活在一群'同质'的同学和朋友中。在大院和胡同交集的老城区边缘,学校里的孩子自我认同地分为两拨:大院的子弟和胡同的孩子。前者显然有更强的身份优越感。"① 出身北京大院的学者米鹤都(1952年生)把这一代人分为三拨:干部子弟、知识分子子弟和工农子弟,比较了三者的"社会性格":"干部子弟是传统学校里的新生力量。相较于知识分子子弟,他们有革命后代的自豪感,而没有任何心理上的压抑感,性格发展也很少障碍。与工农子弟相比,他们的生活和学习条件又优越很多。一般来说,他们知识面比较宽一些,对社会政治也更关心更敏感。加上他们受家庭的政治影响较多,各种政治消息的渠道也更多,因此,他们比其它群体的青年有更多的有利条件,形成较强的政治意识和政治敏感性,形成比较开朗的性格,比较开阔的视野,以及在学生中一定的思维深度。"② 他的干部子弟大致等于大院子弟,知识分子子弟和工人子弟大致等于胡同子弟。

政治身份不但塑造了老北京子弟的社会性格,而且对他们的文学创作也有影响。比如,他们不像大院子弟作家能较多获取"皮书"这一文学资源。60年代初,中共中央为批判国际共运中的"修正主义",出版大批内部读物,有"灰皮书""黄皮书""白皮书""蓝皮书"等,统称"皮书",其中有苏联和欧美作家的大量现代小说、诗歌、剧本。上述书籍皆为内部发行,北京大院子弟因获取上述读物有优势,传阅情况较普遍。③ 改革开放初期的现代主义文学浪潮多受惠于此,其代表也以大院子弟作家为主。反之,从现存资料看,除了张承志之外,上述作家很少有在"文化大革命"期间阅读"皮书"的记录,他们的文学资源主要限于公开出版的中西文学经典。王学泰主要阅读的书,除了鲁迅和马恩经典,是史记、杜甫诗歌和《水浒》。刘一达读《复活》《高老头》《欧也妮·葛朗台》。④ 李龙云1973年到黑龙江插队,从一家仓库发现"从荷马史诗、希腊悲剧、莎士比亚、狄更斯,一直到雨果、巴尔扎克、席勒、哥尔多尼"等经典,走上创作道路。⑤ 刘恒的创作深受意识流和

---

① 杨东平:《城市季风》,东方出版社1995年版,第257页。
② 米鹤都:《心路:透视共和国同龄人》,中央文献出版社2011年版,第72页。
③ 郑瑞君:《"灰皮书"、"黄皮书"在知识青年"上山下乡"前后的流传及其影响》,《河北师范大学学报》(哲学社会科学版)2015年第2期。
④ 魏世平:《我是普通人——记北京晚报记者刘一达》,《新闻知识》1997年第10期。
⑤ 李龙云等:《小井风波录》,黑龙江人民出版社1987年版,第17页。

精神分析影响，但这是改革开放后阅读的结果，比大院子弟至少落后十年。①又如，上述作家都单打独斗走上文坛，不像大院子弟作家组成 X 诗社、朦胧诗派、星星画派等文艺群体和沙龙，也不像后者在发表出版上容易获得支持。凡此种种，都说明他们比较大院子弟作家，在文学资源和出版网络上存在一定劣势。

2. 阶层身份

上述作家中，叶广芩和刘一达出身知识分子家庭。叶广芩是世居北京的满族，新中国成立前父亲在国立北平艺术专科学校（今中央美术学院）教书，小时候生活水平不差。刘一达也出身书香门第，祖父曾是张作霖的私人医生，父亲是徐悲鸿的弟子，新中国成立后也执教于中央美术学院，外祖父是藏书家。后来两人家境衰败。叶广芩父亲去世后，母亲不擅置产，到"文化大革命"已是赤贫。刘一达 15 岁初中毕业，分配到京郊一家木器加工厂，当烧炭工，长年辗转在北京与河北、山西交界的荒山野岭。

另外的作家中，霍达出身珠玉世家，家境略好，其余则家境一般，甚至窘迫。李龙云出身南城："南城这么穷，这么寒碜！以致有些在这片土地上度过童年的伙伴，羞于承认自己是南城的孩子⋯站在哈德门的门洞里，望着东交民巷进进出出的洋人和骑马坐车的少爷小姐，他们往往自卑地低下头。"② 王学泰靠母亲织补地毯维生，家中还有姐姐和弟弟，因家贫，高中领国家颁发的助学金（每月 8 元），勉强够交学校食堂饭费。③ 宁肯父亲民国来京谋生，起初有所成，后事业渐衰，改当工人。刘恒父亲原是京郊农民，后来京谋生，当了警察。

张承志出身棚户，是单亲家庭。据其回忆："一次班里的同学在聊天，有几个同学就在那说他们的家里怎么不吃窝头、不吃棒子面。⋯⋯这件事也许是我作为一个人第一次受到的刺激。因为对于我们来说，吃棒子面是很正常的事。怎么居然有不吃棒子面的？这使大家都有一种说不出来的低下的感觉。"他感慨："当时北京确实存在不同的阶层，有一部分孩子有社会的保护，或者说阶层的保护，在饥荒时期，他们能通过社会获得保护，不仅是肚子的

---

① 刘恒：《乱弹集》，春风文艺出版社 2000 年版，第 166 页。
② 李龙云：《古老的南城帽》，黑龙江人民出版社 1986 年版，第 4 页。
③ 闵家胤：《我所知道的王学泰》，《社会科学论坛》2018 年第 3 期。

保护，而且是社会地位的保护。而更多的孩子是没有这种保护的。"① 贫穷对张承志影响很大，朋友说"他的记忆中永远也赶不走那护城河沿低矮的棚户小屋里的童年"②。

3. 族群身份

从族群分，上述作家分为汉族、回族和满族：汉族有王学泰、李龙云、刘恒、刘一达、宁肯；③ 回族有张承志和霍达；满族有叶广芩。美国学者甘博1921 年调查北京人口构成，汉人占 70%—75%，满人占 20%—25%，回族占 3%，蒙古族等其他族群占 1.5%—2.5%。④ 清末北京城及附近地区原有数十万京旗，清亡后仍居住于此。小说家老舍即满人，他的《骆驼祥子》及其他小说写的大量平民都是满人。回族入住北京也很悠久，至 30 年代末，北京有清真寺五十余座，回民围绕清真寺而居，外城最多，主要从事小商贩和小手工业。⑤ 由此可知，虽然作家的出现有偶然因素，但老北京人的这三大族群里都出现了重要作家，跟人口比例有一定关系，实有"偶然"中的"必然"。

还要指出，革命文化强调阶级关系，不否认族群身份，只是淡化对待。大院子弟的族群身份往往被大院身份覆盖，族群意识不强烈。王朔有满族血统，崔健有朝鲜族血统，但这不为社会和他们自己重视，两人倒成了大院文化代言人。反之，叶广芩、霍达和张承志因生活在大院之外，族群意识未曾弱化，族群经验始终是他们创作的一个重要源泉。叶广芩的《采桑子》以自己的满族家史为原型，"写了北京金家十四个子女的故事，也写了我自己"，"捋出了老北京一个世家的历史及其子女的命运历程"。⑥ 霍达称《穆斯林的葬礼》旨在写"自己所了解、所经历、所感受的北京地区的一个穆斯林家族的生活轨迹"⑦。

---

① 张承志：《城市饥饿的记忆像根金属线》，载邹仲之编《抚摸北京：当代作家笔下的北京》，生活·读书·新知三联书店 2005 年版，第 205—207 页。
② 朱伟：《张承志记》，载《作家笔记及其他》，江苏人民出版社 2006 年版，第 82 页。
③ 李龙云 2008 年 12 月 10 日在厦门大学中文系演讲，谈到自己身世："我不是旗人，我是汉人，但是我前一段时间偶然得知，我的家族血缘中有北方胡人的血统。这份情感对我对于自己身份的肯定是很重要的。"（厦门大学中文系网页，https://chinese.xmu.edu.cn、info、1041、2088.htm）在没发现其他确切材料前，本书还把他归为汉人。
④ 甘博：《北京的社会调查》，邢文军译，中国书店 2010 年版，第 88 页。
⑤ 沙之沅：《北京的少数民族》，燕山出版社 1988 年版，第 8—10 页。
⑥ 叶广芩：《采桑子》，北京十月文艺出版社 2015 年版，第 396 页。
⑦ 霍达：《二十年后致读者——〈穆斯林的葬礼〉后记之二》，载《霍达作品精选》，长江文艺出版社 2013 年版，第 182 页。

二 文化融汇

辛亥革命前,北京城有皇家文化(上层)、士大夫文化(中层)、市民文化(下层)、民族文化等融汇并存。辛亥革命后,皇家文化消亡,士大夫文化、市民文化和民族文化仍在,其中士大夫文化吸纳西方文化,转换为知识分子文化。新中国成立后,北京城转变为知识分子文化、平民文化、民族文化和革命文化的交融并存(西方文化的影响来自革命文化和知识分子文化)。上述作家出生时,革命文化来华只有二三十年,但因海纳百川,吸纳了欧美、苏俄及左翼文化精华,具有很强的感染力,中华人民共和国成立后更对城中其他文化产生了强大冲击,上述作家无不深受影响。下面辨析这些文化对上述作家的影响:

1. 知识分子文化

作家本是知识分子,自然都受知识分子文化影响,但比较而言,霍达、叶广芩、刘一达、王学泰受士大夫文化影响更深些。从晚清到民国,中国文化向有"京派"与"海派"之差异,他们身上也有体现,传统色彩较重,不如海派那么洋气。霍达精熟古典文学,创作诗词,小说充满古典意境。叶广芩出身叶赫那拉家族,在京生息二百多年、久被儒学浸润。她在《采桑子·风也萧萧》中自承,"君子矜而不争,群而不党"是"历代祖宗对子弟们的要求",希望后代能成为"克己复礼的正统人物"。刘一达外祖父是藏书家,他在外祖父身边长大,耳濡目染,深受影响。王学泰从事古典文学研究,也创作诗词,散文有浓郁的书香气。文学创作受西方文学影响最深的作家是宁肯,这跟他年纪最轻,较早经受改革开放后西方文学的冲击有关。

2. 市民文化

北京市民文化还可细分为胡同文化和江湖文化。胡同文化聚集于内城(今二环内),江湖文化集中于城南。刘一达亲近胡同文化,认为"鲜明、集中地体现了本地文化的特色","小胡同、大杂院,特定的生存空间使北京人之间具有特定的亲和力","古道侠肠,具有人情味,讲究义气,有事大家都会搭把手"①。李龙云也坦承:"我的童年、少年时代都是在北京的陋巷穷街中度过的。小胡同里那种特有的古老文化可能会影响我一生。"②

江湖文化也是市民文化的重要组成。清代南城允许汉人居住,除了文人雅士,还有大批底层艺人在天桥聚集,成为江湖文化的集散地。有天桥艺人回忆:"街南都是低层次的,下九流的,五方杂居,那里头它什么都有。地痞、流氓、混混,什么人全有,干什么的都有,所以它非常杂。"③江湖文化对市民和知识分子都有吸引力。出身北京知识分子家庭的王蒙(1934年生),民国时期住在西城,经常逛白塔寺庙会,他在回忆录《半生多事》(北京联合出版公司2017年版)里专门回忆了小时对庙会的热衷:"白塔寺、护国寺,给我的童年带来许多欢乐,大声吆喝着(像侯宝林相声里说的那样)卖布头儿的,卖红绒花(春节时戴)的,卖空竹的、卖糖葫芦、大茶壶沏油茶(油炒面)和茶汤的……对过去白塔寺、护国寺庙会的兴奋也给我带来了灾难。一次看过庙会上的'练把式'(功夫表演),回到家我便在床上耍吧起来,一阵头重脚轻,倒栽葱跌了下来,脸摔到了一个瓦盆上。"

上述两种平民文化的区别,本质上是久居北京和流浪北京的平民群体的区别。虽然江湖文化局限于城南,新中国成立后政府又对天桥进行清理,但它的影响仍在,上述作家都深受影响。宁肯回忆:"'天桥'堪称是'戏曲、武侠小说、武术''三位一体'的集大成之地。……虽然解放后'天桥'消失了,但'天桥'的余脉始终在胡同中活跃着,'文革'期间彻底销声匿迹,但到了1973年再度复燃。"④李龙云家在南城胡同,姑姥姥的丈夫就是天桥武师。⑤叶广芩的姥姥家在南城,幼年常随母亲逛市集:"说评书的、说相声的、拉洋片的、唱评戏的、卖各样小吃的、卖绒花的、套圈的、变戏法儿的,间或还有耍狗熊的、跑旱船的,商贩艺人,设摊设场,热闹极了……那丰富的想象足让任何一个小孩子着迷,艺术的感受力或许由此而诞生,艺术的表现力或许由此而培养,也未可知。"⑥

---

① 沈文愉:《我以我笔写京华——记北京晚报记者刘一达》,《新闻与写作》2002年第4期。
② 李龙云等:《小井风波录》,黑龙江人民出版社1987年版,第36页。
③ 刘景岚:《天桥的艺人都是混饭吃——刘景岚访谈录》,载岳永逸《老北京杂吧地:天桥的记忆与诠释》,生活·读书·新知三联书店2011年版,第86页。
④ 宁肯:《北京:城与年》,北京十月文艺出版社2017年版,第207—209页。
⑤ 李龙云:《古老的南城帽》,黑龙江人民出版社1986年版,第6—10页。
⑥ 叶广芩:《琢玉记》,北京十月文艺出版社2015年版,第24页。

王学泰父亲 16 岁到内蒙古学织地毯，出师后到北京宣武闯荡，后在此成家。天桥是王学泰"幼时看热闹、玩耍和开心智的地方"，据其回忆，至 1954 年还有武侠小说租书店，他常去看武侠小说，一天看三四本。① 他研究江湖文化的兴趣即萌芽于此。但是，他对江湖文化有亲近，也有警惕，认为："游民的江湖，也是我们现在经常活跃在口头的江湖。这种江湖充满了刀光剑影、阴谋诡计和你死我活的斗争。"② 这构成了他后来撰写《游民文化与中国社会》的基本思想。

宁肯出生较晚，出生时江湖文化暂时消失，"文化大革命"后期，社会动荡，江湖文化（特别是武学）又复苏，他跟天桥师傅学过掼跤（摔跤），承认"终身受益"，"有一种东西在我身上种下来，我无法形容这种东西，深不可测，难以言说，我不能直接说其中有某种哲学的东西，但肯定是有奥义的"③。学者唐晓峰（1948 年生，幼年来京）指出，老北京文化主流是"上层文化、旗人文化、士大夫文化"，市民文化不占"主流强势"。④ 这是事实，但对于上述作家，市民文化的影响明显大于士大夫文化，这或许跟作家职业需要亲近生活有关。

3. 民族文化

如前所述，叶广芩、霍达和张承志的脱颖而出，既因个人才华，也得益于自身民族文化的滋养。霍达《穆斯林的葬礼》有大量北京穆斯林的风俗描写，可见一斑。张承志在为北京马甸清真寺写的《百五十年后再修马甸清真寺碑记》说："生而为人，不信仰何以为证。自古中国回民，虽身居棚户泥屋，而心怀真理高贵。盛世乱世紧靠清真寺求生，温饱饥寒仰仗伊斯兰迎送。想马甸一村寺耳，考古不能比攀唐宋古建，若论真诚，则自信与大方无异。"⑤ 他承认"北京底层的精神"对自己有影响："遥远的孩提时代，遥远的喜爱北京的时代——大雪飘飞的北京，平民邻里的北京，贫穷勤劳的北京，无论如何真实地存在过。我生长于斯，我作证。我记得那个北京的神情，那神情依

---

① 王学泰：《一蓑烟雨任平生》，重庆出版社 2013 年版，第 50 页。
② 王学泰、熊培云：《庙堂很远，江湖很近——对话学者王学泰》，《南风窗》2008 年第 15 期。
③ 宁肯：《北京：城与年》，北京十月文艺出版社 2017 年版，第 207—209 页。
④ 唐晓峰：《老北京》，载《人文地理随笔》，生活·读书·新知三联书店 2005 年版，第 181 页。
⑤ 张承志：《百五十年后再修马甸清真寺碑记》，《中国穆斯林》1996 年第 1 期。

依在目。"① 叶广芩《采桑子》的人物，无不背负几百年满人家史，连《醉也无聊》里的"老姐夫"，"祖籍北京，民族汉，文化程度大学，无职业，无党派"，"是个有文化的社会闲人"，也点明是"金朝贵族后裔，金世宗的二十九世孙"，家族在《满洲八旗氏族通谱》中"列为第一"。而且，北京旗人素有才艺传统，天桥艺人关学曾（1922—2006）回忆："一般旗人都会唱两口儿。……十户起码得有几户喜欢文艺，喜欢曲艺，有喜欢评书的，有的还喜欢自己说书。到夏天没事，把院子里的人凑一块儿，说书。"② 叶广芩家族也如此，父亲和伯伯"不惟画画得好，而且戏唱得好，京胡也拉得好。晚饭后，老哥儿俩常坐在金鱼缸前、海棠树下，拉琴自娱。那琴声脆亮悠扬，曼妙动听，达到一种至臻至妙的境界。我的几位兄长亦各充角色，生旦净末丑霎时凑全，笙笛锣镲也是现成的，呜里哇啦一台戏就此开场。……戏一折连着一折，一直唱到月上中天"③。叶广芩的小说充满戏曲色彩，便有旗人文化的影响在。

4. 文化融汇

中华人民共和国成立初，革命文化占主导地位，老北京文化受到一定抑制。但随时间流逝，如以往历史一样，上述文化开始新一轮的融汇并存进程。"文化大革命"后期，以1972年人民文学出版社重版四大名著为标志，老北京文化开始复兴。最早复兴的是武侠小说和武术，北京学者刘仰东回忆："那时男孩都爱看《水浒》，没有谁能说得清自己看了多少遍，不少孩子背得出一百单八将的名字、绰号和星号，有的孩子甚至到了能按次序倒背的地步。"④ 攒跤风行北京城，宁肯、王山、过士行等都拜天桥师傅习武。改革开放后，京味文化和民族文化也同时复兴，文化融汇进程大大加速。

从上述作家而言，文化融汇分为两种：

一是老北京文化之间的融汇。三种文化共存数百年，本就隔阂不大。比如霍达的《穆斯林的葬礼》，民族风俗与诗情画意充分体现了回族文化与士大夫文化的融合。叶广芩创作体现了士大夫文化、民族文化和市民文化的融合。

---

① 张承志：《都市的表情》，载邹仲之编《抚摸北京：当代作家笔下的北京》，生活·读书·新知三联书店2005年版，第22—23页。
② 关学曾：《现在说这有用吗？——关学曾访谈录》，载岳永逸《老北京杂吧地：天桥的记忆与诠释》，生活·读书·新知三联书店2011年版，第251—252页。
③ 叶广芩：《琢玉记》，北京十月文艺出版社2015年版，第6页。
④ 刘仰东：《红底金字：六七十年代的北京孩子》，中国青年出版社2005年版，第186页。

王学泰热衷江湖文化，也喜好古典文学，认为"我们无法不生活在现实生活中，尘俗中的短浅利益、世俗眼光、庸言庸行不能不给我们蒙上灰尘，美好的诗词作品就像清泉能给我们及时地洗涤"①。如他好友闵家胤所评，"是一个在旧诗词、旧小说熏染下成长起来的人物"，体现了士大夫文化与江湖文化的融合。

二是老北京文化与新北京文化的融汇。上述作家先在家庭接受老北京文化，后到学校接受革命文化。跟大院子弟比，他们接受的革命文化不那么纯粹，也不那么正统，更杂糅些。刘恒15岁"信奉英雄主义，不论醒着梦着都压不住一种冲动，要为一个大目标慷慨赴死"②。中年回归老北京市民世界，在《贫嘴张大民的幸福生活》中宣扬："没意思，也得活着。别找死！"但是，革命文化潜移默化地改变了他们的趣味和视角。王学泰深受江湖文化影响，但他"读了鲁迅和马恩的集子（二十卷本）。……文革前我就喜欢鲁迅的书，但理解不深，到了文革期间，反复读鲁迅，证之以现实，才真正认识到他的伟大"③。故他对江湖文化有一种批判的审视。李龙云受朋友影响，1967年春天读了《费尔巴哈与德国古典哲学的终结》《德意志意识形态》和《自然辩证法》等马恩著作，"像一片瑰丽的星空似的紧紧吸引了我。那段时间我做过很多奇特的梦"④。叶广芩小学二年级加入少先队，写申请书决心为"解放全人类而奋斗"，激动地把半条胡同扫得干干净净。她从小热爱俄苏小说，反复阅读托尔斯泰、契诃夫、高尔基的作品，深受影响。评论家雷达评论说："她受新社会教育，还有红卫兵文化、知青文化，以至西方文化的背景，敬而常抱着批判的眼光，扮演着理智的旁观者角色；但问题的复杂在于，她终究是家族的一员，遗传基因、家世烙印、寻根潜意识并未消失……这样双重的角色给小说平添了陌生化的美感。"⑤ 这段评论准确道出叶广芩创作的文化融汇特征。⑥

---

① 张杰：《王学泰：诗歌是理解知识人命运的重要渠道》，《中华读书报》2015年8月12日。
② 刘恒：《乱弹集》，春风文艺出版社2000年版，第4页。
③ 王学泰：《生活的第一课》，《文艺争鸣》2002年第3期。
④ 李龙云等：《小井风波录》，黑龙江人民出版社1987年版，第16—17页。
⑤ 雷达：《小说见闻录之三——夜读三题》，《小说评论》1994年第6期。
⑥ 还要指出，大院文化和老北京文化是双向融汇的，老北京子弟受革命文化影响，大院子弟也受老北京文化影响。王朔否认跟老北京文化有渊源，但他和王山的小说、冯小刚和姜文的电影均受老北京江湖文化影响，其他大院子弟如刘心武、阿城、徐城北、过士行等则对京味文化抱强烈兴趣。

三　文学想象

发展心理学指出，青少年记忆有成年不具备的深度，规定了我们对世界的理解和想象。作家也不例外，"创作源于生活"的准确说法是"创作源于青少年生活"。上述胡同子弟作家与老北京文化有何种联系？老北京文化对于他们的创作产生了何种影响？下面从创作源泉、文学趣味及人物塑造三个角度试作观察。

1. 创作源泉

胡同子弟作家多习惯以老北京人为素材，但处理素材的方式有别：有的视老北京生活及文化为创作源泉，如李龙云称自己的《小井胡同》《正红旗下》"体现了我对那种带有浓郁地域文化色彩的生活的热爱，体现了我对自己最熟悉的生活的回味与拥抱"[①]，上述作品的原型都是他的街坊；霍达的《穆斯林的葬礼》《红尘》《京韵第一鼓》等小说和话剧《海棠胡同》也多以老北京人生活展开；刘一达更几乎全写老北京。

也有作家早年不怎么写北京，中年后才侧重写，如刘恒、宁肯、叶广芩和王学泰。刘恒和宁肯是出于叙事的原因。刘恒早年侧重写京郊农村的凄惨，写得身心俱疲："常年愤世不是过日子的办法，人是不可以长时间让自己不舒服的。前几年写《苍河白日梦》，终于掉到悲观的井里，竟然好几次攥着笔大哭不止，把自己吓了一跳。"[②] 此后他努力摆脱悲观心态，转而发掘底层的韧性和乐观，写了《贫嘴张大民的幸福生活》。宁肯50岁写《北京：城与年》，坦承："我一开始就没有涉及到早年生活，上来就是写长篇小说，写西藏之类的，基本都是有意识地远离自己的童年生活。……因为当时我是写不了的，也没办法处理那种奇妙的经验。"[③] 王学泰和叶广芩则因家世的顾虑，壮年回避写北京。叶广芩承认："虽然写了不少作品，但以北京文化为背景的作品从未进入过我创作视野的前台，这可能与各种条件的限制有关，我回避了个人家族的

[①] 李龙云：《杂感二十三题》，《戏剧文学》2000年第12期。
[②] 刘恒：《乱弹集》，春风文艺出版社2000年版，第146页。
[③] 宁肯：《爱这个没有奇迹的世界——2017年10月答评论家徐兆正》，载《宁肯访谈录》，上海文艺出版社2019年版，第244—245页。

文化背景，不光是不写，连谈也不愿意谈，这甚至成为我的无意识"，至46岁才写。① 王学泰至晚年才写《一蓑烟雨任平生》和《监狱琐记》两部回忆录。

只有张承志几乎不在小说中写北京，只散文偶尔提及，但承认"北京底层的精神"对自己有潜移默化的影响。

2. 文学趣味

老北京生活及文化为上述作家提供了素材，但他们的文学趣味差异很大，这从他们对待"京味文学"的态度可见一斑。

京味文学始于老舍，中经邓友梅、汪曾祺等作家，流脉近百年，是北京文学传统，作家如叶广芩、李龙云、刘一达，欣赏老北京生活，写北京话、北京人和北京事，凸显地域特色，普遍被视为京味作家。京味文学大家邓友梅特别欣赏叶广芩的小说，为《采桑子》作序，称赞"够味儿"。李龙云的《小井胡同》也被视为当代《茶馆》。刘一达声称自己"一直在苦苦的追求'京味儿'"，几十年来"几乎没有一天不动笔的，就是在追求或寻找着'京味儿'。"② 他的不少作品被拍成影视作品以推广京味文化。

刘恒不被视为京味作家，其实他也属于京味文学。"1930年代，老舍认同林语堂的幽默论，形之于文，鲁迅颇不以为然，归入林语一派，认为缺乏斗争精神。"③ 对此刘恒反驳："通常提到阿Q精神的时候，就说劣根性，可是我倒觉得阿Q精神未必没有价值。……自救靠什么？就靠精神胜利法，而且心理学的最高境界不就是精神胜利法吗？"④ 他的主人公在《贫嘴张大民的幸福生活》中教育儿子："没意思，也得活着。别找死！……我跟你打个比方吧。有人枪毙你，没辙了，你再死，死就死了。没人枪毙你，你就活着，好好活着。"这是刘恒对鲁迅思想的反驳。

也有作家对"京味"持警惕态度。宁肯坦承："不喜欢京味小说，我觉得京味小说把北京写小了。……我认为我应该去写作更广阔的北京，真正体现出作为一个大都市格局和气魄的北京。"⑤ 他的作品很少京味色彩，并且"反

---

① 叶广芩、周燕芬：《行走中的写作——叶广芩访谈录》，《小说评论》2008年第8期。
② 刘一达：《有鼻子有眼儿》，北京出版社2004年版，第4页。
③ 《鲁迅全集》第13卷，人民文学出版社2005年版，第130—131页。
④ 刘恒：《乱弹集》，春风文艺出版社2000年版，第184页。
⑤ 宁肯：《爱这个没有奇迹的世界——2017年10月答评论家徐兆正》，载《宁肯访谈录》，上海文艺出版社2019年版，第246页。

对用方言去写作的。如果是单纯地用北京话写作，等于是把北京给弄小了"①。张承志拒绝用北京话写作："我生在北京，却不喜欢京腔。我常说我只是寄居北京。我常常不无偏激地告诫自己：京腔不同于任何幽默，若使用北京话而缺乏控制的话，会使文章失了品位。由于这偏颇的观点，我有意控制北京话的使用，更不让京油子的俚语流词，进入自己的作品。"甚至认为京味不代表"北京底层的精神"："我在北京贫贱的街区长大，我根据自己的童年认为——艺能化了的京腔，并不能代表北京底层的精神。"②

上述态度截然对立，各有道理，源于个性和处境的趣味差异导致了各自的文学风貌。

3. 人物塑造

素材和趣味的熔铸，最终体现于人物塑造。上述作家多写市井小民，这是对自身群体地位的体认。大院子弟虽然也经历坎坷，但思想上不属于小民，而充满了精英意识。王朔的"市井人物"，骨子里都是精英，其《橡皮人》中写道："我知道我是有来历的。当我混在街上芸芸红尘中这种卓尔不群的感觉比独处一室时更为强烈。"③ 反之，刘一达坦承："我把关注的焦点放在小人物身上，因为社会的主体是千千万万的小人物。"④ 李龙云称："我是那么热爱小井人民。这倒不仅仅因为他们生我、养我、哺育我长大，更因为他们都是小人物，是普普通通的人。而恰恰正是这无数小人物的躯干相互傍依在一起，才筑起了中国的脊梁。"⑤ 刘恒的主人公，如《狗日的粮食》的"瘿袋"、《虚证》的郭晋云、《白涡》的周兆路、《贫嘴张大民的幸福生活》的张大民，都是被生活挤到边缘的小人物。

不过，他们塑造的虽是地位上的小民，德行上却多是君子。叶广芩的人物灌注了士大夫的人格理想，《采桑子·曲罢一声长叹》里的"七弟"，"一生只用一个'儒'字便可以概括，对父母、对兄弟、对恋人、对朋友，一概

---

① 宁肯：《爱这个没有奇迹的世界——2017年10月答评论家徐兆正》，载《宁肯访谈录》，上海文艺出版社2019年版，第245页。
② 张承志：《都市的表情》，载邹仲之编《抚摸北京：当代作家笔下的北京》，生活·读书·新知三联书店2005年版，第22页。
③ 王朔：《王朔文集·橡皮人》，云南人民出版社2004年版，第42页。
④ 沈文愉：《我以我笔写京华——记北京晚报记者刘一达》，《新闻与写作》2002年第4期。
⑤ 李龙云等：《小井风波录》，黑龙江人民出版社1987年版，第10—11页。

是严于律己，宽以待人；讲的是中庸之道，做的是逆来顺受，知足安命，与世无争"，临终朗吟《离骚》而逝。刘恒的张大民也遵循一套平民道德，虽倡导"没意思，也得活着"的市民思想，但对妻子是好丈夫，对儿子是好爸爸，对妹妹是好哥哥，是一名理想的道德人物。

但也要指出，上述作家并非全写市井小民。张承志和霍达的主人公多是独立强者，绝非市井小民。被《穆斯林的葬礼》女主人公韩新月悲戚命运打动的读者，往往以为作者是林黛玉般的女子，然而，此书是霍达"为我的祖国、我的国家和民族而写"，"有我的血、我的泪、我的殷切期望和苦苦追求"，① 胸怀甚大，儿女情并非全部。霍达之于文学，"非常关心国家命运，老想把作家和政治家合一"，② 后投入大精力写长篇历史小说《补天裂》，讴歌香港抗英英雄。张承志则渴求崇高，偏好"硬汉形象"，他的《黑骏马》和《北方的河》充满刚强力量，主人公并非市井小民。这两位作家的人物塑造，既受革命文化的影响，也受族群文化的影响，在上述作家中另成风貌，体现了文化融汇和文学想象的复杂关联。

---

① 霍达：《我为什么而写作》，载《听雨楼随笔·抚剑堂诗抄》，人民文学出版社2009年版，第37页。

② 霍达：《答〈信报〉记者问》，载《听雨楼随笔·抚剑堂诗抄》，人民文学出版社2009年版，第70页。

现代京味文化的内涵、结构与阐释刍议

王 旭[*]

摘 要 作为一个地域文化类型,京味文化脉延于京师文化、市井文化之中并于清末民初正式形成。作为首都文化重要的组成部分,京味文化在历史的发展中呈现出特殊的张力,与社会生活与时代变迁衍为一体。民国以来,京味文化在中西杂糅、土洋交融与多元发展的具体过程中,成为一种最能代表北京特质的民间文化,影响和塑造着城市的行进与建设。同时,京味文化的构成要素在逐步衍生更迭中,其形式、思想与内容不断与时俱进、扬弃传承,新旧兼备且充满活力,吸纳了百多年来的文化资源,而贴近生活又极富导引性的核心特质,构成了当代京味文化跨越与重构的内在理路。

关键词 京味文化;城市建设;市井民俗;社会变迁

文化是现代城市基础建设与治理体系的传统底蕴,深刻把握人民城市的历史演进脉络,是目前城市发展一个重要的理论向度。近些年来,具有"旧传统"色彩的京味文化逐步成为北京文化史研究的重要组成部分。学术界关于京味文化的定义、内涵乃至要素已有不同程度的界定和论述。一方面,这种趋向是对北京史研究深度的再开拓与延展,呈现出社会文化史的特征,有着学术脉络层面的合理性,逐步演变为"北京学"重要的构成部分;另一方

---

[*] 复旦大学历史学系博士研究生。

面，对于"京味儿"的文化寻根又体现出强烈的经世诉求，关照着京味消退和文化失落的客观现实，凸显出现代文化建设方向的特定内涵，与首都文化的发展同构共生。

众所周知，北京作为元明清三个统一王朝的首都，这样一种文化内涵在历史上更多是以京师文化的面孔呈现的，且往往是引领帝国风尚的，是一种全国性文化。作为一个地域文化类型，京味文化脉延于京师文化、市井文化之中并于清末民初正式形成。作为首都文化重要的组成部分，京味文化在历史的发展中呈现出特殊的张力，与社会生活与时代变迁融为一体。在发展线索上，京味文化在中西杂糅、土洋交融与多元发展的具体过程中，成为一种最能代表北京特质的民间文化，影响和塑造着城市的行进与建设。同时，京味文化的构成要素在逐步衍生更迭中，其形式、思想与内容不断与时俱进、扬弃传承，新旧兼备且充满活力，吸纳了百多年来的文化资源，而贴近生活又极富导引性的核心特质，构成了当代京味文化跨越与重构的内在理路。事实上，对于京味文化的认识，无论是基于其城市文化史还是地区社会史讨论的层面，或者对于城市建设的经验镜鉴而言，都有着独特的思想价值，俨然成为当代北京文化建设、认同重塑和市政决策最重要、最接地气的历史资源。

一 京味文化的概念谱系

京味文化的内涵有广义和狭义之分，广义上的京味文化，几乎包罗万象，与社会生活各个方面、各个阶层互相关联。狭义上的京味文化，是北京文化与京师文化的近代综合体，且与京味文学的发展脉络息息相关，相对来说指称的圈层较小。京师文化是京味文化得以发展演进的基础。如果出于文化分期和研究层面的考量，京师—京味文化在概念上或可以界定为两个讨论对象，但是在内涵上很难对立为两种不同的边界。从中国古代后期至今，北京作为都城的时间远远大于非都城的时间，文化演进过程中"京师"的色彩不可避免地消解缓慢，成为一种文化惯性。京味文化是在京师文化基础上的衍生，并扩展为一种更为市井和底层的文化体系，两者都具有明显的"京都韵味"[①]。也就是说，京师—京味文化是一个历史相继的文化统一体。

[①] 李淑兰：《京味文化史论》，首都师范大学出版社2009年版，第3页。

即便是有表现内容的差异，也属于文化枝干上的次级结构和文化内容再度扩充的结果。

北京是中国早期文明形成的重要起源地，同时在"帝都"历史中也孕育出元明清大一统的辉煌文明。元明清之后，北京作为政治中心与文化中心，城市建设中轴纵贯、左右对称、规整严谨，多具庄严雄伟，可谓"诚万世帝王之都"，充斥着南来北往的旅居者、常住者和京籍人，共同塑造了与京师文化在动态平衡发展的京味文化。辛亥革命之后，在权力结构分化与文化思潮的多重张力之下，北京文化的变化是显而易见的。步入历史行进的现代性话语中，文化认同逐步多样多歧，无论是在时间还是空间上，都有极大的不平衡性。尽管晚清以来传统的衰落是一种"失控"的现代性，但是过去的魅力仍然引领着对原乡有特殊感情的个体用尽全力去探索与追寻。京味文化的乡土特质与象征价值，在各类文本书写中呈现出极大的"非规划性"一致。百多年京味文化史的演进与变异，则充分透视出北京社会变迁的自然过程。

京味文化是目前社会各界对老北京文化一种较为凝练和恰切的指称，突出了文化的地域性特征。但是，京味文化作为一个学术概念，是比较晚近的。80年代以来，关于京味文化才逐步有了较为学理性的讨论。民国时期，京派、海派文化作为两种具有竞争性又具共同性的文化被社会所知，京派文化一度是北京文化的代名词。1928年之后，国民政府定都南京，北京改名为北平，设立北平特别市，首都地位暂时性退去，旧京、老北京、故都等称呼在知识分子的记述和民间社会的口耳中才成为较为通行的说法。1949年新中国成立，万象更新，"老北京"一词又是相对于中华人民共和国成立之后的新北京而言的概念。

从社会文化的演进而言，现代意义上的京味文化，大约形成于19世纪末20世纪初，并且在之后几十年有了相当程度的变化和革新，这一过程与北京城市的发展互为表里，共同构成了北京文化进程的内部脉络。从性质上来说，京味文化不同于宫廷文化、贵族文化、士人文化等带有政治性或精英性的文化，更多是一种庶民文化、大众文化、民间文化。当然，随着民国北京政治性的消退，京味文化不断与各类文化形式交相融通，最终造就了一种比较广博宽阔的地域性文化特质，几乎囊括了参与其中各个社会各阶层的意识表达和日常话语，呈现出某种共享色彩，与帝制末期和民国前期政治社会的转向颇为暗合。

京味文化与社会变迁相联结，就是一个生活的众生相。"传统"与"现代"文化的交织冲突，深刻体现于城市空间之内。与上海的"魔都幻影"与"摩登之气"不同，北京文化在京味的新旧之间展现出特殊的张力。1911年辛亥鼎革之后，作为故都的老北京，更多的是一种比较古雅和相对保守的城市印象，俨然成为一个有生活味、有文化气和有古朴风的北部中心，散发出独特魅力。从历史的演进来看，"文化古都"与"摩登上海"形成了一个鲜明的对比，这是近代京派文化与海派文化最显著的区别。上海开风气之先，北京似乎略显滞后，但是这种慢节奏却恰恰是传统与现代之间一种微妙的张力，规避了矫枉过正的文化焦虑。正如1906年时，《京话日报》的主笔彭翼仲在其文章中所言："北方风气开的慢，一开可就大明白，绝没有躲躲藏藏的举动。较比南方的民情，直爽的多。"[1]也就是说，北京让京味之所以成为京味，京味让北京之所以成为北京。

京味文化包括了多种元素，最重要的有四种：宫廷文化、缙绅文化、庶民文化和中国化之后的西方文化。其中，前三种文化体系容纳了社会各个阶层及其所属的文化圈层，而中国化后的西方文化，则与近代中国的变局与处境密不可分。也就是说，前者属于传统的，后者属于现代的，但彼此并无优劣之分，共同构成了京味文化的内在系统。需要注意的是，京味文化的构成还有少数民族文化和宗教文化等有机内容，传统儒家宗庙文化具有深厚的生存沃土，汉化佛教仍具有顽强的生命力，道教信仰依然在民间社会繁衍流传，这些方面也是不能忽视的，如赶庙会、教堂礼拜、清真菜、敬门神、打鬼等民间习俗和饮食习惯烙印于老北京人生活的印迹中。1912年之后，北京各个民族之间，在历史的沿革中，不断交融，正如清帝退位之后所"宣示皇族暨满、蒙、回、藏人等，此后务当化除畛域，共保治安，重睹世界之升平，胥享共和之幸福"，实现了彼此界限的融通。

实际上，京味（儿）文学在概念上是早于京味文化的，民国时期不少京派作家，都创作过大量蕴含京味色彩的作品。北京方言纯朴、纯净、平实、口语化、大众化，传统味浓重，逐步形成一个文学流派。近代以来，城市人的"乡愁情结"与乡村人的"城市渴望"在发展中构成了文化的两极结构，乡民进京与市民思乡同步进行、潜滋暗长。京味文学在物象上，不仅有反映

---

[1] 彭翼仲：《北方人的热血较多》，《京话日报》1906年5月15日。

北京乡土特质的物象，如北京的小胡同、四合院、大杂院、白塔寺的庙会、厂甸春节、小酒铺闲聊、马路边唱戏等内容，还有一些作品反映出城乡差异和来京民众心理状态的。无论是在文学还是历史话语中，京味文化往往是在现代、都市与古朴、乡愿的二元描述并存的。邓友梅、陈建功、刘心武、刘进元、殷立生等人都在深情描摹京味的物象与延伸，例如《话说陶然亭》《寻访画儿韩》《双猫图》《那五》《烟壶》《辘轳把胡同9号》《找乐》《鬈毛》《放生》《耍叉》《傻二舅》《圆明园闲话》《画框》《傻子娶亲》《红点颏儿》《少年管家前传》《钟鼓楼》《云致秋行状》《安乐居》《没有风浪的护城河》《坛根儿的人》《老槐树下的小院》等作品，塑造了老管、甘子千、金竹轩、李忠祥、沈天骢、崔老爷子、二舅、甘德旺、苗望水、胖老头、瘦老头、五爷、韩德来、那五、乌世保、赫老等身份不同的艺术形象。总而言之，京味文学的特征，既有官场、商场兼及医卜星相、三教九流的内容，也包括了政治状况、社会风尚、道德面貌和世态人情。故而，京味文学与京味文化之间是互相成就、难分彼此的。

很明显，管窥蠡测，从封建堡垒的京师到现代城市具体的演变，京味文化作为一个介入北京文化研究的窗口，是非常具有可行性的。"北京学是一门兼具历史性和现实性、典型性和普遍性、世界性和时代性的大课题。"[①] 陈平原先生在讨论"北京学"时，指出"北京学"应该包含三个层面：第一，城市史；第二，城市学；第三，城市文化[②]。京味文化不仅与城市史和城市学内部发生联系，而且也应包含于城市文化之中，并属于最能代表北京的城市文化。作者又说："相较于一百多年的上海或30多年的深圳，北京的地层太复杂了。不说建城三千年，单是建都八百年，就够你忙乎的了。不仅传统与现代、中国与西方，还有南北文化的交融，以及不同民族对话的深刻烙印。"[③] 因此，"北京学"层次丰富，线索复杂，深沉有趣，潜力极大，但要想把它做深、说透、写好，则很难，可谓中肯之论。不过，尽管京味在内涵和对象上似乎并没有一个界限分明的判定，"京味几乎是一个大箩筐，什么都可以往里装"。但是就基本状况来说，京味文化与社会生活的范围基本重合，应当包

---

① 王光镐：《北京历史文化特征新探》，《北京日报》2015年6月29日第21版，第1页。
② 陈平原：《"北京学"的腾挪空间及发展策略》，《北京社会科学》2016年第6期。
③ 陈平原：《"北京研究"的可能性》，《北京社会科学》2015年第12期。

括北京的环境和人文两方面，即北京的风土习俗和北京人的精神气质。社会生活与京味文化之间，是一种同向同构的共生关系。作为一个以农耕文明为母体的国度，京味文化在最初形成过程中，商品流通主要以小手工业、农产品、山货等与农业相关的物品居多，而休闲娱乐也基本上延续着京师文化时代士人所需求的范畴。总之，京味元素在政治中成长，又在改朝换代中不断更迭。在明清的北京市井社会，居住的城市尚未发育成为一个具有西方式、现代化的生活空间，但却沿袭着农耕生产方式和商业百业特色的都市风趣。

京味具有市井性，更多是一种文化韵味，与普通民众的民俗生活和社会日常相互交织、有机结合。由于显著的混合特性，既有某种尊贵特点，又有"草根气"；既有高雅的层面，又往往与市民好恶相结合；既存在于象牙塔的学校中，又凸显在街市胡同内。正因京味构成的多样性，我们可以从社会生活的多个方面看到京味的影子。城市是文化的物质承载和个人具体活动在空间上的投射。李淑兰在《京味文化史论》中总结中国古代北京的文化有两个鲜明特点：第一是底蕴厚实，可以用深、博、精三个字概括；第二是内涵丰富，兼容并蓄。而京味文化则不同于京师文化，京师文化是以"帝都"为核心，由此展演出的皇家气派和上流文化，而京味文化是以"市井庶民"为核心，最初渊源和整合自京师文化，从晚清开始催生出的具有民间特质的社会文化，其发展轨迹和近代化的过程息息相关、相伴而行，是一种满、汉、西融合型文化，并在社会变迁中发展为可以代表京城风貌的地区性文化。

总而言之，京味文化是一个体系庞大与内涵厚重的文化世界，实实在在与北京城市相伴而随存在了百多年，并自始至终沿着自身的发展规律、形成机理乃至外来因素进行着创造与扩展，最终在动态中变革为一个中西交融、雅俗共赏和具有生命力的文化模式。在浩如烟海的典籍中，京味文化在很大范围内支撑着一个城市的品格和气质。京味文化演进至新时期，应赋予其新价值。在适应现代生活的前提下，无论是旅居北京还是常住北京，对于每位个体来说，京味不是一种户籍，也不是一种身份，而是一种感悟、认知乃至生活——一种自由、平等与舒适的人居环境，这是京味文化在当今社会应有的新内涵。

二 京味文化的形成机制

基于帝都气象的导引，北京成为东方皇城的典型标志。元代之后，北京步入了大一统的都城时代。帝国北京的政治屋檐下，融合了传统时代人们向往流动的极限。政治是影响中国社会风貌的显著因素，作为"帝都"的北京，在近代化过程中，成为与上海对峙的南北"双星"，俨然一幅北部中国的画卷，"假如政府南迁，教育文化机关又要南迁，北平便不想活矣的境地"[①]，民国学人就意识到北京的繁荣离不开政治的支持，政治元素根深蒂固且渗入城市变革之骨髓，甚至国都地位不复之后，"国内各市之岁入状况，实以北平最为贫困"。我们将目光转移到近代中国的具体情境，商业文明与西方文化的扩展也具有一个按照城市层级顺序的传播过程。作为京师的北京，其城市层级和所承担的功能不可避免地带有多元色彩，文化也在与城市扩张过程中相互激发，蔚为大观。也正如民国时钱穆所言：北平如一书海，游其中，诚亦人生一乐事。京风—京味酝酿于历史的发展中，京味是一种北京文化的地域呈现。

众所周知，北京的历史极为厚重，北京文化的源流亦在历史延续中相当深远。历史与文化密不可分，早在 20 世纪初，北京就被学术界与西安、洛阳、南京、开封并列为"五大古都"。在之后的历史沿革与变化中，学术界虽也有六大古都、七大古都等不同说法，但是北京作为中国古代后期的第一大古都确属不容置疑。以文化类型区分中国古代的演变，有人提出长安文化、汴梁—临安文化、北京文化三种沿革性线索，北京当然也是没有缺席的。清初著名学者顾炎武在其《历代宅京记》中，就对北京的地理优势和自然物产有独到的描述，称赞北京真乃"帝都"也，煌煌然达近千年之久。根据考古发现，在五十万年之前，周口店猿人就点燃了北京文明的第一缕光辉。到了公元前 3000 年，人口密集的部落就出现在这片土地之上[②]。经典文献《礼记》中有载："武王克殷、反商，未及下车，而封黄帝之后于蓟。"作为西周封国的蓟城，乃是见于文献之中较早的王都。"山环水抱必有气"，幽

---

① 铁庵：《北游录话·2》，《宇宙风》第 20 期，1936 年 7 月 1 日。
② 王勇：《京味文化》，时事出版社 2008 年版，第 3 页。

州王气盛况，后见之明的堪舆学家和风水学家对北京的地理位置曾有以上论断。不过，其言虽不足采信，却也说明了北京的地理位置确实优越，是王朝建都的不二选择。① 中国古代前期形成了长安—洛阳为代表的东西两京制度，到了古代后期则逐渐转变为以北京—南京为代表的南北两京制度，实现了方位的历史转变。

政治中心是北京近千年来最核心的城市功能和最突出的城市色彩，能够决定北京城市发展方向的首要因素，无疑是政治中心独有的无比强烈的权力驱动。在京味文化的发展中，"京韵大气"是首要的，文化发展于"京"的基础之上，如元朝开设烧制琉璃的官窑，是琉璃厂之名的来源。清代康熙后期，官方为了皇宫的安全，将原来习惯在内城举办的灯会和书肆下令移到琉璃厂窑前，于是形成了春节逛厂甸的习俗，琉璃厂不断发展，演变为琉璃厂文化街，乃至成为"京都雅游之所"，这些都是政治塑造下京城秩序与生活的体现。伴随着之后多次的历史变迁，尤其是近现代的政权更迭，以城市布局与建筑存废为主要象征的北京城市命运几度起伏变幻。当然，政治因素对北京的塑造优劣互见，也势必继续左右城市发展的未来运行轨迹。②

明清之后，北京城市设计精巧，有"通都九市十三门，毂击星街；神策五营廿四旗，翼分卦位"③ 之誉。当清代城市贫瘠的市井生活中投射出京味的影子，这种文化背后又与城市的进步如影随形，北京在此过程中凸显出皇城、都市与市井三股神奇的火焰，共同构成了魅力京华独特的精神与意蕴。可以确认，一种城市文化的形成往往与城市位置和层级息息相关。法国年鉴学派代表人物布罗代尔在研究威尼斯、安特卫普、热那亚、阿姆斯特丹和伦敦等欧洲城市时，认为："城市是与其相关的区域不可分割的，由中心城市、次级城市以及这一区域的腹地形成一个等级制的系统，在这个系统内，中心城市在经济上剥削和统治次级城市和乡村。"④ 实际上，在传统中国城市地理中，

---

① 除了地理位置优越和险要，明清两代建都北京还有基于北部边疆安定与威服游牧民族的现实考量。
② 孙冬虎：《政治塑造北京：改朝换代之下的城市命运》，《北京史学论丛》（2015 年），群言出版社 2016 年版，第 10 页。
③ 于敏中等编纂：《日下旧闻考》，北京古籍出版社 2001 年版，第 12 页。
④ 布罗代尔：《15 至 18 世纪的物质文明、经济和资本主义》第 3 卷，生活·读书·新知三联书店 1993 年版，第 9 页。

一省的省会是其唯一的政治中心，同时也往往是唯一的经济中心和文化中心。但是，在与西方文明交汇以来，新沿海城市的兴起打破了这个传统框架。一个地方的兴盛，先以经济—文化中心的面孔出现，而后才卷入政治旋涡。因此，在沿海省份中造成了二元或多元的中心，如辽宁的沈阳与大连，河北的石家庄与唐山，山东的青岛与济南，浙江的杭州和宁波、温州，福建的福州和厦门，广东的广州与汕头。故而，在全国范围内，大致形成了北京（或南京）与上海的二元中心①。

抹去细微性的历史差异，从整体上看，中国传统的社会结构，是有朝廷而无民间。明清之后，城市管理除了被权力统辖的衙门机构之外，还有以绅士为核心的官民连接体制。清末各色民间团体、职业类型的发展，城市图景的多元性远远超过了以往任何时期。近代以来，中间力量或者说中层社会的发育，在辛亥革命之后又演变为国家—社会的双重模式。我们知道，京师时代的北京文化，无疑是建构于政治的驱动之下，即使是市井文化和民间力量有所衍生，也属于派生的产物，很难有施展的空间。而政治体制的变革乃至民国时期北京都城地位的失去，客观上使得民间文化呈现出另类的辉煌，可谓京味文化发展的黄金期。也就是说，从京师文化到京味文化的转型，是多因素导致的。既有政治力量的消退，也有民间力量的兴起，更有社会结构变革的内部原因。

清代帝京官僚与士人阶层多好饮宴聚会，兼及文化交流活动，借此建立和强化人际网络，形成了一种闲适的生活方式。事实上，精英群体对于饮食宴会的需求，也构成了市井生活繁荣的主要动力。内外城交界地带，最先兴起一批饮食商肆并在之后的历史中成为老字号。民国之后，饮宴逐步普及于下层社会并扩而散之，构成了现代城市风尚的元素之一。1840 年之后，北京面临了百多年的风风雨雨，晚清时期经历了西方列强的入侵，民国年间经历了巨大的思想冲击和社会变迁，曾经长期引以为傲的天朝上国和帝都气象，在对外不断疲软中成为一个颇为矛盾的反讽，失去了曾经荣耀的光环。1949 年之后，北京以新的面貌与精神走进了共和国时代，开启了新的历史阶段。

清代早期确立的旗民分治体系，分流和重构了北京城的商业和人口格局。

---

① 周振鹤：《从北到南与自东徂西：中国文化地域差异的考察》，《复旦学报》（社会科学版）1988 年第 6 期。

随着中后期等级制度的渐次破解，内外城秩序从朝廷擘画的有序模式走向无序发展，民人拥入内城而旗民四下分散，以至于混杂而居，之前那种严密的军事化组织不复存在，这就使得旗人—民人的制度藩篱成为陈迹，更加催生了丰富的社会生活。大到岁时节气、婚丧嫁娶，小到日常交际、柴米油盐，京味的范畴和特征雅俗共赏，渗透于个人的生活品位和交往过程内。京味是扎根于老北京的特色文化，在动态的历史进程和特色不一的地域文化中，其认同的标准和形式或有所差异，但其一定是与民众贴近同时又反映民众日常生活结构和内容的。历史时间的流逝给城市文化带来了调和的空间。京味酝酿于北京建城、建都的历史过程之中，而作为一个概念的京味文化、一种生活方式的京味文化和一个接近民众生活的京味文化，其正式形成则在于20世纪初期。当然，京味的形成与塑造，在于以北京为空间，婚丧嫁娶、方言民俗、民间艺术等社会现象逐步定型与释放，并影响到老北京人的日常生活与社会交际。同时，京味文化的扩展，则在于近代传统士人与新知识分子对于北京文化的颂扬与追索，并最终演变为颇具特色的地区文化、社会文化，共同展示着北京的独特魅力。

新中国成立前，社会环境与文化冲突日趋剧烈，京味文化的形成与民众的日常生活、赶集庙会乃至休闲娱乐息息相关，与跋山涉水、舟车劳顿来京的外籍人员相比，北京人的短距离交际、贸易等活动，发展出独特的京味空间。代表着京味特色的一些生活方式，在社会交往中从甲地传到乙地，由张三传给李四，最终形成一个相对稳定的文化模式。京味的具体行程过程，也是北京城市的演变过程和民众日常生活的变迁轨迹。实际上，京味文化在很长时段里以京师文化的面孔出现，故而我们不应把京味文化看作固定不变和静态的概念，京味的生命力也在于不断更新。

京味是一种城市文明，但直至改革开放初期的北京城跟今天比依然是很小的。赵园回忆，直至八九十年代，三环路边还有农田，是近些年出生的新北京人难以想象的。京味来源于最广大民众的日常生活和社会交往，随着人们生活的多样化，京味的内涵也随之变动。正因城市社会群体的多样性和文化要素的多元性，诸如"皇城文化""民俗市井文化""民族宗教文化""士子文化""商贾文化""梨园文化""手工艺文化"等次级文化形态也兴盛勃发。京味是"紧贴肌肤"的，沾染于城市发展的每个毛孔里，一点一点地在生活中汇成城市的性格和巨大的张力。这也是京味独特的生命力，皇家文化随着政治控制力变化大盛大衰,而京味文化不温不火,保持着相对稳定的发展形态。也就是说,京味文化的形成是一个历史过程,京味仍在不断扩充、继续完善和新陈代谢,处于动态变化之中。并且,相信在历史的沿革中,终将会成为一个京味荟萃的优秀文化系统——自然,作为文化的京味应该是健康、积极向上和有生命力的。

三 京味文化的历史演进

自1987年以来,北京列入联合国教科文组织《世界文化遗产名录》中的,就先后有故宫、长城、周口店北京猿人遗址、颐和园、天坛、明十三陵共6项极具北京特色与文化的重要历史建筑及人类遗迹,皆是世界文明的瑰宝与遗存。而入选国家非物质文化遗产(intangible cultural heritage)名录的包括:智化寺京音乐、昆曲、天桥中幡、"聚元号"弓箭制作技艺、荣宝斋木版水印技艺、厂甸庙会、京西太平鼓、京剧、北京抖空竹、景泰蓝工艺、象牙雕刻、雕漆工艺、同仁堂中医药文化共13项。除此之外,北京市共有文物古迹7309项,99处全国重点文物保护单位(含长城和京杭大运河的北京段)、326处市级文物保护单位、5处国家地质公园、15处国家森林公园,这些都是北京灿烂文明的历史活化石。

京味文化的许多特点,既有北京自身的因素,也有外来的诸多因素。这个外来,包括了其他地区,也包括了其他国家。自元代之后,北京五方杂处,汇集全国各地精英,人口呈现翻倍式增长。北京人的构成非常广泛,包括皇族、贵族、官员、胥吏、商人、普通市民、手工业者及流民、乞丐等。明代北京作为都城,万历六年(1578)北京地区总人口185万人,城市人口约80万人;清代北京作为一统国家的都城,光绪八年(1882)北京地区总人口达245万人[1],其中城市人口约80万人,到了光绪三十四年(1908)则有94万人[2]。京师行人辐辏,毂击肩摩,清廷虽然严禁无业游民和来历不明之人在京城停留,但是在实际执行中却难以阻挡外地人来京的急切脚步。到了1930

---

[1] 韩光辉、王洪波:《封建王朝上升时期北京人口增长的社会经济机制》,《北京史学论丛》,北京燕山出版社2013年版,第68页。

[2] 韩光辉:《北京历史人口地理》,北京大学出版社1996年版,第128页;王均:《1908年北京内外城人口与统计》,《历史档案》1997年第3期。

年，北京常住人口达到 150 万左右。除此之外，还有大量驻华官员、外国传教士、游历者，北京的人口结构越发复杂，京味此刻呈现出多元的底色与气息。16 世纪之后，接受过欧洲良好教育的传教士，陆陆续续漂洋过海，开启了东方之旅，尽管目的各异，但是带来了与中国传统完全有别的西风。清朝建立之初，耶稣会士汤若望就担任了朝廷钦天监第一位西洋监正。到了"康熙四十九年（1710），中国共有 59 名耶稣会士，并且至少有 70 处传教驻地和 208 所教堂"①。北京作为帝国中枢，情况更为复杂，到了 1860 年之后，正所谓"夷商既分布各口，又得内地游行，天主教布满天下，夷酋住在京城，中国虚实，无不毕悉"。多元性造就了多彩纷呈的都市景观，清代士人无不自豪地形容北京之繁华："凡天下各国，中华各省，金银珠宝、古玩玉器、绸缎估衣、钟表玩物、饭庄饭馆、烟馆戏园，无不毕集其中。京师之精华尽在于此，热闹繁华，亦莫过与此。"②清朝帝制崩溃后，以皇权为依托的宫廷文化江河日下、不断低沉，最终融入京味文化之中，成为平民喜爱和可以共享的文化内涵之一。

事实上，城市空间格局由封闭走向开放，亦在于皇权式微和旗汉界限的瓦解。清廷最早试图通过分居的设计，分列八旗，拱卫皇居，使得"满汉界限分明，疆理各别"，互不干涉，各自群体有归属的居住范围，从而形成了内城和外城两个大的空间布局，是一种民族等级与隔离制度的具体表现。然而，随着旗民数量增多膨胀，掣肘商业发展，这一早期注定内城繁荣、外城萧条的格局到了清中期就显示出极大的弊端。旗民分隔的制度划分逐步瓦解，市肆集中由官府统一管理，定时启闭的惯例也慢慢不复存在，皇城禁苑的庄严渐次消解，朝廷私有的城市空间向市民的开放，各民杂处，北京城市从划块分割到走向一体化发展，饱含京味的市井文化更加繁荣和健康。

民国以后，北京的人口数量更是爆炸式增长，大量贫困的旗人及其家眷，大批外省客民以就业、做工、求学以及乞食流浪等原因迁来北京，"京师为人海，每年南来北往之旅客何止数千万"。来自各地的商人、士人在北京继续设立会馆，利用同乡等因素扩展社会关系，使得会馆也成为京味文化的特色之一，同乡会也多具实力，传播了全国各地的物质生产和地区文化。据 1914 年

---

① 费正清：《中国：传统与变迁》，世界知识出版社 2002 年版，第 282 页。
② 仲芳氏：《庚子记事》，中华书局 1986 年版，第 14 页。

6月天津《大公报》的报道，当时在北京城南各会馆或客店等候机会者竟达11万人之多，和现在的劳务市场相比也不遑多让，民国时期甚至有文人称之为"人鬼杂居"。因此在一百多年前，法国作家维克多·谢阁兰游历北京之后感慨道："整个中华大地都凝聚在这里。"可以说，旅居北京的人们为京味文化的形成注入了新鲜的血液和持续发展的动力。

就都城整体模式而言，清代北京的城市规模和辐射范围基本定型。其形制上，大致是延续了元明两代的建造，奠基了京味发育的建筑基础。战国时燕国置右北平郡，西晋时右北平郡改称北平郡，这是北平历史上第一次出现在行政地区名中。1421年，明成祖迁都北平改名北京，以举国之力建设新京师，形成了明代南京北平凤阳十三布政使司的全国格局。经过历代的建设，北京皇城的分布逐步形成了"里九外七皇城四"的大致格局，也就是内城有九座城门，外城有七座城门，皇城有四座城门，划分为东、西、南、北、中五个行政区，其中，内城是政治和军事中心，外城是配套的商业区和居住区。清代北京以城墙为层次序列，分为外城、内城、皇城、紫禁城（宫城）四个部分，沿着城墙同心圆环绕。朝廷秉持满汉有别的分居政策，以皇城为中心，内城周长约24里，皇帝和他的后妃、子女们住在紫禁城，充满神秘感。京师的城门根据等级以及建筑规格的差异，分为宫城城门、皇城城门、内城城门、外城城门四类。其中，内城共辟9门，北面2门为德胜门和安定门，南面3门为正阳门、崇文门和宣武门，东面2门为东直门、朝阳门，西面2门为西直门和阜成门①；外城辟有5门，由东而西为广渠门、左安门、永定门、右安门、广安门；皇城内部辟有4门，为天安门、地安门、东安门和西安门。此外，在内外城衔接处还辟有东便门和西便门，可通往城外。故而，又被称为四九城②。其中宣武门、正阳门和崇文门及城墙是内外城的分界，以北为内城，以南为外城，所以外城也称南城。从1924年开始，北京政府又在前门与宣武门之间开辟了一座和平门，1927年完工运行，促进了城内交通的便利，减少了来往车辆的拥挤。

北京是庄严方正的，"中轴突出，两翼对称"的建筑格局，使得京师一派

---

① 清代主管内城治安、兼管外城治安的机构被称为步军统领衙门，由九门提督统领调配。
② 当然，除了以上罗列，城池还有一套防御体系，包括城墙、城门、瓮城、角楼、敌台、护城河等多道设施。

庄严气质。中轴线贯通南北，南起永定门、前门、午门、故宫，出神武门、地安门，北至钟楼，长达7.8公里。皇城与内城里交错分布着宗庙、官衙、行署、仓廒、贡院、防卫设施以及许多园林苑囿等建筑，王宫府第和各等旗民住宅错落其间，而外城在清代中期之前则是商业的聚居区。清人震钧曾说，北京的主要商业区多达十余处，客商川流不息，一片车水马龙之景，所谓"京师百货所聚，唯正阳街、地安门街、东西安门外、东西四牌楼、东西单牌楼，暨外城之菜市、花市"。清廷权力中枢地处京师，对京畿长官多有制约，机构叠床架屋，也客观上形成各具特色的商业发育空间。京师九门，皆有课税，而统于崇文一司，崇文门规范来往客商。就以东直门来说，是京城所需木材运输与存储的必经之地，清代在东直门外建水关，管理进京货物。又增设"春场"，每至立春时顺天府尹于此鞭"春牛""打春"。东直门外是三教九流的汇集之地，郊外盆窑小贩，日用杂品占据瓮城为主，但瓮城庙中的药王雕像极为精细，市人称"东直雕像"。砖窑大多云集在东直门外，因此东直门不仅走拉木材车，还有砖瓦车行进的轨迹。清人朱一新根据自己分纂的《顺天府志·坊巷门》写成《京师坊巷志稿》，就非常详细地记载了北京的坊巷胡同，不仅包括了各类官署与王公宅第，其他诸如寺观、会馆、桥井也囊括在内，仅仅记载清代北京有名的街巷胡同就有2077条，地理分布可谓一目了然。

京味文化与商业文化交织于一体。"前三门外货连行，茶市金珠集巨商。"北京德胜门城楼东侧，曾是"晓市市场"，至今还有一堆以"晓市"命名的胡同。北京城中，商贾云集百货齐聚，"京师前门外廊房头条胡同比户鳞栉，皆系灯铺、画铺，共约五六十家。所售纱绫、玻璃各灯，穷工极巧，尽三冬之力，制造齐全"①。除"前三门"外，以朝阳门关厢最为热闹，由于各地珍奇经过，也被称为奇货门。1903年，东安市场选址在皇城旁边的东华门，临近八旗兵神机营的练兵场，使得清初以来不允许经营商业的内城逐渐繁华起来，是北京建立最早的一座综合市场，成为商业中心。故而，宣统年间有竹枝词专门形容东安市场的兴盛："新开各处市场宽，买物随心不费难。若论繁华首一指，请君城内赴东安。"②据1933年的统计，在市场内的9条通道中，

---

① 《图绘伶伦》，《申报》，清光绪丙子二月初七（1876年3月2日），第2页。
② 兰陵忧患生：《京华百二竹枝词》，载杨米人等编《清代北京竹枝词（13种）》，北京出版社1982年版，第123页。

店铺267家,摊位658个,经营的商业种类有60种之多,其中包括16个经营区,有畅观楼、青云阁、中华商场、丹桂商场、桂铭商场、霖记商场和东庆楼7个小商场,"百货杂陈,游人如蚁,殊为北平全市之唯一最大商场"①。清代中期以来,逛厂甸亦流为风气。京城以外的通州也是批发集散市场,旗汉分居制度消解后,内城商业更趋繁荣。民国十七年(1928),正阳门的箭楼辟为国货陈列所,到了30年代又增设电影院,1949年艺人魏喜奎等组织大众游艺社在此演出。可以说,真正意义上市民生活和商业繁荣,基本围绕着内城与外城及其相关的公共空间产生的。在庄严的等级秩序之下,祭祀建筑、传统的商业街区、皇家庙宇、传统居住区有机串联,成为老城严谨规划背后的市井活力。

近代京城承袭千年古都宗教文化的遗产,儒、释、道宫观寺庙众多,为全国都市之冠②。万寿山寺院众多,圆镜寺"霜寒半陂水,木落一禅关。食施湖中鸟,窗窥塞上山"。佛教的法源寺、潭柘寺、戒台寺、云居寺、八大处,道教的白云观,伊斯兰教的北京牛街礼拜寺,藏传佛教(喇嘛教)的雍和宫,天主教西什库天主堂、王府井天主堂,基督教的缸瓦市教堂、崇文门教堂等建筑星罗棋布、遍布街巷,宗教文化也构成了京味的来源之一。北京内城的寺庙广布,统治者时而支持时而又政策压制。除了西式教堂开始兴建,"或曰神父,或称教友,变换姓名,各立标号",中国传统"儒释道"宗教场所则是祭祀与信仰主流。据相关统计,明代北京有名可数的佛教寺庙数量约为810所。清代之后,朝廷不干预寺庙的建设,这个数字成倍增长,据美国学者韩书瑞估计,至少有2500多座。乾隆年间编制的《僧录司清册》中登记了2240座北京寺庙,这还只是有常驻僧人的汉传佛教寺庙,大量藏传佛教寺庙、道教寺观及无常驻僧人的民间小庙尚不包括在内,是一个相对保守的估计。政局不稳定,宗教从业者生计难以保障,到了1930年,北平市社会局登记的寺庙数量则降到了1734座,且这是全部佛、道、民间寺庙的总数③。京师八门瓮城内多数建有关帝庙,安定门内建真武庙,"食施湖中鸟,窗窥塞上山"的

---

① 马芷庠著,张恨水审定:《老北京旅行指南》,燕山出版社1997年版,第346页。
② 习五一:《近代北京寺庙的类型结构解析》,《世界宗教研究》2006年第1期。
③ 鞠熙:《碑刻所见18世纪北京内城民俗的变化》,《华东师范大学学报》(哲学社会科学版)2015年第2期;根据其他资料记载,1928年北京共有在册寺庙1631个,1936年1631个,1947年728个,北京市档案馆《北京寺庙历史资料》,中国档案出版社1997年版。

圆静寺，象征佛教"四大部洲"："南瞻部洲""北俱卢洲""东胜神洲"和"西牛贺洲"的万寿山谐趣园，为乾隆年间兴建的藏式宗教建筑群，这些遍布京城的宗教场所和寺庙建筑，乃是北京皇家信仰与民间风俗的重要表征，也成为京味滋生的空间。

规模不同的寺庙庵观曾经遍布在大街小巷与皇家宫苑之内。北京朝阳门外的东岳庙，是道教正一派在华北区域的第一丛林。[1]"一弘天半澈，百道润边悬"的京西香山碧云寺，经乾隆诗歌的传颂，香火鼎盛。万寿前山智慧海和殿前牌楼正面和背面有一个石额题字，上书一首佛教的偈语："众香界、祇树林、智慧海、吉祥云"，在清代为京师僧俗的朝拜圣地，皇家推动了宗教信仰的繁盛。不仅如此，以各种民间神祇为主题的寺庙也吸引了诸多信众。具体来说，以庙会为核心的民众活动，有耍狮子、踩高跷、小车会、旱船等。技艺中有耍中幡、拉洋片、双簧等，可谓"灯花百货，珠石罗绮，古今异物，贵贱杂沓"[2]，令人大开眼界，成为京味文化的派生品，也吸引了数量众多的香客，正可谓"击太平鼓无昏晓，跳百索无稚壮，戴面具耍大头和尚，聚观无男女"，宗教活动与商业买卖交叉化发展，别有意趣。定期集市的庙会有土地庙、花市、白塔寺、护国寺、隆福寺、东岳庙等，京城民俗终岁勤苦，间以庙会为乐，清代人称为城郭之间，五顶环列[3]；京师周边，二山兴盛。根据《燕京岁时记》的记载："开庙之日，百货云集，凡珠玉、绫罗、衣服、饮食、古玩、字画、花鸟、虫鱼以及寻常日用之物，星卜、杂技之流，无所不有。"[4]

四月潭柘观佛蛇，已成清代京城之民俗。临近"浴佛法会""莲池大会""龙华圣会"之时，善男信女与游玩散客，云集古寺。至迟于清乾隆年间，北京东部的丫髻山与妙峰山在民间并称"二山"，都是北京百姓朝顶进香的圣地。每年农历四月初一到十五，是妙峰山进香的时间，对市民有强烈的吸引力，据《燕京岁时记》记载："每届四月，自初一开庙，半月香火极盛。"每

---

[1] 李俊领：《底层政治：民国北平东岳庙道士的日常生活与社会治理》，《福建论坛》2019 年第 2 期。
[2] 丁世良：《中国地方志民俗资料汇编·华北卷》，书目文献出版社 1989 年版，第 12 页。
[3] "五顶"是对老北京五座碧霞元君庙的俗称，具体言之就是东直门外的东顶、左安门外弘仁桥的大南顶和永定门外南顶村的小南顶、西直门外的西顶、安定门外北顶村的北顶，以及右安门外十里草桥的中顶；"二山"是说丫髻山和妙峰山。
[4] 富察敦崇：《燕京岁时记》，北京古籍出版社 1981 年版，第 53 页。

逢节庆或定期集会时间，40里山路灯火不绝，有那"自了心愿"的茶棚、粥棚和给香客缝鞋的缝绽老会，给予游人极大方便。四月十八是碧霞元君诞辰之际，京城民众"群从游闲，数唱吹弹以乐之。旗幢鼓金者，绣旗丹旆各百十，青黄皂绣盖各百十，骑鼓吹步、伐鼓鸣金者称是"。几乎是"大抵四时有会，每月有会。会则摊肆纷陈，仕女竞集，谓之好游荡可，谓之升平景象亦可"（《旧京琐记》）。城市生活中既有宫廷礼乐仪式，也有城市艺人的日常演出与民俗节庆中的底层游艺，"绝活儿"与"玩把式"成为天桥附近与城郊庙市独特的风景。可以说，以寺庙为中心的集市和进香等活动，促进了地方经济与商业往来，构成了民众日常交际的公共空间，各个阶层之间沟通加强和跨行业往来也成为一道社会景观。① 庙会庙市的兴衰和民间宗教的逐步世俗化，成为京味生活中特有的历史图景。

明清之后，北京除了皇族、官员之外，平民主要由读书人、技艺人、商人、宗教从业者和一般劳动者组成，其中以下层绅士人数为最多，大批不事生产的皇族贵胄和官员商绅，他们的消费需求和生命内容激发了京师社会生活的繁荣。北京具有奇特的融合力，"天朝"不仅"怀柔远人"，亦"凝聚万方"，不同出身、不同民族、不同地域、不同阶层乃至不同国家的人会集北京，使得北京自元代开始就是一个全球性和国际化的大城市。欧洲同期的城市，基本都没有达到北京同等城市规模。根据相关研究，整体上清代北京城的主要商业中心，大致围绕皇城均匀分布，内城的商业中心主要服务于周围居民，以综合性的零售业为主；外城的商业中心不仅服务于城区居民，还为郊区农民和更远的商业腹地提供商品，长途贩运贸易和中转批发贸易所占比例较大②。到了民国，北京外籍人口已经有了一定比例，而且外国商品也成为市面随处可见之物。北京西单与南城一带的三友实业社、真光照相馆、雀巢公司、南洋兄弟烟草公司、化妆品公司等大中小企业纷纷成立。据记载，在1935年厂甸春节庙会集市上，在百余家玩具商摊中，有80余家销售日本玩具③。在清人吴趼人的小说《二十年目睹之怪现状》中就写有商家"把门面装潢得金碧辉煌，把些光怪陆离的洋货，罗列在外"，洋货从晚清开始就成为

---

① ［美］韩书瑞：《北京：公共空间和城市生活（1400—1900）》，中国人民大学出版社2019年版。
② 刘新江：《清代北京城市经济空间结构初探》，《城市史研究》2009年第00期。
③ 刘娟等选编：《北京经济史资料》，北京燕山出版社1990年版，第392页。

市井生活中的一个历史符号与商品印象。

经济要素的变革带来了强势的城市变革，也给很多民众的生活取向与情趣赋予了很多纵深化意义。繁华的商业区和流转集市，现代化的生活方式与体验，提供了物资集散的空间，也给京味文化的形成创造了广阔的舞台，有一首竹枝词形容北京由宣武门外的香厂市场改为新世界商场的盛况："香厂翻成新世界，如云仕女杂流民。五居楼阁冲霄起，戏馆茶寮百味陈"，可以"说一时市女骈集，较之厂甸或且过之"①，融合有戏剧、电影、魔术、杂技、曲艺等多种演出场地；1919 年建造的城南游艺园，亦包括了剧场、电影场、舞场、旱冰场、保龄球场、曲艺场、杂技场，热闹非凡。甚至，民国时期的集邮爱好、投资股票等活动，也蔚为一时之大观。清代皇家专饮位于颐和园西五六里的玉泉山之水，康熙云"酌泉水而甘"，乾隆亲题"功懋无双水，名称第一泉"，其"水清而碧，澄洁似玉"，采汲之水经西直门入宫。而普通民众多凿井而饮，据清光绪十一年《京师坊巷志稿》记载，北京内外城共有水井数 1258 个，大多水质咸苦，只有极少数甘甜，能饮用的不多，只有王府井附近的水质尚可。"京师自来水一事，于卫生、消防关系最要，迭经商民在臣部禀请承办。"② 自来水引入城市建设与规划之后，习惯水井抽水的北京人感慨："机关一启，汩汩其来，飞珠走雪，如天然之泉脉，巨室既引之，厨房、浴室亦联于铜管，取之不竭，足食足用。各大街之口，亦有龙头，由附近铺户代售水等。"③ "一自维新修马路，眼前王道始平平"，市政建设的完善改变了北京的风尘。《都门竹枝词》中所说的"马蹄过处黑灰吹，鼻孔填平闭眼皮。堆子日斜争泼水，红尘也有暂停时"，大大改观。无疑，新生事物和方便快捷的民用技术给老北京人带来的心理震撼是可以想见的。

18 世纪中期之后，无论是各个差会传教士还是来华游历者，摩肩接踵，对于京师北京的描述，除去少许所谓"慕中华礼义"之客的猎奇描绘，或会集中于对新颖的习俗民风的称道，在大部分情况下，行文中蕴含有一种西式文明的优越感。中国人慵懒散漫、贫病麻木和缺乏活力的形象，被淋漓尽致地展现和集合于对城市日常的观察之中。可以说，京味文化又是在夹杂痛苦、

---

① 京都市政公所编：《京都市政汇览》，"关于劝业行政事项"，1914 年，第 104 页。
② 北京市档案馆、北京市自来水公司、中国人民大学档案系文献编纂学教研室：《北京自来水公司档案史料》，北京燕山出版社 1986 年版，第 4 页。
③ 林传甲：《大中华京兆地理志》，中国青年出版社 2012 年版，第 42 页。

狼狈不堪的民族情感中形成的。因此，解读"京味"之沉重，也在于它身上又背负着极为沉重的历史积淀。值得一提的是，晚清北京"帝都"环境的变化，"各国不能不仰息中华"①的既定印象猝然破裂，给京味同时带来了机遇与挑战。也就是说，欧风美雨的广泛传播，社会时局的巨大变化，使得北京的社会生活和城市景观更为多元化，市政建设、城市改造乃至商业空间愈趋定型，奠定了京味文化形成的社会基础。光绪初年至于清末新政时期，象征文明的电车、汽车、火车乃至与城市管理相关的警察制度、消防措施已经初具雏形，成为京味文化升级的基础。实际上，西方人眼中的北京，是一个不断变化的印象。伴随英法联军侵入北京，一批欧洲人于1860年开始以胜利者兼现代文明传播者的双重视角重新观察北京城。对比13世纪西方世界所形成的北京乃是"无与伦比"之城，以及17世纪晚期传教士留下的富丽之城的记载，1860年的入侵者对北京的印象发生了严重的断裂②，原本震撼于东方文明的西来者此时则嗤之以鼻，北京几乎成为一个文明衰颓的象征符号，有时候还遍布"残垣断壁、碎砖乱瓦"。

船坚炮利的锋芒遮掩不住现代化渗透的车速，也给京人的生活模式带来了别样的日常体验。"楼上楼下，电灯电话；耕地不用牛，点灯不用油"，原本在士人眼中的奇技淫巧逐步内化为生活的必要组合，蔓延于近代中国社会发展的脉系之内。现代化的生活方式加深了京味扩展的空间，从清末开始，最早仅仅在东交民巷出现的电力照明，逐步在北京广泛使用，这使得夜晚的北京市井生活增添了很多内容。使城市夜晚呈现出不同于白日的另一种景象，斑斓的灯光不仅渲染了都市的繁华，更极大增添了诸多生活内容，夜生活的概念随之产生，人们的时间观念得以扩展，生活方式也相应改变。行文至此，我们稍作总结，晚清至于民国时期，北京城市生活的变化，不仅表现在城市规模的扩大和人口数量的增多。各种新兴因素在为城市带来巨大活力的同时，也对北京原有的城市文化传统与市民的生活方式产生很大冲击。这里主要包括三种新的趋向：

第一，"王气"渐次消沉，市井气、京味文化通过日常生活的丰富，逐步建构起来，京味在民众的社会生活与交往结构中不断扩张，塑造着京城的生

---

① 齐思和整理：《筹办夷务始末（道光朝）》卷2第1册，中华书局1964年版，第100页。
② 周增光：《十九世纪六十年代北京国际形象的断裂与重塑》，《北京社会科学》2018年第6期。

活节奏和商业模式。

第二，西式元素纳入京城文化的演进系统内，使得京味在洋气、市井气和"传统气"中渐次形成，京味逐步向最基层渗透，并衍生为颇具平等色彩的底层文化，在民间开枝散叶。

第三，由社会生活变化引发的思想变化，活跃开放的社会潮流，与京味文化互动互生，在消费需求的催动中，最终影响到了京味文化的近代化走向，演变为代表北京的地方性文化，也影响了近代北京的城市底蕴。

结　语

元明清的京师文化是一种辐射全国的政治文化，以宫廷文化为主体兼及士人文化。而京味文化更多是体现为一种地域性文化，以民间文化为主体而辐射至各类亚文化。进入20世纪之后，古都北京逐步由封建"帝都"走向现代化大都市，京味的内涵也在不断扩展。一部京味文化史，就是一个近代中国京畿社会变迁的缩影与窗口。京味不仅是市井生活的折射，也与政治格局、经济贸易、文化转型和知识阶层承袭息息相关。京味文化在刻画和渲染着城市纹理和色彩的同时，也将此种味道上升到惯性的层面，影响和塑造着民众的生活。所谓京味，并不是单一的皇家文化或士人雅文化，而是一种庶民文化、宗教文化和俗文化的多元形态，几乎囊括了参与其中各个社会各阶层的意识表达和日常话语，呈现出某种共享色彩，与帝制末期的政治社会的转向颇为暗合。正是在北京这个"众音齐奏"的舞台上，每位参与者各抒己见，各个社会阶层留下了自己的印记，不同的文化现象陆续交响，亿兆斯民同构共生，这些只言片语不断交织在一起进而连续递进，演奏出贴合京师肌肤与历史资源的一种声乐共鸣。

著名文学家老舍曾说：没有民族风格的作品，是没有根的花，它不但在本乡本土活不下去，而且无论在哪里也活不下去。人类总是在时代变迁中明白过去的价值，也更加珍视过去的意义。作为地方文化的京味文化，与京师文化相辅相成、相得益彰，共同展示了元明清大一统时代的表率与示范作用。同时，京味在当下的时代变革中，又在现代化与传统之间凸显老北京与新北京之间特殊的文化张力和界限。对于京味文化中不健康和低俗的内容，也应去芜存菁，不断扬弃。总而言之，建构本土化京味与时尚体系、观照本土文化价值观、传播生活态度和理念才是更为有效和贴合实际的对策。京味的消费与重塑和京味的传承与建设，构成了一个逻辑相继、轨辙延续和思路明晰的发展路径，也是可以在京味现实和城市沿革的理念上可以合理实施并完善的一种文化模式，相信可以在时代变奏中开拓京味发展的新空间、新思路、新高度和新境界。

"意谓"中的现实:立德夫人中国作品的文本分析

席卿循[*]

摘　要　本文以立德夫人关于中国的小说、游记和日记作品为分析对象,借用 Clifford 对文本差异性与异质性的表达分析策略和黑格尔"意谓"与现实性的认识论模式,通过文本、实践的交互性以及立德夫人对中国的这种"意谓"的主观性认知过程、实践以及虚构文本的呈现之间的落差和自我矛盾,来理解西方女性在中国旅行和生活过程中的心境、自我呈现和自我书写。最后揭示出,一方面,这些文本是殖民话语的产物,也参与到殖民权力的再生产之中;另一方面,旅行者是身处家的世界和旅行的世界之间,旅行作家需要在旅行的生活体验和文本表现之间保持平衡,他们记载的不仅是身处异域的见闻,而且在见闻的记载中表达了自身的情感和思想。因此,我们不能忽视那些所谓殖民者或者探险家的肉身心绪,即家与异乡这两个世界中的纠缠、杂糅又割裂的存在,是身处两个世界——家和旅行的世界之间的表征,也是"意谓"的世界和现实的世界之间的对立统一。

关键词　立德夫人;中国游记;东方主义

引　言

鸦片战争之后,中国被迫纳入世界体系之中,"opening China"(开放中

---

[*] 北京大学历史学系博士研究生。

国）成为维多利亚时代英国人的寻求（quest），其中一些人到中国是为自己的国家、宗教或商业服务；另一些人则是响应更个人化的探索和旅行的号召。① 在这一潮流下，也诞生了来华的第一批女性旅行者。据 Julia Kuehn 的划分，第一批西方（以英国为主）女性旅行者来华时间为 19 世纪 70 年代至 20 世纪 20 年代，以伯德（Isabella Bird Bishop，1831—1904），卡明（Constance Frederika Gordon Cumming，1837—1924）和立德夫人（Mrs. Archibald [i. e. Alicia] Little，1845—1926）为代表。② 这批生活在维多利亚时代的女性携带着最新的对文明社会和女性权益的看法来到中国，以特有的性别视角记录并创作了不少关于中国主题的游记和文学作品，她们不像男性那样更为接近殖民政治或管理结构，也不像男性那样学者化，她们的作品更多地依赖于主观的感受而在认识上做出自我的判断，为西方世界传授和输入关于中国的异质性知识（knowledge about China's otherness），并由此构建出了新的东方世界。③

立德夫人是这批旅行者中在华旅居时间最久的（近二十年），也是出版相关作品最多的一位，④ 因此学界对其研究也较多。Susan Schoenbauer Thurin 的

---

① Susan Schoenbauer Thurin，*Victorian Travelers and the Opening of China*，1842 - 1907，Ohio：Ohio University Press，1999，p. 14；相关史料见 Elizabeth H. Chang ed，*British Travel Writing from China*，1798 - 1901，London：Pickering&Chatto，2010.

② Julia Kuehn，"China of the Tourists：Women and the Grand Tour of the Middle Kingdom，1878 - 1923"，*Asian Crossings*：*Travel Writing on China*，*Japan and Southeast Asia*，Edited by Steve Clark & Paul Smethurst，Hong Kong：Hong Kong University Press，2008，p. 115.

③ Julia Kuehn，"China of the Tourists：Women and the Grand Tour of the Middle Kingdom，1878 - 1923"，*Asian Crossings*：*Travel Writing on China*，*Japan and Southeast Asia*，pp. 113 - 116.

④ 立德夫人 1845 年出生于葡萄牙马德拉群岛（Madeira islands）。她的父母在英国莱斯特郡拥有房产，但她是在马德拉长大的。之后她回到英国，直到 1886 年都定居在英国。1885 年，她出版了 *Mother Darling*，并参加了竞选活动。这部小说突出了妇女权利在英国婚姻法中的低下地位。当时，男人不仅不让分居的妻子拥有"他的"财产，而且也不让她接近他们的孩子，直到 1893 年的《已婚妇女财产法》（the Married Women's Property Act）才减轻了这一限制。1886 年，她嫁给了立德先生（Archibald John Little），并在 1887 年自称为"立德夫人"（Mrs. Archibald Little），同年来华。1895 年组织成立天足会，致力于不缠足运动。1908 年回国，照看丈夫，整理夫妇两人的著作并出版，1926 年去世。著有：*Flirts and Flirts*：*or*，*A Season at Ryde*（1868）；*One Foot on Shore*：*A Novel*（1869）；*Love me for my Love*（1869）；*Last of the Jerninghames*（1873）；*Lonely Carlotta*："a crimson bud of a rose"（1874）；*Onwards! But Whither? A Life Study*（1875）；*Margery Travers*（1878）；*Miss Standish*，*and By the Bay of Naples*（1883）；*Mother Darling*（1885）；*A Marriage in China*（1896）；*My diary in a Chinese farm*（1894）；*Intimate China*：*the Chinese as I have seen them*（1901）；*The land of the blue gown*（1902）；*Out in China!*（1902）；*Li Hung-Chang*：*his life and times*（1903）；*Across Yunnan*：*A Journey of Surprises*（1908，for her husband）。

专著 *Victorian Travelers and the Opening of China*，1842 – 1907 中第三章 "Orientalizing Feminism：Mrs. Archibald Little" 是迄今为止对立德夫人最为专深的研究，Thurin 总体性地勾勒出立德夫人在华的实践活动，她力图将立德夫人的中国作品放置在不同于男性的女性东方主义（feminizing orientalism）的理论视角之下解读，她认为这些作品表现中国时使用了既女性化的（feminine）又女权主义（feminist）的性别策略（gendered strategies），这些策略的效果是创造了一种不同于男性主义的方法，前者批判了后者的男性东方主义，并提供了一种女性选择。虽然 Thurin 借立德夫人的作品对赛义德的理论提出了修正和补充，但仍然停留在后殖民的理论范畴之内，并未对基本的理论预设进行重估。① Thurin 的另一篇文章 *Travel Writing and the Humanitarian Impulse：Alicia Little in China* 则关注立德夫人是如何在中国的作品和生活实践表现出 "人道主义"（Humanitarian Impulse），通过对立德夫人的观点 "中国妇女有权像其他人一样自由行走，中国女孩应该受到教育，孩子应该得到养育，作恶者应该得到人道待遇，疾病、贫困和恶劣的生活条件应该被消除" 的分析，作者强调旅行写作是立德夫人 "表达人道主义冲动的机会"，而这种道德感又与维多利亚晚期人道主义信条运动相关。② Nicholas J. Clifford 的专著 *A Truthful Impression of the Country：British and American travel writing in China*，1880 – 1949 亦有章节涉及立德夫人。与 Susan Thurin 不同，Clifford 试图突破后殖民的语境和方法，不把东方仅仅理解为一种 "发明" 或 "想象"。③ 借用更加历史学的方法摆脱理论对于具体研究的束缚，他认为，东方主义和后殖民理论有其局限性，"因为对其特定话语的分析根本没有为我们在西方回应中遇到的多重意义留下足够的空间，这种异质性部分源于观察者和观察者多年来经历的变化"④。Julia Kuehn 的文章 *Encounters with Otherness：Female Travelers in China*，1880 – 1920，其中涉及了立德夫人在《我的北京花园》中关于义和团运动的

---

① Susan Schoenbauer Thurin, *Victorian Travelers and the Opening of China*, 1842 – 1907, p. 165.
② Susan Schoenbauer Thurin, "Travel Writing and the Humanitarian Impulse：Alicia Little in China", Edited by Douglas Kerr & Julia Kuehn, *A Century of Travels in China：Critical Essays on Travel Writing from the 1840s to the 1940s*, Hong Kong：Hong KongUniversity Press, 2007, pp. 91 – 103.
③ Nicholas J. Clifford, *A Truthful Impression of the Country：British and American travel writing in China*, 1880—1949, University of Michigan Press, 2001, p. 14.
④ Nicholas J. Clifford, *A Truthful Impression of the Country：British and American travel writing in China*, 1880 – 1949, p. 17.

一些记述。① 另外，涉及立德夫人的中文学术研究是聂卉的硕士论文《1840—1911年英国女性来华游记研究》，但该文与此前的相关西方著作内容较为相近。②

延续 Clifford 的启发，在笔者看来，此前的研究多以后殖民主义的特定视角关注旅行者对异域的记录是如何体现了帝国、殖民或者种族上的优越性，却忽略了这些记录者自身的自我书写，这正是忽略了异质性表现所在。后现代理论试图揭示出所有文本都是被加工过的，但这并不意味着所有的文本都是虚假的（fake），文本的解读是多元的，从根本上理解的不是文本本身，而是我们与文本之间的关系，"我们的任务是决定他们在什么方面是真实的以及如何审问他们"③。

因此，本文借助黑格尔的"意谓"概念，一方面意指认知主体在认识客体和他者的认知过程中所表现出的与客观实在不相符合但却与自己的主观相符合的一种认知模式；另一方面也是指文学化文本或者虚构性文本的表征。这种认知和写作方式或许并未达到真正的对客观实在性的认识（恐怕也无从达到），但却显示了认识者的能动性和意识，就其反映书写者的思想、心绪与情感而言是真实的。诚如 Clifford 指出的："我们必须摒弃任何认为只有一个本质上的'东方'或'中国'的西方观念，必须关注异质性，关注主观与客观、观察者与被观察者、所见所闻与被记录方式之间的相互作用。"④ 本文也力图摆脱一种本质主义的陷阱，通过文本、实践的交互性以及立德夫人对中国的这种"意谓"的主观性认知过程、实践以及虚构文本的呈现之间的落差和自我矛盾来理解西方女性在中国旅行和生活过程中的心境、自我呈现和自我书写。

文章的第一部分，利用此前未被研究者关注的立德夫人的文学作品 *Out in China*！来探讨来华女性自身心境的变化。第二部分利用立德夫人的中国游记

---

① Julia Kuehn "Encounters with Otherness: Female Travelers in China, 1880 – 1920", Douglas Kerr & Julia Kuehn ed, *A Century of Travels in China: Critical Essays on Travel Writing from the 1840s to the 1940s*, p. 83.

② 聂卉:《1840—1911年英国女性来华游记研究》，硕士论文，北京大学，2012年。

③ Nicholas J. Clifford, *A Truthful Impression of the Country: British and American travel writing in China, 1880 – 1949*, p. 12.

④ Nicholas J. Clifford, *A Truthful Impression of the Country: British and American travel writing in China, 1880 – 1949*, pp. 14 – 15.

分析立德夫人是如何将对东方的想象代入到中国的现实生活之中。第三部分借用立德夫人的日记讨论在华外国人与中国农民在生活之中的交往和纠葛。最后通过讨论立德夫人对自我意识以及自我预设与实际之间的复杂关联，来理解外国旅行者对异乡与故乡之间存在的感情分野。

一

旅行写作对我们的想象力有很强的吸引力，正如 Michael Kowaleski 所说："既有冒险也有归来，既有逃离也有回家"，这是通过语言中最大的隐喻群来实现的。[①] 小说（novel）正是一种典型的隐喻性语言文本。

立德夫人于 1902 年在伦敦 ANTHONY TREHERNE 公司出版的小说 *Out-in China!* 讲述了英国年轻的威妮弗雷德·埃勒斯利小姐（Miss Winifred Ellerslie）不远万里来到中国与英国商人林赛（Lindsay）结婚并开始探索中国的故事，书中涉及了自由恋爱、女子平权和民族殖民等相关议题，但既往研究者并没有关注到立德夫人的这一重要文本。在笔者看来，整部小说有着高度的纪实性质，甚至有很强的自传色彩。书中的商人林赛与立德先生一样，都是多年在华从事贸易活动的老商人，而年轻的埃勒斯利小姐也与立德夫人相似，只身来华陪伴丈夫。在相关一手史料缺乏的情况下，借用这部小说的隐喻色彩分析来华女性旅行者的心态，不失为一个可取角度。

想到旅行者来华的动机时，似乎人们天然地认为他们总是对东方世界或者中国有着根深蒂固的兴趣，不顾千难万险亦往之。Muireann O'cinneide 在讨论维多利亚女性旅行家对东方的兴趣（Oriental Interests）的文章中向我们揭示出，这种兴趣其实是一个相当含混且复杂的概念。[②] 在他看来，"兴趣"一词包含的意义在于，它使旅行的含义发生了微妙的变化，变成了一个受教育和道德发展的过程（益智的过程），对所闻所见之人、事、物不仅是关注，而且是融入。好奇是短暂的、易得到满足的心理状态，而兴趣则是持久的、富于探索的精神和情感的色彩，它是一种充满智性和活力的动态过程，而不是

[①] Michael Kowaleski, ed., *Temperamental Journeys: Essays on the Modern Literature of Travel* (Athens, Ga., 1992), p.14.

[②] Muireann O'cinneide, "Oriental Interests, Interesting Orients: Class, Authority, and the Reception of Knowledge in Victorian Women's Travel Writing", *Critical Survey*, 2009, Vol. 21, No. 1, pp. 4–23.

"意谓"中的现实:立德夫人中国作品的文本分析

一种纯粹智性的劳动:旅行家身处两个世界,一是经验性的家乡,另一是旅途中的见闻;旅行作家记载的不仅是他们身处异域的见闻,而且在见闻的记载中表达了他们的情感和思想;以之诉诸受众的,不仅是好奇,而且是读者的兴趣。他分析了 Hon Emily Eden 的 *Up the Country Letters from India*(1866),这位女作家于 1836—1866 年陪伴她的官员哥哥旅行印度,对印度多取否定的态度,除了"好奇"之外,对印度没有任何"兴趣"。Muireann O'cinneide 向我们揭示出西方女性对东方的兴趣,并非出于单纯的好奇或者商业利益,可能仅仅是出于爱情和婚姻。

同样,在立德夫人的 *OutinChina*! 一书中,女主角埃勒斯利小姐对东方和中国没有任何认知,她来华仅仅是因为要与年长的在华商人未婚夫结婚,"我去中国是因为林赛先生爱我"[①],在英国准备这门婚事的时候,"想到漫长的旅行和她面前未知的生活时,她的心就会缩紧"(Out 19)。家人、朋友也对这趟远足充满了担心并且劝阻埃勒斯利,即使是在开明的维多利亚时代,一个女性只身去往中国,仍然被认为是一个可怖的(dreadful)事情,埃勒斯利小姐也在潜意识中认为去中国可能会客死他乡,永远无法回来。(Out 22)但同时,东方的异域世界,在小说中也被描绘为财富与权力的象征,一位好朋友就想象了埃勒斯利嫁过去的情景:"有一套自己的好房子,有许多仆人——一个好职位——甚至有一个自己的贸易公司(Hong)!所有人都崇拜你。"(Out 22)小说开头描述出了维多利亚时代女性旅行者的复杂心理,既有对东方的恐惧,只身远行的顾虑,也有对东方与财富、权力挂钩的传统看法。过去人们只留意后者的意识,认为旅行者只是被东方世界的传说诱惑前来冒险,却没有注意到特别是女性来华者其实是因为非常私人和情感性的因素而来,她们对中国充满的更多的不是欲望而是恐惧。埃勒斯利小姐离开英国前最后说,"我去依靠他的爱"(Out 23),既说明其来华的动机是爱情,同样也说明爱情才成为克服恐惧的武器。我们当然不能说立德夫人来华就只是缘于和立德先生结婚,但这显然是其得以来华的直接原因。我们也不能用小说中的人物心理去比附立德夫人自己的心境,但是小说中所描绘的情节反映了维多利亚时代的一些特质,这一点从福斯特(Edward Morgan Forster)的名著《印度

[①] Mrs. Archibald Little, *Out in China*!, London: anthony treherne, 1902, p. 20(下文不再出注,仅以 Out 加页码说明)。

之行》（A Passage to India）也可看出，小说讲述了莫尔太太和阿黛拉·奎斯蒂德小姐结伴来到印度的小城昌德拉布尔，探望担任殖民地官员的儿子和未婚夫，她们很快就感觉到陷入那与世隔绝并充满偏见的英印社会当中，为了能探索"真实的印度"，她们跟当地的一位印度穆斯林医生阿齐兹成为朋友，并在对方的热情邀请下同游郊外的名胜马拉巴尔石窟，由此才激发了这些女性对印度的兴趣。[1]

妻子来华之后，林赛先生也非常焦虑，担心自己是不是犯了一个大错误——要求她远到异国他乡，做出太大的牺牲（Out 12）。虽然有人提醒："当你来到这样一个可怕的大国时，你应该做好准备，因为总会有这样或那样的麻烦。"（Out 85），虽然埃勒斯利小姐认为自己有足够的生活经验，就像一些女人一样，知道自己的想法，自己有资源，所以晦暗的乡下生活应该考不倒她，她的体格可能已经足够适应气候（Out 12）。但初来中国的生活，还是让她很不适应。丈夫白天出门办公，让埃勒斯利小姐感到身在异国的孤独，"她看着姑母的照片流泪，她希望寻找一种在英国的家的感觉"（Out 33），并且开始质疑自己为了所谓的"爱"而来中国是不是正确的。"她有时低着头问自己，一大滴眼泪一滴接一滴地滴落在从她手指间滑落的花朵上。如果只是为了这个，他为什么要她从自己家里出来？"（Out 49）在最绝望的时候，小说女主人公甚至想到了死亡，"我曾经非常害怕死亡。现在我总觉得这就像来到中国一样。这是关于离别，而不是死亡"（Out 102）。最后，女主角通过与朋友的出游和探险活动，发现了对中国的兴趣并与中国人建立了密切的关联。小说非常传神地勾勒出来华女性的内心情感世界，她们有着与中国人一样的肉体凡身，也有着与我们一样的思乡和孤独之感，但这些无法通过后殖民理论视角观察到，因为后者只是强调他者的殖民性及其背后的权力。

二

两次鸦片战争分别签署的《南京条约》和《天津条约》构成了19世纪中叶之后外国商人、传教士在华自由行动的法条基础和权利保证。从更大的角度来看，近代中西关系实质上是18世纪帝国（1750年以来）欧洲经济和政

---

[1] ［英］E. M. 福斯特：《印度之行》，冯涛译，上海译文出版社2016年版。

治扩张的结果。立德夫妇来华也是基于以上中西关系的根本性的变化。

1887年5月，立德夫人第一次来到了中国，首站是上海。此时，距上海开埠过去了四十五年。显然，这座发展得与伦敦极为相似的城市，给她留下了并不太好的印象。"这儿有电灯、马车，还有欧式大店铺，在里头你什么都买得到，价格只比伦敦的贵一点点。这儿既不浪漫，也不具有东方色彩。现在，30多家工厂的烟尘早把上海给熏黑啦。"① 在立德夫人看来，这座已经纳入了资本主义全球体系的城市，与伦敦没有什么区别了。她此次中国之行的目的，并不是欣赏中国发生的变化，这种变化显然让她感到沮丧，她是寻找浪漫而神秘的东方，如她自己所说，"向英国读者揭示的，正是他们童年时的中国"。这种西方人童年时的中国和它所代表的东方，如萨义德（Edward. W. Said）所说："几乎是被欧洲人凭空创造出来的地方，自古以来就代表着罗曼司、异国情调、美丽的风景、难忘的回忆、非凡的经历。"② 因而，去东方寻找想象着的"东方"，也就成为包括立德夫妇在内的众多来华者的夙愿。

但凡见到与想象中的东方相似的景致，比如穿过福州路，再"穿过一个五彩斑斓的中心广场，跟伦敦中心区广场差不多，散发出一股难闻的气味"，找到一座古典中式园林，立德夫人就感到很兴奋："一进入园子，就发现已把乏味的上海远远抛在了后头。这时，一种奇异的感觉弥漫你的全身，'浪漫的东方'，你总算到了！"③

值得注意的是，这种"东方"的"他者"形象，总是在与西方的主体形象的比较中产生的。立德夫人见到的摩登上海和城市广场，都将其视作与伦敦一样的景观，这种高度的同质性本身就是一种现代性所塑造出的一致性，因此，这只能是一种"西方的"而非"东方的"景观。在立德先生写作的一篇文章《两座城市：伦敦与北京》中，他认为北京留给他最深刻的印象是宁静，这是一种传统中国特质的映射，因此西方人"为北京所迷倒"，立德写道：在北京"就像把我们送回千年之前，亲眼看一看中世纪的生活"，这种时空的压缩感和穿越性，本身就超越了现代性的规范和限制，同样，也超越了

---

① ［英］阿绮波德·立德：《亲密接触中国：我眼中的中国人》，杨柏、冯冬译，南京出版社2008年版，第3页。
② ［美］爱德华·W. 萨义德：《东方学》，王宇根译，生活·读书·新知三联书店2019年版，第1页。
③ ［英］阿绮波德·立德：《亲密接触中国：我眼中的中国人》，第14页。

现代性塑造的雷同景观,这是一个身处多变的不确定的现代世界的人(如立德夫妇)所渴望的生活——"很宁静,很长时间才会发生一次剧烈的动乱"①。伦敦当然没有这样的特质,就连中国的东邻日本,立德也嗤之以鼻:"日本是一块风景如画的唯美主义阵地,自从我们侵入之后,日本变化非常迅速,沉溺于现代庸俗主义的享乐主义。"换言之,黑船来航前的日本,还是一块"东方的"处女地,当它经历现代变革之后,成为"西方的"一员之后,立德先生不仅对它失去了兴趣,而且根本就认为这种变化是负面的。但是,"值得庆幸的是,中国仍然保留了唯美传统"②。在中英日的对比之中,立德流露出的情绪是清楚的,他希望见到一个自己要的,又或者说是西方的"东方"(日本虽身处地理意义上的东方,但却早已不是"东方"了)。她是一种在现代性之外的存在,一种满足现代西方想象和欲望的,甚至女性化了的"东方"存在——唯美又安静的处女地。这种性别化了的想象(imagine)以及对见到的现实的重新想象(re-imagine)构成了立德夫妇为代表的西方人对东方的持续的热情。如果我们把想象仅仅理解为一种虚构则是错误的,"东方化"(Orientalized)不只是人为构建起来的想象,西方与东方之间事实上存在着一种权力关系、支配关系、霸权关系(hegemony)。③ 这种非对称的关系结构,从立德夫妇在华的生活实践与自我感知中都能窥见一斑。

正是受寻找"东方的"中国这一念头的驱使,立德夫人在华的游历,着重于内地、边陲和古都。立德夫妇的旅行非常奢侈。"我们外出旅游时,一般要带上30个左右的苦力和随从。对我而言,还必须要确定一名男随从为我竖支架,侍候我摄影。"④ 这些人里从差役到厨师一应俱全。另外,比如立德夫人的长江之行,还有士兵护送,"我们这一路旅行够奢侈了,坐的是小炮舰(可充当救生艇)。这些训练有素的士兵,无论在水上摇桨还是在人群里开路,都极在行"⑤。

一般情况下,立德夫人都是坐着轿子出行。"我坐着轿子,拉起轿帘,尽量四处逛逛——我可不是喜欢放下帘子的贵妇——然后决定下来步行一段,

---

① [英] A. J. 立德:《中国五十年见闻录》,桂奋权、冯冬译,南京出版社2010年版,第12页。
② [英] A. J. 立德:《中国五十年见闻录》,第12页。
③ [美] 爱德华・W. 萨义德:《东方学》,第8页。
④ [英] 阿绮波德・立德:《亲密接触中国:我眼中的中国人》,第134页。
⑤ [英] 阿绮波德・立德:《亲密接触中国:我眼中的中国人》,第20页。

我当然让轿子跟在后头,这样才不失身份嘛。"① 旅行者除了立德夫妇之外,还有他们的宠物——狮子狗,甚至伴随他们入藏,并引来当地人的嘲弄,"几个小喇嘛一看到我的小狗还被抱着,又起哄似地大笑大叫起来"②。

1898年2月,立德夫妇驾驶"利川号"(Leechuen)汽船从宜昌逆流三峡而上,历时15天到达重庆,创造了人类首次驾驶动力船只到达重庆的记录。这并非一次单纯的探险行动,而是一次有着政治和外交意义上的行动。按照此前中英双方关于长江上游段航行的约定,只要能行船至重庆,就可以开埠川江,打通重庆贸易。彼时,宜昌至重庆段水文条件恶劣,船只需要一路逆江而上,穿越三峡和无数激流险滩,可谓难于上青天,历史上还未有人驾驶过动力船只成功航行至重庆。立德夫妇的这次航行引来了在华西人的巨大关注:"所有希望看到中国西部资源向世界开放的人,都将怀着极大的焦虑和兴趣注视着这艘船在急流中前进,直到它未来的港口。"③ 当他们的船只经历重重险阻到达重庆码头时,引起了众人的轰动。立德一行人"骄傲地驶入港口,沉浸在欢庆的鞭炮声中"④,在渝外国人团体(Foreign Community)宣读了由英国领事Mr. Tratman署名的欢迎词。

开发三峡的航运,改善交通,在客观上确实有助于中国内陆商业的发展,这也是立德和其他外国商人深入中国腹地时所用的名目。⑤ 在欢迎词中这样写道:此次壮举,"或将为这个伟大的西部港口带来外国居民,而且也将有助于当地人口(native population)的增加"⑥。"立德们"的逻辑是,开发活动有利于外国人,但也有利于中国人,这是"双赢"的好事。但是,这却不能摆脱殖民的色调,笔者指的是一种宽泛意义上的殖民主义,借用马克思主义的

---

① [英]阿绮波德·立德:《亲密接触中国:我眼中的中国人》,第36页。
② [英]阿绮波德·立德:《亲密接触中国:我眼中的中国人》,第199页。
③ MR. Archibald J. Little's launch Leechuen, the pioneer steamer for the Chungking trade, The North-China Daily News, 1898年2月25日,第3版。
④ THE ARRIVAL OF THE LEECHUEN, The North-China Daily News, 1898年3月28日,第4版;[英]A. J. 立德:《中国五十年见闻录》,第36—37页。
⑤ THE Echo de Chine has been fortunate enough to obtain an early copy of the address which our Chungking correspondent mentioned was to be presented to Mr. Archibald J. Little by the foreign residents of Chungking on his arrival there with the pioneer steamer Leechuen, The North-China Daily News, 1898年3月22日,第3版。
⑥ THE Echo de Chine has been fortunate enough to obtain an early copy of the address which our Chungking correspondent mentioned was to be presented to Mr. Archibald J. Little by the foreign residents of Chungking on his arrival there with the pioneer steamer Leechuen, The North-China Daily News, 1898年3月22日,第3版。

概念，就是一种依附关系的建立。立德开发的航线导致了英国公司垄断了长江上游的航业，中方必须依靠他们才能进行商贸往来和人员流动。从抽象的隐喻意义上来看，此次探险行为也是一种对中国腹地的"开采"行为，是对中国内地处女地的占有和垄断。背后的权力关系昭然若揭。

三

早期在华的旅行者其实很难有机会深入中国人的生活之中。"中国人的隐秘之事也有一个内在的维度（inner dimension），即中国人的思想和情感的秘密生活，因此常常令观察者困惑、不可捉摸，或者根本不可理喻。"伊丽莎白·肯普（Elizabeth Kemp）在其关于中国的作品 *The Face of China* 中写道："人们可以成功地描述一个民族的灵魂，只要足够接近表面，但认识和热爱中国一辈子的外国人会第一个否定在中国这样做的可能性。"[①] 立德夫人是少有的能够有机会与中国内地农民相处生活的外国旅行者，因此她的这段经历为我们提供了宝贵的观察视角。

1898年春，由于长江上游首航的壮举，在渝外国人诚挚地邀请立德夫妇在渝定居，一同促进长江上游航运的"大发展"（great development）。立德先生开始经营长江中上游的航运业（CHUNGKING TRANSPORT CO., LD）。夏间，立德夫妇选择在重庆的乡间避暑，这是立德夫妇首次也是最后一次与中国人（特别是中国的底层民众）共同起居生活的时光。

一开始，他们试图自建房屋，这样能够与中国平民保持一定的距离，但被当地官员劝阻，理由是"当地人对外国人怀有深切的敌意"。因此，地方治安官说服当地一位农民将自家房屋租给立德夫妇，共居的形式较有利于他们融入当地的生活。

入住的第一天，立德夫人看到屋内的祖宗牌位和神龛布满灰尘，感到"十分不快"，于是搬动这些物品进行清扫。这引来了主家的惊动："我们都不能碰它"，更遑论"一个妇道人家"。但是立德夫人执意要打扫卫生："菩萨也不喜欢灰尘啊"，后来她才得知这是祖先的神灵，"哦，原来是祖先！""就

---

① Douglas Kerr & Julia Kuehn ed., *A Century of Travels in China: Critical Essays on Travel Writing from the 1840s to the 1940s*, Hong Kong: Hong Kong University Press, 2007, p. 2.

"意谓"中的现实:立德夫人中国作品的文本分析

算祖先也不喜欢灰尘。他们也愿意干净点。"① 争执不下,房东一家被迫同意清扫。立德夫人"看到十分高兴",随后她将自己的物品摆放在牌位下的柜子里,并自觉"似乎没有人觉得这么做有任何不妥之处"②。

不久之后,立德夫妇遭遇了一场盗窃案。盗贼在夜间入室将夫妇两人的所有物品翻了个遍,拿走了认为有价值的物品,同时房东家也有一些物品丢失。报案之后,县衙官差前来查看,但立德夫人对他们的调查非常不满:"他们每个人都是那么平静!既没有吃惊,也没有同情。村民们也没有人试图洗脱自己的嫌疑!"③ 作为一名外国人在这里丢了东西,当然应该引起官府的重视和众人的震惊,不过她倒没有很担心这件事情没有结果:"在华外国人或者外国人的中国随从一旦被抢,要么当地官府派人寻回失物,要么就得全额赔偿,因此我觉得我们的东西不会白丢。"④ 这种看法很快就验证了,当地官府大加搜查,女房东也受到了严肃的调查,"昨天,女主人穿着新衣服来见我们,请求我们出手帮帮她,当地官员逼她说出偷窃案发生前替她织布的那个男人的下落。她说自己对那个男人一无所知。当然,我们没有应允,因为我们从开始就怀疑那个男人极有可能是盗窃案的同谋"。但是,在官府的高压搜查下,立德夫人矛盾心理很快又出现了:"现在我们怀疑,当地官员借口追查我们的被盗物品把农民们搞得人心惶惶的,是为了让农民们反对我们在这儿租地盖房子。窃案发生后,一个传教士就怀疑窃案是在当地官员的授意下进行的,以便找个借口说他无力保护住在城墙外的外国人。如果真是这样,那这个阴谋真是费劲了心机。他们通过这起窃案,在我们和当地人之间树立起了敌意。"⑤ 这种想象的敌对关系,其实并非中国政府从中作梗,但却一直存在于立德夫人整个中国之行所面临的实际困难和她的内心之中。立德来华游历时期,时值外国人及传教士大批来华(依照《天津条约》规定的权利),与此同时,教案数量也急剧攀升,中外冲突时有发生。立德的内地之旅中也经常遇到被民众拿石头或者蔬菜攻击的情况:"只要人群不向我们扔石头,一

---

① [英] 阿绮波德·立德:《蓝衫国度:英国人眼中的晚清社会》,钱峰译,新华出版社2014年版,第89页。
② [英] 阿绮波德·立德:《蓝衫国度:英国人眼中的晚清社会》,第89页。
③ [英] 阿绮波德·立德:《蓝衫国度:英国人眼中的晚清社会》,第109页。
④ [英] 阿绮波德·立德:《蓝衫国度:英国人眼中的晚清社会》,第117页。
⑤ [英] 阿绮波德·立德:《蓝衫国度:英国人眼中的晚清社会》,第121—122页。

切都很惬意,然而,我们会不时地遇上这种事。"① "这种被掷石块的经历真是令人烦不胜烦。"② 这些"鸡毛蒜皮的扰乱治安行为","如果不加追究,很容易引起严重后果"③。冲突之所以发生,立德夫人认为,首先是中国人的问题。"中国人既不喜欢,也不信任外国人",这是她觉得在中国生活除了气候之外的唯一不适之处。④ 其次,她也责怪英国政府没能够很好地保护在华公民。"其他国家对于自己的国民,以及有求于己者,皆悉心保护,而英国政府做得太差劲。"⑤ 但是,立德夫人却忽略了她自己对于周围人的疑惧心理,对给自己做衣服的裁缝她也无法信任。"我一整天都在盯着两名裁缝往睡衣里塞丝绵。""裁缝说这件睡衣做好要 8 天时间,然后要把衣服带回去做。至于他们是否心术不正,回家后偷梁换柱,用棉花代替丝绵,那我就无从得知了。为首的裁缝是位基督徒,在神明面前,他应该不会做出这样的欺骗之举吧。不过他和其他信仰基督教的中国信徒一样,长着一张难以琢磨的脸,总令我不由觉得他们其实是穆斯林。"⑥ 面对中国的基督徒,立德夫人况且如此警惕,更遑论普通的民众了。当然,立德夫人对中国人的恶感,也是因为自己作为他者的被"观看"的体验而一步步加深的。在内地的游历中,她时常被众人围观,甚至连闺房的窗户都变成了"脸的海洋",房屋里的"每一个缝隙(屋里到处都是缝隙),都塞满了眼睛与手指"。这显然令她惧怕和厌恶。⑦

回到这件盗窃案本身,房东的大儿子和一位织布匠有盗窃嫌疑被抓,房子的女主人"流着眼泪"跪在立德夫妇身前,求他们救救她的儿子。随后,那位织布匠在刑讯逼供下说出,是房东大儿子唆使其偷东西。现在,女主人再次来求立德夫妇出证明,"说她儿子与这事无关"。"A(笔者按:指立德先生)很想作证,因为我们喜欢房东的长子,不相信他唆使别人偷我们的东西。现在,房东的大女儿因为给我编篮子,眼睛都快瞎了,儿子又因为我们入了狱。"

---

① [英] 阿绮波德·立德:《亲密接触中国:我眼中的中国人》,第 31 页。
② [英] 阿绮波德·立德:《亲密接触中国:我眼中的中国人》,第 126 页。
③ [英] 阿绮波德·立德:《亲密接触中国:我眼中的中国人》,第 127 页。
④ [英] 阿绮波德·立德:《亲密接触中国:我眼中的中国人》,第 119 页。
⑤ [英] 阿绮波德·立德:《亲密接触中国:我眼中的中国人》,第 48 页。
⑥ [英] 阿绮波德·立德:《蓝衫国度:英国人眼中的晚清社会》,第 117 页。
⑦ [英] 阿绮波德·立德:《亲密接触中国:我眼中的中国人》,第 28 页。

"意谓"中的现实：立德夫人中国作品的文本分析

这个重庆郊区的农家，因为立德夫妇的借宿，现在陷入了严重的危机之中。因为有人入狱，整个村子都陷入了不安之中，耆老们派人会见立德先生，说明他们担忧"有人入狱是很严重的事"①。

时近中秋，立德夫人在日记中记道："我们的房东家却没有欢乐气氛，家里的人一个个都出了。两天来，女主人一直跪在A面前哭，求A出面证明他儿子与盗窃案无关。A借了1000文钱给女主人，让她送给官差，求他们不要给他儿子用刑。最后，A说如果他能让当地20名长者中最有名望的那位证明他儿子品行一向良好，他可以写信给领事馆，让领事想想办法（因为最有名望的长者一定很了解他儿子的品行）。"随后，"A再也不忍目睹房东家的悲惨境遇了。他写信给领事馆请他们调查我们听到的事情是否属实，如果确实，并且只是为了追回我们的被盗物品而给房东一家带来这么多的麻烦，那么请他在不妨碍中国司法公正的前提下，我们放弃索回失窃物品的权利"②。房东家的长子还是被打了板子，还上了夹棍。③ 村里的耆老们都向立德夫妇证明房东一家是当地的望族，有着良好的名声。房东的妻子跪在族长们面前哭诉，房东出嫁的女儿此时已经双目失明，但仍然跪在地上哭着说"放了我哥哥"。④

中秋节当天，房东家却"没人在祖先牌位前祭祖先"⑤。一段时间后，通过上下打点，房东家的大儿子终于被保释出来，立德夫妇失窃的物品也悉数追回。"有一天"，立德夫人写道，"一个形容枯槁、长得很丑、睁着血红的眼睛，十分凄惨的人在我面前跪下，不停地给我磕头。当时，房东夫妻俩正请A坐下喝酒，庆贺他们的儿子从监狱里放出来，我正要过去表示祝贺，问问他的近况，所以连忙走开，猛然，我心里一惊，意识到在我面前跪下的那个可怜的人就是房东的大儿子。先前他是那么健康、热情，每次从城里回乡下看父母的时候，都用圆润洪亮的声音向我问好：'天还凉快吧，太太。'看看他，我们没有心思去喝那庆贺的酒"。许多年后，立德夫人回忆道："在中国重庆乡下写的日记，以愉快的心情开头，却以突如其来的伤感心绪结尾。医

---

① ［英］阿绮波德·立德：《蓝衫国度：英国人眼中的晚清社会》，第127页。
② ［英］阿绮波德·立德：《蓝衫国度：英国人眼中的晚清社会》，第128页。
③ ［英］阿绮波德·立德：《蓝衫国度：英国人眼中的晚清社会》，第130页。
④ ［英］阿绮波德·立德：《蓝衫国度：英国人眼中的晚清社会》，第131页。
⑤ ［英］阿绮波德·立德：《蓝衫国度：英国人眼中的晚清社会》，第133页。

生说可能是因为我得了败血症的缘故,也许是因为我对我们给别人带来的痛苦而感到内疚。日记就没再写下去了。"①

结　语

"我们能够听到的曲调都很优美,而那些没有听到的——那些从未画过的画,那些从未写过的诗!……那些仅存在于想象中的东西是最好的。"② 这是立德夫人实际在中国居住生活之后的感慨。进一步而言,这正是自我预设与现实出现失焦的表现。她再一次肯定了留存在想象中的中国是最美好的,虽然只是在想象中。值得玩味的是,她没有否定自我意识中对东方或者中国的想象和预设,没有觉得那些东西是错误的或者是不应该的。立德夫人的感触再次提醒我们,来华旅行者对于中国的复杂意识以及他们自身意识的纠葛,这正是"意谓"与现实性之间模糊而又难以厘清的关系。

美国学者普拉特(Mary Louise Pratt)的《帝国之眼:旅行书写与文化互化》(*Imperial Eyes: Travel Writing and Transculturation*)一书以后殖民主义的视角,揭示了欧洲人写的关于非欧洲世界的旅行书,是以何种方式为欧洲人"在国内"创造帝国之需,并给予他们在其中的地位。旅行书赋予欧洲读者大众一种主人翁意识,让他们有权利熟悉正在被探索、入侵、投资、殖民的遥远世界。旅行书很受欢迎。它们创造了一种好奇、兴奋、历险感,甚至引起对欧洲扩张主义道德热情,它们是创造帝国"国内主体"的重要工具。③ 普拉特的视角提醒我们注意到,这些旅行作品本身是如何作为帝国与殖民生产体系中的一个组成部分,参与了权力的生产、扩张与再分配过程,同时,扩张主义的道德热情事实上又成为殖民主义的动力之一,这一点也落实在了立德夫人面对的东方中国的"想象"与"亲密"的巨大落差时所产生出的失望之中——这种失望最终转化为立德夫人改良中国的实践动力,比如成立天足会和发起不缠足运动,显然立德夫人只是想塑造一种自我想象中的中国,一种更加具有"人性光辉"的道德世界。并且,她认为这个中国一定是要在大

---

① [英]阿绮波德·立德:《蓝衫国度:英国人眼中的晚清社会》,第138页。
② [英]阿绮波德·立德:《亲密接触中国:我眼中的中国人》,第209页。
③ [美]玛丽·路易斯·普拉特:《帝国之眼:旅行书写与文化互化》,方杰、方宸译,译林出版社2017年版,第4页。

英帝国的庇护和看之下的，就像她用外交大臣、英国首相罗伯特·塞西尔（Robert Arthur Talbot Gascoyne-Cecil）的话为自己所做的辩护："倘若有人问我，我们的对华政策是什么，我的回答非常简单，应该维护中华帝国，阻止它陷入崩溃，引导它走上变法之路，给予它我们能所给予的一切帮助，完善其防御或增进其商业的繁荣。我们可以这样做，将会有益于它的事业，也将会有益于我们自己的事业。"① 值得注意的是，另一位女性旅行家伯德主教（Isabella Bird Bishop）在1899出版的作品 The Yangtze Valley and Beyond: An Account of Journeys in China, Chiefly in the Province of Sze Chuan and among the Man-Tze of the Some Territory, 也是献给塞西尔的，出于后者"对大英帝国做出的崇高而无私的贡献"②。因此，后殖民理论揭示出"东方主义"的殖民意识是普遍存在于旅行家和旅行文本之中的，这一点不可否认。

但本文还试图提供后殖民之外的视角，即发掘旅行者自身的感受性、自我意识以及自我预设与实际之间的复杂关联，这些绝非能以殖民或帝国一概而论的。Muireann O'cinneide 指出，"旅行家身处两个世界之间，一是旅行中的世界，另一是家的世界；而旅行作家更是在旅行的生活体验和文本表现之间保持平衡"，旅行作家记载的不仅是他们身处异域的见闻，而且在见闻的记载中表达了他们的情感和思想。③ 因此，我们不能忽视那些所谓殖民者或者探险家的肉身心绪，即家与异乡这两个世界中的纠缠、杂糅又割裂的存在，就像立德夫人在 Out in China! 一书中通过女性视角所展现出的，对于东方的恐惧又喜爱与对故土的感伤与留念之情，正是身处两个世界——家和旅行的世界之间的表征；同样，也正是这种异质性的感受和视差让立德夫人在中国越发觉得："孤寂感日渐强烈，特别是在中国居住的这段日子。是因为中国人不擅于表达感情？是因为他们缺乏同情心？或因为他们与我们有着完全相异的文明基础？反正在中国待了一年以上的欧洲人，都感觉在受罪。有些人发了

---

① ［英］阿绮波德·立德：《亲密接触中国：我眼中的中国人》，第290页。
② Isabella Bird (Mrs. J. F. Bishop), *The Yangtze Valley and Beyond: An Account of Journeys in China, Chiefly in the Province of Sze Chuan and among the Man-Tze of the Some Territory*, London, 1899, 转引自 Nicholas J. Clifford, *A Truthful Impression of the Country: British and American travel writing in China, 1880 - 1949*, p. 187.
③ Muireann O'cinneide, "Oriental Interests, Interesting Orients: Class, Authority, and the Reception of Knowledge in Victorian Women's Travel Writing", *Critical Survey*, 2009, Vol. 21, No. 1, p. 5.

疯，而所有人都变得有些古怪。"① 虽然立德夫人不愿继续在中国生活，却在回国后始终从事关于中国主题的写作，这多少有些讽刺。可是，无论是在异乡对故土的思恋，还是在家乡对他乡的书写，这种矛盾与纠葛，其实正是"意谓"的世界和现实的世界之间的分立却又交融的实质。

---

① ［英］阿绮波德·立德：《亲密接触中国：我眼中的中国人》，第39页。

·文化观察·

双奥之城：北京制造，中国骄"奥"

李 玉[*]

摘 要 本文以今年北京举行的冬奥会为热点，梳理了北京成为"双奥之城"的来龙去脉，介绍和剖析了北京及中国为了举办两次奥运会而付出的艰辛努力及获得的丰硕成果。本文认为，北京的成功来自中国民众对奥林匹克运动理解的延续和升华，是民族自豪感充分迸发和民族凝聚力不断增强的结果。如果说，2008年奥运会是中国人在站起来、富起来后需要的一个仪式；那么，2022年冬奥会是站起来、富起来、强起来的中国人锦上添花的成人礼，让世界重新认识中国。双奥之城，北京实至名归。

关键词 双奥之城；民族自豪感；冬奥会

2022年2月20日，举世瞩目的北京冬奥会落幕，燃烧了16天的北京冬奥之火即将熄灭之际，2008年奥运会的主题曲"我和你"婉转流淌而出，时间仿佛穿越到2008年，璀璨的星光五环由地面徐徐升起，随后，歌声过渡到孩子们清脆嘹亮的冬奥主题曲"雪花"，圣洁的雪花火炬台从空中缓缓落下，"双奥"在同框中"历史相遇"，隔空交错间，深情致敬北京，致敬这座世界上独一无二的"双奥之城"！

---

[*] 北京市社科联。

一　双奥之城，北京何以可能？

1. 双奥之路，百尺竿头更进一步

1910年7月17日的《申报》，一篇题为"中国运动大会之先声"的通告书在羸弱的中华大地上发出了著名的"奥运三问"：

"试问中国何时能派代表赴万国大会？"

"何时能于万国运动大会时独得锦标？"

"又何时能使万国运动大会举行于中土？"

面对这三个拷问，逆境而起的中国人在百年间冲破万难，陆续交出了答卷：

1932年在洛杉矶，中国第一次派出奥运会代表团参加第10届奥运会，运动员刘长春"单刀赴会"，步入会场，成为中国"参加奥运会的第一人"，回答了"奥运三问"的第一问。

天道轮回，人间巧合，1984年，同样是在洛杉矶，射击运动员许海峰清脆的枪声划破长空，一举夺魁，实现了中国奥运会历史上金牌"零"的突破，回答了"奥运三问"的第二问。由此，中国的奥运夺冠之路开启征程，中国健儿们在奥运赛场上频传捷报，摘金不断。

接着，完成奥运第三问也就成为顺理成章的任务和使命。在成功举办了1990年亚运会后，1991年2月，北京市向中国奥委会正式提出承办2000年奥运会的申请。2000年既是千禧元年，又是中国农历龙年，"开放的中国盼奥运"，中国人都希望在这个充满魔力的年份举办这场全球体育盛会。中国对首次申奥倾注了狂热和执念，绝大多数人认为北京稳操胜券，非赢不可，以至于1993年9月24日的凌晨，时任国际奥委会主席的萨马兰奇宣布了悉尼的胜出和北京的落败，举国上下都充满了强烈的失落和沮丧。

但是，申奥的失利让我们清醒下来，开始反思，为什么我们会失败？20世纪90年代初的北京，只有两条地铁，三环路还没有全线建成通车，立交桥很少，首都机场只有一个航站楼，大街上骑满了自行车。1993年中国GDP总量为6230亿美元，世界排名第7，人均GDP排名125位。七年后，悉尼举办了一届非常成功的奥运会，看着本可能属于自己的机会，很多中国人都在想，如果当时的机会给了北京，我们能否办得跟悉尼一样精彩成功？

2000年6月19日，以"新北京，新奥运"为口号，北京再次向中国奥委会递交了申请。2000年8月28日，北京正式成为2008年第29届奥运会的候选城市。一同进入候选城市的还有：土耳其伊斯坦布尔、日本大阪、法国巴黎、加拿大多伦多。2001年7月13日晚22：08，仍是时任国际奥委会主席萨马兰奇先生，在莫斯科宣布：北京赢得2008年奥运会主办权！申奥成功的消息传来，华夏沸腾，举国欢呼，40万群众拥向天安门狂欢。

2008年8月，北京奥运会在北京成功举办，一场"无与伦比的奥运会"在拥有世界人口五分之一的中国首都北京成功举办，"世界给我16天，我还世界5000年"，全世界人民共同见证了中国这个曾经积贫积弱的国家终于登上世界体育舞台中央的高光时刻，奥林匹克精神得到更广泛的传播，翻开奥林匹克运动的崭新一页。至此，"奥运三问"中的第三问得到圆满回答！

但是，中国人不会就此止步，因为我们不仅善于圆满前人的梦，更善于百尺竿头，更进一步，开启先河，创造历史。

2013年，中国再次申奥，由北京和张家口联合申办，目标直指2022年冬奥会。这也就意味着，如果申奥成功，中国北京将开创一个历史——成为第一座既举办过夏季奥会，又要举办冬奥会的城市！

此时的北京，早已打通了三环四环还有五环六环，建立起了交叉纵横的地铁线路并拥有位居世界首位的地铁客运量，高速公路四通八达，除首都机场外的又一座新机场即将投入建设，北京因为2008年的成功而拥有了承办一切大型国际盛会的自信。2013年，我们中国神舟飞天、蛟龙入海、玉兔奔月，高铁日夜不歇地纵横驰奔于中华大地，神舟载人上天宇航员实现太空行走，蛟龙深潜入海实现精密探测，我们的GDP总量奔至世界第二，中国力量有太多可以展示的舞台，中国荣耀有来自四面八方的折射，中国人民拥有了更多的底气和韧性，申办奥运不再是非赢不可的国家目标。

这并不是说，我们不需要胜利，只是我们面对奥运，心态更加成熟！

2015年7月31日，在马来西亚吉隆坡，国际奥委会主席巴赫宣布：北京—张家口获得了2022年冬季奥运会的举办权。北京终于成为奥林匹克运动史上第一座"双奥之城"！

2. 北京，恰恰如此可能

不是每一座举办过奥运会的城市都能成为"双奥之城"，放眼世界，即使是"双奥之国"也屈指可数。对一座城市来说，冬夏咸宜谈何容易，必须逢天时占地利得人和。

享有天时是首要条件。双奥之城，得四季分明，夏热冬冷，举办冬奥的二月，还必须恰逢冬季，降雪量充足。由于风速、风力、气温等因素直接影响着运动员的技术发挥，寒冷还须恰到好处。我国首个冬奥申办城市哈尔滨在申办2010年冬奥会时，仅经历了第一轮投票便铩羽，其主要原因就在于冬天太冷。又例如1998年的长野冬奥期间，莫名其妙地出现了连续高温天气，导致积雪大面积融化，滑雪赛险些沦为令人尴尬的"滑水"赛。国际奥委会在冬奥主办城市的气象指标中，最关键的是两条，一条就是要求2月的平均气温介于0—10℃之间，二是2月降雪量是否大于30厘米。若想申办冬奥会，则以上两项指标的可能性要高于75%，否则就没有申办资格。

据统计，以往举办冬奥会的所有城市主要集中在北半球中高纬度地区，绝大多数城市申办时，这两项指标在分析后的可能性全部大于90%，南半球、低纬度、极地地区都不存在举办冬奥会的可能性。因为缺乏"得天独厚"的优势，像洛杉矶、东京这样的城市即使举办过两次夏季奥运会，也无法举办一次冬奥会，而都灵、索契等城市只能举办冬奥会，难以"两全其美"。幸运的是，北京拥有得天独厚的优势，无论是夏季奥运会，还是冬季奥运会，以上条件于北京而言，都是达标的。

天时还需地利。

不管夏奥还是冬奥，都有大量的室外比赛项目，因此，除了必要的比赛场馆建设外，还要有"依山傍水"的自然条件，以满足帆船冲浪，滑雪滑车等大量室外项目的需要。"依"什么"山""傍"什么"水"也非常讲究的，尤其是冬奥会，条件极为苛刻。比如一条高山滑雪的赛道长度约为3000米，却需要800—1000米的落差；而越野滑雪场需要在森林地带等多变地形进行，线路宽度还需达到4—5米。因此，雪上项目对赛址的选择有着近乎严苛的综合条件，需要足够的海拔高度及特定的地势条件。如果我们把历届冬奥会主办城市的地形图在地图上加以呈现，就不难发现，这些城市无一不是"靠山吃山"，比如奥地利的因斯布鲁克、意大利的都灵、法国的夏慕尼等都紧紧傍着阿尔卑斯山，俄罗斯的索契毗邻高加索山脉，加拿大的卡尔加里依托落基山脉。

而北京和张家口，则得益于北京延庆区和张家口交界处的海陀山谷。这里海拔为813—2174米，最大高差为1361米，山连山，沟套沟，连绵不断，森林茂密，地理条件优越，能够满足冬奥会雪上运动赛场建设的需求；冬季平均风速为二级，能够保障多项冬奥赛事顺利进行，冬季平均气温约为零下10摄氏度，雪期较长，从10月到次年4月，符合举办冬奥会的基本条件。

地利更要人和。

民众支持率历来是国际奥委会在选择奥运主办城市的重要指标，再完美的天时地利条件，如果缺乏民意支撑，也成就不了双奥之城。加拿大就是一个典型的反面例子。1976年，奥运会在加拿大的蒙特利尔举行，这届奥运会因为耗资巨大而留下数十亿美元的债务，这笔债务历时30年之久，直至2006年才还清。人们还创造了一个专有名词"蒙特利尔陷阱"来形容那些因举办奥运会而经营不善，严重影响主办城市经济发展的情况。加拿大人对这届堪称灾难的奥运会心有余悸，直接导致多伦多历经五次申奥，屡战屡败，与低迷的民众支持率不无关系。类似的例子不胜枚举，2016年，奥斯陆因缺乏公众支持而取消了申办2022年冬奥会的计划，随后，斯德哥尔摩也因为类似的原因退出。在巴塞罗那，市长先是将申奥计划推迟到2026年，之后完全取消了该计划。

在中国，情况却大不相同，中国民众对奥运的到来充满了支持和企盼。北京在申办2008年奥运会时，赢得了95%以上的北京市民的支持，民众支持率在五个申办城市中高高领跑。北京和张家口联合申办冬奥会也同样得到了中国民众的广泛支持，民调显示，民众的综合支持率高达94.8%。仓廪实而知礼节，衣食足而知荣辱，超高支持率的背后，是中国民众对奥林匹克运动理解的延续和升华，是民族自豪感的充分迸发和民族凝聚力的不断增强，是中华民族在富起来强起来后，向世界民族之林展示中国姿态的一种强烈愿望的表达，是昌盛的国运和日强的国力！

双奥之城，北京实至名归！

二　从2008奔向2022

1. 建设体育强国，我们一直在路上

2001年，北京成功申办2008年奥运会时，大众滑雪在中国还是新生事物。

2008年8月8日晚，29个巨大的"脚印"铿锵有力地走向中国国家体育场鸟巢，并最终凝聚成一道璀璨的光芒将古老的日暮烘托得耀眼夺目。在随后激情澎湃的16天，我们见证了勇夺8金的"飞鱼"菲尔普斯给水立方留下的最美神话，亲历了飞人博尔特拍着胸脯撞线创造世界纪录时的轻松；目睹了悲情射手埃蒙斯惊人地重现历史将最后一枪打得漫无边际让出冠军，也为落寞于退赛的刘翔那遗憾的一吻和孤单的背影。奥运会充满了激情和力量，同时也充满了理解和祝福。全世界拥有最多人口的东方大国站在体育舞台的中央，以前所未有的热情和激情，真真切切地关注、享受并传播奥林匹克文化。

在这一届奥运会上，38项世界纪录被打破，85项奥运会纪录被刷新，中国代表团也以优异的成绩，首次在夏季奥运会金牌榜上位居第一。奥运金牌榜夺魁的实力向全世界昭示，中国确确实实已经彻底摆脱了"东亚病夫"的前耻，成为一个名副其实的体育大国。

但是，体育大国不等于体育强国。

体育强则国家强，国家强则体育强。1917年，毛泽东曾在《新青年》上发表了《体育之研究》，犀利地指出了"国力苶弱，武风不振，民族之体质，日趋轻细。此甚可忧之现象也"。他敏锐地看到了体育对塑造强健人格和强大民族的重要价值，用"文明其精神，野蛮其体魄"来说明体育对塑造人的重要价值。用思辨的论述，梳理出国民与体育之间的辩证关系——只有强有力的体育脊梁，才能撑起国民的铮铮筋骨。

成为体育强国，无论于积贫积弱的百年前，还是于站起来富起来强起来的今天，从来都是我们追求不懈的目标。

建设体育强国，习近平总书记一直念兹在兹。他多次在不同场合强调，这是"全国建设社会主义现代化强国的一个重要目标"。

建设体育强国，要从全民健身着手。自2009年起，每年8月8日为"全民健身日"。设立"全民健身日"是对北京奥运会成功举办这一中华民族百年梦圆的庄严时刻的最好纪念，意义深远。北京奥运会的成功举办，使全民对体育的关注上升到一个前所未有的高度，也为我国留下了宝贵的遗产。国运兴，体育兴，全民健身是实现全民健康的重要途径，是实现"两个一百年"奋斗目标、实现中国梦的健康基础。"全民健身"在政策引领和制度保障之下，迈着铿锵有力的步伐扎实前进。在奥林匹克精神的激励下，健康、自律、时尚的健身活动，被赋予丰富的内涵，日益成为人们的一种生活方式。

2. 圆梦"三亿人上冰雪"，圆梦体育强国

冰雪运动一直是群众体育的短板。受限于自然条件，冰雪运动项目在我国曾有"难出山海关"的说法，将我国冰雪运动发展失衡的状况跃然纸上。2013年，中国奥委会正式向国际奥委会提名北京申办2022年冬奥会，希望以此为契机，填补冰雪运动项目在我国全民健身版图上的空白。我国政府计划通过举办北京冬奥会、冬残奥会，推动我国冰雪运动跨越式发展，补缺项、强弱项，逐步解决竞技体育强、群众体育弱和"夏强冬弱""冰强雪弱"的问题，推动新时代体育事业高质量发展。

然而，即使在提出申办冬奥会的2013年，冰雪运动项目在中国依然是比较小众的体育运动。正因如此，当中国把"三亿人上冰雪"作为申办2022冬奥会的一个愿景时，外界也不可避免地发出了质疑的声音。

中国人向来是用行动说话的！

为了迎接北京2022冬奥会，实现"带动三亿人参与冰雪运动"的目标，2016年，《群众冬季运动推广普及计划（2016—2020年）》《冰雪运动发展规划（2016—2025年）》等文件相继印发，为全国上下、大江南北的群众参与冬季运动创造了条件。

积跬步以至千里，积小流终成江海，短短几年间，冰雪运动正以风驰云走之势"南展西扩东进"，无论是东边的上海、西边的重庆还是南边的广东，都在修建冰雪设施，开展冰雪赛事，"地域冰雪"正在成为"全国冰雪"，越来越多的人，尤其是青少年走向冰场、走进雪场，为全民健身注入了新的内容，为建设体育强国注入强劲动力，为中国冰雪运动的蓬勃发展厚植根基。也仅仅用了几年，我国冰雪运动实现了跨越式发展，不仅走出山海关，还从冬季走向四季，"三亿人参与冰雪"正在不可阻挡地变为现实。国际奥委会主席巴赫说："这将成为冰雪运动乃至世界体育发展的伟大机遇"。

2022年2月，万众期待的北京冬奥会在全球疫情大蔓延的背景下如期举办，被疫情阴霾笼罩的全世界无不为之振奋。经过16天奋勇拼搏，中国冰雪健儿交出了冬奥最佳战绩：9金4银2铜共15枚奖牌！不仅金牌数、奖牌数创新高，中国体育代表团还实现了全项目参赛目标，在众多项目上实现了全新突破，谷爱凌、苏翊鸣、任之威等冬奥之星的精彩表现令全球粉丝们为之倾倒。

国际奥委会主席巴赫在闭幕式上说："目前中国已经有三亿多人参与冰雪运动，中国的冰雪运动员们取得了巨大成功，这是一届真正无与伦比的冬奥会，我们欢迎中国成为冰雪运动之国。"

3. 北京欢迎你，"一起向未来"

"一起向未来！"

2021年9月17日，在北京冬奥会开幕倒计时140天之际，北京2022年冬奥会和冬残奥会这个主题口号揭晓。

口号一经宣布，全场沸腾，气氛热烈！

2008年奥运会的口号是"同一个世界，同一个梦想"，表达了全世界在奥林匹克精神的感召下，追求人类美好未来的共同愿望。

北京冬奥会的口号与此是一脉相承的，但显然更进一步！"一起向未来"，短短五个字，言简意赅、内涵丰富。不仅表达了中国对世界的看法，而且表达了我们的态度、我们的力量，提出了我们的行动方案，尤其在全球应对新冠肺炎疫情的大背景下，北京冬奥会口号向世界传递几层含义：

未来是全人类共享的。当前，包括新冠肺炎疫情在内，人类面临了重重挑战，这些挑战是全球性的，谁也不能独善其身。习近平总书记指出，国际社会日益成为一个你中有我、我中有你的"命运共同体"，面对世界经济的复杂形势和全球性问题，任何国家都不可能独善其身。唯有同舟共济、守望相助，携手构建人类命运共同体，方能共渡难关，共迎美好未来。

"一起向未来"是行动方案。面对席卷全球的严峻疫情，国际奥委会将"更团结"加入奥林匹克格言，奥林匹克格言自此变为"更快、更高、更强、更团结"。"一起向未来"与此是高度契合，符合奥林匹克运动的核心价值和愿景。"一起"展现了人类在面对困境时的坚强姿态，更指明了战胜困难、开创未来的成功之道。

如果说2008年北京奥运会已经展现了一个崛起的中国，2022年北京冬奥会的一个重要意义则是通过奥运这个平台，让"和而不同"成为现实，面对共同的灾难，不同肤色、不同文化、不同语言世界人民更能深刻感受到相互包容、团结一致的重要和珍贵，世界人民求同存异、放下纷争，为了共同的理想与目标团结起来,同仇敌忾,共克时艰,这是办好 2022 北京冬奥会更重要的使命,为世界奉献一届精彩、非凡、卓越的冬奥会是中国的庄严承诺。

北京冬奥会开幕式上,76 名中外大学生并肩前行,他们步之所及处,一幅世界影像长卷随之展开,全球人民休戚与共、共克时艰、抗击疫情,并为了光明美好的未来而拼搏奋进的感人画面一一呈现。镌刻参赛国家和地区名字的雪花引导牌共同构成一朵璀璨的橄榄枝"大雪花",并成为后来的冬奥主火炬台,彰显了人类命运共同体的理念。在闭幕式上,有一个唯美的"折柳寄情"环节,绿意青青的杨柳代表向上的希望;短片《信念的力量》中,最后一个画面定格在了俄罗斯和乌克兰——这两个剑拔弩张、兵戎相见的国家——选手紧紧相拥;在最后的焰火盛宴,鸟巢上空绽放了"天下一家"的烟火!这一切,无不是"一起向未来"的愿景表达!为世界奉献一届精彩、非凡、卓越的冬奥会是中国的庄严承诺,北京冬奥会无疑是诠释"人类命运共同体"的一个生动场景和舞台。

三 双奥遗产:奥林匹克与城市发展共赢

当奥运圣火缓缓熄灭,鼎沸的人声,兴奋的欢呼,激动的泪水都尘封为历史,留下最可宝贵的价值拼图,就是奥运遗产。国际奥委会的官网上写道:"奥林匹克遗产指的是每一届奥林匹克运动会在举办之前、筹备期间和结束之后为主办城市、当地人民和奥林匹克运动创造的长期利益。"现代奥林匹克运动之父顾拜旦曾说过:"无论是那些希望通过社会改良以维护长久的社会秩序的人,还是那些试图通过社会革命以新的社会秩序取而代之的人,都不约而同地将城市作为其活动舞台和宣传中心。人们从四面八方涌向城市,希望从那里得到解决各类问题的方案。"

奥运遗产是奥林匹克的传承的扩容,北京作为世界上首开"双奥"先河的城市,得到的奥运遗产将是前所未有的,有双重价值,一是 2008 年奥运会以后奥运遗产的重新激活,二是冬奥会的创造与发展。尤其是举办冬奥会的 2022 年,中国恰逢两个一百年的交汇期,面临百年未有之大变局,而全球人民正共同抗击新冠肺炎疫情,在这个历史节点举办奥运会,不仅是中国力量对奥运精神的一次重大弘扬,也彰显了人类共同合作和团结向前的努力。

奥运遗产通常分为五类,分别是**体育遗产、经济遗产、社会遗产、城市**

遗产和环境遗产。

1. 体育遗产

主要体现奥运会场馆的可持续利用、体育事业的发展、体育运动的普及及国民身体素质的提高。

奥运场馆的可持续利用一直是个大难题，囿于高昂的维护成本和有效的运营策略，很多场馆在赛事结束后都难逃厄运。在里约热内卢，斥巨资打造的场馆在奥运完赛仅仅半年时，就因缺乏有效运营，大部分场馆满目疮痍；在雅典，由于经济疲软无力维护，导致大部分场馆因长期无人使用而逐步腐烂。而美国亚特兰大竟因为后期维护成本过于昂贵，于奥运会结束的第二年直接对奥运场馆实施了爆破。

相比之下，北京奥运场馆的可持续利用堪称典范。鸟巢、水立方可谓奥运遗产中的"大咖"，不仅成为与故宫、长城齐名的北京的新地标，成为中外游客必到的景点和首都文化的新舞台，还作为各项体育赛事场馆以及市民休闲娱乐的冰雪和水上乐园，继续承担它的体育场馆功能。而另一些归属高校的场馆主要服务于大学体育教育和周边居民健身。

这些场馆同时也是献给北京冬奥的红利。习近平总书记一直关心北京冬奥会、冬残奥会的筹备工作，他提出的"绿色、共享、开放、廉洁"四大办奥理念，贯穿北京冬奥会、冬残奥会筹办过程中的每一处细节。

伴随着北京成为"双奥之城"，一批"双奥场馆"顺势而生。完成改造的"鸟巢"即将成为世界上唯一一个承担夏奥会和冬奥会开闭幕式的主场馆；北京夏奥会临时场馆曲棍球场、射箭场的旧址上开工建设了国家速滑馆"冰丝带"；与"冰丝带"相呼应，国家游泳中心"水立方"摇身一变"冰立方"，成为世界首个实现"水冰转换"的场馆。而五棵松体育中心更是借助高科技成功实现"冰篮转化"……随着赛事日益临近，一座座冬奥场馆从蓝图到现实，从砖瓦到呈现，工业遗址与冬奥场馆交相辉映，疫情防控与赛事筹备紧锣密鼓，"双奥之城"开启了崭新的冰雪新篇章！

体育遗产更深远的收益来自全民健身运动的开展和公民身体素质的提高。2008年夏季奥运会掀起了群众体育的热潮，中国民众对体育项目的参与，也从单调的乒羽足篮扩展到多元的游泳、网球、高尔夫、骑车、攀岩、瑜伽甚至马术，等等。而随着2022年冬奥会申办成功，在筹备办会的六年间，冰雪运动也由北向南在全国范围内普及发展，冰雪运动在广大青少年中快速推广，冰雪运动竞技水平跨越式发展，冰雪运动场地设施加快建设，冰雪运动赛事蓬勃开展。国家统计局开展的《"带动三亿人参与冰雪运动"统计调查报告》显示，自冬奥会申办成功至 2021 年 10 月，全国居民参与过冰雪运动的人数为 3.46 亿人，"三亿人参与冰雪"成为现实。

2. 经济遗产

举办奥运会可以带动经济发展水平，创造就业机会；提升城市知名度，带来更多的商业投资机会和旅游收入等。

1984 年洛杉矶奥运会是奥运发展史上的一个里程碑，开启了商业奥运模式。在此之前，由于奥运会耗资巨大，很多国家避之不及，不愿承办。这届奥运会由商人出身的尤伯罗斯担任洛杉矶奥组委主席后，他召集了大批既懂体育又懂管理的专家，大规模进行奥运会商业开发，实现了巨额盈余，使奥运会由一个烫手山芋变成了一个可以赚钱的大蛋糕，开启了奥运会发展新模式。

丰厚的经济回报让很多国家对申办奥运趋之若鹜，许多国家争先恐后地申办奥运。据估计，盐湖城冬奥会在 1998—2002 年的五年期间贡献了犹他州就业增长的 20%；都灵冬奥会打造了良好的旅游城市形象，都灵成为继罗马、佛罗伦萨和威尼斯之后意大利的第四大旅游城市；里约奥运会仅在建筑和住宅行业就增加了 16000 个工作机会，以此带来的经济增长占当地经济增长总量的 82%。

在北京，2008 年奥运会的举办提供了新的经济增长点，北京主要从刺激投资、扩大消费和增加就业三个方面拉动经济增长。旅游业作为奥运经济最重要的组成部分，其经济效益在北京奥运中得到充分挖掘。此外，建筑、文化产业、传媒、制造业等均受益匪浅。

2022 年冬奥会的经济遗产主要指向我国的冰雪产业。中国冰雪产业以冬奥会为契机实现快速增长，在"三亿人上冰雪"的国家号召下，更多中国人参与冰雪运动，其中以青少年为主。基于庞大的滑雪人次和市场规模，中国已被认为是全球主要滑雪市场之一，年滑雪人次已超过一些拥有成熟滑雪市场的国家。中国冰雪产业已来到快速发展阶段，成为公众关注高、增长潜力大、产业带动强的战略性产业。

3. 社会遗产

一方面，奥林匹克精神和奥林匹克价值观的传递提高了公民素质，另一方面，在办会过程中，政府和各类组织、社会团体在合作中优化改善策划、运营和决策方式，并创造出行之有效的方法及途径，催生了新的产品或服务。

2008年夏季奥运会在规模和体量的多项指标上都创造了世界之最，但也因为这样的历练，在赛会举办、交通调度、志愿服务、媒体转播、规范标准等方面积累了许多宝贵的经验。

而2022年北京冬奥会留下的最重要的社会遗产，则是筹办期间应对重大公共卫生事件的宝贵经验。此前举办的东京奥运会，尽管遭遇了推迟办会以及这样那样的诸多诟病，却为来年举办的北京冬奥会提供了难能可贵的抗疫经验。时针拨向北京冬奥时间后，疫情防控和冬奥筹办仍是需要两手抓、两手都要硬的大事。2021年10月、12月，《北京2022年冬奥会和冬残奥会防疫手册》（以下简称《防疫手册》）第一、二版先后发布，这是由国际奥委会、国际残奥委会和北京冬奥组委三方共同发布、确保北京冬奥会和冬残奥会顺利举办的关键文件，也是各利益相关方来华参赛需要共同遵循的防疫准则。根据《防疫手册》，北京冬奥会和冬残奥会赛时将实行闭环管理政策，涵盖抵离、交通、住宿、餐饮、竞赛、开闭幕式等所有涉冬奥场所。

冬奥的闭环被昵称为"冬奥泡泡"，这个"泡泡"又由许多个迷你"泡泡"组成，众多"泡泡"共同构建成为一个高效运转的闭环系统。其中，每个"泡泡"中都包括体育场管、会议中心和专门为涉奥人员服务的酒店。各个"泡泡"之间又由闭环专用的车道、高铁和高速公路相连，专门搭载涉奥运动员及相关人员。进入"闭环"的人员都在"泡泡"里比赛、工作、生活，不与普通大众接触。闭环管理取得了巨大的成功，保障了冬奥会各项赛事顺利进行。冬奥"泡泡"得到了包括运动员、各国媒体和国际奥委会的一致盛赞，国际奥委会主席巴赫说："北京冬奥会闭环管理非常成功，闭环内阳性病例率约为0.01%，可以说是全世界最安全的地方之一。""这是一个非常了不起的成果。"

4. 城市遗产

举办奥运会将促使主办城市根据奥运规划对举办地进行特定区域的规划和更新，这将为居民创造更高的生活条件并提高城市的吸引力，帮助城市实现长期发展目标。

2012年伦敦奥运会堪称典范，伦敦奥运会促使该城市完成了规模巨大的改造工程——开发奥林匹克公园、再造伦敦东区，改变了伦敦东区长期贫困、不健康的发展局面，在奥运会结束后的五年里，公园周围的六个行政区创造了约11万个工作岗位，岗位增长速度是2013年预测的三倍多。

对于北京来说，奥运会的城市遗产，非常显而易见的就是加速了城市轨道交通的发展。2001年申奥成功后，北京进一步加大了轨道交通投资、建设的力度，2004—2007年三年期间，地铁5号线、10号线一期、8号线一期（奥运支线）、机场线先后建成通车。到2008年奥运会前夕，北京地铁运营线路里程达到近200公里，8条线路网络覆盖了北京城区的大部分地区，连接了奥运会"鸟巢""水立方"等四大主要场馆区。至2020年12月，北京市轨道交通路网运营线路达24条，总里程727千米，车站428座（包括换乘站64座）。到2025年，北京地铁将形成线网由30条运营，总长1177千米的轨道交通网络。

而利用冬奥会筹办，北京则建设了一张"冬奥绿色低碳公共交通网"，北京赛区所有场馆实现地铁覆盖。同时，与张家口地区形成重大交通枢纽的沟通衔接，实现主城区10分钟上高速、30分钟到机场、1小时内高铁抵达张家口崇礼的综合交通网络。这些交通路网的实现，不仅高水平保障了冬奥会的需求，而且有效提升了北京整体交通出行及运力水平。在《北京城市总体规划（2016年—2035年）》背景下，这些交通建设对于便利出行、提升生活质量、疏解非首都功能的实现、促进旅游产业的发展等，都将产生巨大的影响。

5. 环境遗产

组委会与公共机构紧密合作，以奥运会为契机为东道主城市规划可持续性计划，创造持久的环境遗产。在短期内，这些举措有助于为运动员提供最佳的比赛环境，而主办城市和地区的居民将感受到长期的利益。

悉尼的环保设施及工作是2000年悉尼奥运会最重要和国际公认的遗产之一，悉尼建设了澳大利亚第一个城市水循环系统，每年可节约8.5亿升饮用水。同时，奥运会改造了城市周围的环境，并将清理出来的水道和工业荒地改造成为濒危物种的栖息地。

在北京，2008年奥运会在绿色奥运理念指导下，北京为圆满兑现申奥空气质量承诺，采取了 160 多项大气污染控制措施，并与周边的天津、河北、山西、内蒙古、山东等区域进行联防防控，实现了长期持久的"奥运蓝"。奥运结束后，生态文明建设和生态环境保护工作持续受到高度重视，北京市相继出台了一系列巩固环保措施进一步促进首都生态文明建设。联合国环境署于 2019 年 3 月 9 号发布《北京二十年大气污染治理历程与展望》评估报告。报告强调，北京市在五年内实现了国内外普遍认为难以完成的目标，为世界其他城市的空气污染治理提供了宝贵经验。

2022 年冬奥会开幕式火炬点燃仪式上，以"不点火"代替"点燃"，以"微光成炬"取代"熊熊大火"，向全世界传递了"绿色奥运"、低碳环保的信息。事实上，我们确实史无前例地将"绿色办奥"付诸实现了！本届冬奥会上，多种低碳措施上线，在场馆建设上，一方面，充分改造利用原有奥运场馆，另一方面，新建场所从设计建造之初就将绿色理念贯穿始终，国家速滑馆"冰丝带"是世界上第一个采用二氧化碳跨临界直冷系统制冰的大道速滑馆，也是冬奥历史上首个采用这项环保制冰技术的场馆，碳排放趋近于零。同时，冬奥会赛时保障车辆中，节能与清洁能源车辆占 84.9%，为历届冬奥会最高。加之使用大量光伏、风能发电、地方捐赠林业碳汇等多头并举，圆满兑现北京冬奥会实现碳中和的承诺。

2 月 9 日，国际奥委会和北京冬奥组委例行新闻发布会指出："根据目前核算，北京冬奥会将实现全部碳中和目标。"北京冬奥会成为迄今为止第一个"碳中和"的冬奥会。冬奥的成功实践让世界看到了中国绿色低碳可持续发展的坚定决心，中国正以实际行动积极兑现"力争 2030 年前实现碳达峰、2060 年前实现碳中和"的"双碳"承诺。

北京冬奥组委在 2019 年 1 月 29 日发布的《北京 2022 年冬奥会和冬残奥会遗产战略计划》中还提出了**文化遗产和区域发展遗产**计划。

6. 文化遗产

奥运会同时是一个面向全世界的文化展示平台。通过与奥林匹克精神的融合，主办国的文化传统、精神风貌以及价值观念能得到淋漓尽致的展现。

奥运会开幕式历来是奥运主办国展示民族文化深厚积淀的舞台，例如 1988 年汉城的"手拉手"、2000 年悉尼的土著文化、2004 年雅典的爱琴海元素，都浓缩了各自国家民族的特定历史文化。

北京 2008 年奥运会是堪称历届奥运开幕式的巅峰，那一夜，中国用四个小时惊艳了世界，开幕式成功地运用了视觉艺术的世界语言，将中国故事、中国元素鲜明而美丽地表达出来，击缶、日晷、飞天、长城、活字印刷、丝绸之路等中国故事，把中华五千年历史有序、浓缩、美好、精练地传播到全世界，既有中国传统文化体现千年底蕴，又有现代国家新理念开放包容，既展现出东道主的威仪从容，又体现出对世界友人的尊重和欢迎，大国气象淋漓尽致，中国气质和气度独一无二。

2022 年 2 月 4 日晚，冬奥的开幕式又给了我们另一种风格的惊艳和惊喜。整个开幕式浪漫、灵动而轻盈，与 2008 年奥运会的开幕式辉煌磅礴截然不同，它放弃了人海战术，既没有浓墨重彩的表演，也没有故弄玄虚的文化元素，却处处在诉说当下的中国，用处处是自信、处处是中国人的谦逊和胸怀，含蓄又温柔，从容又温暖，双奥开幕式总导演张艺谋接受采访时说："2008 年我们还有非常强烈的愿望，我们有很多家底，'我们要让你知道'……这一次不一样，今天国际世界大家都懂中国是什么样子，我们要敞开我们博大的胸怀，告诉大家，我们一起。""表现了中国人的世界观，中国人跟所有人都一样，那么真诚，那么善良，那么爱美，那么浪漫，希望大家都好。"话语中饱含力量。

2022 年还催生了冬奥吉祥物冰墩墩这个超级大"IP"，既在意料之外，又在情理之中。北京 2022 年冬奥会吉祥物"冰墩墩"以熊猫为原型进行设计创作，从 1990 年的熊猫"盼盼"、2008 年的福娃"晶晶"到"冰墩墩"，这已经是熊猫作为吉祥物的第三次亮相。北京冬奥会开幕后，吉祥物"冰墩墩"一跃成为"顶流"，线上秒光，线下排队，奇货可居，"一墩难求"。不仅火遍全国，还火出世界，甚至连外国元首、外国运动员、外媒记者及大批海外民众都被"冰墩墩"圈粉。霸屏的冰墩墩不仅出色完成了冬奥会吉祥物的使命，也在潜移默化中完成了文化输出。

7. 区域发展遗产

北京冬奥会是中国首次跨地区举办奥运会，这将为三个赛区的社会经济一体化发展留下持久性遗产，即区域发展遗产。

自冬奥筹办之初，研究制定了与区域长期发展目标一致的遗产计划便成为北京冬奥组委会与主办城市一起勾画的蓝图。筹办六年间，京张两地以办奥为圆心，以体制创新、机制创新、管理创新和政策创新为轴，全力推动两地路网、环境、产业、公共服务等方面建设驶入快车道。交通运输方面，建设形成了"一条高铁、多条干线"的交通网络，串联起北京城、延庆、张家口、崇礼，形成"一小时交通圈"。高铁上的冬奥，推动体育、文化、旅游融合发展，成功打造了京张体育文化旅游带，推动京冀冰雪产业蓬勃发展；冰雪产业的发展，最直接的成效就是带动经济收入持续增长，2016—2019 年间，延庆区旅游收入从 55.5 亿元增长至近百亿元，涨幅接近 80%，而张家口 2019 年全年接待游客总收入 1037 亿元，比 2015 年增长高达 243.8%。经济增长大大助力脱贫攻坚，筹办奥运的六年间，延庆、张家口地区基础设施建设快速推进，同时，绿色扶贫、京张对口帮扶同时铺陈，多管齐下，当地群众获得了更多、更广的就业创业机会，生活水平得到显著提升。截至 2021 年 6 月，张家口市 12 个贫困县区实现了全部脱贫摘帽。

此外，北京冬奥会的筹建和举办过程不仅加大了医疗、教育、卫生、科技等领域的公共服务投入力度，还辐射了北京的资源优势，助力张家口公共服务能力的提升，促进京张地区以至京津冀地区协同发展。在环境保护方面也实现了生态环境联防联治，包括推进京津冀"六河五湖"等重要河湖和湿地生态保护与修复及"三北"防护林等重大生态工程的建设。现如今，一条北京至张家口的"冰雪走廊"业已筑就，两地人民共享发展成果，共创美好未来。

日月往复，双奥之城，传奇落幕！当宾客渐返、喝彩声远去、礼花散尽，后奥运时代，我们的下一个期待是什么？

如果说 2008 年奥运会是在屈辱中奋斗了一百多年的中国人，在站起来富起来之后，需要的一个仪式，向世界展现中华力量，传递中国声音，打破偏见，消除隔阂，让世界重新认识中国，完成一个"华丽转身"，如果说 2022 年冬奥会是站起来、富起来、强起来的中国人锦上添花的成人礼，让世界重新认识中国，向世界宣告"强者归来"，当这一切圆满完成并享受奥运遗产于我们的馈赠，奥运对于我们，还有什么新的意义？

遥望 2008 年，共有 80 多个国家和地区的国家元首和政府首脑出席北京奥运会开幕式，堪称国际外交的豪华舞台，及至 2022 年冬奥会前夕，却出现西方国家联合政治抵制冬奥的"闹剧"。奥运休战是奥运期间的一贯做法，然而在冬奥闭幕和冬残会未启的间隙，俄乌两国爆发战争，俄罗斯和白俄罗斯冬残奥代表团随之被国际奥委会下了禁赛令,黯然离场,何其无奈尔!体育仍然不仅仅是体育,它终究还是沦为世界对抗冲突的牺牲品。疫情阴霾未散,战争硝烟又起,世界亟须破题,人类命运共同体的构建迫在眉睫,面对人类这"同一个世界,同一个梦想",吾辈更当携手世界同僚,笃前行而勿顾后,背黑暗而向光明,"一起向未来"!

造梦紫禁之东
——环球影城"京考"上岸

张翼飞*

摘 要	本文以环球影城在京试运营这一文化热点为对象,探讨了环球影城顺利入驻后,会为北京的文旅产业带来什么震动?本文认为,Z世代与IP文化的合力,正成为推动古都文旅面孔更新和当代中国产业迭代的重要推手。环球影城的建成必将加速推进北京公共文化服务体系示范区和文化产业发展引领区的建设,让北京在疏散掉诸多非首都职能后,轻装上阵,焕发出更加青春的气息和更加阳光的风采。
关键词	环球影城;文旅产业;Z世代;IP文化

当环球影城最终在北京建成但还未开启试运营时,人们就已然惊讶于它宣传片的土味与粗糙:实际上,这段被嘲有"糙"守的视频以及伴随而来的国人回应,恰恰代表了环球影城在中国的某种特殊境况。

经过了将近20年的曲折"进京"之旅,人们已然赋予了环球影城太多的期待和意义,似乎,一个小小的游乐场具有某种宗教意义上的"乐园"质感——就像其中功夫熊猫主题景区"盖世之地"都拥有自己专属的百度词条那样,环球影城爆火的背后,牵连出的是其在入驻中国过程中将近20年的质询、驳问、回应与容纳的"京考"历险记。

---

* 北京师范大学党委学生工作部教师。

环球影城这次"京考"上岸、顺利入驻,到底会为北京的文旅产业带来什么震动?是环球影城需要北京,还是北京需要环球影城?环球影城是打造北京元宇宙的第一块基石吗?这些都需放在今昔的对比维度中来探讨。

一 以I之名:当外来IP遭遇本土焦虑

当环球影城在疫情背景下宣布开业时,大众的目光便几乎同时被聚焦到它可能带来的巨大经济收益上。

实际上,在全球新冠疫情冲击的大背景下,北京众多的文旅景观与产业基本陷于停滞,如何保证将非首都职能移出京圈之外还依然能使北京保持经济持续繁荣增长的活力,实际已是京城九门执掌者们的心头之痒。

而一直争议不断的环球影城似乎在此时迎来了自己的春天。

2021年,《北京市"十四五"时期文化和旅游发展规划》(以下简称《规划》)出炉,堪称环球影城的"高光时刻"。其中,北京市就明确将运营环球影城作为一项重要任务条目开出了单列行:"推进旅游重大项目建设,高标准运营环球主题公园及度假区一期,超前谋划建设二、三期……"而与之呼应的是,一系列外地观光客都耳熟能详的北京文旅消费的集中地,诸如:王府井、西单、前门大栅栏、奥林匹克中心、蓝色港湾、世贸天阶、三里屯太古里、华熙LIVE等,则在《规划》中相对黯淡许多,只抱团蜷缩在文件的一角,纷纷为C位出道的环球影城让路。

而大众的热情也在环球影城土味宣传片出圈中一览无余,如果这个宣传片的宣传对象是欢乐谷,也许不无不妥,而如果是宣传大观园或世界公园,也许它会沉寂在小众的话题中,不会持续发酵和不断接受大众的评点。换言之,环球影城的宣传片引发争议的背后,是大众对环球影城逐渐抬高的期待和长久不绝的向往。

从这个意义上看,无论官方还是民众,似乎都对环球影城寄予极大的厚望。那么,何以一座主题公园拥有如此魔力?它的进京之路何以坎坷多磨?实际上,这已然不是一笔经济账,而是某种情怀或情结。这一切,还需从当代中国潮流文化的发展进化谈起。

某种程度上,自千禧年以来,中国的潮流文化就被一种深刻的殖民恐慌和失语焦虑所笼罩。自大量韩剧引入后,大量青少年群体中便触发了追韩热,紧跟韩流而动的"哈韩族"崛起，这股力量引动了相关的韩版 T 恤、饰品、发型、穿搭等各种青年亚文化风潮，最终官方以限韩令的方式叫停了相关的文化产业和 IP 对那一代青少年的持续冲刷。不过，韩剧的离去抽出的文化真空区并没有及时被中国国产作品填补，随后，日剧的悄然继起便再次引发了青少年群体乃至部分高知群体的"精日派"转向，枯寂风、断舍离、知日系列的杂志乃至各种从日本出口转内销的动漫、游戏诸如《龙珠》《三国志：霸王的大陆》等也开始在青年圈层中铺展开来，而作为精日派的延续，在当下爆火的文化产业新动向剧本杀中，《漓川怪谈簿》《野の蔷薇》《请将我深埋》等系列剧本杀便以传播日式风格和日系文化成为其主打方向，也收割了一波玩家读者的追捧。

在这股五色纷纭的 IP 进潮中，各种域外文化 IP 带来的风尚大流行你方唱罢我登场——在这种背景下，才有了代表美国类文化 IP 衍生品集散地的环球影城，在落户北京的事项上经历了三议三罢的曲折历程。

不可否认，一些老派的文化守土思想，背后自有深刻的士大夫身影的回魂——甚至让人回想起魏源所在的清末，不过，在千禧年初那个国潮风尚未兴起的年代里，那种焦虑和恐慌某种程度上代表了一种积极的责任意识。在这个意义上，朱镕基总理掷地有声的那句"坚决要收紧"便是对这种老派责任感的最深刻体现，不过，也确实传递出了早期中国高层领导者对外来文化的疑虑情绪。

某种程度上，这类文化 IP 所自带的所谓"殖民"属性使得许多决策者在立场和经济中果断地选择了前者。那么，IP 真是如此"用心险恶"吗？其实，各种 IP 的大流行背后，都有深刻的当下时代的文化和心理动因，某种程度上，全球化时代中 IP 只会愈加丰富而非单独形成文化霸权。我们应该真正关注的，并非挂上文化入侵的外衣将之一味拒之门外，相反，是用一种更加宽广的心态来重新审视这股热潮，入乎其中，在那里，我们也许会发现某些被文化入侵的敌意和焦虑所遮蔽的新的维度：文化挪用问题。

实际上，许多大型文化 IP 背后都有某种全球化的影子，而最终，如何有效利用、学习、推陈出新而非断然拒绝，则是一个国家文化能否最终走向世界的生命线。IP 的底层逻辑是，用文化讲一个能被更多人接受的故事，从这个意义上，《卧虎藏龙》堪称早期具有世界景观的文化 IP，里面的武侠的隐与现、进与退早已和美国的某种西部英雄叙事取得了共谋，从这个意义上看，玉娇龙在中国西部的旅行以及和半边云的相遇,都是带有深刻的牛仔意味的。而同样,把这种全球化思维贯彻到 IP 讲法中的《功夫熊猫》则将中原之邦打造成某种欧美探险中的梦幻之域,在这个意义上,我们不难理解,何以"定都"北京的环球影城最终将《功夫熊猫》语境中的"盖世之地"作为了自己中华区域的标签和代表。

而实际上,随着近年来国内制作水平和讲述水准的提升,国潮 IP 开始在新青年中取得足够的号召力,那么,在当下,斥巨资营造的环球影城与当代青年的审美之间存在怎样的关系?它的影响力到底在哪里?

二 Z 世代狂欢:用户画像迭代后的文旅新秩序

如果与当代青年人有过密切交往,人们自会发现,这是一群不安分的、主体意识特别强烈的、与上一代人消费兴趣迥然分界的新新人类。

如果套用欧美对新生代人群的划分,当下这批青年的群标签便是"Z 世代"。从西方惯常的标准看,中国 Z 世代青年生于 1995—2009 年之间,他们的细分类别,既覆盖了当代大学校园各年级学生(从本科阶段的 00 后到博士阶段的 95 后),也包括了初入职场的新新青年(从单身空巢青年到结婚育子的新父母),当然,也涵盖着沉迷二次元和各类潮流产品的义务教育阶段的各类学生。作为可能是中国最后一代独生子女,他们身上潜藏的消费潜力不容小觑。网上动辄传出的那些中小学生给主播打赏数万元后被家长兴师追讨的案例,提示出这类群体尤其是低年龄段的任性自为的消费观。

不过,这种消费的任性也开始显出某些另类而独特的向度——正是这种向度,造成了他们的消费习惯对整个文娱和文旅产业的倒逼效应:他们不再被老派的品牌战术所俘获,相反,他们开始追求与前辈们截然不同的消费方式——去父性消费。

而这种消费方式,最终导致了许多行业的迭代,因此崛起了许多新兴行业,也同时带来了国潮而非日潮韩潮的发展空间。

一些近在眼前的事例是,在 Z 世代去父性消费拐角处,电影业遭遇到剧本杀、量产玩偶遭遇到盲盒手办、移动互联网遭遇到社交元宇宙,以及世界公园遭遇到环球影城,这一系列冲击和应变的根源,都在于 Z 世代的消费习惯的大转变。

某种程度上，不只文旅产业和文化产业，当代许多产品都无法绕开 Z 世代的小众且独特的需求而盲目求大求强，而他们的需求，很多实际上是单纯为迭代而迭代的——换言之，是逃离父辈影响的。

譬如，曾以亲民价格风行一代人的大宝护手霜，如今已然风头不再，它们被 Z 世代打上"妈妈们的用品"而备受冷脸；啤酒产业也难逃其厄，军绿色的酒瓶似乎提示着那是"爸爸们的饮料"——职是之故，历史悠久的雪花啤酒公司开始尝试改用充满未来感的"马克斯蓝"为酒瓶"重塑金身"；至于烟草，就算地下 Rap 歌词中反复唱颂什么"起坎都抽中华"，但真正的 Z 世代很少再关注老牌烟草，中华烟和一切和烟卷相关的东西，都让人想起"爷爷们的习惯"——与之相对，各类口哨模样的挂式电子烟，则大行其道，用各种冰霜水果口味来吸引 Z 世代的眼球……

换言之，随着 Z 世代消费人群的成长，不得不说，整个消费时代也必须跟着一起转变，变则活，不变则死。

在这个意义上，回望北京文旅产业，许多盘踞一方的文旅景观，往往像某种老炮儿或铁帽王，在沧桑的背后一身的不合时宜。作为 87 版《红楼梦》取景地的大观园，昔日红极一时，现如今，则是"舞丹墀燕雀常朝"，除了零星老年人锻炼腿脚，完全就是"鸟的天堂"；而在王朔《顽主》笔下的香山，曾见证过一代青年的爱情和悲欢，现而今，也只剩下登山爱好者去凭栏感怀了，如今的 Z 世代，悲欢离合基本都在商圈，再没有人会在公园长亭树下谈情说爱了；甚至，后建的北京欢乐谷等文旅景观，也略显疲态——它们能吸引的人群，差不多就和它们濒临老化的设备一样有待更新。也许，真正有战斗力的就剩下故宫了，单霁翔主掌故宫时，故宫文创盘活了 Z 世代的消费热度，也搭乘了 Z 世代国潮审美的新快车，但作为主体的故宫建筑群，除了初雪时节会迎来不少青年打卡拍照，也很少有新生代问津。换言之，业绩真正能打的故宫，也无非是礼盒里的故宫，而非地标上的故宫。

在这个意义上看，想要仅凭三山五园的传统文旅秩序就希望坐享北京库存巨大的 Z 世代人群的消费红利有些缘木求鱼甚至是痴人说梦。而环球影城的介入，在此时便凸显出其重要性，它的落户和建成，对于重塑北京城区文旅景观对 Z 世代消费吸引力的意义上，作用非凡。那么，Z 世代最关注的是环球影城的哪些方面？它会成为下一个大观园吗？

三 北京 B 面：重新接通 IP 文物元宇宙

某种程度上，大观园今日的尴尬位置让人很容易联想到 20 年后的环球影城，彼时，也许很多人会舍弃环球影城，就像现在的 Z 世代不再问津大观园和《红楼梦》一样。

不过，二者之间还是存在些微的差异，而正是这个差异，让环球影城可能会走出这种兴亡怪圈。

赫伊津哈曾在《游戏的人》中指出："不论游戏是什么，它都不会是物质。即便在动物界，游戏也挣脱了物质的束缚。"这种精神游戏说，放在当下，其实是一个伪命题。随着世界进入工业社会与后工业社会，许多脑海中的、影像中的设计和物件，都会被日渐精密的机械复制仪器完美呈现，如同在人脑上开了一个 USB 接口。

在这个意义上，除了放空冥想，当下社会已经很少存在纯精神层面上的娱乐活动了。通常的情况是，任何爆火的 IP（无论是影视还是游戏），都会速生出精密贴合原貌的、可供大量复制的物化的记忆。

斯蒂格勒曾断言，世间还存有第三种记忆，便是对记忆的记忆。某种程度上，早期的影像娱乐是某种程度上的盗梦空间，它能让你梦见你的梦——在其中，筑梦师帮助游客再入梦境，并在其中体会某种羽化登仙般的感受。然而，如今的技术是呈现你的梦，我们不是活在盗梦空间里，我们就活在梦里，包裹着现实的地标，但意识则飘忽在母体和矩阵的维度中。某种程度上，《黑客帝国》而非《盗梦空间》更贴近当代人的娱乐状况。

在这个意义上，作为这种元宇宙景观的环球影城，它将永远不会过时，因为它的在并非真的此在，而是彼在，而它的彼在则永远漂浮在 Z 世代的栖息地上方，成为无法割断的能指。

在这个意义上，IP 的文物化也许只是某种伪命题，这种元宇宙的聚集效应只会让 IP 的生命力愈来愈强。许多 IP 永远在各色媒介中被转译、整合和发展，继而成为某种 Z 世代粉丝经济的动力。放眼北京环球影城，霸天虎、威震天、功夫熊猫、哈利波特，它们正与 Z 世代的记忆同步更新，成为 Z 世代梦境中的着实之地。而这些物象，将随着无限的续集和改作而变得具有某种朝圣效应。世间只有一部红楼梦，而"007 系列"则持续了近一个世纪，而

《哈利波特》，看似完结，也无非是《神奇动物在哪里》的前传……在蔓延的IP 元宇宙和作品矩阵中，只有物化的IP，没有谢幕的IP。

上述因素使环球影城最终得以力排众议，进驻北京之东。它的身上，有一种水母般的柔韧和张力，可以随时形塑自己，甚至它无非是某种文博场馆而非建筑集群。它的布景和IP 文物都是可更新可拆解和可变更的，而回想起故宫里星巴克的争议，便知道环球影城的真正经济价值。

实际上，相关调研数据显示，环球影城的兴建和投入运营，正逐步对整个北京市文旅产业带来新的和持久的冲击，每年预估能够产生至少250 亿—500 亿元的消费需求——这种成绩，在全球疫情对文旅经济产生持续冲击的大背景下，的确显得"很能打"，而且，随着IP 文化的不断更新和积累，它的业绩将会更加能打。

至此，这个世界目前最大规模的环球主题乐园的进京之旅，在经历了将近十年的争议和研判后，终于在Z 世代消费群体崛起的大背景下尘埃落定。

在北京市整体规划的"一核一城三带两区"整体布局，环球影城堪称沟通"两区"的重头戏。换言之，环球影城的建成，正在加速推进北京公共文化服务体系示范区和文化产业发展引领区的建设，让北京在疏散掉诸多非首都职能之后，能够轻装上阵，焕发出更加青春的气息和更加阳光的风采。

由此可见，Z 世代与IP 文化的合力，正成为推动古都文旅面孔更新和当代中国各项产业迭代的一个重要推手，忽视二者的任何一方，都无以谈未来。

一个吊诡的事实是，尽管进京艰难，但事实却恰恰相反，不是环球影城需要北京，而是北京需要环球影城。随着环球影城盛装开业，这步经济上的大棋，已然胜了半子——看似落子无声，实则落子无悔。毕竟，它的存在，将从格局上为古都开启一片新的经济增长点，让北京城的文旅产业，再次赢得青年，进而赢得未来。

2021 首都"双减"反思

邰美秋[*]

摘　要　本文梳理和分析了北京市全面落实中央决策部署，率先启动"双减"专项治理行动的进程，认为"双减"改革是中国面对百年未有之大变局的战略体系的重要一环，作为全国文化中心的首都北京，2021年启动的"双减"改革试点定位之高、力度之大、影响之广，前所未有。以此为基础，本文进一步反思了如下问题：面对"双减"，我们应继续做什么？我们应该抛弃什么？我们需要创新什么？本文认为，在新时代的历史方位下，"双减"改革的形式需要我们进一步探索。

关键词　首都"双减"；专项治理；教育资源

　　这是一个以前任何社会都没有做到的一件雄心勃勃的大事，学校不仅仅是被动提供平等的教育资源，而是提供这样一个教育环境：解放孩子的潜能，使他们免于因为出身和社会环境而带来的不平等。

——詹姆斯·科尔曼《科尔曼报告》

---

[*] 北京师范大学一附中教师。

一　"双减"试点在京城展开

2021年7月24日，中共中央办公厅、国务院办公厅印发了《关于进一步减轻义务教育阶段学生作业负担和校外培训负担的意见》（以下简称"双减"），并确定北京市、上海市、沈阳市等九个城市为全国试点地区。

此前的三月，初春的北京已开始酝酿并部署推动"双减"工作。伴随着"史上最严禁补令"的颁布，八月，北京市全面落实中央决策部署，围绕"治乱、减负、防风险"的工作要求，着眼建设首都高质量教育体系，坚持首善标准，坚持"校外治理、校内保障、疏堵结合、标本兼治"的工作思路，率先启动"双减"专项治理行动。

一是高位统筹，建立完善体制机制。市委市政府高度重视，从教育"国之大计、党之大计"的政治高度，将建设更高质量的教育体系和提高立德树人的成效，作为"双减"工作的最主要目标。坚持政府主导，构建专班推进、部门协同、上下联动的体制机制。在市教委新设校外培训工作处，建立市区两级"双减"工作专班。市区两级专班集中办公，在市教委和四个重点区新设专门机构，确定各项工作时间表、路线图和责任人，坚持校内校外同步发力，线上线下一并治理。

二是多措并举，规范校外培训秩序。坚决压减学科类校外培训，通过明确要求所有校外培训机构建立党组织、严格审批、严格控制学科类培训时间、规范培训服务行为、强化经营活动监管、严禁资本化运作等深化校外培训机构治理。建立学科类校外培训机构管理平台，用信息化手段推进科学管理，实现资金、学生、教师、课程、机构"五个管起来"。对线上线下校外培训情况以"四不两直"（不发通知、不打招呼、不听汇报、不用陪同接待、直奔基层、直插现场）等方式每周开展执法检查，发现问题及时通报和转办。

三是提质增效，做实做强校内保障。进一步规范教育教学秩序，提高课堂教学质量，要求严格按照课程标准开展教学，坚持不超纲、不超标、不超前教学、布置作业、命题考试等，坚决刹住"抢跑"学习之风；大面积大比例促进干部教师轮岗交流，从区域内校长交流轮换、骨干教师均衡配置、普通教师派位轮岗三个维度，实现教育关键要素流动；改革考试招生"指挥棒"，减少中考科目和考试频次，强化体育过程性考核，丰富中招录取方式，严格约束规范义务教育学段的考试，提高考试命题质量，以考试减负推动全面减负；完善课后服务体系全覆盖，组织优秀教师答疑、辅导；推进"互联网＋基础教育"，完成全学科全学段空中课堂资源建设，对远郊区所有初中学生免费在线辅导。开展中学教师开放型在线辅导，覆盖全市初中学生，开设了线上线下融合的"双师课堂"，选取200所试点学校，远郊区至少20%课时采用"双师课堂"并排入课表。不断丰富课后服务供给，做到义务教育学校全覆盖、学生全覆盖、周一至周五时间全覆盖。

四是多元共治，完善家校社协同育人体系。出台中小学家访制度，明确每个学生每学期接受一次家访。落实家庭教育指导服务规划，在中小学校试点建设家庭教育工作室，进一步加强网上家长学校和中小学家长课堂建设，发挥家长委员会作用。依托"街乡吹哨、部门报到"机制，发挥社区在校外培训机构治理和课后服务、暑期托管等方面的作用。

北京"双减"战役的目标是确保学生过重作业负担和校外培训负担、家庭教育支出和家长相应精力负担于2021年底前有效减轻、两年内成效显著，人民群众教育满意度明显提升。"双减"风暴很快席卷了整个全国文化中心首都北京的义务教育领域，很快，培训广告全面停播，培训机构减六成，120多家机构被通报、多名教师被调离教师岗位、多家违规企业被罚款1500余万元，政府多措并举提供22万余个岗位促进教培行业人员转岗再就业。

诚如美国布鲁金斯学会的报告"全球教育：如何改造学校系统"所言："这是人类历史上没有出现过的时刻，教育在国家经济、社会与政治繁荣、稳定中的核心作用从未如此重要，且与每一位普通民众休戚相关。""双减"改革，是中国面对百年未有之大变局的战略体系的重要一环，关乎新时代社会主义接班人的培育。作为全国文化中心的首都北京，2021年启动的"双减"改革试点定位之高、力度之大、影响之广，前所未有。

二 公立教育王者归来

人们常说，北京教育看海淀，海淀教育看黄庄。被戏称为"教培宇宙中心"的海淀黄庄曾经是无数家长和学生度过晚间和周末时光的地方。2021年7月，被称为"史上最严禁补令"的"双减"风暴来临，涌动的补习大军消失了，驻扎于此的新东方、学而思、立思辰、高思、杰睿等数十家机构或关停或转型。所有昔日辉煌无比的教育机构，如今风光不再，"黄庄快车"戛然而停。

2021年11月4日，新东方创始人俞敏洪在朋友圈转发了一篇文章，并附上文字："教培时代结束，新东方把崭新的课桌椅，捐给了乡村学校，已经捐献近八万套。"八月后，新东方市值持续下跌，缩水超过2300亿港元。9月开始，新东方开始全面停止中小学生的招收，计划裁员4万人。11月13日，学而思也宣布在2021年底前停止学科类培训。

"双减"之下，疯狂生长了近二十年的中国教培业股价急剧下跌，估值迅速缩水，裁员力度高达三分之二，资金断裂，被迫转型，这个2020年拥有的2.5万亿元的市场规模的资本宠儿成为明日黄花。

影子教育的黯然退场，折射出本轮"双减"追求教育公平的价值立意，基础教育让市场走开，公立教育王者归来。教育公平是社会公平的基石，坚持基础教育的公益属性，推进教育公平，着力构建优质均衡的基本公共服务体系，是北京"双减"试点改革的战略旨归。

"双减"是新时代基础教育改革发展的重大战略布局，其直接目的是减负：减少学生的学业负担、家庭教育的支出负担、家长的精力负担。

"减负"作为义务教育的话题在我国经久不衰。党和国家领导人邓小平、江泽民、习近平等先后就中小学"课业负担"作出过重要批示，国家层面的"减负"文件自1955年起也不断出台。此前的"减负"政策的共性是减量、控时、共治，即推动课业减量，减少学习总量，严控学习增量，禁止在校超纲学习、超前学习；控制学习时间，压缩在校学习时长；构建国家、学校、家庭、社会组织等多元共治的格局。

在教育资源稀缺、不平衡客观实际下，由于对学生、学校的教育末端评价标准仍然是考分决胜负，整体上，此前的减负政策下学校对教育个性化的供给明显不足，不利于竞争性教育规则下个体竞争能力和比较优势的提升。于是，以新东方、学而思为代表的市场化的专业学科辅导机构应运而生，占领了学校不断释放的学习时空，迎合了以中产阶级为典型的看似疯狂、实则理性的阶层维护和跨越的焦虑心态，满足了竞争性升学机制下个体提升竞争优势的客观需求。据统计，"双减"之前我国校外培训机构数量超过70万家，从业人员超过千万人；而义务教育阶段的学校数量仅为21.08万所，专任教师仅1029.49万人。市场化的影子教育的规模体量超过了公共教育，基础教育领域呈现出"校内上课、校外补课"的双轨现象。于是，在制度放权、市场催化、资本逐利、家庭自愿、学校让渡的交互作用中，出现了"几十年喊减负，有些地方孩子们的书包越喊越少，课外负担越喊越重，睡眠和休息的时间越喊越少"的教育怪现象。放眼全球，与我们一衣带水的邻国日本从2002年起推行了类似的"宽松教育"，学习内容减三成、上课时间减一成、课业难度减一成，十年之后，黯然收场。

相较之下，北京"双减"的亮点是做好"减"的辩证法，减负担不减责任、减时间不减质量，是减法和加法并举，在做小切口的校外培训减负、作业减负的减法的同时，做了系统化的消解教育竞争性、选择性的加法。

一方面，强化政府的主导责任。构建了专班推进、部门协同、上下联动的大跨度、大分工的协作网络；在借助重新审核登记大幅压减学科类校外培训机构数量的同时，购买合格的校外培训机构成为学校课后服务的供应商；依托互联网平台提供免费的公办校名师一对一辅导；改革升学制度，多校划片招生、学考和中考合一、增加中考体育过程性分值；大面积、大比例推进干部教师的轮岗，以解决校际优质教育资源不平衡问题。

另一方面，以学校为主体，增强教育高质量供给。"双减"倒逼学校教育转型升级，开展面向未来的基于核心素养的教育，开齐开足开好国家课程，严格按照课程标准零起点教学，做到应教尽教；要求学校教育坚持办特色，而不是办重点；提供有质量多样化的课后服务，承接校外培训机构原本满足的教育需求。

诚如《世界人权宣言》所言"人人都有受教育的权利，教育应当免费，至少在初级和基本阶段应如此。初级教育应属义务性质"。在现代社会发展中，教育作为一种"超越任何利益集团的公共价值导向的以扩大公共利益为目的的实践"，具有基础性、全局性和先导性地位。两百多年前，亚当·斯密在《国富论》中这样写道："在文明的商业社会，对普通人民的教育，恐怕比对有身份财产者的教育更需要国家的关注。"以公益、开放和共享为核心价值取向的教育公平是现代社会重要的社会公平。北京"双减"回归公共性，坚持政府主责，确立了国家在教育资源配置中的主导地位，减轻了市场对教育活动的牵制和干扰，旨在克服教育的功利化、短视化，落实立德树人根本任务。这有利于发挥我国集中力量办大事的制度优势，依托财政支持，协调首都教育力量，以公立学校为主阵地，为首都百姓提供基本而优质的教育供给。

三　重构教育绿水青山

教育是希望，是一座城市民生幸福指数的面孔。全面修复教育生态，保障每位中小学生的健康成长，是北京"双减"改革的大格局。

此前，所谓北京学霸的成长进阶路线是"重点幼儿园—重点小学—重点初中—重点高中—重点大学"。进阶的法宝大抵有四件：摇号、政策性保障、特长和考分，摇号的概率极低、不确定性极大，基于住房、工作单位等的政策性保障要"拼爹"，特长和考分要"鸡娃"超前学、超时学、超量学，成功"上岸"的道路充满竞争，家庭的财力资本、文化资本和陪伴力量成为孩子获取优质教育机会的重要因素。通过超前、超时和超量学习实现的教育"打怪"升级、抢占阶层地位，带来的是内卷的剧场效应。

教育培训方面的投资是最重要、最基本的人力资本投资，这种投资可以转化为知识的存量，最终改变个体的命运，这是购买希望的文化消费。近年来，早教勃兴、学区房火爆、课外班盛行、海外游学风、高三复读热潮等现象愈演愈烈，背后涌动的是殷殷家长和莘莘学子赢得教育竞争、实现阶层维护和跃升的希望。2020年，"北京的尽头是万柳"。当年，西城区"731多校划片"政策之后，德胜顶级学区房上涨神话破灭。海淀万柳片区以"100%上车盘"的概念，吸引了北京最有钱的家长们。过去，家长们往往会在"海淀万柳"和"西城德胜"之间做抉择，由于海淀万柳走的是一条拼娃之路，结果往往是德胜片区以"能一路躺着上重点中学"的优势胜出。在德胜片区再也无法保证稳进"牛小"之后，万柳登上北京学区房的华山之巅。由于学生的大量拥入，中关村三小等名校的学位紧张，万柳进"牛小"的不确定性增大，一些学区房一夜资产缩水200万。央视财经频道发布的《中国美好生活大调查（2020—2021）》显示，"子女教育"在家庭面临最困难的问题中，除收入、住房之外名列第三。实际上，收入和住房是影响子女获取优质教育机会的重要物质因素，百姓教育焦虑可以想见。

"双减"之前，家有学童的京城家长们背负着高额的教育负担和焦虑，学生们也在学海竞泳中疲惫不堪。数据显示，在2018年PISA测试中，我国北京、上海、广东、浙江四省市学生的阅读、数学和科学三项测试成绩均为第一，领先于主要来自发达国家的其他75个地区，基础教育的成绩骄人。然而，PISA 测试中中国学生的高分背后是高付出。结合学生每周 31.8 小时，即每天 6 小时的课堂学习（没有计入课外学习时间），他们的阅读排名 44 位、数学排名 46 位、科学排名 54 位，学习效率并不高。测试后的问卷调查显示，我国学生对学校、对团体、对班级的归属感排名 51 位，生活满意度位列 61 位，负面情绪体验随年级升高而上升，学习的快乐指数不高；同时，我国学生在学习志向上的明确性远低于美国、OECD 的学生。[①]

人，是创造的生灵，儿童的好奇心和想象力在竞争性的线性进阶模式下，受理性的"计划"教育、"量化"教育、分科教育影响，儿童在适应"应试教育"规则的同时，冒险意识和探索精神会减弱，破坏性创新的能力会受到制约。"每个学生心中都有两颗种子，第一颗种子的核心品质是自我控制力，是控制自己、按照外界环境提出的要求，学习社会期望的知识、技能，完成成人要求的任务的能力；第二颗种子的核心成分是主动性和创造性，是出于个人内在兴趣、动机和愿望，自发地做自己喜欢做的事情的能力。"这是北师大陈会昌教授 2019 年跟踪调查 208 个 2 岁普通孩子的成长的研究结果。北京"双减"政策的系统化推进，改革了竞争的规则体系。叫停课外学科培训、多校划片、两考并一考、减少学科考试等改革，还时间给学生，有利于学生把"领跑全球"的课外补习时间转化为全面而有个性的学习；有力地缓解了义务教育阶段学生和家庭升学压力，使得学习的工具性价值下降，减出了"神圣的童年"，有利于在学生和家庭在"留白"中获取自主选择、自在发展的成长空间。

"双减"的基调是坚持素质教育，强调学校是育人主阵地。去超前学、去功利化、去短期化、去过度竞争的北京"双减"也释放了学校育人的活力和积极性，助力学校减负提质，开展面向核心素养、面向未来的教学。

研究数据表明，家庭教育支出对于认知能力的无条件影响表现出"强者愈强，弱者愈弱"的"马太效应"，校外教育支出的"军备竞赛"扩大了教育结果的不平等，形成了"教育鸿沟"与"教育鄙视链"。"双减"之下，政府主导、学校主体的基础教育公共教育体系，有利于实现基础教育的权利公平、机会公平和补偿性公平，用教育公平破解阶层固化，推动构建基础教育的绿水青山。

[①] 申继亮：《养其根，俟其实——初中教育质量提升的几点思考》，"2021 年中小学校长论坛"，2021 年 10 月 28 日。

四 "双减"进行时：希望与隐忧并存

2021年9月，在"双减"改革启动近三个月时，为了解学生家长对于"双减"的真实态度，团中央在全国范围内开展了针对义务教育阶段学生家长的抽样调查。511043名家长中，86.8%的受访家长支持减负，72.7%受访家长表示教育焦虑有所缓解，其中，中等收入群体缓解比例更高。42.1%的家长表示将不再给孩子报课外培训班或改报体育艺术兴趣班；26.1%的家长表示会继续培训、补课；26.8%的家长会自己多花时间辅导孩子；36.8%的家长选择保持观望。调查数据显示，"双减"改革回应了社会的热切呼声，符合百姓对美好教育的期许，在短期内较好缓解了家长焦虑，降低了学生的课外培训负担。与此同时，超过半数以上的家长会对孩子课外辅导显示出新政下学校主阵地有效赋能、家庭教育转型提质、教培业转型升级的急迫性。

"双减"之下，中小学生能否避免竞争型教育与"家长主义"[①]的侵蚀？21世纪是人才竞争的世纪。全球化、知识经济、人工智能、国家竞争交互作用，使得"基于教育的社会分化"和"基于文凭的地位竞争"在全球愈演愈烈，成为竞争型教育和"家长主义"产生的现实土壤。当前，即便是全国文化中心的首都北京，教育资源，尤其是优质教育资源僧多粥少的状态依然存在：中职教育计划招生比例在增加，但出路还未实质性改善；即便有统一招生、市级统筹、校额到校、特长生等多种高中升学通道，考上理想高中的难度依然很大，更遑论选拔性的高考。终端出口的竞争机制没有根本性变化，义务教育领域的"双减"风暴，似乎只是减缓延迟了竞争的到来，引发教育焦虑的土壤仍在。一些公开透明的市场化补习转入地下，攒班、给亲戚补课、一对一的隐性家教暗潮涌动。如何通过政治力量，驱动竞争性教育机制的根本性改善，还有漫长的路要走。

学校主阵地的创造性赋能是更突出的问题。当庞大的学科性教培产业退出基础教育的半壁江山，成为补充性的供给力量后，学校亟须处理好"双减"的责任担当与教师负担的关系。全球抗疫的大背景下，"双减"以来，处于新

---

① 布朗提出的社会学概念，强调家长在教育效能竞争性的社会下，自我选择、自己负责，让教育成为依家长的财富和意愿而非学生的能力和努力的体系。

课标新课程新教材新高考教育深综改一线的教师转型升级的需要和压力急剧增加，负担不容小觑。李镇西老师的问卷调查显示①，学业压力仍是教师的最大负担；从时间方面来看，教师们的负担主要来源于节假日上班、开会或其他组织活动，而非正常教学时间内的早晚自习；教师压力正由教育教学、班级管理下移至非教学的事务性工作中。"工作时间延长，影响个人生活""工作压力增大，职业幸福感降低""工作强度变大，可是工资待遇没有变化"——这是一线教师在"双减"实施后的排名前三的真实感受。减负这枚硬币的另一面依赖于教师主体的提质，无论是课程提质、课堂提质、作业提质，还是课后服务提质、学校管理提质，均需要建立在深挖教师潜能和创造力的基础之上。唯有给教师的工作"留白"，给予其时间、空间、激励，才能有教师创造性的人才培养工作。与此同时，在传统的学校办学评价体系下，在教育集团化发展的格局中，学校的头部现象日趋明显，无论是学校还是教师，博弈与竞争的压力仍然很大。

"双减"改革也倒逼家长重塑教育脸谱。新时代的教育具有社会信息化、资源泛在化、职业流动化、技术赋能化、学习终身化等特点，②"鸡娃""呼吁科学的家庭教育、呼唤美好的家庭建设、呼唤温馨的家庭生活、呼唤和谐的家校协同"。③ "拼妈"模式需要母职再造，丧偶式育儿需要父职回归和嵌套。

当前的"双减"改革出台比较急，下药比较猛，暴风骤雨之下，难点问题爆发快，涉及面广，负面影响也有所呈现。"疯狂的黄庄"不再疯狂，在教培业的冬季，一千万教培业从业人员何去何从？用何种法治化科学化的程序将教育市场的力量整合到教育基本公共服务体系之中？政府将校外培训机构治理纳入"扫黑除恶"和"扫黄打非"专项治理考核，暴露出相关公权力部门依法治理和智慧监管的水平需要提升。补课学生和家长的告密与反水，折射出全民麦克风时代，在家长日渐强势的话语权面前，被呼来喝去的教师专业权力式微。这些问题都需要反思。

---

① 李镇西：《"双减"政策背景下，中小学教师负担变化的调查结果及其分析》，镇西茶馆公众号，2021年12月3日。
② 朱永新：《人工智能时代，我们究竟应该学什么？》，搜狐教育，2021年12月4日。
③ 张志勇：《"双减"改革背景下，家庭教育面对哪些挑战和调整？》，搜狐教育，2021年12月4日。

11月10日,联合国教科文组织向全球发布《共同重新构想我们的未来:一种新的教育社会契约》报告,提出世界正处于一个新的转折点,当下的脆弱感和对未来的不确定感不断加强。展望2050年,"教育可以视为一种社会契约——一种社会成员间为了共享的利益而合作达成的默示协议",亟待反思三个基本问题:我们应继续做什么?我们应该抛弃什么?我们需要创新什么?这也是我们在新时代的历史方位下,"双减"改革需要继续探索的。

家国记忆之银幕争霸

——《你好，李焕英》《长津湖》热议

李啸洋[*]

摘　要　本文以 2021 年北京出产的两部高票房电影《你好，李焕英》《长津湖》为例，探讨了这两部电影引起广泛观众共鸣的原因，认为它们一部讲家，一部讲国，唤醒了中国社会注重家庭、注重国家的历史文化基因，充分肯定了这两部电影的价值。与此同时，本文也反思了当前电影业存在的一些问题，比如数字崇拜、票房神话、买家秀等。

关键词　家国记忆；电影工业；票房神话；买家秀

一　《你好，李焕英》与《长津湖》争霸

2021 年中国电影票房突破 400 亿元，连续创造票房神话。其中，最为"耀眼"的春节档和国庆档出现的两匹黑马——《你好，李焕英》票房破 54 亿元，《长津湖》票房突破 57 亿元，两部电影分别暂列中国影史票房前两位，引发了巨大的社会关注。

《你好，李焕英》是相声演员贾玲执导的首部电影，影片由贾玲、张小斐领衔主演，刘佳、沈腾、陈赫等人主演。电影以亲情为主题，讲述 2001 年考

---

[*] 北京电影学院讲师。

上大学的女大学生贾晓玲在母亲出车祸后，穿越到1981年与年轻的母亲李焕英相遇。贾晓玲安排母亲和厂长的儿子相亲，希望能让年轻时的母亲过上更好的生活。贾晓玲也结识了一群天真善良的好朋友。她以为可以凭借自己的谋划，让母亲过上幸福日子，但结果却令她感到意外。《你好，李焕英》主打情感牌，在喜剧中完成怀旧，电影将80年代的种种怀旧符号和怀旧歌曲安插其中，比如相亲、买电视、排球比赛，等等，这些年代记忆有机串联起来，勾起了观众的集体记忆，引发了观众的共鸣。

《你好，李焕英》根据贾玲的真实经历改编，贾玲将自己对母亲的爱写成小品，之后又拍成了电影。虽然电影在剧情方面还有瑕疵，但是电影足够真诚，唤起了观众对母亲的爱与家庭温馨记忆。电影也启示同行：不管电影怎么进行技术革新，观众永远会被最朴素最真诚的感情所打动。近些年来，春节档最卖座的片子几乎都带有喜剧因子。周星驰的无厘头、唐探系列的域外迷案、开心麻花的荒诞不经……春节档电影向来是喜剧和爆米花电影的天下，观众走进电影院就是图快乐，花钱买欢乐，或者体验一场视听盛宴。《你好，李焕英》契合了市场的需求，所以能很快被市场识别，成为春节档的票房黑马。

2021年9月30日，电影《长津湖》在中国上映，影片以抗美援朝为题材，致敬"最可爱的人"。电影制作阵容豪华，从导演到演员集结了国内顶尖人物。《长津湖》由导演陈凯歌、徐克、林超贤联合执导，陈凯歌负责提升开场气质，林超贤负责主抓动作场面，徐克令故事完整，黄建新负责查漏补缺，影片由吴京、易烊千玺、段奕宏、朱亚文、李晨、胡军、张涵予、黄轩、欧豪等人联合主演。上映两天，票房即破6亿元，成为"国庆档票房一哥"。《长津湖》投资13亿元，电影上映58天后票房突破57亿元，超越《战狼2》，登顶中国电影票房冠军。同时，《长津湖》获得2021年全球票房榜第一名，打破30多项中国影史纪录。

《长津湖》让观众看到了什么？影片《长津湖》以长津湖战役为背景，讲述了志愿军连队在极度严酷环境下坚守阵地奋勇杀敌的感人故事。影片从吴京和易烊千玺饰演的伍千里、伍万里兄弟为代表的七连将士远赴朝鲜战场的视角，聚焦50年代中国的"卫国之战"。影片中冰雪中吃土豆，扔手雷、近身肉搏，情节环环相扣，场面惊心动魄。微博上出现了"看《长津湖》前你应该知道的事""长津湖老兵泪忆冰雕连""亲历者讲述真正的长津湖战役"等热门话题,引发全网热议。同时,《长津湖》的电影台词也在自媒体出圈:"我们把该打的仗都打完了,我们的后辈就不用打了。""让你的敌人瞧得起你,那才叫硬气!""一个蛋从外面被敲开,注定被吃掉,你要是能从里面自己啄开,没准儿是只鹰!"

《长津湖》和《你好,李焕英》之所以能引发观众共鸣,乃是近年来新主流电影井喷的结果。近些年来,主旋律电影成为中国电影票房第一生产力,2019年以来,《流浪地球》《我和我的祖国》《中国机长》《中国医生》《烈火英雄》等"头部电影"是兼具话题度和国民度的爆款,这些电影是电影工业化标杆之作,契合国民情绪,成为市场主流。《长津湖》也引发了央视、《人民日报》等主流媒体的关注。《长津湖》契合了主流价值观,得到了中央军委政治工作部宣传局、北京市委宣传部等方面的大力支持。电影上映以来,在全社会范围内形成了"长津湖效应"——观众追寻英雄足迹,以实际行动来表达对影片的喜爱。《人民日报》刊文《〈长津湖〉生动诠释伟大抗美援朝精神》,对电影给予高度评价。除了中国大陆地区,《长津湖》也在中国香港、中国澳门地区上映。此外,影片也陆续登陆北美及澳洲、新加坡、英国、爱尔兰、马来西亚等国。2022年,国内将上映《长津湖》续集《长津湖之水门桥》。

二 家国齐鸣与情感记忆

不管是《你好,李焕英》还是《长津湖》,一部电影能够引起观众共鸣,背后是有原因的。为什么这两部电影在这样的年代能破50亿,背后契合了何种社会心理?这就不得不说到中国电影的传统。中国文化有家国互喻的传统,这两部电影一部讲家,一部讲国,二者唤醒了中国社会注重家庭、注重国家的历史文化基因。

《你好,李焕英》处理爱与个人记忆,《长津湖》则以艺术化的手法处理国家记忆,二者都不约而同指向了父辈情感,使不同的时代在银幕上复活。我们在今天的时代以电影《长津湖》来纪念抗美援朝,以《你好,李焕英》来怀念20世纪80年代,在于当前年代是和平年代,和平是曾经的战争换取来的,纯真记忆也是改革开放以来才有的。两部电影能取得票房神话,是因为它戳中了中国人的情感点——在国人的情感结构中,家庭与国家是密不可分的。在我们民族的记忆结构中，除了有"治国、齐家、平天下"，还有"保家卫国""国破家亡""安国宁家"，家国同构、家国一体的观念，铸造了我们独特的归属感，家国情怀流淌在我们的血脉里。

集体记忆之所以权威，是因为其正当性建立在"过去事件"的塑造之上。《长津湖》选择从"伍万里"这一成长性的角色进行叙事，是因为电影要讲述一个关于"传承"的故事，这种传承不仅是一代又一代记忆的传承，更是血脉与精神的传承。"别把我一个人留在这里，疼死我了。"这是胡军扮演的雷公的台词。器物文明发达的时代，我们有了启蒙，有了灿烂的景观，有了理性和现代性，却遗忘了活生生的人——《长津湖》让我们在物质时代重新找到了"人"，这个人不是概念化的、乌托邦世界里完美的人，而是有感觉、感受的人。《长津湖》中出现了志愿军在火车上看长城的景象，映入志愿军眼帘的万里长城，顿时唤醒了观众的国家意识。《长津湖》中的沂蒙山小调与《上甘岭》中志愿军歌唱的《我的祖国》一样，都呈现出一个"家国"在场的形象。《长津湖》的几个篇章讲述的是牺牲、战争与成长的故事，电影选择从"伍万里"的视角来切入也是有原因的，易烊千玺扮演的伍万里代表了当代观众的视角，他是当代视角的代言人，通过他的身份来讲述历史，自然更容易引发观众的认同。伍万里是一个野孩子形象，90后和00后观众通过他来进入历史，更有说服力。和平年代的观众，能从新闻中侧面了解战争，能从知识上理解"抛头颅、洒热血"，但是却无法真切地感受或描述战争，"没有冻不死的英雄，没有打不死的英雄，只有军人的荣誉"，电影给了观众很好的具身体验的机会，先有影像体验，才会有崇高体验，电影的鲜活度增加了历史的可信度。

如果说集体记忆构筑了历史，那么个人记忆则构筑了家庭，呈现的是私密和个人化的一面。《你好，李焕英》讲述了浓浓的母女之情，骨肉情深、十月怀胎、含辛茹苦、养育之恩……影片切中要害，在中国价值观中，观众自然会感同身受。母爱的记忆是一种特殊的个体记忆，它超越个体的生命体验，是人类共同的记忆。这样的电影有共同的基因，其实早在80年代，苦情电影《妈妈再爱我一次》就引发了观众的共鸣，一首《世上只有妈妈好》在几代人中传唱。艺术的本质是对人的关切。对一部电影而言，最重要的艺术的灵魂——电影透过历史和镜头，通过艺术寄予对民族与国家的深思。

三 电影工业与记忆重构

《你好，李焕英》唤醒了观众对于 80 年代的记忆。工厂、买电视、相亲、考大学、排球赛，《庐山恋》中的接吻镜头……电影是一部 80 年代的回忆录，具有怀旧意义。电影把观众对于家庭的渴望与情感归宿，投射到李焕英身上，李焕英成了观众情绪的代言人。同样，《长津湖》也并非首部献礼片，在其之前就有《建国大业》《建党伟业》《建军大业》等献礼片。20 世纪 90 年代时，出现了《焦裕禄》《红河谷》主旋律电影。主旋律电影对于主流意识形态、价值观进行红闪光亮的表现，这些电影通过电影工业的重复生产与循环，才使《长津湖》的高票房有了丰厚的现实土壤。

为什么观众喜欢催泪电影和爆米花电影？这是因为，电影触动了观众，调动了观众的深层记忆。不论是《长津湖》还是纪录片《1950 他们正年轻》抑或是《我和我的父辈》，都得到了年轻人的追捧，这类电影成为年轻人了解抗美援朝历史的窗口。杨·阿斯曼认为，文化记忆是"一个社会全部知识的总概念"，记忆在特定的互动框架内需要一代代人反复了解和掌握它们。电影《你好，李焕英》唤起了中国人 80 世纪 80 年代的记忆，《长津湖》则唤醒了国人对抗美援朝的历史记忆——两部电影通过影像对过去进行记忆重构，构建了记忆的新图景，激发了观众对过去年代的怀旧。

匈牙利作家伊芙特·皮洛在《世俗神话》中将电影做了各种比喻，电影是"催化剂、询问者和鉴定人"，是"叙事礼赞"，电影还是意识的深海世界，具有梦的形态。皮洛认为，电影是"后代记录历史的方式，又是干预的手段"，电影"既是文献，又是游艺场的娱乐"。的确，80 年代和抗美援朝的记忆的重塑是电影工业、技术所带来的，这种记忆在特定的文化议题下被激活。从电影的角度来讲，历史记忆变成电影可以进行生产的资源，这是一种被技术化了的记忆，其怀旧变得可以编纂、复制，但就是不能亲临。有的评论者认为，电影《长津湖》和《你好，李焕英》故事都很好，但"总觉得缺了点什么"。这种欠缺与不满足是工业技术不可避免的弊端。

怀旧是人类的共同情感，只要有记忆存在，人就摆脱不了怀旧的习惯。斯维特兰娜·博伊姆在《怀旧的未来》中认为，未来也是一种回忆。人可以制造回忆，造就一个与自己完全无关的怀旧对象。记忆经过改造，就会不断浮现，让人深信再造的场景就是事实——于是，怀旧变成了编排和策划的"阴谋"。既然怀旧是假象，为何人类如此钟情于"怀旧"？这是因为，怀旧能够提供给人一种确定性和安全感。电影是一种建立在技术上的怀旧，电影作为大众文化产品既引发怀旧，又给予观众以精神上的镇静。

法国哲学家贝尔纳·斯蒂格勒认为，技术既是解药，也是毒药。电影工业整体化、规整化之后，人类意识就变成了真空的容器。记忆的工业化，使电影成了产业和生意。电影工业是塑造记忆的重要媒介，我们这一代关于战争和历史的记忆，都是借助于影像产品完成的。《长津湖》不仅是历史意义上的怀旧，更是精神层面的神话式怀旧，它与中国抗美援朝的英雄身份有关。电影把故事搬上了银幕，再造了崭新的历史。这个时代，我们需要借助影像塑造一种新的记忆，这种记忆焕发的人格意识应该多于历史认知，自发情感多于纪念情感，再现频率多于亮相频率，纪念碑式记忆多于临时庆典的记忆。

四　数字崇拜与票房神话

国人对于"冠军"一词最为熟悉。竞技比赛夺得第一，自然是实力的象征。电影凭票房夺冠、票房冠军的禅让新闻屡见不鲜。"吴京打败吴京，《长津湖》票房超《战狼2》""'哪吒'接力'大圣'登顶国产动画电影票房冠军"……新闻报道中充斥着冠军字眼，有的电影票房维持了一个月的冠军，有的维持了三天，你方唱罢我登场，电影票房冠军的维持时间越来越短，新生冠军越来越多，以至于读者根本记不住谁是票房冠军。

"票房"和"神话"本是风马牛不相及的两个词，但是在商品经济的语境下，这两个词却有了密切关联。今天，新闻报道多"见亿勇为"，断章取"亿"，"亿"正辞严——曾几何时，"挣他几个亿"能冲上热搜，拾荒老人捐出"元角分"供失学儿童读书的新闻却鲜有问津。具体到电影里，某部电影票房又破了多少亿，又夺了票房冠军，成了网络新闻屡见不鲜的标题。仿佛票房数据越高，艺术上就能更胜一筹；仿佛炫耀炫耀家底儿，就能获得艺术上的自尊——"数字"成了新闻和艺术的"春药"，成了刺激的兴奋剂。

票房多少是数量问题，电影好坏则是质量问题。为何新闻对电影的数字如此敏感，喜欢以数字来评价艺术？第一重原因，是我们生活在商品社会。商品社会的特征就是市场逻辑，喜欢"明码标价"。商场如战场，胜出者喜用数字来标榜自己，喜欢以"亿"论英雄——"《你好，李焕英》44.37亿，跻身影史前三"类似的新闻层出不穷——以票房高低来评价电影好坏，好比"五官端正三观就端正"一样荒谬，其逻辑本身就是有问题的。票房是经济标准，不是文化和艺术的标准。马克思认为，任何商品都有使用价值和价值。艺术品的价值则是其膜拜价值。电影过分强调使用和实用的价值，膜拜的价值就贬低了；过分强调艺术的功利性，崇高性就消失了；过分强调世俗性，永恒的一面就消失了。

用统计学数字来计量、评价艺术的第二重原因，与中国的文化习俗有关。从"二道贩子"到"千里挑一"，从"三从四德"到"遗臭万年"，从"一知半解"到"日薪越亿"，从"一国两制"到微信阅读量的十万+，数字管理已经深刻地渗透到国人的心智、道德、国家管理和日常生活中。哲学家韩炳哲认为，21世纪不再是规训社会，而是功绩社会。功绩社会是一个肯定性的社会，它强调多产、高效、资本，这些特征都以数字进行衡量。功绩社会发明了"休闲产业"，比如按摩、旅游、观影、看展等，赋予人一种闲适、放松的时刻。

事实上，以"票房"论英雄，票房的丰功伟绩把观众遮蔽、麻醉了。追求"有用"，还应回到"应当"，这才是时代的洞见。一部电影的好坏，是以票房为高低判断吗？不管电影的故事讲得是否动人，新闻首先要秀一下票房，仿佛不秀票房，评论就不过瘾。票房的数字"春药"把新闻带嗨了，仿佛电影票房破亿等于自己身价破亿似的。票房是商业和投资者关心的事，它引导大众舆论并且在公众中发挥了重要的作用，那就是让更多的人选择用脚投票——走进电影院看电影。

票房和艺术没有本质的关联。功绩社会面临注意力的剥夺，深度注意力被替代——那种对悠长、缓慢的关注力，电影维持了三分钟的热度之后，被仓促、短暂、过量的注意力击溃了，永恒拜倒在瞬间面前。电影承载的庞大、抽象、严谨的艺术体量，被扁平化为数字框架。怀旧、爱国、高尚等艺术话语，被新闻的数字标题主导、麻醉了。于是，社会上和评论界形成了一种过分关心数量风气，新闻约定俗成形成了以票房数字报道电影的标准——数字膨胀让某些人产生了数字"高潮"。我们应该冷静地审视"票房奇迹"，"票房奇迹"的出现有各种原因，电影史的书写也从来不是以票房为标准的。票房使一部电影有了热度，但是数字高烧一退，一部电影能否经得起大浪淘沙，真正凭借艺术在影史留名，是值得深思的问题。

五　当评论变成"买家秀"

观众在电影院看《长津湖》很容易情绪浩荡，热血沸腾，但是一走出电影院，评论的画风就变了。打开豆瓣网，不管什么电影，评论区的语言几乎是清一色的句式："演技炸裂""全程无尿点""开场就高潮""请带纸巾进影院""核爆级彩蛋"……似乎所有观众都有一种"中产阶级意识"，看完都要在豆瓣上挤眉弄眼说上几句，以显示自己的品位。其实，这些观点都是被"营销"过的，这些"万能句式"的评论放之四海而皆准，没有辨识度，没有生命力，降低人的心智，若指间流沙一般很容易消失。现在的电影七分靠炒作，三分靠资源。一部电影"靠骂起家"，仿佛不骂就火不起来，不骂就没有热度，上不了热搜。

当评论的权利被庸俗化之后，各种古怪的现象就出现了：《长津湖》3个小时，他憋尿坐不住，打一星差评；"只要是吴京演的电影我都不看"，因为对某个演员有偏见，也打一星差评；刚买了票，电影还没看十分钟，为了在朋友圈秀自己超前观影，也打一星差评……五花八门的差评就是这么来的。更为甚者，有的电影用差评操作来冲热度，当引流引得差不多了，然后再操作洗白，这就是电影"营销"的逻辑。

其实，很多媒体已经"习惯"了这样的操作，豆瓣评论已经变成了"买家秀"。媒体和片方见惯了这样的操作，明白差评很容易造噱头、吸眼球、博出位。其实，这是一种饮鸩止渴的做法。一部电影好与坏，观众心中自有一杆秤。差评不是四两拨千斤的做法，更不是引流的办法，差评和水军是玩火自焚的做法。电影营销本身无可厚非，但是如果做法太偏激，无异于玩火自焚。

尬黑也好，尬吹也罢，都不是基于电影本身的真实声音。马尔库塞认为，工业社会打造了单向度的人，单向度的人丧失了否定性、批判性和超越性向度，这样的人不再有能力追求，甚至不再有能力去想象和现实不同的生活。电影本就兼具艺术品和商品的双重属性，电影工业本来就是大众文化，强调娱乐性本身无可厚非。大众文化娱乐能产生一种很深刻的刺激，不管是流泪还是崇高感的唤醒，都是日常生活中难以触达的。

但是，不能为了评论的"爽感"和"快感"牺牲评论自身，观众不是大爷，观众也不是上帝，不能为了评论而刻意评论，当评论变成起哄，当评论变成吹嘘，当评论变成自黑，当评论变成雇水军的五毛产业时，评论就变质了。艺术总是遗憾的，但是艺术的遗憾不能成为评论鸡蛋里头挑骨头的理由。水军横行，已经严重污染了评论界。一部又一部好作品遭遇评论翻车，将行业潜规则的遮羞布彻底撕开。如果任由评论的大染缸泛滥，烂剧只会越来越多，行业永远无法迈入良性发展的通道。某些评论甚至溢出了理性的轨道。从开始到结束，明星的职业生涯一直被大众注目、审判。自从《战狼2》维持了多年票房冠军以来，吴京被网友逼捐的新闻不时出来"遛弯儿"。有的网友说，爱国被电影做成一门生意，吴京不能靠"营销爱国来赚钱"，能不能发扬一下牺牲与奉献精神，捐出部分所得给老兵。网友逼捐完吴京，自己心里也暗爽起来——仿佛吴京捐了几百万等同于自己捐了几百万似的，心理上获得了奇怪的崇高感。但是也有理智的网友说，不能因为电影的情怀、主旋律等因素溢价过高，就对吴京进行道德绑架——其实，人一进入群体中智商就严重降低，为了获得认同，个体愿意抛弃是非，放弃个人意见，用智商去换取那份让人倍感安全的归属感。群体的意见和信念是由时间酝酿起来的，而一些媒体过于吹嘘"票房功绩"，让逼捐有了现实土壤。

逼捐背后是责任心的"滥用"，这只会让崇高变味。网友的这种"功绩"化心态是可怕的。这种情形下，捐与不捐都在慢慢磨损善意、消耗善心、戕害公益。只有彻底让评论客观化、让评论回归观众，而不是网络看客，评论的春天才会到来。

偶像塌房！价值重塑？

杨春彦*

摘 要 本文以2021年的"偶像塌房"事件为例，剖析了近年来偶像的流行原因与时代症候。本文认为，在今天的大众文化语境中，偶像崇拜越来越集中指向对名人和明星的崇拜，而作为公共事件的偶像塌房，在传播中不断走向娱乐化；与此同时，其文化层面和社会层面的讨论和反省却不断走向弱化和消解。2021年"偶像"的集体塌房，其实是一次很好的全民教育、自我反省和意义重构的契机，我们不应任凭"娱乐至死"的信息泡沫将所有严肃议题的讨论空间侵蚀吞没。

关键词 偶像塌房；自我反省；意义重构

> 在现代生产条件无所不在的社会里，生活本身展现为景观（spectacles）的庞大堆聚。直接存在的一切全都转化为一个表象（representation）。
> ——德波《景观社会》

一 塌房年年有，今年特别多

2021年，对于所谓明星、偶像而言，可谓"塌房年年有，今年特别多"。

---

* 北京十一学校教师。

偶像连环塌房（人设崩塌），丑闻不断，频繁出圈，成为2021年不可忽视的文化和社会事件，有人称2021年为内娱的"偶像塌房元年""顶流塌房元年"。

2021年的塌房出圈第一人，当数郑爽无疑。2021年1月18日，郑爽的前男友兼前经纪人张恒在微博发文，否认了诈骗和潜逃国外等谣言，并通过朋友爆料的方式，依次放出了郑爽代孕、弃养孩子等劲爆大料，附带出生证明、录音等实锤证据，引发了舆论地震。代孕在中国是违法和被禁止的，在美国却是合法的，作为知名女星和中国公民，郑爽钻空子去美国代孕，与男友感情破裂时却想要打掉或弃养孩子，既违背了中国法律，也违反了公序良俗。迫于舆论影响，郑爽和家人出面承认了代孕事件的真实性，向公众道歉。PRADA、Lola Rose等代言品牌先后宣布与郑爽解约并终止合作关系，《时尚芭莎》等时尚杂志在官方微博删除了她的封面内容，华鼎奖宣布将回收和取消曾颁给她的证书和奖杯。紫光阁、央视新闻、《人民日报》、共青团中央、《检察日报》等多家官媒点名批评"代孕弃养法律道德皆难容"等。郑爽虽然道歉，但她的艺人事业彻底凉了。通过郑爽代孕事件，国内的代孕黑产链条也进入公众的视野。

代孕弃养丑闻的影响实在太过恶劣，以至于华晨宇、张碧晨选择趁这个时机公开承认未婚生女的事情。同是未婚生子，但对比之下，华、张至少没有违法，且表态愿意承担责任好好抚养孩子。网友甚至调侃："只要是自己肚子里生出来的，还愿意抚养，那都不是事儿。"原本可能会导致人设崩塌和事业危机的严重事件，就这样被借势化解过去了。公关圈甚至称其为"优秀操作"。不得不说，郑爽一个人直接拉低了吃瓜群众对娱乐圈明星道德和底线的期待与要求。

4月下旬，张恒通过微博爆料，自己检举郑爽一家偷税漏税，并放出语音文字、视频称，在2018—2019年，郑爽拍戏77天片酬1.6亿元，日薪高达208万元！并且，为了躲避限薪令，郑爽拍摄《倩女幽魂》这部戏时还签订了一份4800万元的"阳合同"，一份对郑爽母亲实控公司增资1.12亿元的"阴合同"，通过阴阳合同的方式来偷税漏税。

"日薪208万"迅速登上热搜，令网友瞠目结舌，以至于网络上出现了一个新的年收入计量单位：爽，日均收入208万，年收入劳逸结合6.4亿，所以1爽等于6.4亿元人民币。热心网友们统计并做成了图：阿里巴巴市值220爽，腾讯191爽，京东77爽，小米32爽……袁隆平一年总收入600万，等于郑爽工作三天；杨振宁清华任教，年薪100万元，杨利伟登上太空，奖金100万元，等于郑爽工作半天；莫言诺贝尔文学奖，奖金750万元，等于郑爽工作三天半；张伟丽打UFC冠军，奖金20万美元，不如郑爽工作一天……艺人的天价片酬和德不配位，也反映了社会畸形的收入分配体系，当天微博还出现了一个热搜——"天价片酬是否影响学生的职业观"。8月27日，税务部门公布郑爽偷逃税案件，并依法作出对郑爽追缴税款、加收滞纳金并处罚款共计2.99亿元的处理处罚决定。

7月31日，另一位顶流男星吴亦凡因涉嫌强奸罪，已被朝阳公安分局依法刑事拘留，案件侦办工作正在进一步开展。6月以来，随着都某竹的爆料和警方的调查，一个拥有庞大粉丝群体的"顶流"凭借圈内资源和流量优势，公然选妃、道德败坏、触犯法律底线的行为逐渐浮出水面，让人大跌眼镜。8月16日，北京市朝阳区人民检察院经依法审查，对犯罪嫌疑人吴亦凡以涉嫌强奸罪批准逮捕。吴亦凡的丑闻曝光后，十几个包括高奢品牌的代言全部宣布终止与吴亦凡合作关系，他的作品被平台下架，个人账号、工作室账号被封禁，真正变成了查"吴"此人。

曾就吴亦凡事件发表过不当言论的六六、马薇薇也被屏蔽了微博。一个知名编剧，一个知名辩手，曾公然宣扬"明星睡粉是福利"，滥用名人影响力和话语权，为娱乐圈内的权势压迫站台，欺凌弱者。这种见怪不怪反而褒扬洗白的言论，正体现了整个文娱行业乱象众多，泥沙俱下，很多从业者自身的价值观都非常畸形。

8月，凭借出演2021年热播剧《山河令》的超高热度而一跃跻身娱乐圈"新流量"明星的张哲瀚，则因为言行涉及不当政治立场而迅速塌房。根据艾漫数据2021年5月明星商业影响力榜单，张哲瀚四大维度综合得分登顶全部艺人商业价值榜冠军以及90后明星商业价值榜冠军。7月初，有网友扒出并质疑张哲瀚在社交平台发布过带有军国主义象征色彩的旭日旗内容，张删文处理。8月中旬，网友又相继爆出他多次在靖国神社拍照打卡、参加在乃木神社举行的婚礼、与极端反华人士黛薇夫人合影等"精日"行为，极大伤害了民族情感。舆论开始发酵后，8月13日张哲瀚在网络称自己不亲日，并为自己的无知道歉。《人民日报》等官媒纷纷点名批判了张哲瀚自称"无知"的亲日行为。张哲瀚代言全灭，个人社交账号禁言，遭行业抵制，作品也几乎全被下架。因为德不配位，仅仅爆红几个月，他就尝到了彻底凉透的滋味。

10月，首位摘得肖邦国际钢琴比赛金奖的中国人、钢琴王子李云迪也翻车了，而且是以警方发布案情通报的方式被曝之于众。10月21日晚21点，平安北京朝阳官方微博发布案情通报称，朝阳公安分局接群众举报称，有人在朝阳某小区卖淫嫖娼。对此，警方依法开展调查，将卖淫违法人员陈某卉（女，29岁），嫖娼违法人员李某迪（男，39岁）查获。多家媒体记者报道，该嫖娼违法男性为钢琴家李云迪。随后《人民日报》、央视等主流媒体都报道评论此事。李云迪个人微博认证原有的"国际钢琴家、重庆市政协常委、全国青联常委、香港青联副主席"，只剩下了"国际钢琴家"。万众瞩目的音乐天才，沦为违法失德的劣迹艺人，商业代言全数被撤，并遭到中国音乐协会和中演协除名抵制，四川音乐学院摘除其工作室牌、广州取消其"宣传大使"称号等，事业与名誉尽毁。

2021年因为婚恋私生活混乱被曝光塌房的明星也不少。8月11日，一向以"古风美男""儒雅派歌手"为人设的霍尊，被自己相恋9年的前女友陈露公开控诉，指责其始乱终弃，在交往期间私生活混乱，并贴出了微信群内聊天记录等内容。8月底，化名"小艺"的女网友发帖指控湖南台知名节目《天天向上》主持人钱枫曾对其性侵。虽真相有待查证，但对钱枫的形象和事业造成不可避免的负面影响，他宣布退出节目组，主持事业全面停止。而到了12月17日深夜，出道26年的华语乐坛知名歌手、优质偶像王力宏，被前妻李靓蕾曝光其男女关系混乱、冷暴力、召妓、婚内出轨等行为。英菲尼迪等商业代言第一时间宣布解除合约。吃瓜群众一面寻找此前媒体报道等种种旧闻，寻找旁证，戳破这位优质全能的偶像光环下不为人知的私生活面貌，一面感慨娱乐圈人士的男女关系恐怕比曝光的更为混乱，没有塌房的明星们，可能是水下冰山。

娱乐圈乱象的A面是偶像失格，顶流塌房；B面则是粉丝和饭圈不理智追星，屡屡引发众怒。

5月，选秀节目《青春有你3》的粉丝为了给偶像打榜投票，收集瓶盖，雇人倒奶。这一事件把饭圈乱象的冰山一角拉到了大众的视野中来，引起热议。畸形的饭圈文化，背后是平台、资本、商家对粉丝的联合收割，对粉丝疯狂举动、狂热情绪的诱导和放纵。而郑爽、吴亦凡、张哲瀚等顶流塌房之后，仍有许多粉丝不愿意正视偶像的违法失德行为，扭曲事实，强行辩解，发表挑战法律和道德底线的极端追星言论。郑爽的部分粉丝不肯直面其代孕弃养的错误，反而集中攻击男方的言行；吴亦凡被拘留后，其部分粉丝竟然发表"集资救哥哥""一起去探监"等言论；张哲瀚的部分粉丝坚持辩解所谓"靖国神社只是旅游景点"的言论。这些荒谬言论连正常的法律和道德底线都不要了。这说明，流量至上、拜金主义的饭圈风气以及偶像失德违法的劣迹行为，对很多粉丝尤其是青少年的道德观、价值观，带来了极大的负面影响。

5月8日，在国新办举行的2021年"清朗"系列专项行动发布会上，"饭圈"乱象正式列入"清朗"系列专项行动的治理重点。6月15日，中央网信办宣布在全国范围内开展"清朗·'饭圈'乱象整治"专项行动，为期2个月，重点打击以下5类"饭圈"乱象行为：一是诱导未成年人应援集资、高额消费、投票打榜等行为；二是"饭圈"粉丝互撕谩骂、拉踩引战、造谣攻击、人肉搜索、侵犯隐私等行为；三是鼓动"饭圈"粉丝攀比炫富、奢靡享乐等行为；四是以号召粉丝、雇用网络水军、"养号"形式刷量控评等行为；五是通过"蹭热点"、制造话题等形式干扰舆论，影响传播秩序行为。

"清朗·'饭圈'乱象整治"专项行动开展后，赵丽颖粉丝与王一博粉丝互撕，成为首个因"互撕"遭大规模禁言的粉丝群体。8月22日晚间，赵丽颖粉丝后援会与赵丽颖多家粉丝组织发布联合声明，表示拒绝赵丽颖与王一博第二次搭配出演影视剧，与广大粉丝站在一起，坚决抵制一切形式的合作。随后部分账号借机挑起事端，恶意发布和搬运引战信息，煽动围攻抵制。24日晚18时，微博站方发布公告称，因其管理失位，造成发声引导不及时，站方决定对赵丽颖工作室微博官方账号采取禁言15天的处罚措施。赵丽颖的多个粉丝群被禁言。赵丽颖本人为粉丝互撕事件出面道歉。

二 偶像的流行与时代症候

偶像崇拜在人类社会由来已久，是一种特有的社会现象和文化景观。崇拜的对象，一般是图腾、人或者物。现代社会的偶像，已经不再具备早期宗教偶像崇拜的神灵和敬畏色彩，而是具有高度的世俗性和选择性。有研究者对现代中国偶像的变迁发展进行梳理，发现现代中国的偶像崇拜大概经历了从单一化到多元化、从精英化到大众化、从政治到文化的转变过程。在今天的大众文化语境中，一般意义上的偶像崇拜也越来越集中指向对名人和明星的崇拜。在最狭义和最浅层的意义上，偶像崇拜就是对娱乐偶像的崇拜，主体就是指粉丝和追星族。

近两年，集资乱象、粉丝互撕、网络暴力等饭圈乱象，引发了不少社会关注和公众反感。在主流话语空间内，对"偶像崇拜"和"追星"的评价逐渐偏向贬义化。社交平台媒体上"天下苦饭圈久矣"的批评，成为不少网民的共识。2021年两会期间，不少关于饭圈和追星的提案引发了广泛关注，比如全国人大代表宋文新提出"建议整顿无底线追星"，《人民日报》予以报道后，获得了网民大量支持性的讨论。

但不可否认的是，偶像的流行已经成为一种时代症候。艾媒咨询2021中国网民追星情况调查数据显示，有八成以上的网民都有追星行为。同时，追星也越来越圈层化，粉丝群体不断分化，个性化、小众化的圈层数量增多，而不同圈层的边界却不断被固化。说偶像的流行是一种时代症候，是因为它偶合了现代人的社交需求、情感需求和心理需求。

现实世界的社交冷漠和疏离化，加剧了人们对网络社交和群体认同的需求。现代社会和城市生活的一大特征，是高度的碎片化和独立化。这既体现在空间上，也体现在时间上，既体现在物质形态上，也体现在精神形态上。大多数人忙于快节奏的工作，生活被严重挤压，时间和精力被切割得非常破碎。信息过量，人的注意力反而越发短暂难以停留；交通和通信无比发达，但青年人在现实世界的人际交往上，反而更加冷漠和疏离。这种身体距离很近但心理距离很远、如非必要就最低限度交流的冷漠社交，逐渐成为一种约定俗成的规训，即"礼仪上的漠不关心"。人人都害怕没有保持好社交距离打扰到别人，"社交恐惧症"成为一种当代流行病。"新世相"曾发表过一篇《90后社交降级：同居不说话、点赞不聊天、记不住同事的脸》的网文，准确戳中了年轻人缺乏现实性社交的状态。在家庭形态方面，传统大家庭模式逐渐解体，一个前所未有的独居时代正在到来。民政部数据显示，2018年我国单身成年人口达2.4亿，其中超过7700万成年人是独居状态，2021年这个数字将上升到9200万。据中国统计年鉴，2020年全国"一代户"（指同一辈人居住或单身居住落户的情况）的比重较10年前上升15.33个百分点，达到49.5%。

人毕竟是社会性动物，需要社交，需要排解孤独的出口。虽有近1亿人主动或被动独居，但城市和环境的喧嚣吵闹与个体内心的寂寞冷清，常常带来巨大的反差和撕扯——外面越热闹，内心就越孤独。2017年《中国青年报》对2000人进行的一项关于独居者的调查显示，他们中缺乏感情寄托的占比达到57.9%，社交圈子窄的占到48.1%，缺少照顾和关爱的占到41.9%，娱乐生活贫乏的占到33.2%。对于社交，这届年轻人既恐惧，又渴望。恐惧的是没有选择的、带有强烈规训性的社交，比如职场跟客户应酬，过年跟不熟的亲戚寒暄；渴望的是志同道合的社交，比如默契十足的知己好友，兴趣爱好相同的社团或小圈子。简而言之，年轻人对自己主动选择的、平等而自由的社交关系格外渴求。

"媒介人的延伸"，互联网媒介的普及，为社交的延伸和筛选提供了便利条件。而偶像崇拜和饭圈，恰恰可以建立和提供这种志趣相投、互相认同的社交关系；同时让人从细分的领域、群体中得到互相的理解与情感共鸣，从偶像身上得到情感寄托和慰藉。艺恩数据对2021年"Z世代"文娱内容消费的研究，也印证了这一动机。调查显示，除了明星本人带来的情感共鸣外，Z世代粉丝越来越注重粉圈的人际交往，通过追星认识有趣的朋友成为年青一代追星族们的另一大乐趣。偶像崇拜和粉丝成圈，建立起一种超越日常生活的社交和情感联结，把粉丝和偶像，粉丝和粉丝紧密地联系起来。

偶像成为粉丝移情、自我投射和代入想象的理想对象，也满足了粉丝的心理需要。崇拜偶像和追星，符合人的心理代偿机制，通过设定一个新的偶像为替身，来达到想象中的自我目标和欲望的达成。对于青少年来说，对偶像的崇拜是从孩子向成年过渡的标志性行为，偶像代表了学习和模仿的榜样，有助于帮助他们消解现实生活中的挫折，得到成长性的指引和陪伴。而在视觉消费时代，文娱明星出众的长相外貌提供了一定的审美价值，信奉"颜值即正义"的人，在偶像的外在形象上得到审美满足，成为"颜粉"；明星精心打造的外形和人设，成为部分人理想亲密关系的想象替代，弥补了现实生活中的情感空虚，他们成了所谓"男友粉""女友粉"；还有很多粉丝，是在偶像明星身上投射和建立理想中的自我，通过偶像的成就，来获取理想中自我成长的满足，成了"事业粉"。

偶像和"爱豆"的流行，是现代社会发展和技术进步的结果，具有一定正向的社会功能。

偶像正面和积极的形象，能够给粉丝提供榜样力量，起到道德和行为方面引导、激励的作用。例如很多粉丝群体会参照艺人的行为，或者直接以艺人的名义从事公益性活动，应援公益两不误。"饭圈救援2020""饭圈女孩驰援湖北"让饭圈女孩迅速出圈，她们以高效的民间动员和组织能力为抗疫筹集和捐献物资，而且做到了相当程度的公开透明。同时，对于社会经济生活来说，偶像崇拜也伴随着生产和消费活动，推动了粉丝经济和文化产业的发展。在消费活动中，粉丝对产品的热爱和消费投入程度，都比一般消费者更高。定向性地为偶像付费，也刺激了很多新的商业模式产生，推动了许多文化细分领域产业样态的发展。来自艺恩咨询的数据显示，2020年中国偶像市场已经达到1300亿元的规模。由数字音乐、音乐版权等产品构成的核心音乐层市场价值达到460亿元，而以粉丝周边、影视剧、代言为主的衍生市场价值达到855亿元。

三　偶像的异化与粉丝霸权

偶像塌房，基本都是因为明星真实的行为言论不符合先前打造的媒介形象，招致观众反感，甚至是违法乱纪引来社会广泛批评和法律制裁。近些年的文娱圈，信奉流量至上、人设营销的风气尘嚣甚上。在这样一个全方位的景观社会，偶像的人设与表演，同真实的人性和自我，存在着不可避免的矛盾和悖论，像不定时炸弹一样随时可能导致塌房。

"人设"原本是用于漫画、动画、电影等作品中角色人物设定的专业词语，现在已经从作品角色扩大到了现实人物，尤其是娱乐明星身上。戈夫曼的拟剧理论提出，人生是一场表演，社会是一个舞台。人们为了表演可能会区分出前台和后台。前台是让观众看到的表演场合，在前台人们呈现的是能被他人和社会所接受的形象；后台是掩饰在前台不能表演的东西的场合，人们会把他人和社会不能或难以接受的形象隐匿在后台。我们在家庭、职场、娱乐等不同场合，与不同身份的人接触，会展现不同的性格和行为；在朋友圈、微博、小红书等社交媒体上，也总是热衷于展现精心挑选过的内容，营造一个超越日常生活上的"人设"。至于娱乐圈，行业新人辈出，迭代加速，为了抢夺观众有限的注意力，出于运营和宣传的需要，立人设是非常高效的提升知名度和获取资源的手段。具体人设可能来自出演角色的特点，通过把受人喜爱的角色真人化和现实化来强化观众的记忆点，延长角色红利，也可能是从本人的生活角色和个性出发，进行标签提炼，弥补角色红利的不足，满足观众了解窥探明星生活样态的好奇心，拉近距离，比如"锦鲤""老实人""女汉子""吃货""学霸""老干部""禁欲系"，等等。

问题在于，很多明星，尤其是造星产业，为了迎合市场而生造很多虚假的人设。爱豆背后的经纪公司及平台，为了追求"速成"和流量带来的高利益，急功近利，等不及艺人有代表作品衍生出相关人设，一味地根据市场上缺什么、观众喜欢什么来硬凹生造人设。此外，"颜值即正义"，很多所谓偶像空有一副好皮囊，真实的个性才能乏善可陈。比如选秀爱豆有低龄化的趋势，甚至一些还没初中毕业就辍学进入娱乐圈了，缺乏基本的人文和科学素养。上节目算不出基本的计算题，写道歉信变成在线的中学语文考试病句修改现场……以至于网民们戏称他们为"九漏"（九年义务教育漏网之鱼）。

作为社会学家，戈尔曼对前台表演所导致的不全面的形象展示，持有理解和宽容的态度。他认为观众眼睛看到的他人的前台形象当然并不全面，但也并非代表着虚假。这种所谓"欺骗"行为是无可避免也是无从指责的，这只是一种普遍的社会呈现方式。不过戈尔曼这种普遍性的理解，若施加在那些违法乱纪、没有私德的明星身上，不免是一种放纵。明星人设不是不能立，但不能弄虚作假，全靠欺骗维系。因为普通人的社交形象展示，并不会面向数量庞大的公众，更不会像明星一样，通过公众对前台形象的喜爱而获得巨大的利益。

更何况，当今的互联网和大数据时代，让明星已经很难实现"观众隔离"，只展现自己精心包装、无可挑剔的那一面，前台和后台的界限越来越难以区分。偶像文化大行其道，正是得益于互联网媒介的快速普及。曾经高高在上的明星，被拉到和粉丝群体相对平等的地位，传统 2D 平面的追星，变成了 360 度立体无死角的全景观看。借助互联网技术，明星的动态讯息可以即时传达，明星与粉丝可以随时互动，天南海北的粉丝群体可以无障碍集结。据统计，截至 2021 年 6 月，我国网民规模达 10.11 亿，互联网普及率达 71.6%。十亿网民形成了全球最为庞大、生机勃勃的数字社会。借鉴福柯"全景监狱"的说法，当今社会监控无处不在，明星的一举一动更是全方位被观看和展示。稍有不慎，就会满盘皆输。

随着时代和技术变化，明星和观众，偶像和粉丝的关系也在不断变化。饭圈种种不理性追星行为，以及偶像被粉丝霸权反噬，也体现了偶像的异化。

亨利·詹金斯在研究电视时代的粉丝文化时就提出过，有组织的粉丝圈首先就是一个文艺理论和文艺批评的机构,一个半结构化的空间。这一描述,放到今天来形容互联网时代的粉丝圈也毫不过时。尤其是选秀节目兴起,养成系偶像流行,文娱产业上粉丝在偶像生产和制造环节的权利在扩大。粉丝不仅是娱乐产业的消费者,也是生产者;粉丝群体不仅是大众文化语境下的亚文化群体,而且不断向主流文化入侵和渗透。掌握传统主流文化话语权的精英们,常常对粉丝文化流露出看不上却又无可奈何的态度。

从影响上看,粉丝这种生产型消费者的双重身份,一方面强化了粉丝与偶像的情感联系,另一方面也容易滋生出粉丝对偶像的强控制关系。前者有利于增强粉丝群体的黏性,甚至导致粉丝对偶像的盲目崇拜,无脑服从,粉丝通过购买偶像代言商品、支持作品、刷数据、攻击异己等方式来支持偶像的事业,同时达成追星的情感寄托和价值实现;而后者,粉丝以群体之名对偶像施加影响和控制,这种控制既面向事业,也面向生活。一旦偶像做出一些行为,无法满足粉丝的期待或者愿望时,粉丝霸权就可能对偶像的行为产生强烈的裹挟和反噬。比如佟丽娅因粉丝抵制辞演《三十而已》,赵丽颖和王一博粉丝因为影视剧二度搭档互撕,鹿晗因为公开恋情而导致大量粉丝脱粉。

究其根源,资本的参与和操纵加速催生了偶像的异化。尤其是2014年前后,百度、腾讯、阿里等互联网巨头资本进军影视行业。互联网资本用大数据和算法的优势,改变了传统影视产业的生态和逻辑。资本的根本追求是利益,而流量当道正是因为大数据能够精准算出粉丝黏性背后所代表的消费力和购买力。通过算法和排名,刺激粉丝买得更多,投入更多,裹挟粉丝花钱向偶像产业各环节的投资方证明:自己偶像具有高度商业价值,其流量可以直接、高回报变现。因此,急功近利的资本热钱纷纷下场,希望分得一杯羹。平台方、经纪公司、营销号、粉头,还有数据造假等灰色产业链,一面赚得盆满钵满,一面把饭圈和娱乐圈搅得污浊满满。"抠图演戏""念数字演戏""未成年人被逼迫'氪金'""倒奶打投"等乱象,让人匪夷所思却又野蛮生长。

长此以往,如不加以整治,这种偶像异化与粉丝霸权带来的行业乱象只会愈演愈烈。一方面,饭圈形成信息茧房,普通粉丝被洗脑式诱导消费。最让人担忧的是,偶像失德给粉丝尤其是未成年粉丝的价值观和道德观带来严重的错误引导。另一方面,饭圈之外的观众被迫丧失了对优秀文艺作品的消费和欣赏权。当文化产业的从业者只追求流量变现和利益至上时,文化产品创作和生产的艺术标准被弃之一边，行业风气积重难返。《法制日报》报道："90%以上的电视剧都存在买收视率的情况，收视率造假是困扰影视行业的一颗大毒瘤。"

四　风险的规避与应对之策

偶像一旦塌房，除了社会负面影响，还会给娱乐产业链中的不同主体，比如粉丝、经纪公司、商业品牌、未播出的剧作、综艺节目的制作方和平台造成冲击和利益损害。

明星塌房，粉丝受伤。一方面是情感上容易产生创伤。粉丝在建房的过程中，付出了真实的情感和时间。人设与真实的反差会让粉丝产生严重的被欺骗感，形成心理伤害。另一方面是经济上的损失，随着明星的声誉、事业崩塌，为偶像买单的经济付出也都被清零。塌房以后，前期情感和经济付出都成为追星路上的沉没成本，影响着粉丝的决策。有人忍痛疗伤，有人则执迷不悟，继续寻找种种借口理由为偶像失格行为开脱。

吃一堑长一智，为了规避塌房风险，粉丝也有了自己的应对之道。面对已经造成的伤害，有人选择聚集起来抱团取暖，比如豆瓣上出现"塌房人士收留处"等相关小组。面对以后可能塌房的风险，粉丝们在网上流传"追星三大忌"的经验——"一忌真情实感，二忌倾家荡产，三忌什么都管"，意识到降低追星的情感和金钱成本。还有的粉丝，选择了成为"墙头草"，不固定追星，不把鸡蛋放在一个篮子里，分摊单个明星塌房的风险和伤害值。既然明星真人都是"薛定谔的人设"，也有越来越多人粉起了虚拟偶像，因为"虚拟形象不塌房"。头豹研究院《Z时代系列报告（三）：元宇宙来临，虚拟偶像能否抢占先机?》显示，被问及喜欢虚拟偶像的原因时，约62.7%的用户表示虚拟偶像不会有负面新闻。

批判学派的代表人物之一阿多诺提出过"文化工业"的三个特点：标准化、理性化、商业化。流水线生产的偶像和爱豆，显著特点就是标准生产、快速养成、可替代。为了应对塌房风险，处在工业化造星生产端的经纪公司和互联网平台，也已经在绞尽脑汁应对。一个办法是继续提高速度，批量化地造星。只要选秀造星的数量比塌房的多，出道的速度比塌房的块，就可以一波又一波地收割粉丝和流量。2018年爆火的《偶像练习生》拉起选秀热度第二次高峰，此后的《创造101》《青春有你》一个接一个、一季又一季地开播，据不完全统计，2021年计划进行的选秀节目有二十几个。选秀太多，练习生都快不够用了。开播成团的，也基本"出道即巅峰"，却也很容易就糊掉。知名经纪公司哇唧唧哇创始人龙丹妮有"选秀教母"的名号，但随着旗下艺人的频繁塌房，被网友戏称为"塌房教母"。哇唧唧哇和龙丹妮一直采用人海战术，全数签下，然后快速变现，虽为人诟病，但是从其行为逻辑出发，也可以看作经纪公司分摊风险的一种应对行为。

此外，经纪公司和平台加紧入局不会塌房的虚拟偶像蓝海市场。初音未来、洛天依之外，眼下推向市场的虚拟偶像越来越多。比如在B站爆火的女子偶像组合A-SOUL，是字节跳动联合乐华娱乐推出的；首个中国风虚拟KOL Ling，是由知名人工智能科技企业魔珐科技与次世文化联手打造的。国内最大的虚拟偶像社区B站加快了对全产业链的布局，爱奇艺策划推出了虚拟偶像选秀节目，腾讯借助自有IP如《王者荣耀》游戏孵化衍生虚拟偶像，阿里巴巴、微博也都涉足了虚拟偶像的领域。艾媒咨询的数据显示，2020年中国虚拟偶像核心市场规模为34.6亿元，预计2021年将达到62.2亿元；2020年虚拟偶像带动周边市场规模为645.6亿元，预计2021年为1074.9亿元。未来随着技术进步、成本降低、用户付费习惯的养成，业内普遍认为，这个不断增长的市场十分有发展潜力。

面对塌房，采用理性、商业化手段进行风险规避的还有与明星合作的商业品牌。纵观2021年接二连三的顶流塌房，商业代言品牌在舆论发酵后公开进行代言人切割的速度越来越快，态度越来越果决。郑爽、吴亦凡、张哲瀚等人的代言全灭，王力宏塌房2个多小时后，某豪车品牌就在凌晨1点多火速宣布与王力宏解除合作，代言仅持续35小时。近些年品牌方已经调整了代言策略，一面代言签约合作时间变短，一面将单一品牌代言人变成多个产品线代言人。这样既能广撒网地扩大定向收割粉丝的数量，也大大降低了代言人塌房给品牌形象带来的负面影响。明星之外，品牌也更多地和小红书、微博博主等社交平台KOL合作，甚至签约虚拟偶像做代言人。比如华纳音乐（Warner Music）旗下的泛亚洲电子音乐厂牌Whet Records签下虚拟DJ哈酱，DJ哈酱也成为哈尔滨啤酒的虚拟代言人。

除了商业品牌方，塌房后经济利益受影响最大的还有参演的影视剧制作方，以及常驻嘉宾式的综艺。这两者相对制作周期长、投资回报慢，风险损失更大。按照3月国家广播电视总局发布的《中华人民共和国广播电视法（征求意见稿）》，"主创人员因违反相关法律、法规而造成不良社会影响的，相关节目传播将受到限制"。吴亦凡塌房后，拍摄8个月、总投资3个亿的《青簪行》几乎成为"废剧"，即便AI换脸或者换人补拍也要追加巨额投入；李云迪塌房后，综艺节目《披荆斩棘的哥哥》更是连夜下架、剪片、打码。

除了更谨慎与流量明星合作之外，业内也以前所未有的力度重视起对明星的背景调查，尤其增加了对明星家庭社会关系、信用、政治立场、过往言论等部分的深入调查，以免合作后踩雷。根据《南方人物周刊》的调查，吴亦凡塌房后的三个多月，大数据公司艾漫数据对指定艺人做风险背调的冷门业务变得炙手可热，基本月入百单，收入数百万。另一方面，在进行合作签约时，艺人和合作方都更重视在合同条款里明确负面新闻造成损失的赔偿责任。这些措施都是力图将明星塌房的风险前置，进行识别和损失防范。

此外，一种在英美等国外影视界存在的保险品种也开始进入人们的视线——人设崩塌险，直译名称是"死亡残废丑闻险"，在影片完成之后一定时间内，如果明星发生死亡或丑闻等事件，导致的损失支出由保险公司承担。在国内，这种险种还并不成熟，更不为人熟知。《中国新闻周刊》记者在网上联系到一家正在销售"人设崩塌险"的企业，声称已有五六家影视公司和剧组购买此险种，只是几乎不公开对外销售。但是记者询问各大保险公司，它们对外公开的说法都是查无此险。"人设崩塌险"未来在国内是否会被法规允许，或进行本土化改造，前途并不明朗。而且从规避塌房风险来说，这种保险尽管可以弥补经济损失，但未必利于厘清娱乐圈风气，让艺人更自律地尊法守德。

五　流量的消亡与价值重塑

顶流塌房，国家加强监管、整顿，行业和艺人加强自律，对于娱乐圈生态的净化带来很大改变。其中国家多部门重拳出击的行政监管政策最强力有效，对"唯流量论"的不正风气起到了釜底抽薪的效果。经纪公司、制作方、平台、商业品牌等，正是因为对管理政策法规及违规带来的风险损失有所忌惮，才会从源头上重视流量之外的要素——明星艺人的实力、艺德、品行等，行业才会加强自律，推动"实力—作品—人气"良性循环的建立。

偶像塌房！价值重塑？

2021年8月28日，中央纪委国家监委网站登出文章《流量明星"翻篇"了》，对流量时代走向终结正式盖棺定论。从2014—2021年，流量明星兴起、流量当道，种种流量乱象发生，再到流量明星走向消亡。"眼看他起朱楼，眼看他宴宾客，眼看他楼塌了。"恰好能概括这一部中国娱乐圈流量明星的消亡史。虽然整顿之后的娱乐圈生态和互联网环境已经清朗许多，但短时间内追捧顶流、资本与流量合谋的行为惯性可能还会一定程度存在，行业整顿和价值重塑势必要经历一个动态的长期的过程。进一步加强落实政策监管、行业自律、媒体引导、观众和粉丝自觉，未来才能更有效地重塑价值和行业气象。

在2021年塌房事件频发和国家出手整治饭圈的大背景下，可以发现，在社会文化空间内存在着不同观点和价值的讨论和碰撞，正是在每次公共舆论的讨论和碰撞中，社会和文化场域内的价值重塑都在发生和进行。

例如，公众知情权与明星个人隐私权的界限问题。钢琴王子李云迪嫖娼事件，最早警方只公布了"嫖娼违法人员李某迪（男，39岁）"的个人信息，而后多家媒体点名报道，中国音乐协会和中演协发布公告进行道德申斥和行业抵制。在大多媒体跟进报道事件进展时，也有人提出了观察事件的不同角度。中国新闻社主管、中国新闻周刊主办的《中国慈善家》杂志官方账号发布了一篇名为《嫖娼通报被"社死"，满足公众知情权就要牺牲个人隐私权吗？》的文章，认为法律对卖淫嫖娼者规定了拘留、罚款的惩罚措施，但不包含通报。李云迪嫖娼一事，只是行政违法，其社会危害性明显小于刑事犯罪。由于嫖娼受到的社会污名化，公开处罚本身，就会产生比处罚更大的后果。作为法律层面上的隐私，李云迪嫖娼的消息为何会被泄露更值得警惕。这篇文章引起了一定范围内的讨论，有网友赞同文章中律师法律方面的观点，认可公众人物也应享有隐私权，公众监督不代表他们要放弃隐私；也有很多网友认为，公众人物利用公众曝光和流量赚了钱，理应受社会监督。公众人物和普通人比，要承担更多的社会责任。官方通报中不显示全名，已经既维护了公众知情权，又尽量保护了明星的个人隐私权。

再比如私生活难以全面核查，道德难以统一评判，如何避免舆论过度审判的问题。2021年的塌房明星中，郑爽、吴亦凡、李云迪的行为法律可以提供定论，张哲瀚是触碰了民族大义的红线；而霍尊和王力宏塌房则是因为婚恋情感，被曝光的方式也都是相关当事人在社交平台公开发文，然后公众猎奇围观，媒体跟进发声，塌房事件基本是在公众舆论空间内进行的。在霍尊退圈后，双方各有说辞，舆论和案情也有部分内容反转；王力宏宣布要暂停工作后，某媒体评论称还不够，失德艺人必须凉。也有部分网友提出疑问：没有取证，跟风舆论，可以直接盖棺定论吗？怎么判定凉不凉？

此外，对明星人品和作品的关系如何看待，也是一个热议话题。尽管有关部门正在就"主创人员因违反相关法律、法规而造成不良社会影响的，相关节目传播将受到限制"的法规征集意见，但"相关节目"的规定尚不明晰，究竟是未播出的，还是包括全部节目。从绝对意义上，"没有伟大的作家，只有伟大的作品"。对于那些实力派、作品众多的塌房艺人来说，比如王力宏，很多歌迷也有继续聆听其音乐作品的诉求。在明星部分私德领域的言行本身存在监管难、定性难的情况下，必然也会造成惩处难，因此也需要进一步制定更细化、可操作的公平规则。

由偶像塌房而引发的这些公共讨论，体现了在互联网时代，媒体的去中心化，以及大众参与舆论意见表达的高度开放性。中国处于发展和社会转型时期，公共空间和社会文化也在经历着多个领域的价值重塑。对公众知情权和个人隐私权的讨论，体现了公民对个人隐私权和个人信息安全的重视，这正是2021年11月开始实施的《中华人民共和国个人信息保护法》出台的立法背景和出发点。对舆论曝光维权的讨论，也是因为认识到，在舆论场上，出于利害关系，当事人一般只会选择性公开对自己有利的事实或者对事实进行主观加工。自称被高考被顶替上大学两次的苟晶案、"阿里女员工性侵案"，当事人陈述和官方/警方调查通报的巨大差异，透支了大家对弱势当事人舆论维权的信任，增加了大众对"小作文"的疑虑。在公共事件中，大众越来越倾向于"让子弹飞一会儿"，等待和信任官方的调查和通报。而对人品和作品关系的讨论，从学术上看是对古代文学评论史上经典命题"文如其人"争论的现代延续，从文化消费上看，也是对流行偶像形象和艺术价值的反思，将作品和人品分开，有利于引导更多人重视优秀作品的价值，与偶像和明星有一定距离的相处，减少盲目崇拜。

最关键的是，在讨论甚至是争论中，我们也能观察到大众正在形成一些共识：流量至上、金钱至上的价值观必须要唾弃，对饭圈乱象重拳整改得到了广泛性的支持；明星艺人作为公众人物，应该肩负起社会责任，学艺先学德，做戏先做人，只有真才学和好德行才能更好地被大众所接受和喜爱；文娱明星和从业人员应该有职业性、专业性，建立正确的职业荣誉感；对违法失德艺人的惩处，可以有更进一步明确的操作规则和标准，这样才能够更好地起到警示的作用。

最后，尤其需要警觉的是，明星塌房、吃瓜不断本身也成为大众文化娱乐、商业化逻辑的一环。大众津津乐道的是塌房"瓜"保不保熟，视线紧盯着的是爆料、绯闻、实锤、辟谣、回应，新瓜一出，热度转移，塌房事件逐渐被淡忘，最后只剩几个娱乐化标签。比如薇娅偷逃税被追缴并处罚13.41亿元的新闻一出，网友调侃，为了1.5个亿与前妻撕得头破血流的王力宏塌房的瓜瞬间就不香了。

作为公共事件的偶像塌房，在传播中不断走向娱乐化，而其文化层面和社会层面的讨论和反省却不断走向弱化和消解。对连环塌房背后代孕黑产、潜规则、权力压迫、家庭主妇处境、对粉丝精神控制等公共议题的讨论，还没来得及全面深入进行，就被迅速弃置一旁。更为可悲的是，好像只有借助这些娱乐新闻，这些严肃的公共议题才能借势得到更多的社会关注。

这一年，"偶像"赶趟式的集体塌房，是一次很好的全民教育、自我反省和意义重构的契机，不应任凭娱乐至死的信息泡沫将所有严肃议题的讨论空间侵蚀吞没。

从"西四包子铺"到"老字号"的求生之路

黄少卿[*]

摘　要　本文以北京饮食老字号的当前发展困境为例,探讨了老字号在发展过程中遭遇到的种种现代挑战,认为当前老字号们走上新赛道的不少,能走通的却不多,主要是保守、僵化的机制限制了其转型能力,最后就老字号如何充分利用现代科技重新振兴自身、再造辉煌提出了思考。

关键词　老字号；美学重塑；创意营销

一　老字号走上新赛道

2021年3月16日,北京知识产权法院裁定,当事人海源阁公司经营的"西四包子铺"被判损害华天二友居合法商业利益,不应再使用"西四包子铺"名称,而另一家同为最早开设"西四包子铺"的商家——东方名邸餐饮管理有限公司也被华天集团依同款法条起诉。据报道,西四包子铺系20世纪60年代由"二友居"更为现名,2015年3月,华天集团决定恢复"二友居"品牌并着手经营开发。然而,2018年东方名邸在二友居原址附近开设的"西四包子铺"突然以网红"老字号"身份走入公众视野,许多老主顾纷纷感叹"还是老味道",门前排队半小时和每人限量购买成为常见一景。在一档美食

---

[*] 首都经济贸易大学教师。

节目中，东方名邸负责人陈凤江称其店铺与历史上的"西四包子铺"并没有直接关系，但自己从老师傅处求得配方和技法，因此能将口味还原到九成上下。由此，近百家借"西四包子铺"名义开设的店铺如雨后春笋般出现在网络平台和线下门店，然而口味鱼龙混杂，品牌吸引力也因之受到影响。胜诉之后，华天集团于2021年6月在二友居位于西四南大街23号的原址以"二友居西四包子铺"为名重新开张，而其以"二友居肉饼铺"为名的加盟店也已达15家之多。然而尴尬的是，有新媒体从业者探访后声称其产品似与华天集团旗下的"庆丰包子铺"一般无二，特色并不鲜明，该店工作人员也表示该店馅料等由总公司统一配送。至于其是否还原了"老味道"，则众说纷纭。

同样是经营包子生意，"狗不理"在历史上的名气要大得多，近年来的口碑却也见仁见智。《北京商报》记者在2021年3月探访发现，2020年遭遇网友"探店差评"风波的狗不理已经关闭了在北京的所有线下门店，在全国范围内已经陆续解除、收回了各地加盟期满的数十家加盟店，并将更多精力放在线上预包装食品和冷冻食品上，但是仍然不为资本市场看好：狗不理集团旗下的天津狗不理食品股份有限公司上市不到5年便从新三板正式申请终止挂牌。

老字号们开上新赛道的不少，能走通的却不多。同为餐饮业的金字招牌，全聚德近些年靓招频出，先后试水外卖行业、谋求收购粤菜休闲品牌"汤城小厨"、与抖音合作开展创意营销，结果仍不能扭转自2012年起净利润持续下降的趋势。全聚德于2019年10月披露的财报显示，净利润同比减少59.09%，是自2012年以来第二次遭遇净利润"腰斩"。有评论指出，"全聚德的品质、场景、服务等，与其他餐饮品牌相比，都已经十分老化"，"保守、僵化的机制限制了其多元化的能力"，或许是转型始终不成功的根源所在。

跳出餐饮界，其他老字号遭遇的类似尴尬同样不少。2021年2月22日，同仁堂集团总经理、上市公司同仁堂董事长高振坤因涉嫌严重违纪违法接受纪律审查和监察调查，在其主政之下，同仁堂最出圈的事情是2018年12月被曝出的旗下子公司同仁堂蜂业出售的瓶装蜂蜜存在"回收过期蜂蜜、涉嫌更改生产日期"问题。此后，同仁堂除被处以1408.33万的罚款，子公司还被吊销食品经营许可证5年内不得再次申请。国家市场监管总局还送上"临门一脚"，干脆撤回了同仁堂"中国质量奖"称号。北方药业的另一明星品牌东阿阿胶同样在2019年遭遇"滑铁卢"。宣发造势加上囤货居奇，东阿阿胶从2001年的每公斤80元一路上涨到2019年的每公斤近6000元，品牌价值也从滋补药品一再重塑为"九朝贡胶"，结果终于突破了群众购买力的极限，2019年上半年利润暴跌超70%，市值也随之蒸发了200亿，接近最高市值的50%。

据称拥有"国家唯二绝密级配方"的片仔癀和云南白药也在资本市场的过山车上走了一遭。作为处方药的片仔癀在2021年6月突然以"国宝名药"出圈，药效越炒越神，以至于"一粒难求"，在网络平台上的价格从每粒325元暴涨到近1500元，然而到了下半年，各网络平台售价均回归到590元附近。云南白药集团则热衷炒股，2021年前三季度亏损超15亿元，45亿元市值转瞬蒸发，相比之下，云南白药前三季度累计研发支出仅1.95亿元，甚至不到总营收比重的1%。尽管两家中药老字号都在尽力拓宽营收渠道，效果却不尽如人意，片仔癀锭剂和云南白药牙膏仍然是各自营收的主要来源。

与此同时，另一批老字号则借重互联网经济重焕新生。在2021年"双11"活动中，220家老字号品牌仅在天猫的销售额增长就超过了100%，金徽、桂花庄、白水杜康等多家中西部地区的老字号得以走入公众视线，回力等品牌的销售额更是突破了1亿元。由上海企业文化与品牌研究所提供的数据显示，全国现存活中华老字号企业5900余家，其中年营业收入超亿元的老字号企业不足10%，超百亿元的不到1%，超千亿元的目前仅有贵州茅台一家，可以想见，振兴重任仍然担负在老字号的肩上。

二 从"老字号"到"老子号"

"北京人在口味上开放了！"[①] 这是汪曾祺写在1990年的一句话。

其实，北京人的口味始终开放，或者说，不独北京人，世界各地的人们在吃的一面上，总是有些敢于探索的勇士精神和乐于尝鲜的包容精神的。从苏、鲁来的吊炉、焖炉烤鸭，从清真馆子来的东来顺、西来顺，从口外来的烤肉宛、烤肉季，从济南来的丰泽园、同春园，从江南小点来的稻香村、桂香村，从满族口味来的饽饽铺，乃至全国美食大交融后从朝廷官场里走出来的仿膳饭庄、谭府菜，还有那充满了红色记忆的眉州东坡酒楼和各色川湘口

---

① 汪曾祺：《五味集》，浙江文艺出版社2020年版，第12页。

味,更不用说从四方各地辐辏京师的劳动人民创造的各式"老小吃"了,北京的地界上能调和百味、养起百口,"五味神尽在都门"[①],"天津包子"自然也不在话下。

说北京人爱天津包子,倒还真不是虚话。唐鲁孙回忆民国时期的吃食时就说,"北方人吃包子,讲究天津狗不理的包子,馅大皮薄油足"[②]。有报道称,二友居创始人、前御厨常二有打响名头售卖的,也是天津包子[③]。不过,要说二友居是津门馆子,恐怕新、老北京人都有那么一些不自在:明明是自家儿时回忆,怎么就成了别处的吃食呢?

这就对了,明明是群众的口味,怎么一个证书、一个编号、一套法律文书,就给"产权"了呢?

不得不说,我们刚刚走过的100年,绝对是名副其实的、波澜壮阔的100年。不仅整个中国的政治经济结构的变化翻天覆地,饮食风俗的变化也同样令人啧啧称叹。从20世纪30年代小有名气的街巷小肆,到五六十年代开启双职工家庭时代的便食铺、90年代闭店前老街坊排长队的送别,再到2019年纪念开店98周年、2021年社会新闻里的小案例,乘着时代涟漪在趣闻逸事的小叙事和社会变革的大叙事间左右波折的"西四包子铺"更像是一个个老字号的缩影——它们在三大改造和公私合营中一步步"老了起来",又在改革开放和市场冲击下一点点"老了下去"。如果说家族相继、师徒传承和现代性叙事为他们赋予了"传统"的身份的话,那么当真正现代化的浪潮开启的时候,许多老字号却早已在国有经济僵化的管理体制和缺少竞争力的市场环境中丧失了捍卫"传统"这一身份的能力。老字号们,连同大多数国营饭店服务态度之傲慢,选料加工之粗糙,产品名目之匮乏,质、量双双难保,这是人所共见的现象。

这不单单是老字号在当下的困境,事实上,早在20世纪80年代肯德基、麦当劳和美国加州牛肉面"袭来"之时就暴露无遗。西式快餐标准化的用料、整洁的环境还有周到的服务,一举击溃了国营饭店苦心经营近30年的阵地,

---

① [清]潘荣陛:《帝京岁时纪胜·皇都品汇》,载[清]潘荣陛、[清]富察敦崇《帝京岁时纪胜·燕京岁时记》,北京古籍出版社1981年版,第41页。
② 唐鲁孙:《唐鲁孙谈吃》,广西师范大学出版社2013年版,第42页。
③ 见四九城《西四包子还是那个味儿》(https://zhuanlan.zhihu.com/p/53057219);又见福桃九分饱《在北京别聊西四包子铺,伤感情》(https://user.guancha.cn/main/content?id=539628)。

肯德基甚至还要每周空出周日一天的店内场地以满足北京群众在此举行婚礼的强烈需求，这绝不仅仅是"崇洋媚外"或者"从众心理"就能解释得了的。晚清民国时期珍馐荟萃的北京美食界，熬过了市场化的冲击，居然到了新时代要厕身于"北京是不是美食荒漠"这般论题中刷新存在感，难道诸多老字号不应好好躬身自省吗？

可叹的是，老字号们捍卫名誉的主要手段居然是"打假"，从打其他经营者冒用商标的假，到师兄弟反目的互打，再到被人"打假"后打挂着自家正式招牌的加盟店的假，乃至于竟将自己打出了餐饮界。它们似乎不明白，老一辈靠手艺传下来的招牌，和借传统文化的身份保下来的招牌压根不是一回事，和知识产权法院判决得来的招牌更是南辕北辙。老字号的现代化并不是说它们的传统身份将一劳永逸地在现代化的法律体系中被继承下来——这倒像是前现代的血缘继承或师徒制、手工工会制的孑遗，而是说这块金字招牌需要不断地为现代化的都市群众再认可，为现代化的都市文化不断改造，在愈加面向原子化的、个性化的社会中寻求蜕变。在这一过程之中，合法地享有知识产权当然是保驾护航的压舱石，但是要想寻求群众认可，要面对的问题可不仅仅是翻检史料这么简单。

"衣食住行"毫无疑问要在大众文化和现代文化间寻找平衡之处。葛兰西在《狱中札记》中所谈的第一个问题，就是知识和知识界是如何产生的，而其结论就在于所有的社会集团都会创造出与其性质相通的知识集团来。企业家、工业技师、政治经济专家、新文化和新法律体系的组织者就是这类知识集团[1]，知识产权无疑与它们一道构成了整个现代市场经济得以运转的核心环节。

这当然不是说所有知识集团都一无是处、只为保护某一阶级的个别利益，相反，它们在推动社会生产力不断进步上是相当积极的。然而，我们必须反思的是，在工业创新越发远离某些个人的天赋才能、集体创造越发成为主流的当下，谁更应该受到知识产权法律的保护？我们能够接受工业技术产品的知识产权为其所有创造者所有，然而面对中药验方、传统食谱这类为群众共同创造乃至生发出历史意义的广义知识产品时，知识产权这一概念的界限又在何处呢？

---

[1] ［意］安东尼奥·葛兰西：《狱中札记》，曹雷雨、姜丽、张跣译，河南大学出版社 2014 年版，第 2 页。

老字号们倒不必去回答这个问题，但是时常反思反思还是有必要的，否则空顶着"中华文明传统瑰宝"的名号，仍旧困在名分或者身份的牢笼里去追求所谓的"价值回归"，却领悟不到其中价值核心所在，最终岂不还是缘木求鱼？

所以说，名分或是身份其实是最怕追根溯源的，翻着翻着，就翻出来了自己不过是幸运地踩上最后一级公交车台阶的、普通而重要的乘客。下车吧，怕亏待了"前辈"乘客伸手相援的一番好意；上车吧，又怕彻底堵了"后辈"路人追求进步的小门路——其实说来说去，最怕对不起的，是自己。

三 产业化与"传统"的现代化

玩身份、当"老子"这事儿，不同时代有不同玩法，在现代社会，就无外乎品牌运营、渠道加盟、价值宣传等手段，其背后的基础就在于标准化、产业化和资本化。由是，支持老字号数字化转型，打造"国潮新品"，乃至推动其上市融资、发行债券，就成了很多地方政府解决"老而不掉"、文化断层问题的当务之急。

产业化或者资本化，其实无可厚非。餐饮业在老北京人的话头上，被称作"勤行"之首，辛劳备至，咸苦皆尝，不动手不行，不动脑用心更是不行，实在是比搬货行脚的"苦行"还要累上几分。倘若现代化的技术设备能更规范、更高效地加入餐饮制作的各个环节，自然是对人力的极大解放，更是对餐饮人勤苦几代的幸福回馈。何况，所谓餐饮美馔如包子铺者，本来也不是什么乡俗社会的产物，而恰恰是城镇化的结果。

《东京梦华录》就已经记载了汴梁街市上的两种店铺形态，行店主营较为繁复的宴席餐饮，脚店则是为众多的劳作者提供方便住脚歇茶的便捷饮食，包子、炊饼或大碗茶是其间的主角。城市文化的不断扩展，事实上催生、加速了劳务分工的出现。在乡俗社会里，以巫术行医的乡贤并不特别地脱离劳动生产，自然也少有独特的身份标识，裁缝、铁匠或者专营某种特殊必需品（最突出的代表是盐）的人员要么以农事为主业生活在村落集体中，要么以专业手工作坊的形式活跃在市镇或集会上，只有极少数行业集聚起来形成景德镇般的规模和名气。乡间偶行的游方郎中在市镇里演化出了行医与坐医的区别，农业劳作间歇的早食习惯（通常在10点前后，即早间劳作四五个小时之后）显然是脚店赖以生存的基础，种种安排都尽可能合乎投入与产出相适应的经济原则。这种传统习惯相沿甚久，以至于"老北京们"在回忆早年间的北京早餐时，仍然记得"普通人家是不做早饭的，只有富贵人家才在早上起灶，大多数人都去早餐铺打点自己"①。

  老字号的生存之道正在于嵌入这种市井生活的智慧之中。城市经济为领域细分提供了可能，专业人士因而得不断研究、提供最适应亚文化人群文化习惯的服务。老话儿讲，"富有富的讲究，穷有穷的讲究"，归根到底是讲究如何精益求精地服务别人进而提升自己。于是，老饕们要讲究味型稳定、材料精致、做工复杂，东家和师傅们同样也在品质控制的闲暇里培育着食客的品位，在市井文化里，双方共同筑起了老字号的护城河，而在城外跷脚的，则是那些败在规模化和稳定传承上的小手艺人。

  饮食讲究刀工火候和因客酌汤，医药讲究丸散膏丹和辨证施治，服饰讲究剪绣针补和量体裁衣，尽管没有顶上"产业"的名头，老字号在难以标准化的原材料加工与老主顾不易调和的多元需求间把自己发展成了民俗艺术。随着城市化和人口流动的加速，加之运输物流基础建设的层层迭代，新时代的中国像早期全球化的西方世界一样，不断培育出规模庞大的、更属于国家而非地域的新消费受众。汹汹大势当前，兼有域外文化冲击，纵使老字号想要留住老手艺，成衣店、连锁药房和快餐集团取得的巨大商业成功却催迫着它们向着冷链食品和快餐连锁等新消费业态转型。

  韩少功谈办市场化的刊物《海南纪实》时也说，"真理一分钟不与利益结合，民众就可能一哄而散"②。能得出这种经验，教训不可谓不惨痛。老字号想要在市场经济的底层逻辑中谋求突围，恐怕还要从早期城市化的"产业"经验中寻出根来。四大菜系的味型虽有百千种变化，回归本源，也不外乎科学家几经实验发现的"酸甜苦咸鲜脂"六味，因而也就有了食品工业和食品工程存在的可能。在这个意义上，学院派也可视作老字号的合法继承者。时至今日，高等教育体系下的食品工程专业、职业教育体系下的厨艺专门学校和大型食品企业投资的美食研究中心构成了食品工业不断升级的三大支柱。流转在大众记忆中的"老味道"，除了家家各异的"妈妈味"之外，便是老干妈、

---

① 唐鲁孙：《唐鲁孙谈吃》，广西师范大学出版社2013年版，第25页。
② 韩少功：《人生忽然》，湖南文艺出版社2021年版，第373页。

卫龙辣条、溜溜梅、麦丽素、健力宝等标准化、规模化的"童年回味"。口味和记忆的一致似乎也在塑造着青年一代文化身份的一致。一如老字号和它们的老顾客,餐饮企业和青年一代同样沿着食品工业现代化的路径上同步狂飙。

当然,不想卷入产业化浪潮的老字号和老手艺同样不少。簪花点翠、兵械刀具、版画风筝,以至于驯鱼鹰、熬鹰、套马和狗拉爬犁,这些多多少少不再具有实用功能、更多地表现为娱乐价值的老手艺在非物质文化遗产机制的保护下也渐渐在现代社会里重焕生机。可是,一旦我们聚焦于那些发展较好的文化产业上时,比如影视行业中的服、化、道以及网络平台上已经畅销多年的汉服热,又或者是在各地风情旅游中逐渐扮演起主角的民俗项目,我们便不免还是要承认,顾客群中带有某种原教旨主义意味或者民族主义心态的复古情绪并非其成功的要义,文化市场的繁荣和对老手艺加以现代美学重塑才是根本原因。科学技术的引入帮助点翠、牙雕等手艺在适应现代的环境保护观念的同时,以棉毛制品和骨雕的形式走入了大众消费的视线,平遥古城、乌镇也在科学城市规划与现代艺术的双重加持下成为当代古城保护与建设的标杆。面对这些实例,我们也不得不感叹,科学技术不仅是第一生产力,在某种程度上,也已经成为艺术和美的原坐标。

四 代码化,还是身体化

现在,是时候用现代主义改造老字号了,也是时候用科学技术来改造我们的生活和审美了。

先是现代城市建设的出现消解了古老"城市"的空间存在和历史语义,再是化纤材料和立体剪裁的发展重塑了人类身体的美学价值和多元表达,最后是饮食科学对人类口味的重新诠释。从素食主义、蛋白饮食到食用金、银、钛,从热爱复合调味到喜欢清淡本味,不仅人类的胃口随着脚步的扩张"无远弗届",而且食物的表现在现代科学技术的加持下也越来越被调侃为"欺诈的艺术"。在6卷本《现代主义烹调》[①]中,以鱼为面、以冬瓜为肉的中式技法都稍显小儿科,兼有科学家和顶级烹饪师身份的三位作者所要展现给世人

---

① [美]内森·梅尔沃德、克里斯·杨、马克西姆·比莱:《现代主义烹调》,《现代主义烹调》翻译小组译,北京美术摄影出版社2016年版。

的不仅是水解胶、催化酶等烹饪"原料"，也不仅是水浴锅、离心机或是冷冻液氮、烟熏器，而是现代科技条件下人类所能品尝到的口感、味道的极限。毫无疑问，成效显著！通过分析和定量试验，借由综合和试点，我们设计了现代人的生存空间、现代人的行走习惯、现代人的交往守则、现代人的身体和仪态，最后，我们终于设计出了现代人的胃！福特汽车厂带来了模块化和流水线，信息技术和互联网带来了数码化和信息化的想象，对世俗生活的分析扫平了最后的障碍，一个完美计划与自由创想奇妙地结合起来的"信息乌托邦"前所未有地展现在我们的眼前："元宇宙"将继续设计我们作为人的一切。

在元宇宙的构想和现代主义的狂飙猛进下，经验让位于推理，浪漫让位于启蒙，百家味道让位于万人一锅，我们还有拒绝的权利吗？21世纪的"Z世代"或者"网络原住民"，和19世纪的产业工人大概也没多大差别，21世纪的老字号或者老手艺，和19世纪的配餐大食堂大概也就没有多大的差别。随着想象和自由一同消逝的，是雪绵豆沙和锅塌豆腐，也是宽衣博带和百纳鞋底。在工业计划或是大数据的重重设计之下，为具体的人的服务而生出的无限可能恐怕终究要坍缩为"封闭"的莫比乌斯环。

2021年爆火的元宇宙注定将更加撕裂公众情绪，不同人从中看到不同的未来和自己。对身体技能力有不逮的人们来说，这不失为一种"重生"的可能；对商业嗅觉敏锐的人们来说，在其中筹划些商业地产或者衣食帝国也未尝不是一场收益可观的大冒险；对普通大众来说，对丧失自我的恐惧和对阶层固化的本能反抗则弥漫得更为广泛。彼之蜜糖，恰如我之砒霜。想象居于主导的未来图景已经令很多古老的哲学命题遭遇到新的挑战。如果说古典哲学要为人类的意识和思想安排一个合理的位置的话，那么恐怕在元宇宙中我们遭遇到的最大难题就将是如何安置无法迅速进化的、生物意义上的人体了。正是在这个意义上，我们必须更加重视"身体化"这个哲学问题中的小字辈。平心而论，我们也不必让自己的思考走到那么远的未来中去，就在当下，就在淀粉可以被工业化合成、蔬菜可以无土任时栽培、菜品可以被预制调配、冷链运输淘汰了"柿子味儿"，同时我们每一个城市居民都以"蚁族"自嘲而将大自然和田间劳作隔绝在一个个格子间之外，却又靠"云吸猫""云养宠"求得天人之间片刻慰藉的当下，难道我们不也在创造另一种意义上的"小宇宙"吗？

或许，新冠疫情的发生对人类整体来说未必没有一点积极意义，工业化、信息化、城市化的服务链条都被突然间暂停。工作居家了，联系线上了，外卖没有了，自愿地或被迫地，厨房热闹了。短视频领域里那些出口转内销的美食制作者也迎来了新的春天。"李子柒""美食作家王刚"们很好，让我们至少想起了在鱼香肉丝、麻婆豆腐、西红柿炒鸡蛋等套餐定食和外卖常客外，人还有太多可以尝试着去学、去做、去体会的老味道。厨房里的幸福和快乐是复杂的，其实它的辛劳和痛苦也是复杂的，不同人有不同的体验。各人各甘其味，煳也有煳的风味。

而老字号和它们的老顾客们用几十甚至上百年的"试味"不断探索、不断搭建出的"旧世界"，更是复杂的人和复杂的自然界在数千年的磨合里不断试错、不断搜寻出的"人性"。传统和现代的夹缝不仅尚有余裕，空间貌似还颇大，远不是几百年以来数千个绝顶聪明的脑袋瓜的新鲜设计就能填补完满的。上亿、上十亿乃至上百亿的人在这夹缝里身体力行地找寻着自身存在的意义，发觉着美的可能，收获着崇高的体验，其实也给老字号留下了不少的生存空间，面对涌动着万般变化、千样需求的复杂客户群，大可不必前赴后继地冲向单一设计、简单复制的现代化浪潮里去。这条路既不新，也不旧，似乎没有什么可取，但贵就贵在万千生命心性所系，未必不是一条"真路"。我们只愿人们能在这条路上慢慢前行，不要专注在乏味的来处与枯燥的去处，而是细细探勘周遭的人、周遭的风景，而后能意识到，世界不是线性的，生活更不是线性的，荒寂无聊实则处处生机。至于老字号们，在充斥着苦痛的旧时代里都能铸出金字招牌，在科学技术大为丰盈的新时代里，又怎么不能重塑金身、再造辉煌呢？方向对了，点点星光也是朗朗星汉，其道大光，未来一定可期！

·守正创新·

北京中轴线文化的特质

姜海军[*]

摘 要 北京中轴线既是北京城的脊梁与框架,更是北京文化、中华文化的承载者。北京中轴线及所属建筑所呈现出的文化,集中体现了中华文化的特征、特质。就北京中轴线文化的特质而言,它既有一般都城所具有的共性,也有其自身的独特性,比如自然性、人文性、礼仪性、全球性、包容性等,正是因为这些文化特质,进一步强化了北京作为首都的优势地位,也为中华民族共同体意识的形成提供了凝聚力。

关键词 北京中轴线;北京文化;中轴线;全球文化;中华文化

北京中轴线文化充分体现了中华传统文化的不同方面及内涵,成为中华传统文化的象征。北京中轴线文化作为一种文化形态,也有其自身的属性,这些属性不仅仅基于自身所属的建筑物,也有与北京中轴线有关的人事所传达的文化理念、政治思想等。进而言之,北京中轴线文化的特质既有自然的属性,也有人文的属性,更有社会的属性,等等。这种特质本身具有了多元性、全球性、普遍性等。北京中轴线正是因为有了多元性的文化特质,使之在元明清时期大一统王朝的政治稳定、经济发展与文化认同方面发挥着诸多的作用,更是为新中国、新时代中华民族的伟大复兴提供了坚实的文化基础。

---

[*] 北京师范大学历史学院教授。本文为北京市社会科学基金重点项目"北京中轴线承载的中华优秀传统文化精髓研究"的阶段性成果。

一 自然性、人文性与人民性

北京中轴线尽管是城市规划与建设的坐标、脊梁，基本上要满足适宜当时人们生活生存与居住的舒适度，从而体现了古人天人合一、以人为本的理念。不过，究其根本，北京中轴线实际上为了展现它的政治性。可以说，自然性、人文性是其基本特征，而政治性则是其本质的特征。

中国古人所说的"天人合一"，实际上是在强调其自然性，这里的"天"主要指的是自然，即"天道自然"。天的性质是自然，也叫"道"。但实际上，中华文化所说的天人合一，更加注重的人效法天、效法自然之道。可以说，这也是人道与天道的合一。作为中华文化的思想源头——《周易》就宣扬"天人合一"，《周易》六十四卦、三百八十六爻便是对天道的模拟，《郭店楚简》说："《易》，所以会天道、人道也。"《周易》就是要人们根据自然、天道来修身明德，最终成就大人、圣人的理想人格，如《周易·文言》所说："天行健，君子以自强不息"，"地势坤，君子以厚德载物"。修德的最高人格理想就是大人，即儒家所言的圣人，这种理想人格就是天人合一的典范，如《周易·文言》所说："夫大人者，与天地合其德，与日月合其明，与四时合其序，与鬼神合其吉凶，先天而天弗违，后天而奉天时。"总之，天人合一强调的是个人与自然的和谐相处，人要效法自然、顺应自然，人的所作所为要合乎自然规律，正如老子《道德经》所说："人法地，地法天，天法道，道法自然。"也就是说，道家强调人道效法天道、人道与天道高度统一的思想。

对此，清代在重修紫禁城及所改的三大殿之名，即太和殿、中和殿、保和殿等，就体现了天人合一的思想观念。由于古人强调天人合一，而认为天与人都是基于"气"而存在，所以在北京中轴线的建筑设计上非常强调藏风聚气的风水思想，比如北京城的城门设计也注重藏风聚气，在内城的南垣开三门、北垣开两门，以此错开，达到藏风聚气的效果。总之，在中国哲学史上，天人合一始终是学者们非常关注的命题，而这些思想也充分体现在北京故宫、天坛、地坛、日坛、月坛、景山、万宁桥等的设计与建设理念之中，充分展现了效法天地、理气合一、推天道以明人事、以人为本等理念。

当然，我们不能否认的是，北京中轴线及北京城所蕴含的思想，除了强调以天子为首的统治阶层是天命之人之外，也在通过城市的空间布局来充分

· 235 ·

展示他们秉承上天的意志，在人间具有中心地位而统治他人。也就是说，基于天人合一的理念而形成的"尚中""居中为尊"的思想，以此来强化王权至上的理念。比如在都城选择上崇尚"择中立都"，并以此形成了中心拱卫式的都城营建制度，而这便是《周礼·考工记》所说的"营国制度"，实际上这也是古人对天体宇宙认知的人间化，如孔子所说："为政以德，比如北辰，居其所而众星共之。"就是说，北极星居于天体中心，漫天的繁星都围绕着它，这种天象如同是人间的秩序一样，所以《荀子·大略》就此评价说："王者必居天下之中，礼也。"元明清时期，北京中轴线作为千百年来都城建筑思想的集大成之作，更是集中体现了居中为尊的思想。当时的统治者之所以基于中轴线进行都城选址、空间布局等天人合一的形式来展现皇权思想，这也是中国古代都城从产生伊始所具有的政治性的具体体现。可以说，北京中轴线及北京城更是通过建筑布局、空间设计、装修布置等多种形式，进一步强化了这一属性，集中展现了古人天人合一、以人为本、皇权至上的思想理念，比如天坛、紫禁城的建设。当然，这种天人合一之中也包含了对民众的高度重视，所以在以皇权为核心的基础上，又融入了民本思想、以德治国等理念，比如社稷坛、先农坛的建设与祭祀文化便是如此。这些都不能不说是历史发展的必然，也是古代统治思想日渐成熟的重要体现。

总之，正是基于这种天人合一的和谐思想，中国古代始终强调人与自然之间的和谐相处，是上古以来农耕文明敬畏自然、崇尚自然观念的抽象。基于这种理念，形成了具有中华文明特色的哲学、文学、艺术、科学、伦理、道德、政治学等多种知识体系。北京中轴线所代表的中华文明与文化，也包括天文历算、农学、数学、中医学、军事学、地理学等各个方面，而这些成就直到明清之际，中国依然在世界上领先。这不能不说，北京中轴线文化所拥有的天人合一的特质具有根本性、普遍性的意义。可以说，天人合一是北京中轴线文化、中华文化非常重要的哲学思想，也是一种具有非常普遍意义的文化特质。

中华文化强调天人合一，但实际上对人事非常关注，即以人为本，从而形成了非常深厚的人文传统。对人事的重视由来已久，尤其关注统治阶层自身的道德因素。在《尚书》中，贯穿了对人自身的重视，尤其是强调修德以配天。可以说，不论何时，统治阶层都将民生、民众看得非常重要，比如《尚书·尧典》记载帝尧便是如此："曰若稽古，帝尧曰放勋，钦明文思安安，允恭克让，光被四表，格于上下。克明俊德，以亲九族。九族既睦，平章百姓。百姓昭明，协和万邦。黎民于变时雍。"从这可以看出，帝尧自身非常修身明德，更为主要的是，他选贤与能，注重家族、民众的利益，并使得各个诸侯国也非常协调和顺，从而赢得了天下人的认同。可以说，在中华文明的早期，古人就充分认识到了民众的重要性，经过尧、舜、夏、商、周时期的发展演化，民本思想最终成为中国古代治国理政的基本理念。孟子、荀子作为先秦儒家的重要传承者也都非常推崇民本思想，"民为贵，社稷次之，君为轻"（《孟子·尽心下》），"天之生民，非为君也；天之立君，以为民也"（《荀子·大略》）。从汉代开始，随着儒家学说成为官方意识形态，以民为本、以德治国的理念影响了中国两千多年，始终是统治阶层重视的治国思想，比如唐太宗曾专门写了《民可畏论》，其中有"天子有道则人推而为主，无道则人弃而不用，诚可畏也"的论断，体现出他对民本思想重要性的深刻认识。

可以说，民本思想作为中华优秀传统文化尤其是政治思想的精髓，在上古三代就已经得到了统治阶层的高度重视，随后经过儒家学者的丰富完善，最终成为治国理政的基本理念。汉代以后，随着儒家学说成为官方意识形态，民本思想成为治国理政的基本思想，民本思想对于中华文明的发展具有十分重要的推动作用。尽管北京中轴线切实体现了皇权至上、礼乐制度等，但随着时间推移，其以人为本、以民为本的思想越发得以体现，对此有学者就说道：

> 北京中轴线，历经元、明、清、民国，直至中华人民共和国，经过多个历史时代的规划、建设、改造，见证了北京几百年的城市发展历程。新中国成立后，顺应时代从封建王朝到人民当家作主社会的变迁，北京中轴线由为帝王及其统治服务向着人民当家作主、为人民服务方向转变，形成了与明清时期中轴线相互联系但又有着本质区别的文化空间类型，政治文化广场、博物馆文化宫、城市人民公园、商业休闲空间等公共场所和文化场所成为其主要的存在形式。[①]

---

① 张宝秀等：《北京中轴线的文化空间格局及其重构》，《北京联合大学学报》（人文社会科学版）2015年第2期。

近代以来，随着北京中轴线及所属建筑的相继开放，越来越多的民众开始进入这些地方，并领略到了中华文化、文明的博大精深、精美绝伦，新建的天安门广场、国家博物馆等更是注重民众的精神诉求，由此也充分体现了近代以来北京中轴线的功能由传统的皇权向民生的转向。

从元大都规划与建设开始，北京城实际上已经体现了它的人民性的特征，根据《元一统志》的记载，当时大都市的居民以坊为单位，按照街道进行区划，计有五十坊，各坊之间都是以街道为界限，周围也没有城墙，这样就打破了以往封闭式街坊的格局，而转向了开放式的胡同建筑，这样不仅有利于居民居住，也方便民众的交往与交流。明清时期，北京城继承了元大都时期对民生、商业的重视，以至于在北京城的中轴线两侧不仅有贵族的亭台楼榭，也有平民的坊市商铺，由此形成了明清北京城商业贸易的繁华。

民国以来，北京中轴线上的建筑随着社会性质与政治体制的根本性转变，开始由以往的皇家所有日渐转化为人民所有。况且，北京中轴线又建设了很多与人民相关的建筑，以此凸显了它的人民性、社会性，北京中轴线由此在功能上发生了巨大的变化，对此有学者总结道：

> 今天，从天安门到原中华门旧址这一区域，面貌一新。东西长安街早已成为交通要道，车辆行人在天安门前来来去去，畅通无阻。……到一九五九年国庆十周年，修建包括人民大会堂等的"十大建筑"，在天安门和原中华门之间，东面修起了中国历史博物馆，西面修起了人民大会堂，遥遥相对，昔日从中华门通到天安门的那条狭长的通道，已经不起任何作用而拆除了，展现在天安门前的是一片辽阔的广场。在广场中间，又耸立起一座巍峨的人民英雄纪念碑。这是北京旧"皇城"变化最大的部分。……太庙是明清两朝皇帝祭祀祖先的家庙，解放后改为劳动人民文化宫。……辛亥革命以后，社稷坛辟为公园，供人游览。……中山公园与劳动人民文化宫的面积相若，都呈长方形。北面与紫禁城隔河相望，中间的筒子河可以划船。从这两个公园的后门出来，通过阙左门和阙右门，走不多远就可到午门。在紫禁城的北面，有一个景山公园。……古老的宫殿、红墙与现代化的高楼交织在一起，它并没有使人产生不调和

之感，相反，新老相得益彰，这也许正是北京城的特色吧。①

可以说，从近代以来，北京城中轴线上的各个建筑逐渐都转化为了社会财产，大多成了服务于民众的国家机关与人民公园，它们不再为皇家所有，更不是少数人的财产。正是这种属性功能的变化，也促使北京城转变为了一个现代化的城市，成为具有社会性、人民性的大都市。

新中国成立之后，北京作为新中国的首都，也发生了翻天覆地的变化，这种变化不仅有性质的变化，更有内容上的变化，其中最基本的特征就是以北京中轴线为中心的北京城越来越体现了它的人民性，即以民众利益、福祉为前提而不断发展变化，对此正如侯仁之先生所总结的：

> 从1949年到现在40年来，北京的变化与它漫长的历史比较而言，确实是惊人的。……新的建筑物如雨后春笋般相继崛起，其中有1959年落成、巍然耸立在天安门广场东西两翼的人民大会堂和中国人民革命博物馆及历史博物馆。在号称"十里长街"，成为北京新的东西轴线的东西长安街两侧，新北京饭店、民族文化宫、电报大楼、广播大厦、民族饭店、军事博物馆等公共建筑和宾馆、办公楼、商业中心，以各具特色的造型装点着这条繁华而雄伟的大街。在北京的东郊、西郊和城南，为开展体育比赛陆续兴建了规模巨大的北京体育馆、首都体育馆、工人体育场和先农坛体育场。……为了满足市民对文化艺术的追求和多方面的需要，市区和郊县的所在地，陆续建成许多剧场、影院、文化宫、俱乐部和体育场。其中自然博物馆、地质博物馆、北京天文馆、鲁迅博物馆、中国美术馆、徐悲鸿纪念馆、北京展览馆、全国农业展览馆以及北京动物园、北京植物园和新近落成的游乐场、展览中心等公共活动场所，充分反映了人民生活的丰富多彩，为开展经济、技术、文化、艺术的交流，满足人民的学习、娱乐和艺术享受提供了良好的物质基础。随着市区的扩大和新的住宅区的增加，北京城区原有的商业街，例如王府井大街、前门大街、东四、西四、鼓楼大街、东单、西单、菜市口大街、大栅栏、琉璃厂文化街，不仅恢复了许多经营特种商品、历史悠久的老字号，而

---

① 贺善徽：《北京的旧"皇城"》，《紫禁城》1982年第1期。

且新建了百货大楼、商场、菜场和各种商店，成为市场繁荣、顾客盈门的闹市。除此之外，在新建的住宅小区和郊县的卫星城镇，相应配套建成商场、菜场、购物中心以及医院、学校等生活设施，形成了新的商业中心。①

侯仁之先生总结了新中国成立后40余年翻天覆地的大变化，这个时间距离今天又过去了四十年，这其中的变化更是不可同日而语。可以说，从新中国成立之后，北京尽管继续作为首都，但是它调整了它作为传统政治性、国家性等的重要属性。在中国共产党的带领下，对传统的北京城在建筑规划、交通、社区、体育、商业、文化等各个领域都做了全面的规划与重建，极大地丰富了民众的日常生活，这些都充分体现了北京城作为新中国首都所具有的人民性、公共性特征。即使是建筑在中轴线上的故宫、景山、社稷坛、太庙天坛、地坛等也都修缮一新，重新对民众开放，成为市民和中外游人休息、娱乐的公园。北京在文化建设方面也在国内、国际上首屈一指，成为举世瞩目的国际文化及旅游的大都市。

总之，元明清时期基于北京中轴线所形成的空间格局，既有宫廷、园林、坛庙、寺院，又有学校、沟渠、集市等，这些都充分体现了北京中轴线的包容性、公共性。当然，我们不能否认其所集中展现的皇权主义。随着清朝的结束，北京中轴线开始打破以往"一元化"的政治空间布局，而转向了"多元化"的社会文化方向发展，这极大地展示了北京中轴线的公共性、人民性与社会性。可以说，北京中轴线的社会公共性是其重要的特质，这种特质的产生是自古以来传统以德治国、以仁兴邦思想的具体体现；随着新中国的成立，这种特质得到了进一步的传承弘扬，也由此充分体现了社会主义制度及文化的优越性、先进性。

二　礼仪性、伦理性与政治性

北京中轴线是北京城的脊梁与坐标，是对中国古代都城建筑思想的继承与发展，它集中体现了古代以礼治国、以德治国的理念与传统。中华礼乐的

---

① 陈桥驿主编：《中国七大古都》，中国青年出版社2005年版，第52页。

起源甚早，可以追溯到新旧石器时代。它是上古时期中华民族的先民们将日常生活规范化、程序化的必然结果。原始时期，人们习惯性地将重要的活动仪式化，这种仪式化既增强了人们的情感、认同，同时也有效地形成了全新的政治秩序，从而满足了当时落后的生活、生产状况。的确，先秦时期古礼的起源很大程度上就是生活化、程序化的结果，对此正如《礼记·礼运》中所说的："夫礼之初，始诸饮食。其燔黍捭豚，污尊而抔饮，蒉桴而土鼓，犹若可以致其敬于鬼神。"近代以来的考古发现，在距今7000年到5000年左右的史前仰韶文化、龙山文化、良渚文化等遗址中，出现了很多用于祭祀的琮、盘等玉器，这就说明中华先民们对宗教祭祀礼仪的重视。礼乐是中华民族的先祖们长期生活、劳动探索的结果，也是治国理政的重要手段。

北京中轴线所属建筑也充分体现了这种礼仪秩序，更是承载着中国古代以礼治国的理念与思想，对此如梁思成所言：

> 贯通这全部部署的是一根直线。一根长达八公里，全世界最长，也最伟大的南北中轴线穿过了全城。北京独有的壮美秩序就由这条中轴的建立而产生。前后起伏左右对称的体形或空间的分配都是以这中轴为依据的。气魄之雄伟就在这个南北引申，一贯到底的规模。[1]

梁思成对北京中轴线的称赞，实际上表达了对中国古代尤其是元明清基于传统礼制所建立的建筑群，北京中轴线上的宫殿、寺院、园林、坛庙等都是对中国古代数千年礼制传统的继承与发展，它们所承载的礼制思想及以礼治国的理念，更是中华文化传统的主导所在。

北京中轴线上所呈现的礼制思想，实际上也早已融入中华民族的血液之中，成为中华民族价值观、道德伦理的重要内涵所在。这些主要体现在当时生活在北京城中君臣、百姓的一言一行之中。不仅如此，随着宋元明清时期理学的建构与盛行，传统礼制更加道德化、伦理化，成为维系古代人伦道德、社会风气、政治秩序的重要手段，正如《礼记·曲礼上》所说：

> 道德仁义，非礼不成，教训正俗，非礼不备。分争辨讼，非礼不决。

---

[1] 梁思成：《北京——都城计划的无比杰作》，《新观察》1951年4月。

君臣上下父子兄弟，非礼不定。宦学事师，非礼不亲。班朝治军，莅官行法，非礼威严不行。祷祠祭祀，供给鬼神，非礼不诚不庄。

从《礼记·曲礼上》的总结可以看出，当时的道德伦理、社会风俗、纲常名教、教化习俗、宗庙祭祀等都离不开礼仪对人的约束。礼仪的作用渗透到了社会的各个层面，甚至是思想观念层面，成为人们日常生活不可或缺的存在。在具体的礼仪实践中，古人通过服饰、饮食、住宅、待遇等各方面来彰显礼仪差异，这些在北京中轴线及其所属建筑中表现得非常明显。可以说，礼仪产生之后，随着它在各个层面的渗透，就逐渐变成了中华民族的基本特征，正如有的学者所总结的："礼在中国，乃是一个独特的概念，为其他任何民族所无。其他民族之礼一般不出礼俗、仪礼、礼貌的范围，而中国之礼，则与政治、法律、宗教、思想、哲学、习俗、文学、艺术，乃至于经济、军事，无不结为一个整体，为中国物质文化和精神文化之总名。"① 历朝历代的统治者正是通过制定不同等级、不同类别的器物来彰显礼仪，以此来维护社会政治秩序，如贾谊《新书·卷一·服疑》中就说：

奇服文章，以等上下而差贵贱。是以高下异，则名号异，则权力异，则事势异，则旗章异，则符瑞异，则礼宠异，则秩禄异，则冠履异，则衣带异，则环佩异，则车马异，则妻妾异，则泽厚异，则官室异，则器皿异，则饮食异，则祭祀异，则死丧异。

古代重视礼仪，注重以礼治国，由此便有了相应的服装、称谓、权力、符瑞、俸禄、鞋帽、佩饰、车马、妻妾、住宅、用具、饮食、祭祀、丧葬等多个方面的不同规定，这些规定实际上约束着不同的群体，使得他们彼此之间不能僭越界限。可以说，在中国古代的社会文化中，等级无所不在、无时不在，而这种等级观念一般都是通过各种不同器物、制度等来展现，同时，礼仪在一定程度上又扮演着法律的角色，或者说是准法律。不仅如此，朝廷还通过具体的法律条文进行规定，以保障礼仪的存在与运行。所以，礼仪是中华民族存在和发展的一个重要纽带，而礼治则是现实社会政治发展与治理

---

① 邹昌林：《中国礼文化》，社会科学文献出版社2000年版，第14页。

的重要手段，也是一种具有中华特色的文化模式，而这些礼仪规范、礼器等都在北京中轴线及所属建筑中有不同的展现。

另外，北京中轴线集中体现了传统的伦理道德、政治属性，比如中正的伦理道德思想，便体现为"古之王者，择天下之中而立国，泽国之中而立宫"的建筑思想。北京中轴线呈现的不仅是中国古代文化的传统，更是人们对于国家大一统、中正和谐、天下一家、和而不同等理念的认可与传承。由于宋元明清时期，随着理学的建立，传统的道德伦理学说进一步被强化，以德治国的道德伦理性也进一步凸显，而这也在当时元明清北京城及统治者那里得到了充分的体现。

忽必烈建立元朝之后，在元大都之际，他为了突出大都是全国中心的地位，除了军事、政治、经济上进行改制突出其首都地位之外，除了保留金朝按照儒学理念及中原北宋汴京的城市规划加以改建的既有规模之外①，还进一步推行儒学、建立儒学机构、宣扬南宋旧地流行的程朱理学，以此强化人伦道德在元朝社会政治中的作用。朱元璋建立明朝之后，也采取一系列举措来恢复中华礼仪文明，强化儒家人伦道德、纲常名教，旨在通过儒家礼仪道德来规范人们的行为，重新恢复儒家所宣扬的纲常名教、人伦道德的主导性。后来，明成祖朱棣称帝并迁都北京，曾敕命胡广、杨荣、金幼孜等人纂修《五经四书大全》及《性理大全》，程朱理学也被作为官方意识形态。当时，学者们多秉承程朱理学，笃守躬行，如学者所言："自考亭以还，斯道已大明，无烦著作，直须躬行耳。"② 清朝建立之后，北京作为首都，随后清帝皆推崇儒家学说，强调人伦道德，如康熙极力推崇程朱理学，认为"孔孟之后，有裨斯文者，朱子之功，最为弘巨"③，并在康熙五十一年（1712），将程朱理学确立为官方意识形态。

可以说，元明清时期，北京作为当时的首都，统治者们为了强化社会控制，极力倡导儒家人伦道德、纲常名教，由此使得程朱理学及其所宣扬的伦理道德成为当时的基本行为规范。换言之，北京中轴线及北京城在元明清时

---

① ［清］于敏中等：《钦定日下旧闻考》卷三十七《京师总记》记载："乃命左右丞相张浩、张通、左丞蔡松年，调诸路民夫筑燕京，制度如汴。"
② ［清］张廷玉等：《明史》卷二百八十二《薛瑄传》，第7230页。
③ ［清］官修：《清实录》第6册，《圣祖仁皇帝实录》卷二百四十九，中华书局1985年版，第466页。

期已经不仅仅是具体的建筑轴线,还是中华民族的心理基准线,这种基准线实际上就是当时的统治者们对程朱理学的传承弘扬,从而使得儒家人伦道德、纲常名教成为社会生活、文化观念中的基本标准,由此也强化了中华文化的伦理道德性。对此如有学者在界定中轴线的时候曾这样说道:

> 轴线可以称之为一种线性基准。线性可以算是所有轴线的一种基本特征,而基准是轴的本质所在,无论是心理轴线还是发展轴线,都符合这一普遍性的含义。通常情况下可以将轴线概括为两种,一种是"虚轴",即看不见摸不着,却无刻不影响着人们行为和心理的线。另一种是"实轴",即指可以行走在上面并通过的道路。①

这种解释很有道理,北京中轴线作为北京城空间布局的基准,尽管体现为有形的城市主干道、主要建筑,但随着时间推移,它所承载的价值观念已经内化于心。它所承载的中华优秀传统文化精神,已经内化为民族精神,尽管它看不见、摸不着,而这主要表现为儒家文化长期的传播、渗透,已经根植于心,已经成为中华民族言行举止的规范、标准,进而成为一种话语体系、文化体系。也正是因为如此,北京中轴线所象征的中华文化在世界上独树一帜,直到今天,作为四大文明之一的中华文明之所以能够源远流长、一脉相承,就是因为这种长期以来所形成的文化传统,经由北京中轴线等文化遗产而传承、弘扬。换言之,北京中轴线与其说是建筑本身的产物,还不如说是中华文化发展到一定阶段内化于心的精神,是中华民族文化自信、文化认同的思想源泉所在。

尽管北京中轴线及所属建筑承载着古代的礼仪纲常、道德伦理,但是这些都是为了充分展现其政治性。对此,从金朝规划建设金中都开始,就已经将中轴线作为皇权观念的重要政治体现。金朝所建设的中都内城,是在辽皇城旧址的基础上进行扩建。金朝的内城分为皇城、宫城两重。宫城南门为应天门,从应天门向北贯通宫城北门,形成了一条南北贯通的中轴线。在这条中轴线上,建设有大安、仁政、太和、神龙等宫殿,整个内城基于中轴线布

---

① 单晓燕:《北京旧城传统中轴线保护和控制区域色彩控制研究》,北京建筑大学硕士学位论文,2014年6月未刊本,第61页。

局完整，与全城形成一个有机的整体，充分体现了当时的皇权至上的政治主题。

随后，元朝在金中都附近重新建城，汲取了它的中轴线思想，而这又被明清两朝所继承发展，从而为后来的中轴线奠定了基础。可以说，北京的中轴线自形成至今有800多年的历史。在这数百年的历史中，中轴线始终是都城的核心所在，更是皇权与国家的象征。并随着时间推移，北京中轴线不断被丰富、完善，比如明代继承了元大都的中轴线，并在南面建设了外城。又在中轴线的北端设立钟鼓楼，南边建设了太庙、社稷坛、天坛、先农坛等，由此更加凸显了皇权至上的政治特质，如有学者所言：

> 明北京城中轴线连着"四重城"，从平面上看，外城包着内城南面（因财力不足，仅筑一面外垣），内城包着皇城，皇城又包着宫城紫禁城，形成多重同心的方城。每层城墙周围都环绕着宽且深的护城河，皇帝居住的宫城便是全城的中心，处于层层拱卫之中。加之城外四周又筑有天、地、日、月四坛，宫城俨然"宇宙的中心"。这种城市规划设计集中体现出封建帝王"普天之下，唯我独尊"的主题思想。同时，宏伟高大又金碧辉煌的宫殿建筑，在数以千万计、井然有序的掩映在绿荫之下的灰色四合院，以及散落在城中不同部位的衙署、坛庙、寺观的烘托下，更是凸显出"皇权至上"之势。[①]

明代是北京城中轴线发展史上承上启下的重要时期，基本上奠定了北京中轴线的基本规制。更为主要的是，在这条线上，明朝通过内外城的建设、宫城的设计、建筑的规制与色彩，以及城中不同部位的衙署、坛庙、寺观的布局，充分体现皇权至上的理念。随后，清朝在明朝北京中轴线基础上，进一步丰富完善，进一步体现皇权至上的理念。

1949年，新中国成立之后，北京的中轴线在内容与内涵上又得到了新的丰富，如先后形成了天安门广场，建设了人民英雄纪念碑、毛主席纪念堂、人民大会堂、中国历史博物馆、中国革命博物馆（现国家博物馆）等新的建筑。不过，这一时期北京中轴线由以往体现皇权的政治属性，转变为新时代

[①] 柳彤：《匠意天成——明代北京城中轴线叙说》，《文史知识》2021年第2期。

社会主义人民当家作主的政治属性。在这里，既有可以供数十万群众集会，也有供上万全国各族人民代表进行开会、讨论国家大事的人民大会堂，党和国家领导人每年也在这里处理重要政务，并在这里召集全国人民代表大会、全国政协会议，以及各种类型全国性的会议，等等。这些都充分彰显了北京中轴线作为政治中心的历史延续性，它可以说是中华民族的国家政治之轴。

总之，北京中轴线作为北京城的坐标与脊梁，集中体现了它的政治内涵及意义，这种政治属性主要通过空间布局、建筑规制、装饰设置等进行展现。不仅如此，基于北京中轴线的北京城作为全国的政治中心，这里所发布的政治理念也具有指导性。总之，北京中轴线是国家的象征，权力的象征，更是新中国的象征。

三　国家性、全球性与包容性

北京中轴线作为中华文明的伟大遗产，不仅仅具有建筑学、美学上重要的价值与意义。它作为中华民族的伟大象征，也充分展示它在政治方面的特殊意义。也就是说，在元明清时期，北京中轴线及北京城作为当时的王朝首都，通过政治、经济、文化、社会等各方面形式，来体现其政治性、国家性、世界性的文化意义。它是中华民族、中国的象征，具有国家性。也就是说，北京中轴线及北京城的文化，并不限于政治所有，也是国家、民族的象征。

元明清时期，北京中轴线及北京城一直被看作中国的国家象征。从这里发布的政令及举措，直接影响了全国乃至全球。比如从元朝开始，由于元朝重视商业，当时形成了若干个商业中心与大都市，其中大都（即今天北京）、杭州便是当时的经济重镇。大都不仅是元朝的政治中心，也是当时闻名于世界的商业大都市。《马可·波罗游记》赞叹大都的货物太多，为世界其他城市所不能比。到了明朝，随着农业、手工业、交通及对外交往的发展，全国的商业发展进入了一个全新的时代。在当时，兴起了一批重要的商业城市，比如南京、西安、洛阳、苏州、杭州、广州、泉州等。清朝的外贸也非常发达，比如康熙时期，江苏、浙江、福建、广东等地开放，中国与东南亚、欧美各国的商业往来非常频繁，中国向海外输出了大量的棉布、丝绸、瓷器、铁锅、茶叶等货物，为当时的清政府获得了巨大的收益。由于乾嘉时期，中国市场开放有限，且中国相对欧美其他国家而言，始终处于贸易顺差的状态，所以引发了欧美列强的不满，随即以鸦片的问题引发战争，随后中国战败被迫开放国门，中国商业由此也进入了新的不平等阶段。

元明清时期，北京中轴线及北京城作为王朝的首都，在这里象征国家最高统治机构的吏部、户部、兵部、刑部、礼部、工部等衙署及所属机构，都设置在天安门前中轴线两侧（今天安门广场位置一带），它们直接听命于当时皇帝的旨意，通过承上启下，进而对天下发布政令、实施统治；不仅如此，北京中轴线上的规制最高、雄伟高大的正阳门城楼、城门和城墙，充分体现了皇权与国家统治的威严；中轴线北端终点的钟鼓楼，也是当时皇帝掌控全国时间发布、统一全国作息的历史上最早的北京时间；中轴线上的天坛、社稷坛、先农坛等也都昭示着君王受命于天，以此实现对整个国家的掌控。不仅如此，在元明清时期，身在北京的统治阶层还通过科举考试、太学等形式，来展现对全国教育、人才的掌控。另外，在数百年的时间里，身在北京的统治者们也通过招纳全国优秀人才编纂大典的形式，来凸显北京所具有的国家意义，比如元朝编纂的《经世大典》，明朝编纂的《永乐大典》《五经四书性理大全》，清朝编纂的《古今图书集成》《四库全书》，等等。这些都体现了北京中轴线及北京城所具有的国家意义。

总之，北京中轴线及北京城通过建筑、空间布局、装饰、政治行为等各种方式，来充分展示国家的象征意义。正是由于北京在当时在政治、经济、文化、社会、外交等所具有的主导地位，使之成为元明清时期国家的象征。即使在新中国成立之后，北京中轴线及所属建筑比如天安门、人民大会堂等也都具有了国家的象征意义。这些都不能不说，北京中轴线文化所具有的丰富内涵及特别属性。

北京中轴线及北京城不仅仅是中国的，也是世界的，是人类历史上思想文化的结晶，也是人类智慧的体现。北京中轴线的世界性，不仅仅体现为对世界各国文化的包容性，也基于文化观念对世界各国物质文明、外贸交流、商业经济、科技创造等的吸纳。尽管在清代短时间实行过闭关锁国，但是并没有从整体上影响北京中轴线及北京城的包容性、世界性。新中国成立之后，基于北京中轴线对北京旧城所进行的一系列改造、新建，比如天安门广场、革命博物馆、国家博物馆、人民大会堂、人民英雄纪念碑、毛主席纪念堂等，无不充分体现了社会主义的特色，而这里也是来自世界各国游客关注的焦点所在。换言之，北京中轴线在新中国成立之后，其功能及价值有了全新的转变，体现了人民性、现代性、世界性意义。

实际上，北京中轴线从元大都建设之初开始，它就充分体现了它的世界性、全球性。当时的元大都不仅是世界性多元宗教文化并存的中心，也是世界物质习俗文化的交汇点。大都内有来自世界各地的商业店铺，百货云集、酒肆林立，有鼓楼、斜街、羊角、枢密院角四大市场，还有30多处物资集散之地。前来经商、交流的各族人民，也带来了各个民族的习俗文化。蒙元对各国、各民族的习俗颇为尊重，比如《通制条格》规定："照得至元八年钦奉圣旨定到民间嫁娶婚姻聘财等事内壹款，诸色人同类自婚姻者，各从本俗法。……蒙古人不在此例。"[1] 元大都多元宗教与文化并存的格局，促使朝廷在管理模式上也采取多元化的方式，使之成为全球多种管理理念与制度文化的交汇中心。

北京城作为世界性的大都市，在这里不仅曾对整个东亚的政治格局产生深远影响，也对整个世界的局势及社会经济发展产生过重大影响，并促进了世界各国经济贸易的交流，根据史书记载，元朝这里曾汇集了来自世界各地的商货，也有来自世界各地的学者、官员、手工业者、科技发明者，等等，如马可·波罗评价元大都时就这样说道：

> 外国巨价异物及百物之输入此城者，世界诸城无能与比。盖各人自各地携物而至，或以献君主，或以献宫廷，或以供此广大之城市，或以献众多之男爵骑尉，或以供屯驻附近之大军。百物输入之众，有如川流之不息……此汗八里大城之周围，约有城市二百，位置远近不等。每城皆有商人来此买卖货物，盖此城为商业繁盛之城也。[2]

马可·波罗在元代前期来到中国，在这里他身临其境地感受到了元大都的宏伟，也感受到了这里的政治氛围：来自世界各国的使臣来献礼。不仅如此，当时各地的货物、商品川流不息地在这里进行交易买卖，从而促进了当时商业的繁荣。但也由此促使元大都成为世界性的大都市，所谓"世界诸城无能与比"，这其中自然也包括当时的欧洲伦敦、巴黎等城市。明清时期，中

---

[1] 方龄贵校注：《通制条格校注》卷四《户令·嫁娶》，中华书局2001年版，第169页。
[2] ［意］马可·波罗：《马可波罗行纪》，冯承钧译，上海书店出版社2006年版，第225页。

国的经济贸易、思想文化依然对当时的东方乃至世界具有十分强大的影响力。

当然，北京中轴线及北京城并非一味对外传播其文化、经济，也体现为对世界文化、文明成就的吸纳，比如近代以来，西方的建筑设计、技术与材料等传入中国，使得建筑风格越来越西洋化，这在北京中轴线及东交民巷使馆区表现得比较突出。这里陆续建设的北京饭店、新世界商场、正阳门外的劝业场等都凸显了西方文化、文明的元素，由此表明了北京中轴线及北京城的包容性、世界性。总之，北京中轴线作为中华文明发展的重要成就，集中体现了中华文化的传统。同时，这里作为全国的政治文化中心，它所承载的价值、思想与理念，也具有了世界普遍性、包容性、全球性。即使在新中国成立之后，随着北京中轴线的延伸及发展，越来越向世界表明北京发展的巨大空间与无限潜力。

此外，北京中轴线从设计、建设一开始，就充分体现了它的开放性、包容性，这种思想充分体现了它所具有的远见。实践证明，数百年来北京中轴线文化的科学性，它甚至也为北京的现代化、国际化提供了基础，如美国规划学者埃德蒙·N. 培根（EdmundN. Bacon）所说：

> 北京可能是人类在地球上最伟大的单一作品。这座中国城市，设计成帝王的住处，意图标志出宇宙的中心。这座城市十分讲究礼仪程序和宗教思想，这和我们今天毫无关系。然而在设计上它是如此光辉灿烂，以致成为一个现代城市概念的宝库。①

元代设计了北京中轴线，成为元明清北京城建设的基本坐标，其中凸显了礼仪、宗法、伦理等思想，其所承载的中华传统文化精髓直到现在也继续被传承弘扬，比如仪礼、秩序、道德、伦理等，这些也具有世界普遍意义。更为主要的是，其设计理念的远见与科学，也为现代北京所继承，为其成为国际大都市提供了基础。

实际上，在民国时期，北京中轴线尽管突破了传统的社会政治功能，而进一步凸显其文化价值，这也充分体现了它的公共性、社会性、人民性、现

---

① ［美］埃德蒙·N. 培根：《城市设计》，黄富厢、朱琪译，中国建筑工业出版社 2003 年版，第 244 页。

代性、开放性与包容性，这标志其功能较以往发生了巨大的变化。这些功能及文化意义的转向，不能不说与近代西方思想的影响有直接的关系，但也反映出了北京中轴线所具有的包容性、世界性、现代性。正因为如此，近代以来北京中轴线及北京城成为现代北京发展的新起点。新中国成立之后，北京中轴线文化更是在以往的基础上，表现出了它的现代性、社会主义性，同时其所宣扬的富强、民主、文明、和谐、自由、平等、爱国、友善等核心价值观，也充分体现了它的全球普适性或曰普世性，以及人类发展的现代性、包容性。

可以说，自从元明清北京作为首都的数百年间，北京中轴线充分展现了它的开放性、包容性。在新中国成立之后，北京中轴线以其包容性，进一步凸显了其社会主义的属性，具有了现代意义，对此，有学者就这样说道：

> 北京中轴线上诸多空间单元的政治功能已经消退，现今仍保有政治功能兼具文化功能的空间单元是天安门广场，包括整个广场、天安门、人民大会堂、国家博物馆等大型公共建筑在内。自辛亥革命之后，天安门广场逐渐转变为民众的政治集会场所。新中国成立以后，经过改造扩建的天安门广场，不仅建筑外貌、空间格局发生了巨大变化，而且被时代赋予了新的政治意义，成为人民的广场，取代了明清紫禁城位居中轴线之核心的地位，成为当今北京中轴线的重心之所在，成为国家政治中心的象征，既为国家典礼服务，为议政、施政服务，也为民众大型集会、文化活动服务，每天都有众多来自全国各地的人民群众到天安门广场观看升国旗仪式。天安门城楼图案成为中华人民共和国国徽的组成部分，人民英雄纪念碑已经成为全中国人民心中永远的丰碑，天安门广场东西两侧新建的国家博物馆和人民大会堂，乃是新时代的国家历史之展现，人民社稷之所在，可以说是新形式的"左祖右社"。[1]

北京中轴线从近代开始尤其是在新中国成立之后，基本上失去了它集中作为皇权政治、服务皇权的旧有政治功能，从而转向了全新的政治文化功能，

---

[1] 张宝秀等：《北京中轴线的文化空间格局及其重构》，《北京联合大学学报》（人文社会科学版）2015年第2期。

这标志着新的政治制度、社会与文化的转向。北京中轴线被赋予了新的政治文化意义，比如天安门广场成为人民的集会场所；人民大会堂、国家博物馆服务于民众；人民英雄纪念碑是纪念革命先烈为了民族独立、百姓福祉而甘于奉献的精神，也宣扬了以德治国、以民为本的思想；等等。更为主要的是，随着2001年北京申奥的成功，北京中轴线向北延伸而兴建了国家体育馆、奥林匹克公园等新建筑，由此体现了绿色、人文、科技等现代理念，这些也是北京中轴线现代化的重要体现，更是北京中轴线包容性的充分体现。

小　结

　　元明清时期的北京中轴线作为都城建设的脊梁与坐标，充分体现了它的极大贡献及魅力。北京中轴线不仅仅是建筑群体的组合，更不是简单的城市空间布局，也是一种传统建筑文化尤其是政治文化的集中体现，这种文化传统直到今天依然有一定的影响力。当然，随着近代以来，北京中轴线传统政治文化功能的转向，先农坛、天安门广场、天坛、正阳门、太庙等先后向公众开放，充分体现了"人民当家作主的公共性"[①]，这自然标志着北京传统中轴线内涵与内容的现代转向。北京中轴线作为一种文化体系，尤其自身的特质，这种特质也具有中华传统文化的共性。北京中轴线文化注重天道、地道与人道的有机融合，注重人与自然的和谐相处。与此同时，作为集中体现政治文化的轴线，也集中反映了传统文化中礼治、德治等价值观。当然，北京中轴线并不是一个封闭的文化体系，而是自始至终保持了它的开放性、包容性，正因为如此，北京作为首都在文化内涵上不断丰富完善，为中华文明的源远流长提供了内在支撑。

　　另外，北京中轴线既是有形的存在，更是一种无形的文化存在，而这种文化意义也充分体现在北京中轴线、长安街东西贯通的横轴方面。毕竟，它也是近代一百多年来北京中轴线及北京城发展的历史见证。北京的横向轴线主要是在民国之初朱启钤进行长安街的改造之际，才真正凸显出它的存在及价值。这种基于长安街的贯通，直接消除了北京中轴线固有的不足，极大地拓展了北京城市规划与发展的空间，这自然为今天及未来北京城市的高速发

---

① 北京文物局：《北京传统中轴线文化价值研究》，《中国文物报》2012年6月6日。

展、国际化提供了有力的空间保障,更是丰富了北京中轴线的文化意义。尽管基于长安街贯通的横向轴线极大地拓展了北京的发展空间,淡化了北京传统中轴线的历史意义,但是不能否认的是,这又进一步强化了北京中轴线的文化价值与社会价值,体现了北京中轴线文化所具有的时代性、包容性等特质。对此,正如侯仁之所指出的:"至于从长安街开始继续向东西两方径直延伸的大干路,又彻底扭转了几百年来北京旧城在平面设计上那条南北中轴线的支配地位,从而使新市区的扩建,沿着一条新轴线向东西两方有计划有步骤地发展起来。"[①] 随着时代的发展,北京中轴线所具有的文化特质得到了进一步强化,而这也为北京城市的新时代发展提供了思想文化支持,更是为未来北京城的发展提供了新的起点与方向。

[①] 侯仁之:《北京旧城平面设计的改造》,《文物》1973 年第 5 期。

关于元大都文化活化利用的思考

——来自古罗马的启示

常书红[*]

摘 要 古都文化的活化利用是当前首都文化发展面临的重要课题之一，而要把古都文化活化利用好，不仅需要不断开掘古都文化本身的历史价值，呼应首都文化发展的现实需要，更需要在全球视野下，借鉴古今中外历史文化名城特别是著名古都的经验教训，以寻求科学有效的活化利用策略。本文主要通过对作为东西方文明的重要源头和城市文明的杰出代表、堪称世界城市文明史上双峰的古罗马与元大都文化发展历程的追溯和比较，特别是通过对古罗马历史文化遗产从惨遭破坏到科学保护利用过程中经验教训的分析，提出了当前推进元大都文化活化利用的若干建议。

关键词 元大都；古罗马；活化

在历史的风云中，曾经璀璨一时的人类文化成果有的被摧毁、埋葬，有的被肢解、丢弃，有的被掠夺，有的被"奉送"，有的在坍塌的边缘摇摇欲坠，也有的在一堆现代"新贵"的高楼大厦间尴尬地寻找存在感……对于古罗马和元大都这样历史久远的文化之都，以上种种几乎都不曾幸免，它们曾经创造的那些人类文明的伟绩幸存至今的已经屈指可数。幸运的是，文化遗产保护已经成为当今世界各国的共识，各种保护法规、方案纷纷出台，很多

---

[*] 北京师范大学北京文化发展研究院副研究员。

机构、团体投身其中，然而理念杂沓、功利驱动的保护未免乱象丛生。如何真正从令人扼腕痛惜的文化遗产破坏历史包括以保护建设之名行破坏之实的做法中吸取教训？如何寻找到科学可行的元大都遗产保护路径？冥冥之中与元大都结下不解之缘的古罗马应该会提供给我们诸多启示。

一　元大都与古罗马的不解之缘

提到元帝国时期中西方文化交流的开启，人们自然会想到一个意大利人——马可·波罗。他是第一个将元朝的广大、大都的富庶、大可汗的神威等近乎神话的中国印象带回欧洲的人，也是他及他的游记在西方催化了人们对中国这个遥远国度的无穷想象和向往，进而掀起了去东方、去中国探险的狂潮，使大都迎来了络绎不绝的来自欧洲的旅行者。这些旅行者不再是为了外交目的而短暂停留的使节，而是雄心勃勃意欲在中国开辟神奇乃至神圣事业的商人和传教士们。

那么，为什么会是意大利"发现"元大都？为什么会由一个意大利人电光石火般点亮了中西文化交流的新时代？意大利与中国之间是否存在一种冥冥之中的缘分？如果我们稍稍回溯一下两个国家的历史，也许可以为这种"缘分"找到一些证据或线索。

公元前8世纪，在意大利中部以帕拉丁为中心的七山地区出现了一座不起眼的小城市，这就是罗马城。谁也没有料到，这个小小的城市会迅速崛起，不仅很快改变了意大利的命运，而且进而改变了整个地中海世界的命运，它所创造的魅力，就是相隔万里的中国人也神往不已。同时，罗马的崛起，也为各国之间文化的传播做出了很大的贡献。我们熟悉的谚语"条条大路通罗马"便是罗马帝国促进域内外文化交流的生动写照。而到了13世纪，元朝的崛起无疑在某种程度上再现了罗马帝国曾经的辉煌，这种辉煌不仅是意大利的记忆，也是其基因中挥之不去的渴望。于是我们看到，马可·波罗在跨越漫长的元帝国领土后终于来到这个国家的首都"汗八里"的瞬间，就被它的繁华所深深震慑，他慨叹其"宫殿之大，前所未闻"，各种建筑"巧夺天工，登峰造极"，艺术作品"金碧辉煌，琳琅满目"，"凡世界上最为稀奇珍贵的东西，都能在这座城市找到"，"出售商品之多，是世界上任何城市所不能相比的"。正是怀着这样的感情，他没有像之前来过元帝国及元大都的其他西方人一样，回国之后对旅程三缄其口，而是将他的旅程加以极大的溢美乃至夸张和虚构，津津有味地讲给别人听。为了让更多人听到他的故事，他还专门找人将他的旅程及所见所闻详细地记录下来，出版了甫一问世即在西方世界引起极大震动的《马可·波罗游记》。除了马可·波罗，后来相继到过元大都（"汗八里"）并与元世祖建立了密切关系的不少人，如鄂多立克、马黎诺里等也都是从意大利万里迢迢而来。其实，早在马可·波罗之前，元朝就已经向遥远的罗马教廷派出使臣，由马可·波罗的父亲及叔父尼哥罗兄弟随从，与教皇互通信件，建立联系。可见，处于欧亚两端、相距遥远的两个文明的握手，已然穿越了千百年的惺惺相惜。作为东西方文明的重要源头和城市文明的杰出代表、堪称世界城市文明史上双峰的罗马和元大都携手对13世纪东西方文化交流的强力推动，看似偶然，实则又有一定的必然性。无怪乎有人认为，蒙古人在传播文化方面的功绩足可以与罗马人相媲美，并将在蒙古人推动下东西方文化交流的时代命名为"马可·波罗的世纪"，称"蒙古人几乎将亚洲全部联合起来，开辟了洲际的道路，便利了中国和波斯的接触……从蒙古人的传播文化一点说，差不多和罗马人传播文化一样有益。对于世界的贡献，只有好望角的发现和美洲的发现，才能够在这一点上与之比拟。这是一个足称为马可·波罗的世纪"[①]。

更耐人寻味的是，马可·波罗不仅在他的时代璀璨一时，而且辉映之后长达几个世纪。他在游记中所描述的路线深刻地影响了西方地理绘图中对中国和远东的描述。从马可·波罗的游记出版直至18世纪，威尼斯、热那亚以及其他欧洲国家一流的制图家们往往会在所绘地图上参照或重现马可·波罗的旅程，甚至把他本人也画在地图上。而因为马可·波罗游记中对中国的称呼采用了蒙古语的Cathay（即契丹，最初是蒙古语对于辽及其后的金统治区域的称呼，后来用它指代中国），对大都则使用了畏吾儿语的Khanbaliq（khan意为"汗"，baliq意为"城市"，合起来指"大汗的城市"）的表达，将之称为"汗八里"，直至17世纪末，西欧人所绘的亚洲地图上，依然在中国北部或东北部划出一个国家，标为Cathay，将其首都标为Cambuluc。在记载帖木儿帝国统治者沙哈鲁遣使前往明朝谒见永乐皇帝一事的《沙哈鲁遣使中国记》一书中，无论波斯文原本还是后来的突厥文译本，也依然把北京记

[①] 转引自安介生《民族大迁徙》，江苏人民出版社2011年版，第262页。

作 Khanbaliq。更有意思的是，有时候马可·波罗甚至被作为一种媒介或象征物出现在虚构的小说当中，如意大利作家伊塔洛·卡尔维诺在《看不见的城市》一书中，用马可·波罗向忽必烈描述他的旅途所见的口吻，嵌入了作者想象中的数十个城市。此外，马可·波罗还不止一次出现在西方大航海、大冒险主题的"剧本"当中。

其后的历史进一步印证了意大利与元大都的不解之缘。因为元帝国后不久，意大利即掀开了欧洲文艺复兴的序幕，为此有学者提出可将元视为"近代文化的开创时代"。[①] 另有学者则注意到元后期东南沿海文化发生蜕变，呈现出不同于传统文化的色彩，与意大利文艺复兴异轨同步，遥相辉映，因此可以将元视为一个新的文化时代的开端。[②]

二 "消逝"的古都：古罗马与元大都历史文化遗产的破坏

古罗马和元大都都曾经是世界的"都市之冠"，然而又都遗失在战争及一系列的日常破坏和新的建设之中。时至今日，古罗马城的大部分已被埋在历史的尘埃之下，元大都也有三分之二被覆盖于我们所看到的北京城下面。

在古罗马，对文化遗产的破坏从古典时代就开始了。4世纪，随着罗马帝国的衰落，国家大理石采石场被关闭，其后一千年间，罗马不再有新开采的石头供建筑房屋之用，毁旧建新成为惯例。于是，"就像癌细胞缓慢扩散，历经数世纪，罗马人将代表他们城市荣耀的石头一块一块地拆掉"[③]。

另一场致命性的破坏来自文艺复兴时期。一个看似偶然的发现——抹灰工人发现焚烧古希腊和古罗马的大理石雕像所获得的石灰是用于粉刷的最好的石灰水原料——导致历经上千年风霜而残留下来的大量的大理石雕塑艺术品化为齑粉，仅仅为了在新建的白色建筑表面制造一点点凹凸的质感。

正如某些学者指出的，古罗马文化遗产特别是建筑文化遗产遭到破坏的原因之一，在于其"内向型"的发展特点：

[①] 金克木：《元代的辉煌》，《中华读书报》1994年11月28日。
[②] 陈建华：《元末东南沿海城市文化特征初探》，《复旦学报》1988年第1期。
[③] [美] 安东尼·滕：《世界伟大城市的保护：历史大都会的毁灭与重建》，郝笑丛译，清华大学出版社2014年版，第39页。

> 那种对领袖和对占领者单纯的忠诚所导致的有趣的自动寄生特点，成了城市更新的动力。当亚洲的石材和叙利亚的木材难以再得到的时候，这种更新就采取了一种无休止的、重复利用罗马遗迹材料的形式。过去曾经镶嵌在石头上的金属的回收和烧化大理石以不断生产石灰，是这个过程中两个最突出的方面。①

其结果是，在罗马不断致力于再创辉煌的过程中，古罗马很多珍贵的文化遗迹被肢解甚至被熔化了。

更悲哀的一种破坏则是来自外来势力的公然掠夺和攫取。由于意识到这些文化遗产的珍贵和伟大，东罗马帝国的皇帝康斯坦斯二世、那不勒斯的国王安茹的罗伯特和查理为了使自己的宫殿和陵墓更加精致和壮观，都曾经对古罗马大量的建筑包括维纳斯和罗马神庙的大理石进行了明火执仗的抢劫。

至文艺复兴时期，随着对古希腊和古罗马雕塑日益痴迷的教皇和贵族收藏家队伍的不断扩大，发掘和买卖古罗马艺术品的行为一时风行欧洲，古罗马文化遗存星散于欧洲各地。

> 在罗马被制作成柱子、柱冠、装饰面以及成千上万的雕像。此外，当然还有宝石和贵金属、精细的纺织品和木材、玻璃家具与马赛克，它们曾经构成了罗马财富光谱的顶端，但今天已经荡然无存了。②

对元大都文化遗产的破坏则首先来自政权的更迭。明太祖朱元璋将元顺帝驱逐回蒙古高原后，夷平了元朝统治者在大都建设的宫殿。对元大都残存的夯土城墙则采取以砖包覆的方式。新中国成立后，随着现代化、工业化推进的需要，北京的历史文化遗产一度遭到持续破坏。一座座古建筑、城墙、城门次第在北京热火朝天的现代化建设中轰然倒塌。随后的"大跃进"运动

---

① ［英］理查德·詹金斯编：《罗马的遗产》，晏绍祥、吴舒屏译，上海人民出版社2002年版，第514页。
② ［英］理查德·詹金斯编：《罗马的遗产》，第500页。

和"文化大革命"进一步刺激了盲目的现代化、工业化冲动，旨在保存北京古都文化遗产的"梁陈方案"甚至被批判是"在保护文物建筑的借口下连同一切旧社会遗留下来的落后、甚至破烂不堪的劳动人民居住区一起保存下来，由古代的文物建筑来束缚今天的社会主义建设"。在这些所谓束缚社会主义建设的文物建筑中，当然包含了元大都文化遗产。

幸运的是，今天尽管在北京城已很难看到元大都的风貌，但元大都的都市密码仍存留于这座城市的很多地方：大至城市的中轴线、运河水系、街巷格局，小到四合院、京腔京韵、故事传说、俚词俗语，乃至寻常百姓的历史记忆和情感认同，无不标示着曾是世界上最大帝国的首都、以"汗八里"的威名闻名天下的元大都的印记。如：地安门至鼓楼一带的传统商业格局、什刹海周边的码头水市风貌一直延续至今；白浮泉及其引水渠、通惠河水道（包括城中段的玉河等）、坝河、沿河附近的仓场（南新仓、神木仓等）、闸坝（广源闸、庆丰闸等）、码头（高碑店、张家湾）等，都是留存至今的元代大运河物质文化遗产。除此之外，元代北京大运河的非物质文化遗产（包括漕渠名称、相关地名、漕运制度及管理方法、水利技术及前人的经验、智慧、相关历史人物及其历史文献、习俗、俚语、民间文艺、传说故事等）也是丰富而深厚，元大都时期创作的元曲与杂剧如《窦娥冤》《拜月亭》《崔莺莺待月西厢记》《破幽梦孤雁汉宫秋》《赵氏孤儿》《潇湘雨》等，至今仍是大众所喜爱的文化大餐。除此之外，在北京的地名中仍能感受到当年元朝大运河世代所留下的历史痕迹，如积水潭、什刹海、西坝河、后门桥等至今仍为原名。

三 古罗马的经验、教训和启示

惨遭破坏又被称为永恒之城的古罗马在文化保护领域为我们提供了多方面的经验、教训和启示。

（一）首都首先是以政治中心的身份被塑造，但首都文化并不仅仅是政治和权力的象征

罗马的历史表明，以政治象征被衡量的文化遗产，往往会遭到更加严重

的破坏。无论是墨索里尼还是罗马教皇，为了确立自己的权威都对罗马进行了大规模、无可挽回的破坏。而尼禄本人的暴虐无度则导致他创造的无数建筑奇迹在他死后灰飞烟灭。在北京同样发生过这样的事，元朝统治者由于相信金中都会给新王朝带来厄运，下令将之焚毁殆尽；继之统治全国的明朝统治者亦将元大都宫殿尽行毁弃。

（二）在文化遗产保护中，城市保护意识的觉醒和法律法规的确立缺一不可

罗马是历史上最早拥有保护法规的城市。早在458年，罗马皇帝马约里安便针对罗马城中日益严重的破坏现象，颁布了严厉的城市保护法令：

> 我们，国家的统治者，必须拥有保存我们古老庄严而美丽的城市的眼界，致力于这种已经激起义愤的陋习。众所周知，在当权者的错误许可之下，假借公共工程需要材料之名，几座公共建筑已经被毁掉了。辉煌杰出的古代建筑被推倒，到处是被拆毁的伟大建筑，仅仅为了建立一个微不足道的房屋……因此我们以宇宙之法命令，所有的古代建立的建筑物，用于公共目的或装饰的庙宇或其他纪念物，从此不许被破坏，也不应被任何人染指。①

其后的狄奥多里克大帝也下令全国的建筑师原封不动地保护这座城市所有古代的灿烂辉煌。

这些法令在一定程度上减缓和避免了对古罗马文化遗产的破坏。如：狄奥多里克王朝的建筑师们所做的很多保护工作的成果一直保留至今：很多古罗马建筑遗迹或遗址上都覆盖着他们加固的砖石。

然而，毋庸讳言，早期这些法令在罗马文化遗产保护方面的效果是非常有限的。古罗马文化遗产保护进程中更多依赖的是罗马市民城市保护意识的觉醒。在西克斯图斯五世在位期间，从罗马公众到市议会乃至市政当局为反对销毁古代建筑和艺术品而进行的各种抗议和抗争，不仅使一些重要的古代

---

① ［美］安东尼·滕：《世界伟大城市的保护：历史大都会的毁灭与重建》，郝笑丛译，清华大学出版社2014年版，第31页。

建筑物得以幸存，更开启了一个新时代：反对毁灭罗马帝国遗产成为城市政治文化的一部分。至17世纪，罗马更敞开胸怀，欢迎世界各国的历史学者和知识分子来此研究其古代和当代的艺术和工艺。1962年，罗马城市总体规划的颁布，确立了对历史城市形态整体保护的原则。至此，法律和意识成为罗马历史文化保护的"双保险"，而这，正是罗马成为"永恒之城"的重要因素。

（三）文化遗产不仅是一个文化符号，更是人们价值观和情感的载体

在古罗马不断遭受破坏和重建的曲折历程中，人们的争议、抗争和痛惜并不仅仅来自这座艺术之城所具有的物质价值，而更多指向其承载的道德、情感。而从歌德到拜伦、雪莱，对古罗马的讴歌离不开那些精美卓绝的文化遗产，圆形大竞技场、无数精美绝伦的雕塑作品和其周围的风花雪月寄托了他们的个人情感和价值认同，更因为其间渗透的情感和价值认同引发人们的共鸣，从而使得这座城市被破坏的"痛感"来得尤其强烈。

（四）"活化"是城市文化遗产保护的明智之选

在罗马，也曾经历过后来北京所遭遇的历史文化保护与现代化的矛盾和纠结。让历史城区服务于现代生活，是罗马人最终找到的答案。这一思路源于米开朗基罗，他开始有意识地在庇亚门、戴克里先浴场、卡比托利欧等一系列建筑设计中，设法通过老结构来实现新功能。以此为榜样，意大利构建了一套保护与活化利用相结合的理论原则和实践策略。如：在社区升级改造中，恰当地将现代化的室内功能和历史外壳有机统一。而它的最终目的，是建造一座活的历史博物馆：告诉人们它曾经是怎样的，又可以成为怎样。[①]

（五）在文化遗产的保护中，卓越的科学技术是一把双刃剑

这一点，在古罗马的沧桑历变中表现得尤为突出。一方面，古罗马文化的辉煌很大一部分应归功于人们对工程技术的擅长和追求。另一方面，古罗马的文化"重塑"对前代文化遗产破坏之严重，技术的发展难辞其咎。但同

---

① ［美］安东尼·滕：《世界伟大城市的保护：历史大都会的毁灭与重建》，郝笑丛译，清华大学出版社2014年版，第74—75页。

时不可否认的是,由于其精湛的技艺和高超的科技,因破坏文化遗产而饱受诟病的这些新的文化产物,从艺术创造的角度来看,又大部分是成功的。

四 以"活化"为切入点,大力推动元大都文化遗产保护利用

卡尔维诺在《看不见的城市》一书中有这样一段话来描述城市从不同角度为人们呈现的形象和印象:

> 描述多罗泰亚有两种方法:你可以说,城墙上高耸着四座铝质塔楼,七个城门口装有弹簧控制的吊桥跨越护城河,河水流进四条绿色的运河,把城市纵横划分成九个区,每个区有三百所房屋和七百个烟囱。每个区的婚龄少女都要嫁给其他区的小伙子,双方父母要交换各自专有的商品——香柠檬、鲟鱼子、紫水晶——以此为基础,就能推导出整个城市的过去、现在和将来;你也可以像把我带到那里的赶骆驼的人一样说:"我很年轻时来到这里,那天早上,许多人匆匆赶往集市,女人都长着一口漂亮的牙齿,直率地望着我的眼睛,三个士兵在高台上吹着小号,到处是车轮滚滚,到处是彩旗飘飘。在那以前,我只知道荒漠和商队车路,而那个多罗泰亚的早上使我觉得今生今世没有比这更美好的感受。在后来的岁月里,我的目光又回头审视荒漠和商队车路;而我现在知道,这只是那个早上让我走进多罗泰亚的许多道路中的一条。"①

这段话给我们呈现了城市的不同面向:既是静态的,又是动态的;既是物质的,也是精神的。它的过去、现在和未来不仅来自于人们对物质的创造,更凝聚了人们的精神和情感。无论古罗马,还是元大都,其兴衰嬗变的密码都隐藏在这些物质和精神的传承和嬗变中。而无论传承还是嬗变,延续城市伟大的方式,既不是把既有的文化遗产原封不动地密封起来,也不是心血来潮地改头换面,而是要让它"活化"。

所谓传统文化"活化",不仅是让"死去"即消失的东西"复活"重

---

① [意]卡尔维诺:《看不见的城市》,张密译,译林出版社2012年版,第7页。

新摆在我们面前,更要让它"活在"人们的日常生活里,融入人们的心灵,从而持续不断创造出新的时代价值。如刘铁梁先生所说,"对于大部分非物质文化遗产来说,以保存其实物、资料和表演形式的方式来进行保护是远远不够的,更需要让这种文化与人们的生活一道前进,与社会的发展一道发展""保护民俗文化就是在保护一个地方社会共同的历史记忆,即一个集体对于共同经历的生活变化的记忆。既要求改变自己的生活,又要求记住自己的过去,这两方面的要求构成了当代人的文化心态"。归根结底,中国是一个"情本体"的社会,传统文化"活化"的基础是实物、数据和信息的"活化",但更重要的是其中蕴含的情感的活化,即"复活"人们的精神发展史。

(1) 以时代需要为引领,确定和把握元大都文化遗产保护的范围和策略

作为封建帝都,北京不仅是中国政治型城市的典范,更是中华民族多元一体格局空前发展,各民族、各地区优秀文化汇聚、交融的重要缩影。从元代开始,北京整个的城市格局都紧紧围绕政治生态的需要而构建,地方性的文化传统与国家的意识形态、民族的价值认同三位一体,彼此重叠,形塑了城市的文化风貌。在这样的文化空间里,每一个富于意义的建筑单元不仅构成城市文化的一个有机组成部分,也成为国家意志和民族意识的重要表征和中华优秀文化的核心载体。在今天中华民族伟大复兴和中华优秀传统文化创造性继承、创新性发展的时代语境下,应进一步梳理元大都的文化肌理,使文化遗产保护范围和策略的确定更加有章可依,有理可循。

(2) 从"美好生活"的高度凝聚对元大都保护的价值认知和情感认同

自古以来,人类社会不断追求着"一个存在普遍真理、正义、善、繁荣与美好的社会"①。从中国古人描述的"大同社会",到近代空想社会主义者描绘的"乌托邦",从孙中山的"三民主义",到马克思主义经典作家提出的共产主义社会,都是此种价值追求的倡导者和践行者。而"人们来到城市是为了生活,人们居住在城市是为了生活得更美好"。古都文化正是在统治者确立和强化政治秩序、社会秩序和每一个追求美好生活的合力中不断发展的,元大都也不例外。

---

① [美] 约翰·肯尼斯·加尔布雷思:《美好社会——人类议程》,王中宏、陈志宏、李毅译,江苏人民出版社2009年版。

城市的美好生活不仅包括优美的自然环境、便利的交通、丰富的商品，更需要历史的温度尤其是沉淀在历史文化中的人文情怀。这种温度和情怀来自历史记忆，而历史记忆依托于可观可感的遗址、遗物和遗存。作为多元一体的中华民族文化发展的重要载体、"大一统"中央集权文化臻于成熟的重要见证和东西文化交流新景观的缔造者，元大都寄托了北京乃至中国人诸多的价值认知和情感认同。进一步凝聚这种认知和认同，应是元大都历史文化遗产保护的题中应有之义。

（3）在新时代首都文化的内在体系中凸显元大都文化的时代价值

党的十九大报告明确指出，中国特色社会主义文化源自中华民族五千多年文明历史所孕育的中华优秀传统文化。习近平总书记则在2014年和2017年两次视察北京过程中，从北京作为全国政治中心、文化中心、国际交往中心和科技创新中心的战略定位高度上，一再强调北京历史文化在中华文明体系中的突出价值，他指出，"北京历史文化是中华文明源远流长的伟大见证"，"北京是世界著名古都，丰富的历史文化遗产是一张金名片，传承保护好这份宝贵的历史文化遗产是首都的职责"。

元大都文化是新时代古都文化的一部分，而首都文化建设是包含古都文化与红色文化、京味文化、创新文化四位一体的协同性的系统工程。至正庄严、雍容博大、崇文厚德、协和宁远的古都文化汇融天下、胸怀天下、领袖天下，赋予了首都文化独一无二的传承传统文化、吸纳新文化的魄力及统揽全局的能力，她是红色文化诞生、发展的重要基础和土壤。为后来北京率先接受和传播马克思主义，开辟红色文化奠定了思想方法的基础。正是在古都文化的熏染下，京城独特的"一方水土"孕育了鲜活的京味文化。古都文化的智慧、气度、资源也为北京了解世界风云变幻和世界发展趋势，引领创新潮流孕育了先机。因此，在元大都文化遗产保护中，不仅要关注元大都文化和古都文化本身，还要深入研究其血脉中的红色文化、京味文化、创新文化基因，为首都文化的整体发展夯实基础。

（4）从成长的视角审视元大都的文化遗产

在这方面，中轴线的保护和延伸可以视为元大都文化遗产传承和保护的一个成功案例。从元大都到明清北京城一直到今天，中轴线一直主导着这座城市的建设和发展，延展着它的文脉，更巩固和提升了这座城市的文化精神。

中轴线是实现北京城市规整布局的最重要的因素。北京"前后起伏左右对称的体形或空间的分配都是以这中轴线为依据的"①。中国以龙为图腾，而中轴线被看作北京的"龙脉"。北京比较明确的中轴线起于金代，到了元代，南北中轴线正式形成。明代统治者将北京中轴线向东移动了150米，最终形成现在的格局。此外，明代还构筑了东西中轴线。两条中轴线十字交叉，构成城市的基本坐标。1990年北京申办亚运会成功之后，为了连接城市中心和亚运村，在二环路钟鼓楼桥引出鼓楼外大街，向北至三环后改名为北辰路，这条路成为北京中轴线的延伸。西边建造了中华民族园，东边则是奥体中心。北京申奥成功后，中轴线再次向北延长，成为奥林匹克公园的轴线。东边建造了国家体育场"鸟巢"，西边则是国家游泳中心"水立方"。再向北，穿过奥林匹克公园，到达奥林匹克森林公园，以公园内的仰山为终点。中轴线的不断延伸，反映了人们对这条龙脉的持续重视。

唯其如此，在新中国成立后，梁思成就提出要沿用传统都城建设的基本原则和以中轴线为特色的城市格局，"发扬我们的都市计划和艺术传统"，以"增强民族的自信心"，"使我们首都的新建筑发出中国艺术的新光芒"。近年来北京市更是不断加强中轴线保护工作，并启动中轴线申遗保护，修编《北京中轴线文化遗产保护条例》《北京中轴线申报世界遗产名录文本》，完成《北京中轴线申遗综合整治规划纲要》，明确中轴线14处遗产点和连接遗产点历史道路的遗产构成要素，确定四个层次遗产保护区划，等等。

（5）从尺度的视野进一步发掘元大都遗产的文化价值

古都文化不仅"形塑"了北京这座城市，同时也"形塑"了中国的国家认同。葛兆光曾盛赞《法国文化史》一书清晰呈现了"一个群体居住的领土，一份共同回忆的遗产，一座可供共同分享的象征和形象的宝库，一些相似的风俗，是怎样经由共同的教育，逐渐形成的一个国家的文化"②。在葛兆光看来，由于中国与法国的文化史发展轨迹不同（后者是一个由语言、风俗、宗教、民俗逐渐形塑起来的欧洲近代民族国家的文化史，前者则是一个由绵延连续的王朝构成的传统亚洲帝国的文化史；后者是一个经历了启蒙，拥有过多元的复杂的世界，由"公共舆论"集合了理性思考的团体享有的文化，前

---

① 梁思成、林徽因：《北京——都市计划中的无比杰作》，载林徽因《爱上一座城》，北京理工大学出版社有限责任公司2016年版，第36页；梁思成著、林洙编：《拙匠随笔》，北京出版社2016年版，第206—207页。

② 葛兆光：《文化史应该怎么写——读〈法国文化史〉笔记》，《中华读书报》2012年6月20日。

者则是一个未曾经历启蒙，文化一统，始终由皇权与上层士大夫掌控的文化），但是在中国文化的"逐渐混融与丰富"这一视角下，本书作者叙述法国文化史的"主轴"和"路标"即共同感情、共同记忆、共同习惯和共同语言对于分析中国文化史却是很有助益的。元大都作为中国文化空前混融与丰富的代表，如被置于上述四个维度的分析框架之下，我们将捕捉到更多其风骨和精髓。

近些年，北京在这方面也创造了一些成功的案例，如南锣鼓巷的开发利用。在南锣鼓巷先后推动的三期改造中，分别体现了人们在对元大都留存至今的这一规模最大、保存最完整的胡同文化遗产价值认识上的深入和拓展。从一期改造关注胡同本身的历史生态价值，到二期改造注重其在京城整体历史生态中的地位，再到三期改造侧重呈现以南锣鼓巷地区作为切片的大运河水系在全国历史生态中的风貌，尺度的扩展体现出对文化价值认识的逐步深入。

（6）加强社会动员和制度建设，有力推动古都文化研究及保护

一方面，要充分发挥学界的力量，鼓励对新时代语境下元大都文化保护的相关研究，进一步梳理元大都文化的源流与主脉，全面整理其厚重的文化积淀和核心价值；另一方面，要在进一步落实《十三五时期加强全国文化中心建设规划》《北京城市总体规划（2016年—2035年）》《中共北京市委关于新时代繁荣兴盛首都文化的意见》《北京市推进全国文化中心建设中长期规划（2019年—2035年）》《北京历史文化名城保护条例》等规划和法规的基础上，进一步完善包括保护历史风貌、历史遗迹、历史遗物等在内的法律体系和集鉴定、管理、监督功能为一体的保护制度。

（7）提升技术含量，打造"元宇宙"式的文化体验

数字化时代的到来，为传统文化的物质活化赋予了全新的技术手段和更大的现实可能性。如：通过建立完整庞大的数据库和现代3D多媒体技术，我们实现了原先难以想象的对历史文化遗产信息数据的实时更新和动态监控，不仅更有利于发掘隐含的文化遗产价值，而且提升了文化遗产相关信息资源的价值和利用效率，使其更具广泛性和公众性、多样性和可操作性。如何充分利用强大的数字化技术手段，通过古都文化的活化，凝聚市民历史文化认同、情感认同和价值观认同，展现古都市民的文化精神，提升城市人文形象，是古都文化活化面临的核心问题之一。

近来，更出现所谓的"元宇宙"（metaverse）概念，引发科技和思想学术

界的高度关注，以至人们将2021年称为"元宇宙元年"。那么，"元宇宙"时代真的会来吗？它将对我们的现实生活、认知方式、价值观念乃至整个文明形态带来什么样的革命性影响？这些影响对历史文化遗产的"活化"利用是不是潜藏着新的契机和可能？值得我们关注和思考。

（8）通过青少年对元大都文化的了解进一步强化其对中华优秀传统文化的认同

应充分利用首都独特的教育优势，推动古都文化包括元大都文化相关教材的编写和出版；有效发挥首都各类公共文化资源的作用，加强博物馆课程的开发和推广；适当整合民间教育组织和机构的资源和力量，加强它们在普及推广古都文化方面的积极性和规范性。

首都蓬勃兴起的创新文化

石　峰[*]

摘　要　首都是我国创新文化的中心之一。首都北京自古人才荟萃，各个领域在继承传统的基础上不断创新是其不变的特色。新中国成立以来首都北京是我国科技创新的重镇，改革开放以来，北京在科技、文化、社会治理等各个方面的创新都走在全国的前列。尤其是中关村高科技园区在较长的时期内一直引领着国内科技创新和文化创新，成为北京创新文化的典型代表。如今，首都北京已经形成了独具新时代特色的创新文化。

关键词　首都；高科技园；创新文化

创新是民族进步的灵魂，是国家兴旺发达的不竭动力，是时代精神的核心。北京发展的历史也是一部创新史。从先秦燕昭王筑黄金台招揽人才，到21世纪中关村国家自主创新示范区的科技腾飞；从编纂《授时历》的郭守敬，到"近代工程之父"詹天佑；从明代徐光启的《几何原本》《农政全书》，到当代华罗庚先生的解析数论、矩阵几何；从自然与人文交相辉映的历史景观，到科技与文化融为一体的奥运盛会……创新已经融入首都文化的血脉，成为北京的文化基因，化成内在的精神追求。

创新文化是指在一定社会历史条件下，在创新及创新管理活动中所形成的文化，主要包括有关创新的价值观、制度规范、物质文化环境等。根植于

---

[*] 北京师范大学北京文化发展研究院副研究员。

首都文化包容天下、领袖天下的传统，以创新理念引领发展，以创新制度支撑发展，以创新环境保障发展，以创新成果促进发展，北京已经形成了比较完善的创新生态系统，使一切创新激发、喷涌的创新文化成为首都文化的重要内容和突出特征。首都蓬勃兴起的创新文化是北京人民大胆探索、勇于创造、自强不息、锐意进取的精神体现，表现为敢于开拓、宽容失败的创新氛围，各得其所、人人出彩的创新机会，要素齐全、人才密集的创新优势，科技与人文深度结合的创新特色。立足国内和当下，放眼世界和未来，以科技创新为带动，以文化引领为先导，以民族复兴为己任，创新文化必将不断为首都文化开拓出更新的境界。

一　传承超越

作为千年古都，北京在发展中始终吐故纳新，荟萃精华，涵养出了海纳百川、包容天下的精神，既注重文化传承，又勇于超越。作为首都，北京是全国瞩目的焦点，是国家稳固的定海神针，保持基本文化精神的延续与稳定是首都的重要使命。但北京并不故步自封，而是与时俱进，敢于自我革命。

北京城的建设本身就体现了传承创新的精神。北京城是一座完全按照中国传统哲学思想规划设计建造的城市，凝聚着中华民族的传统智慧，是中国古代城市建设的经典之作，也是世界城市中绝无仅有的精粹。美国建筑学家贝肯坦言："在地球表面上，人类最伟大的个体工程，可能就是北京城了。"丹麦学者罗斯缪森更是赞叹道："北京城乃是世界的奇观之一，它的布局匀称而明朗，是一个卓越的纪念物，一个伟大文明的顶峰。"北京成为国内外都城建设史上的经典之作与文化瑰宝。历史上北京城历经多次大规模的改造，不论是元代的扩建，还是明代的收缩，以及清代园林的建造，始终秉承"天人合一"哲学理念，成为城市布局发展的核心思想。

"苟日新，日日新，又日新。"（《尚书》）新中国成立之初，基于全国生产力落后、技术薄弱的现实，北京明确提出"建设成为我国强大的工业基地和技术科学中心"的目标。1959年，总结市区工厂过多、布局不合理以及供水紧张、环境污染等教训，北京正式决定：除十分特殊的情况以外，在规划范围内基本不再建工厂。实现了城市发展思想上的一个重要转折。20世纪80

年代，北京一再强调"工业建设的规模要严加控制"，"今后北京不要再发展重工业"。到 90 年代初，随着改革开放的进一步扩大和我国国际地位的提高，北京确定城市性质是"全国政治中心和文化中心，是世界著名的古都和现代国际城市"。2005 年，北京市城市总体规划调整了城市发展规模，加强了卫星城的建设力度，开始实施京津冀之间区域合作，对历史文化名城保护进一步深化细化，对生态环境保护要求更加科学系统，对城市公共交通设施的建设提出了更高要求。近年来，针对首都发展中的"大城市病"，毅然决定疏解非首都功能，通州城市副中心、京津冀一体化和雄安新区建设等重大决策应运而生，在世界级城市群建设的宏伟战略中，正确处理"都"与"城"，"舍"与"得"的关系，疏解与提升的关系，"一核"与"两翼"的关系，既突出首都的核心功能，又促进京津冀的协同发展和对全国的辐射带动作用，满足人民对幸福生活的追求，提出建设国际一流的和谐宜居之都。在产业的发展上，北京也经历了从重点发展重工业，到发展轻工业电子工业，再到以发展高科技和文化创意产业为重点的演变历程。在首都发展进程中，虽经历不少波折，但一次次脱胎换骨，都体现了对城市历史文化的继承和发展，实事求是，准确定位，不断调整，逐步完善，形成了在稳定发展中实现自我超越的文化特质。

从北京城市的科技创新能力考察。全球 40 个主要城市中，北京总体排名第 17 位，经济指标位居全球第 4 位，文化交流居于全球第 9 位，皆为中国之首。

澳大利亚研究机构 2Thinknow 发布的《2015 全球创新城市指数》对全球 442 个城市的创新能力评价中，北京排在全球第 40 位，属于第一方阵的创新枢纽城市，居于亚洲重要的核心创新枢纽地位。该评价指标包含三大类：文化资产、软硬件基础设施、市场网络，共 31 小类 160 项。北京作为全国乃至全球科技创新中心的实力和地位已经显现，其人力资本和研发机构的集聚水平、创新投入的强度、知识创造的规模、技术成果扩散的溢出效应、对周边地区的辐射能力均遥遥领先于其他地区。2016 年 9 月 18 日，《北京加强全国科技创新中心建设总体方案》提出，到 2030 年，北京的创新发展进入了新阶段，成为全球科技创新引领者、高端经济增长极、创新人才首选地、文化创新先行区和生态建设示范城。

二　涵容出彩

包容既是北京市民海纳百川、雍容大度的胸襟和气度，也是北京城市建设博采众长、兼容并包的思维方式，更是首都尊重差异、和谐共生的文化特质和独特品格。北京因此成为一个能涵容所有留居于此并兢兢业业奋斗的人们所共有的美好家园。在北京城市发展的历史进程中，"包容"始终伴随着北京历史发展的脚步而发挥着重要的影响作用，是北京发展进程中城市精神和城市文化形成的最重要的演变基础。

北京历史上就是一个汇聚各地民众和优秀人才的移民型城市。自 20 世纪 70 年代末改革开放以来，北京人口的大膨胀虽然带来诸多的城市病，但是各地不同民众以及各种人才的汇聚，让北京这座古老的文明古城的居民结构发生了翻天覆地的变化。北京城市的人口大膨胀，既是由于北京这座城市有容纳各地人才汇聚于此的包容胸襟和情怀，同时也使得这座城市的居民更具有包容的胸怀。这体现出北京城市特有的精神风貌。

失败是成功之母，创新必然有挫折甚至失败。有"试错"、能"容错"，形成敢为人先、敢冒风险、敢争一流的创新精神，大众创业、万众创新才真正可能。包容是北京精神的重要内涵，也是首都文化的重要特征。在首都的创新创业中，人们既为成功者喝彩，也为失败者加油，形成了全社会"鼓励创新，宽容失败"的环境氛围。京东商城首席执行官刘强东曾开餐馆失败；小米的雷军曾经创立三色公司而破产。在挫折面前不低头，在失败中重新站立的精神力量，鼓励他们重新创业，终于迎来事业的成功。北京既凝聚了众多来自世界的顶尖人才、社会精英，也吸引来大批"北漂"。比如程维，一个来自江西铅山县的 80 后，卖过保险，管过足疗店，最终创立滴滴出行公司，占据了互联网业最前沿。这座城市为许多这样的青年提供了机会，"北漂"成为在北京寻找机会顽强打拼的年轻人的代名词。

北京为形形色色的创新创业人才创造了较为完善的创新创业的服务体系。既有国家级的孵化器 14 家，国家级大学科技园 12 家，留学创业园 21 家，同时还涌现了车库咖啡、3W 咖啡、36 氪、Binggo 咖啡、联想之星、天使汇等一批新型创业服务机构，形成了涵盖早期办公、技术交流、创业培训、团队融合、营销策划、专利营运、融资并购等在内的创新全链条、服务全覆盖的创业生态体系。北京创新创业的人才群体,既有科研院所的科技人员、高校教师,也有政府机关公务人员,进入新时期,更有海外归国人员、大学毕业生,业已成为新兴的创新创业主体,不同类型的群体在北京各得其所,人人出彩。

北京生活成本高、压力大,可谓居大不易,但是四面八方的人愿意来到北京,一个极其重要的原因是北京拥有其他地方无法比拟的干事创业的机遇,这正是首都文化重要的软实力。随着中国的迅速崛起,世界格局正在发生前所未有的深刻变化,正如有学者指出的,全球化正在转向中国模式,世界历史正在进入中国时刻。不仅中国以空前的方式深度走向世界,世界也以空前的方式深度走进中国,北京作为中国的首都迎来了前所未有的世界机遇。把世界的机遇变为中国的机遇,也让中国的机遇成为世界的机遇。这些机遇不仅属于这座城市,而且属于生活在这座城市的每一个人。在这里,人人拥有出彩的机会。

三 居高致远

北京是国家理念、制度、科技、文化创新发展的重要策源地,富集了其他城市难以企及的国家级创新资源和平台。北京是我国教育、科技、人才乃至企业、市场渠道最为密集的地区。全国半数以上的两院院士在这里工作和生活。北京拥有央企总部数量位居全国第一,是拥有世界500强企业总部最多的城市。单就中关村园区来说,就拥有90多所高等院校和400余家科研院所,120余家国家重点实验室和90余家国家工程技术中心,300余家跨国公司设立研发中心。承担的国家重大科研项目占了全国的40%,国家"863项目"占全国的四分之一、"973项目"占全国的三分之一。中关村已经成为我国自主创新的一面旗帜,正向具有全球创新影响力的中心迈进。

中关村是首都创新的一个缩影,北京正发挥创新要素高端富集的得天独厚优势,在全国率先形成创新驱动的发展格局,实现产业结构优化升级和经济发展方式转变,肩负推动全球新一轮科技革命与产业变革的历史使命。与此同时,北京还引领全国乃至世界流行文化、大众文化发展的方向,北京电影节、北京音乐节、北京戏剧节、北京国际青年戏剧节、北京国际旅游节和北京国际图书博览会、北京国际设计周、北京国际时装周、北京国际文化创意产业博览会等大型文化活动应接不暇,北京正成为国际文化活动中心、文化创意之都和时尚设计之都。首都正以清新、健康的大众文化和异彩纷呈的文化精品，引领积极向上的时代潮流。

北京的创新文化代表着国家高度，北京的科技创新成果代表国家创新成果的最高水平，是国家创新成果的主会场。北京作为中国的代表，站在世界科技创新的前沿，正逐渐引领新一轮科技革命浪潮，努力由"跟跑者""并行者"向"领跑者"转变，成为全球最有影响力的科技创新中心。北京创新要素开放共享程度进一步提高，服务全国创新发展能力进一步增强。"十二五"期间，北京技术合同成交额的70%以上辐射到京外省市和国外，覆盖全国全部地级以上城市，对京外省市创新驱动发展的支撑度超过40%。与18个省区市建立了区域科技合作和对口支援机制，对内蒙古、西藏、新疆、青海的对口支援和帮扶协作进一步加强。在天津、河北、内蒙古、宁夏、重庆、贵阳、黑龙江、云南、山西等省区市搭建"首都科技条件平台"合作站和技术市场窗口，共建"北京·贵阳"大数据应用展示中心和云南科技桥头堡。

在京津冀协同发展的国家战略中，北京正成为支撑京津冀区域经济社会文化可持续发展的原动力。2015年中共中央、国务院发布的《京津冀协同发展规划纲要》中，进一步明确了北京是京津冀协同发展的核心，提出北京要重点提高原始创新和技术服务能力，打造技术创新总部聚集地、科技成果交易核心区、全球高端创新中心及创新型人才聚集中心。以北京为核心的京津冀城市群有望成为全球规模最大的城市群。

四　化物弘人

北京深入贯彻创新、协调、绿色、开放、共享五大发展理念和"人文北京、科技北京、绿色北京"的发展战略。人文北京是首都发展的首要战略，人民共享是发展的价值皈依。建设"人文北京"，就是以人文立市，把"以人为本"贯彻到城市建设管理的各方面，使北京成为具有人文关怀品质、社会保障体系完善的健全城市；就是精神文明要上新台阶，成为有高度文明素养的优雅城市；就是文化教育要高度繁荣，凸显文化中心特点；就是要社会更加祥和安定，成为和谐社会的首善之区。作为国家创新中心，首都的创新不在于简单的GDP指向，而是强调科技以人为本、创新以人为本，以满足人民日益增长的物质特别是精神文化需要为出发点，进一步带动全国科技发展以造福人民。北京强化科技与人文的深度融合，努力实现文化与科技的双轮驱动。在创新方法上，一方面注重挖掘传统文化资源，将传统文化精神融入现代科技成果之中。水晶石数字科技有限公司利用三维图像技术首次全面复原了北京老城、唐长安、苏州古城及秦始皇陵等历史遗迹，制作了立体互动的《故宫》《清明上河图》《新丝绸之路》《中国建筑奇观》等现代电子产品，对现有文化资源进行高科技包装，从而使之活化，走进人们的生活。另一方面注重网络虚拟技术、人工智能技术的创新，一大批网络动漫、游戏，走出国门，在世界产生广泛影响。以798艺术区和宋庄为代表的多样化的文化创意产业，已经显示出文化与科技创新融合的勃勃生机，文化创意产业对首都经济发展的贡献率已经达到14.7%。正是以人文为导向，首都创新最大限度地为人们创造了便捷、绿色、舒适的生活条件，惠及所有城市居民，首都因此而变得更加和谐宜居，人们的生活更因此变得日益幸福，对全国乃至世界越来越发挥着引领示范作用。

传承超越、涵容出彩、居高致远、化物弘人的创新文化是首都文化中最体现时代精神、面向世界和未来的维度，为古都文化实现创造性转化、京味文化顺应全球化发展提供强大支持。创新文化是红色文化的题中之义和重要基因，创新文化助力红色文化，保证首都文化可以更好地引领全国、辐射世界。

全国文化中心一直是首都的重要功能。进入新的发展时期，北京作为全国文化中心，对外展示国家文明形象，对内增强文化自信，对全国文化建设起着引领示范作用。**方正庄严、雍容博大、崇文厚德、协和宁远的古都文化，忠诚正义、爱国为民、担当奉献、首善力行的红色文化，诚信重礼、通达自在、雅俗共赏、和乐交融的京味文化，传承超越、涵容出彩、居高致远、化物弘人的创新文化**，构成了首都文化的主要内容。首都文化是北京的城市之魂和软实力所在。北京坚持中国特色社会主义文化发展道路，以坚定的文化自信和文化自觉推进全国文化中心建设，必须集中做好首都文化这篇大文章，更好发挥首都全国文化中心的凝聚荟萃、辐射带动、创新引领、展示交流和服务保障功能，努力把北京建设成为社会主义物质文明与精神文明协调发展，传统文化和现代文明交相辉映，历史文脉与时尚创意相得益彰，具有高度包容性和亲和力，充满人文关怀、人文风采和文化魅力的，弘扬中华文明与引领时代潮流的文化名城、中国特色社会主义先进文化之都，在建设国际一流的和谐宜居之都进程中，在中华民族伟大复兴进程中做出独特贡献。

以创新文化推动北京创新型城市建设

孙 权[*]

摘 要 创新文化是当今世界经济、科技、社会综合发展的重要文化推动力。北京市作为全国文化中心,其创新能力在取得一系列成绩的同时,也存在一定的问题,需要通过培育具有北京城市特色的现代性创新文化体系,推动北京市创新型城市建设与创新文化发展,进而为我国创新型城市建设提供北京智慧与中国方案。

关键词 京味文化;创新文化;创新型城市;战略体系

"创新是人创造新知识、新思路、新技术、新专利、新产品的思维与行为的总和。"[①] 创新是民族进步的灵魂,是国家兴旺发达的不竭动力,是时代精神的核心。现代文明的发展,是一部创新的历史。习近平总书记在党的十九大报告中明确指出,创新是引领发展的第一动力,是建设现代化经济体系的战略支撑。因此,创新文化作为促进创新不断涌现的文化保障,是现代化国家经济文化体系的一个构成部分,也是一个关键的构成部分,在现代化经济文化体系中起着重要的战略支撑作用。

创新的产生需要特定的环境,创新文化的形成依赖于培植创新精神的文化土壤上。在进行现代性城市发展时,需要深刻认识和准确把握文化建设对城市经济社会发展所具有的战略意义,切实把文化建设摆在城市发展的重要

---

[*] 文学博士后,方志出版社编辑。
[①] 陈依元:《创新文化:自主创新的文化驱动力》,《福建论坛》(人文社会科学版)2007年第3期。

战略地位上。文化建设必须与城市经济和社会发展紧密结合,着眼于经济、社会和文化的互动和协调发展。①

20世纪80年代经济学家弗里曼考察日本企业时发现,日本的创新无处不在,创新者包括工人、管理者、政府等。日本在技术落后的情况下,以技术创新为主导,辅以组织创新和制度创新,只用了几十年的时间,国家经济便出现了强劲的发展,成为工业化大国。这个过程充分体现了政府在推动创新中的重要作用,也说明要想实现经济追赶和跨越,必须将创新与政府职能结合起来,构建一个高效运行的创新文化体系。对于北京这座城市而言,创新的精神融入了北京文化的血脉,自然与人文相映成趣的历史景观,科技与文化融合的现代社会,融入了北京的文化基因,内化为北京内在的价值理念。

一 创新文化的内涵与北京创新文化的特征

文化是人类知识的结晶,是文明的象征和确定国家竞争优势的关键因素。"一个民族的文化,往往凝聚着这个民族对世界和生命的历史认知和现实感受,也往往积淀下这个民族最深层的精神追求和行为准则。"② 文化包含一个社会的全部生活方式,包括它的价值观、习俗、体制、人际关系等,创新文化作为当今文化的一个重要属性,涉及与创新精神与行为相关的价值观、态度、信念等人文内涵。

(一) 创新文化的内涵

目前,对于"创新文化"的概念界定有两种视角:从效用角度阐释与从内涵角度阐释。

从创新文化的效用来进行概念界定较为简单。创新文化指与创新相关的文化形态,包含两方面内容:一是文化对创新的作用,二是如何营造一种有利于创新的文化氛围。③

从内涵角度划分有两种。一种将创新文化从内外两重含义加以界定:一

---

① 李惠国:《文化是城市的灵魂》,载《科技与人文论集》,中国社会科学出版社2016年版。
② 中共中央文献研究室编:《十六大以来重要文献选编》(下),中央文献出版社2008年版,第431页。
③ 金吾伦:《新文化的内涵及其作用》,《光明日报》2004年3月16日。

是外在于创新实践的文化环境（即有利于创新的制度环境、组织文化和社会氛围）；二是内在于创新实践的文化要素（即创新所需要的观念、价值取向、精神、思维方式和行为方式等）。一种将创新文化划分为三部分。创新文化指与创新相关的文化形态，包括观念创新文化、制度创新文化、环境创新文化。首先，观念创新文化是影响创新活动的最主要因素，是创新的内在动力。观念创新文化中包含的信仰、理性、价值等要素决定了人的活动能否"创新"，直接表现为人们对创新活动的态度。能够激发人创新的观念文化首先自身具有创新气质，通过开拓人的思维领域，广泛拓展人的技能技术。其次，制度创新文化是创新活动所具备的社会环境，是创新活动的外在动力。创新活动既表现为技术活动，更表现在创新人群的社会活动。创新人群身处于政策、法规、资金流、市场等社会要素中，在诸要素的结合变化之中，形成创新活动的化学反应，聚集创新人才，放大创新活动，扩大创新成果的影响。一种制度文化是否有利于创新，决定了群体的氛围是否有利于孵化创新。利于创新文化发展的制度文化是具有吸引力、善于接受新事物、新观念的制度文化，营造了宽容、宽松的文化氛围。观念创新文化为制度创新文化提供实现的思想基础，制度创新文化使观念创新文化拥有社会载体。建设创新文化，离不开观念创新文化和制度创新文化的建设，以促进从事创新活动的人们能更加有效地获取知识、创造知识、应用知识，提升其创新能力和创新绩效。第三，环境创新文化直接与创新文化的所在地区密切相关，可称之为"区域创新文化"。区域创新文化是符合区域创新体系的价值观念、思维模式、行为规则、制度体系、精神氛围的总和。创新文化是与创新实践相关的、有利于自主创新的文化形态，它以创新价值观为核心，在观念创新文化（或称之为"主体创新文化"）、制度创新文化、环境创新文化三个层次中，观念创新文化属于内在的创新文化；制度创新文化与环境创新文化则属于外在的创新文化，三个层次的文化子系统又各包括若干个门类、要素，构成一个内涵体系。[1]

由此可知，对创新起作用的文化可分为内在文化和外在文化，前者以观念创新文化为核心，后者以制度创新文化和环境创新文化为代表。两种文化从内外两个方向促进创新活动。

---

[1] 陈依元：《创新文化：自主创新的文化驱动力》，《福建论坛》（人文社会科学版）2007年第3期。

（二）北京创新文化的特征

北京市的创新文化是在悠久的历史传统孕育下的京味文化和西方科技文明舶来形成的现代都市文化的复合作用下形成的。

1. 传统京味文化为北京创新文化的形成提供历史文化底蕴

居住于城市中的群体逐渐形成各具特色的"城市文化"。文化是某个人群（民族或地域）的特定的生活方式。文化由思想和行为的习惯模式所组成，包括价值、信仰、行为规范、社会组织、经济活动等。城市文化指的是世世代代生活在某一地区的人民所创造的体现他们经济活动、生活方式、行为习俗、价值取向、审美情趣、民间信仰等特征的文化。城市文化在该地人群的嗣承中代代相传，对城市的经济、社会、政治乃至家庭和个人都有着深刻的、无法规避的影响。城市文化直接影响着该地区人们的基本素质、心理和性格特征的形成。有学者将北京的城市文化凝练为"京味文化"。北京具有丰厚的文化积淀和特有的人文环境，其文化底蕴、深厚历史、地区风情与城市品位融汇古今。从元大都算起，北京有七百年以上的帝都历史，长时间位居全国政治文化中心。历史地看，作为京城与"首善之地"的北京，具有传统帝都的城阙、风俗，也独具京师大气与京味风韵。现代作家老向在《难认识的北平》一文中，将20世纪30年代的北平概括为："北平有海一般的伟大，似乎没有空间与时间的划分。它能古今并容，新旧兼收，极冲突，极矛盾的现象，在她是处之泰然，半点不调和也没有。"① "京味文化包括了多种元素，最重要的有四种：宫廷文化、缙绅文化、庶民文化和中国化之后的西方文化。其中，前三种文化体系容纳了社会各个阶层及其所属的文化圈层，而中国化后的西方文化，则与近代中国的变局与处境密不可分。也就是说，前者属于传统的，后者属于现代的，但彼此并无优劣，共同构成了京味文化的内在系统。"② 京味文化具有四大特征：诚信重礼、通达自在、雅俗共赏、和乐交融。③ 京味文化是一种地域性文化，以民间文化为主体，辐射至各类亚文化。20世纪之后的北京由封建"帝都"走向现代化大都市，中华人民共和国成立后的红色文

---

① 王旭：《融汇亲和的京味文化》，中国社会科学出版社2019年版，第1—2页。
② 王旭：《融汇亲和的京味文化》，第18页。
③ 王旭：《融汇亲和的京味文化》，第52—59页。

化与大院文化融入其中，拓展了北京人文的生活空间，也为京味文化带来了新的文化气息。

创新文化依赖于创新精神在相应的文化土壤上成长。从文化对于创新的作用来看，文化是一个自变量，文化氛围如何直接影响创新的绩效，文化受制于政治体制、经济社会等多重因素的影响，故而文化并非一个独立的变量，而是一个因变量，文化需要通过与之相关的环境条件的改变加以营造，经由创新活动使之成为一个独立变量。创新文化在一定社会历史条件下，在创新及创新管理活动中形成，涵盖了创新的价值观、制度规范、物质文化环境等诸多方面。创新文化是可支配资源和力量得以有效组合的理想、价值观和信念，需要借助其表现形式才能把握。政府政策法规、民众习惯行为，以及资源与力量组合方式和组合效果等表现形式，共同构成了创新文化系统，并为环境变化和人的需要的变化所推动。[1]

党的十八大指出，建设社会主义文化强国，关键是增强全民族文化创造活力。为了增强创造活力，需要不断深化文化体制改革，最大限度地解放和发展文化生产力，发扬学术民主、艺术民主，为人民提供广阔的文化舞台，让一切文化创造源泉充分涌流，形成"百花齐放、百家争鸣"的局面，营造有利于文化创新的宽松环境。文化是奠基于悠久历史之上的北京城市之灵魂，要将北京打造为全国文化中心，需围绕文化进行设计。有学者指出，北京蕴含着四种文化资源潜力：源远流长的古都文化、丰富厚重的红色文化、特色鲜明的京味文化、蓬勃兴起的创新文化。[2] 如果说前三者更多体现的是北京文化传统所具有的历史传承一脉，那么创新文化则是北京融入现代世界、引领中国当代文化走向的重要文化品质。创新文化是北京现代文化建构的重要组成部分，也是北京将文化积淀转化为经济发展优势的重要文化因素。

2. 现代西方科技文化提供北京孕育创新文化的动力因子

北京创新文化根植于文化包容与文化引领的传统，以创新理念引领发展，以创新制度支撑发展，以创新环境保障发展，以创新成果促进发展，打造北京完备的创新生态系统。依托创新文化引领发展成为北京文化的重要内容与鲜明特征，在勇于创造、自强不息、锐意进取的创新氛围中，鼓励人才奋勇

---

[1] 王平聚、曾国屏：《创新文化系统分析的一个理论框架》，《自然辩证法研究》2015年第1期。
[2] 戴俊骋：《蓬勃开放的创新文化》，中国社会科学出版社2019年版，第1页。

开拓、宽容失败，在要素齐全、人才密集的创新优势的映衬下，在科技与人文深度结合的创新特色中，北京创新文化立足国内和当下，放眼世界与未来，以科技创新为引擎，以文化引领为先导，为北京经济文化的不断增长开拓新的境界。

在创新文化的引领下，北京市的发展取得了一系列成绩。以文化创新密集的文化产业为例，据2019年1月中国人民大学文化产业研究院发布的"中国省市文化产业发展指数（2018）"，北京蝉联第一。2018年北京的指数得分是2014年的近两倍，年均增速超过18%。2019年，我国人均国内生产总值（GDP）首次突破1万美元，GDP总规模达到99.1万亿元。2020年面对突如其来的新冠肺炎疫情，国内生产总值仍保持强劲势头，GDP突破100万亿元，达到101.6万亿元，综合国力和国际影响力稳步提升。[1] 自2020年年初起席卷全球的新冠疫情，为全球经济发展带来诸多不确定性因素。面临经济下行压力、不确定性增多的形势，北京凭借有利的地理与文化位置，文化产业形成了强大的辐射力和影响力，持续保持良好的发展势头。依托于首都的地域影响力，北京的文化产业在产品、服务、项目中包含了从北京市本地到国家层面的创新文化所做出的贡献。再以科研水平来看，北京的科研投入强度常年稳居全国首位，2018年的研究与试验发展经费投入强度达6.17%，是全国平均水平的2.8倍。北京万人发明专利拥有量111.2件，位居全国第一，是全国平均水平的近10倍。全国三分之一左右的创业投资额、技术合同成交额、国家科学技术奖项目同样在北京。[2] 2019年10月，由北京科技战略决策咨询中心、北京市科学技术研究院与联合国大学马斯特里赫特创新与技术经济社会研究所，共同发布的"北京全国科技创新中心指数2019"显示，北京的知识创新水平领跑全国。2018年北京在三大国际顶级学术期刊《科学》《自然》《细胞》发表的文章数量增长1.5倍，高被引论文数量年均增速达12.3%，在京单位主持完成的国家科学技术奖累计达372项，约占全国总量的三分之一。[3] 每年的国家科技成果一等奖和全国十大科技进展中，约一半来自北京。[4]

---

[1] 中国社会科学院经济研究所：《中国经济报告·2021：迈向现代化新征程》，中国社会科学出版社2021年版，第1—2页。
[2] 张航：《北京成为全球创新网络中坚力量》，《北京日报》2019年10月18日第23版。
[3] 张航：《北京成为全球创新网络中坚力量》，《北京日报》2019年10月18日第23版。
[4] 赵莹莹、王皓：《70年来五大变化彰显首都风范》，《北京日报》2019年9月20日第3版。

二　北京市发展创新文化的战略意义

中共十六届五中全会提出"建设创新型国家"的战略方针。随着创新能力在推动社会发展的重要性日益重要，社会发展的增长极转向依靠科技、知识、人力、文化、体制等创新要素驱动。改革开放以来，我国的经济建设取得了长足的进步，但文化建设滞后于经济建设，创新文化的发展较之世界上发达国家的进程也有一定程度的差距。这就对北京厚植创新文化土壤、服务社会经济发展提出了现实需求。

1. 培育创新文化是保持城市领先的必要驱动力

北京市在思想观念、发展模式、机制体制、对外开放、社会治理等各个层次的创新层出不穷。创新文化的培育是对优化城市结构、增强国际竞争力的必然要求。北京创新文化的机构组织保障领先全国。2019年，北京地区生产总值的结构中，新经济实现增加值的占比三分之一。其中高技术产业增加值6976亿元，十大高精尖产业实现营业收入3.25万亿元，医药健康产业实现收入1867.6亿元，人工智能产业规模达1500亿元。北京拥有北京大学、清华大学等近百所高校，分布着上千家科研院所。[1] 在京国家级科技创新平台超过300家，凤凰工程、子午工程等17个国家重大科技基础设施在京建设和运行，首都大科学装置数量为全国首位。[2] 北京有全国60%的人工智能人才，2.5万家国家级高新技术企业，创业投资金额和案例数都占全国的30%左右。2019年下半年的"独角兽"榜单中北京有82家企业入选，占全国"独角兽"的近一半。[3]

以创新文化为内核的文化产业是现代经济的支柱产业，北京市文化产业取得瞩目成绩。文化产业化和产业文化化，是当今经济和社会发展的重要趋势。文化产业是当代人类社会新的社会财富的创造形态。在世界范围内进行的经济结构的战略性调整中，文化产业的比重日益增大，文化产业已成为发达国家扩大对外贸易的主导型产业和国民经济与社会发展的支柱产业。积极

---

[1] 杨旗：《双轮驱动——激活创新之城新动能》，《北京日报》2019年10月15日第3版。
[2] 张航：《北京成为全球创新网络中坚力量》，《北京日报》2019年10月18日第23版。
[3] 董城、张景华：《彰显首都首善　展示大国自信》，《光明日报》2019年9月20日第4版。

采用新的科学技术成果，发展新的文化产业形态，已成为新的经济文化的增长点。信息产业和相关文化产业的结合，推动着全球的文化产业和其他产业的整合，不断形成新的产业亮点。发展文化产业已成为扩大就业的重要途径。有的人认为："文化投资即就业投资，因为投资与就业之间的最佳捷径就是文化。"在信息时代继续保持经济和社会的持续发展，发挥文化产业对保持经济和社会持续发展的重要作用，成为一些发达国家政府、商界和学术界普遍关注的问题。北京文化产业收入持续增加。2019年1—7月，全市规模以上文化产业实现收入6803.7亿元，同比增长9.3%。此外，北京的版权登记数量占全国四成，影片产量占全国近一半。① 文化产业的支柱性产业地位不断加强，北京市文化产业在"文化+"战略方针的指引下，踏上质量效益型的"变模式、改结构"之路②。

2. 培育创新文化为保障城市各领域的可持续发展提供重要的文化战略资源

当今国际、国内市场风云变幻，竞争日益表现为综合实力的竞争。综合实力不仅包括经济、科技、基础设施等方面的物质实力，即"硬"实力，同时还包括精神文化、社会管理、应变决策等方面的精神实力，即"软"实力。只有"硬"实力和"软"实力相互匹配、紧密结合，才能形成强大的综合实力。一个城市社会整体的文化发展状况和水平、人文文化、管理文化的发展及普及，直接关系到城市和企业的竞争能力。

21世纪是知识经济时代，知识已成为经济和社会发展的核心资源，它不仅包括科技知识，也包括一般文化知识。知识经济是高技术与高文化相结合的经济。当今时代具有竞争力的商品和服务，不仅具有高科技含量，也具有高文化含量。提高商品和服务的文化含量是创造高附加值的重要途径。积极采用新的科学技术成果。发展新的产业形态已成为新的经济文化增长点，高科技成果对经济产业的渗透和改造日益明显。经济产业的数字化趋势正在对工业产业的存在形态和发展趋势带来革命性变化。

创新的需求是助推现代经济市场发展的强大动力。在全面建设小康社会的过程中，人们对文化和精神上的追求越来越多、品位越来越高，人们

---

① 杨旗：《双轮驱动——激活创新之城新动能》，《北京日报》2019年10月15日第3版。
② 沈望舒：《北京文化产业发展报告》，载《中国文化产业发展报告（2020—2021）》，社会科学文献出版社2021年版，第269页。

对精神领域的追求创造着巨大的经济需求，形成了对生产和经济发展的强大刺激因素。物质需求的精神化趋势，深度发掘人的精神需求，从而扩大和开拓人的新的物质需求。在现代社会中，创新已成为扩大市场占有率，推动市场革新和开拓新市场的强大动力。"消费个性化""感性消费""舒适消费"等新的消费趋势无不与各领域创新紧密相关。拓展有益于人们身心健康的消费市场，不仅是培育新的经济增长点的途径，也是加强精神文明建设的重要途径。

3. 培育创新文化是建设创新型国家的内在需求

北京作为全国文化中心，通过推进创新文化的发展，以建设创新型城市为己任，对我国创新型国家的建设具有重大的示范带动效应。中共十六届五中全会确立"建设创新型国家"的战略方针。科技、知识、人力、文化、体制等创新要素驱动发展日益深入，思想观念、发展模式、机制体制、对外开放、社会治理等不同层次的创新相继产生。创新型城市建设作为国家创新发展战略的重要内容和建设基点，呈现出良好的发展态势。创新型城市建设成为我国新时期城市经济社会发展的重要目标。

"创新型城市是指主要依靠科技、知识、人力、文化、体制等创新要素驱动发展的城市。"① 创新型城市建设既离不开科技创新、管理创新、体制创新，更离不开文化创新。世界范围看，创新型城市中的城市创新类型具有多样性，既有美国堪萨斯、英国哈德斯费尔德、韩国大田等工业创新型城市，印度班加罗尔、美国硅谷、加拿大渥太华等科技创新型城市，也有美国纽约、德国柏林和日本东京等服务创新型城市，更有法国巴黎、英国伦敦、芬兰赫尔辛基等文化创新型城市。因此，城市发展历史、基础、定位不同，其创新驱动力、取向和重点会呈现出各自特点。文化创新作为创新型城市建设的重要内容，成为很多创新型城市建设的重要发展战略内容。在我国，作为新兴城市的深圳，呈现出从科技创新、制度创新向文化创新发展的综合创新趋势。

在我国，文化创新是新时期国家发展的重要战略。随着文化产业在国民经济中的比例日益增加，探索文化与科技、金融、旅游、创意、电商等深度融合的多种发展模式成为各地文化产业发展的重要表现。当前，城市发展从

---

① 李凤亮：《从"文化创新"到"创新文化"——创新型城市建设的一个视角》，《深圳大学学报》（人文社会科学版）2013 年第 30 卷第 4 期。

经济创新、管理优化走向文化创新,"以文化论输赢、以文明比高低、以精神定成败"的新发展理念悄然流行。

北京通过打造"创新文化",为创新型城市建设提供文化保障。创新型城市假设成为国家创新发展战略的重要内容、建设基点与实际抓手。北京市的创新型城市建设具有特色,为我国新时期经济社会发展提供了重要方向和智力动力。[①]"文化创新"是创新型城市建设不可或缺的重要内容,"创新文化"能够为创新型城市建设的持续推进提供不竭动力。创新型城市建设需要有效的"创新文化"。"创新文化"能够激发社会各阶层的创新活力,为经济、社会、科技、文化等领域的持续变革提供合适的思想土壤和文化氛围,进而在全社会形成良好的创新导向和创新风尚。从国内外的实践来看,这种创新文化,更易于在发展历史较短、文化包袱不重的新兴移民城市发展起来,在科技领域率先突破,并随着人员、技术、资本、产品等的流动,辐射和影响其他城市和领域。在我国,具有创新文化气质的不同城市具有各自的特征,但也具有共性。以仅有30多年历史的大型移民城市深圳为例,其科技发达,城市人员构成多元,在推动科技创新、文化创新、管理创新的同时,逐步形成了一种新型的"创新文化"。这种创新文化,倡导"敢闯敢试、敢为天下先",提倡"鼓励创新,宽容失败",坚持"海纳百川,多元包容"。

三 北京市厚植创新文化的现实需要

当下,我国正从全球治理的参与者变成建设者和贡献者。随着中美两国力量正在并将继续发生深刻变化,两国在新一轮科技革命和产业变革前沿领域竞争日益激烈。2015—2019年,中美经济总量比值从61%增长至67%,2020年达到近70.4%,两者差距持续缩小。总体上看,我国已经成为一个经济大国,基本特征是内需为主导、内部可循环。为了顺应我国作为全球第二大经济体、制造业第一大国的内在要求和战略抉择,构建以国内大循环为主体、国内国际双循环相互促进的新发展格局势在必行。[②]

[①] 李凤亮、宗祖盼:《跨界融合与文化创新》,社会科学文献出版社2019年版,第317页。
[②] 参见党的十九届五中全会审议通过的《中共中央关于制定国民经济和社会发展第十四个五年规划和二〇三五年远景目标的建议》。

（一）创新文化不足致使对外经贸存在较多技术依存

国家创新指数是反映国家综合创新能力的重要工具，自 2011 年以来，科技部所属的科学技术发展战略研究院的《国家创新指数报告》每年发布一次，从创新资源、知识创造、企业创新、创新绩效和创新环境五个方面构建了国家创新指数的指标体系，选取了 R&D（研究与试验发展）经费投入之和占全球总量 95% 以上的 40 个科技创新活动活跃的国家进行研究。2019 年 7 月发布的《国家技术创新报告 2018》[1] 显示，国家创新指数的世界排名、全社会的研发投入、企业的研发投入、研发人员数量、本国人的发明专利申请量和授权量、科学论文数量和科技进步贡献率，我国排名靠前。但是，我国的研发投入占 GDP 的比重、规模以上工业企业的研发投入占其销售收入的比重、研发人员占就业人员的比重、每一万人口拥有的发明专利量等指标比较低，科技进步对经济发展的贡献率排名靠后。

目前，北京文化产业仍存在总量低、精品少、基础资源有短板、枢纽环节有待建设等诸多问题。[2] 文化产业作为"战略型产业"长期处于"战略性短缺"的状况很长时间未得到根本解决，文化消费需求增长滞后于全国经济增长和相应的民生增进。以当下文化产业存在的问题，诸如通过改革激发文化创造活力最大限度地实现公民文化权利体现公共文化服务的均等与优质、创新文化产业发展模式进而构建现代文化产业体系、有效引导社会资源投入文化建设、推动中华文化走出去等一系列问题，都需要发挥创新文化在产业突破中的引领作用。

在改革开放的过程中，我国对外技术的引进存在着"引进—落后—再引进—再落后"的现象。一些理论研究证明，国际贸易会促使各国生产各自具有比较优势的产品，如果一国专业化生产某种学习速度低的初级商品，其技术进步率和经济增长率都将低于它处于自给自足时的情形。[3] 黎开颜、陈飞翔

---

[1] 中国科学技术发展战略研究院：《国家技术创新报告 2018》，中国科学技术出版社 2018 年版。
[2] 沈望舒：《北京文化产业发展报告》，载《中国文化产业发展报告（2020—2021）》，社会科学文献出版社 2021 年版。
[3] Lucas, R., "On the Mechanics of Economic Development", *Journal of Monetary Economics*, 1988, 22: 3-42.

通过借鉴 Arthur（1989）[①] 的配置模型，证明我国在开放进程中，技术水平的发展具有路径依赖性，技术密集型产业中存在技术锁定效应。研究发现，我国的技术依存度在20世纪90年代一直高居50%以上，1995—1998年还一度上升到70%；2000年以后，我国的技术依存度较前10年有了小幅的下降；但总体而言，1990—2006年，技术依存度的均值高于55%。[②] 这种技术依赖和技术锁定效应本质上源于我国的"比较优势陷阱"，即发展中国家如果长期实行比较优势战略，生产并出口依靠劳动力要素和资源投入的初级产品与劳动密集型产品，则在国际贸易中，要么只能获得低附加值的利益，要么对发达国家形成技术依赖，在生产和贸易中总是处于不利地位，和发达国家的收入差距和技术差距始终存在甚至有所扩大。

（二）创新文化滞后制约北京发展的技术自主创新能力

我国技术外部依赖较大，自主创新能力不强。以电子信息产业为例，我国芯片产业发展严重滞后。半导体芯片是所有电子产品整机的"心脏"，芯片产业是攸关国家信息安全和经济安全的战略性产业。但我国芯片产业发展缓慢，严重滞后。我国芯片市场大部分被发达国家的跨国公司所垄断。我国各行各业、各个领域所使用的电子产品，包括我国政务、金融、公安等领域广泛使用的各类电子产品，芯片只有10%是国产的，90%依赖进口。目前全球芯片市场的规模，每年约为3200亿美元，其中的54%出口到我国。我国每年进口芯片花费2000亿美元，芯片成为我国的第一大进口商品，超过石油的进口额。一个长时间依赖进口芯片的国家，在经济上只能处在世界产业链的低端；在政治上，无法保障国家的信息安全和经济安全。[③]

改革开放以来，中国经济主要依靠投资驱动和要素驱动，获得了突飞猛进的发展，取得一系列显著成效。但时至今日，投资驱动和要素驱动后继乏力，投资边际效益持续下降，土地、资源、环境的矛盾日益凸显。因此，转

[①] Arthur, W. B., "Competing Technologies, Increasing Returns, and Lock-In by Historical Events", *The Economic Journal*, 1989, 99 (394): 116 - 131.

[②] 黎开颜、陈飞翔：《深化开放中的锁定效应与技术依赖》，《数量经济技术经济研究》2008年第11期。

[③] 王昊：《以改革创新推动我国产业转型升级》，收于中共北京市委党校马克思主义理论研究中心《中国现代化经济体系建设理论与实践》，中国社会科学出版社2019年版，第76—77页。

变以"高投入、高消耗、高污染、低效益"为基本特征的投资驱动和要素驱动下的粗放式发展模式为创新驱动下的内涵式发展模式迫在眉睫。现代市场经济要求，经济发展的主要动力不是依靠高投入，而是依靠科技创新，技术创新成为经济增长的主要动力。[①] 2013年9月30日，习近平总书记在主持中共中央政治局第九次集体学习时也明确指出：从全球范围看，创新驱动是大势所趋。机会稍纵即逝，抓住了就是机遇，抓不住就是挑战。从国内看，创新驱动是形势所迫。我国经济总量已跃居世界第二位，同时我国人口、资源、环境压力越来越大。我们要推动新型工业化、信息化、城镇化、农业现代化同步发展，必须及早转入创新驱动发展轨道，把科技创新潜力更好释放出来，充分发挥科技进步和创新的作用。

四　北京市推进创新文化建设的战略举措

对于创新文化体系的建设，应着力构建以政府为主导、企业为主体、市场为导向、产学研相结合的具有北京城市特色的战略性创新文化体系。前文述及，创新文化包括观念创新文化、制度创新文化、环境创新文化，其中，观念创新文化属于内在的创新文化，制度创新文化与环境创新文化则属于外在的创新文化。以下分别从内在、外在两个纬度探讨创新文化的建设。

（一）观念创新文化维度

观念创新文化，也可称为主体创新文化，创新的主体必然落实到个人或组织（如企业）之上。内在创新文化涉及一个组织的创新主体的创新行为，直接决定着组织创新文化的内容和形式。内部创新文化所依托的内部环境，是影响创新主体能否获得创新成功的重要因素。内在创新文化维度可细分为创新模范、创新网络、创新价值观、创新准则。

创新模范是能够充分体现组织创新行为规范要求的人物形象，他们是组织成员创新的榜样。因为这些模范是组织所树立的组织创新的典型，深受成员的钦佩，是诱导成员积极进行创新活动的正强化因子，是组织创新文化的支撑。借助于体现组织创新文化精神与核心价值观的创新模范，直接向成员

---

① 马光远：《以创新驱动战略建立真正现代经济》，《经济参考报》2012年11月19日第1版。

宣传组织所提倡、弘扬的理念，这就使组织创新文化能够渗透于组织每个成员的思想行为之中。激励人的创造性。经济全球化和科学技术发展进程的提速，创新的规模和范围的扩展，从企业技术创新、集群创新、区域创新体系到国家创新体系，对创新环境的要求不断提升，创新文化建设的任务日益艰巨。人作为最活跃的因素，创造良好的文化氛围，尊重人的自由探索和首创精神，激励人通过创新努力实现个体价值；通过提倡团队合作，建立学习型组织，创造条件发挥科技人才的才能，发挥集体指挥和团队精神。

创新网络即组织内部非正式的信息沟通系统，是组织创新信息的载体及传递工具，对组织创新及行为起到促进和抑制作用。与经过精心设计，以权力、命令和授权为主要内容的正式沟通系统相比，创新网络具有自发形成、传递快速并带有明显情感色彩的特点。创新网络就像伸展于组织每个角落的一张网，处于这张网的关键部位节点上的那些人物（如高层管理者），对这张网的作用起到举足轻重的作用。"纲"上的人物对企业创新观念、创新事件、创新制度等的解释，对组织创新文化的形成产生重大影响，同时他们还对创新信息传递的速度、保证度等形成干扰。所以，组织的最高决策层应学习与成员一起"编织"创新网络以实现组织的创新目标。

创新价值观就是组织在生产经营管理过程中所倡导的创新观念，它向所有成员表明了一种共同的创新意识，也为成员日常的创新行为提供了指导方针。创新价值观是组织创新文化的核心和实质，创新价值观的形成和建立是组织在一定的创新环境下，通过创新制度的构造、创新准则的规范、创新网络的营建、创新模范的塑造等一系列活动而形成的组织对创新理念、创新内涵、创新行为、创新精神、创新目的和创新实现等的基本看法和取向。

创新准则是组织在其经营管理活动过程中逐渐形成的一系列有效推动成员不断创新的要求。创新准则规范了组织创新的主要方向、重要形式等，决定着组织创新文化的基本特色。创新准则只是从一般原则角度规范成员的创新行为，使组织的创新具有明确的创新方向。

（二）制度创新文化维度

创新文化体系具有制度属性。创新文化体系是关于科技进步与经济社会发展的体制，本质上是一种制度安排。创新需要不同行为主体之间进行分工协作，要求在科学研究、技术开发、产品生产与市场营销之间进行交流反馈。

创新体系是创新主体之间关于科技创新方面的相互关系与交流所形成的系统，在此系统中，彼此间的互动直接影响着企业的创新成效和整个经济体系。北京的创新文化体系需要北京市内不同行为主体之间围绕着科技知识流动形成一种相互作用的网络机制，各不同行为主体在相互作用网络机制中，为保护、支持、调控和发展新科技知识，进行各种技术的、商业的、法律的、社会的和财政的活动，从而促进经济和社会的发展。

北京的创新文化体系具有城市地域性。文化创新体系离不开政府产业政策与科技政策、教育与培训、资源禀赋、制度框架、历史文化和地理环境等城市具体因素的促生效应，是经过一定时期的历史积淀形成的，因而具有独特性和路径依赖性。这些特点及路径依赖将直接影响、制约着城市创新资源整合的方式，产生着城市创新资源整合中的特殊问题。正如美国哥伦比亚大学教授理查德·R.尼尔森主编的《国家（地区）创新体系：比较分析》一书，通过对十五个国家和地区经济体的创新体系进行分析比较，在总结了各个创新体系的相似性的同时，更强调了其差异性及其来源有所不同。[1] 因此，城市不同，创新文化体系的结构与特点也各不相同。针对北京城市所积淀下的历史文化资源与现代文化新貌，应以五个发展理念作为制度创新文化的基本着眼点：以创新发展，全面提升发展新动力；以协调发展，治理区域失衡，优化发展新格局；以绿色发展，构建人与自然和谐共处；以开放发展，开创合作共赢新局面；以共享发展，促进全社会共享发展成果。

（三）环境创新文化维度

创新环境为组织创新提供了现实环境，是外部社会、政治、经济、文化、科学技术及法律等因素状况。建设现代性创新文化体系，要充分考虑创新系统各个要素的作用，尊重市场规律和科技创新规律，围绕从基础理论研究到技术开发再到创新成果商业化的整个创新链条，加强研发基础设施建设，营造有利于创新的社会文化环境，制定鼓励创新的配套创新政策体系，建立起政府、市场、大学、科研机构、企业、消费者、金融机构、科技中介及服务机构协同发力的创新生态体系。在北京市创新体系构建方面，不能照搬别国

---

[1] ［美］理查德·R.尼尔森：《国家（地区）创新体系：比较分析》，曾国屏等译，知识产权出版社 2012 年版。

经验,应突出以政府为主导的中国特色,建立政府引导、市场主导的政策支持机制。①

现行的创新文化管理体制和运行机制无法完全适应经济文化事业的发展要求。通过制度建设甚至立法,让改革创新者获益,使改革创新者受尊重,这样的文化氛围有利于各个层面的创新变革,进而全面推进创新文化激励下的创新型城市不断发展。应根据创新文化建设的特点和规律,适应社会主义市场经济发展和城市化进程的要求,总结20年来文化市场发展的经验,借鉴国内和国际经验,积极推进文化体制改革。

1. 政府完善顶层设计的整体规划

对具有创新能力单位投入的增长不低于同年财政增长幅度,建立多渠道支持创新单位发展的多元资金投入体制,制定相应政策鼓励国有企业和民间的集体私人资金投入创新技术建设,创办各种创新基金会,积极开辟各种渠道吸纳国际基金和财团的资金,促进创新产业的发展。一个有活力的高科技园区想要发展起来,并不仅仅是企业和大学简单的人才和技术的更新,同时,各园区政府通过优惠政策、政府采购、研发投入等多种形式支持和促进科技园区的发展。美国政府向来都是硅谷最具有影响力的政策设计者。美国的创新发展历来遵循市场调节为主、政府干预为辅的体制,其政府部门、大学科研机构以及企业并不是处于领导与被领导的关系之下,而是一种相互补充、相辅相成的"官产学研"网络机制。1933年美国国会颁布了《购买美国产品法》,要求美国联邦政府采购美国产品,并明确原产地规则具体界定美国产品,扶持了美国中小企业的发展。相关资料显示,2012年美国政府给予各类中小企业10万美元以下的政府采购合同,通过价格优惠方式对中小企业分别给予6%、12%的优惠幅度,同时增加就业机会,保护特殊产业,实行对外限制等。与此同时,美国政府颁布了《中小企业技术创新法案》,利用研发抵税政策激励中小企业的研发创新,并实行宽松的人才引进机制,为吸纳国外优秀人才而实行H-1B签证计划;同时,完善硅谷的风险投资体系,设立中小企业局为中小企业提供信用贷款担保,利用信用担保、贴息等金融政策吸引投资者向高风险高回报的创新领域投资。另外,美国还有着完善的市场及法

---

① 中共北京市委党校马克思主义理论研究中心:《中国现代化经济体系建设理论与实践》,中国社会科学出版社2019年版。

律保护政策，强有力的反垄断政策为企业保持了公平的竞争环境和稳定的竞争秩序。在各类政策的支持下，硅谷的中小企业如雨后春笋般拔地而起并迅速成长。

2. 打造具有北京特色的金融经济平台体系

市场体系的完善程度与运行效率至关重要。要更多采用改革的办法，打通制约生产、分配、流通、消费良性循环的堵点，使各项改革有利于激发整体效应。要创新体制机制，完善我国社会主义制度，形成现代经济体制，着力构建市场机制有效、微观主体有活力、宏观调控有度的经济体制，通过"破除一切制约科技创新的思想障碍和制度藩篱"①，建立和完善促进科技和经济深度融合的创新文化体制机制，使科技和经济协同发展。构筑创新文化的核心是通过创新驱动机制实现经济高质量发展，把北京市建设成创新型城市。依靠创新，尤其通过科技创新，提高产品的质量和高科技附加值，通过提高全要素生产率促进经济的高质量发展。创新驱动发展的关键是创新，尤其是企业的创新，离开企业的创新，创新驱动发展就成了无源之水。北京市应在金融经济领域的创新文化的指引下，借助区块链、金融云、互联网信用风险控制、生物识别、数字货币建设等最新金融科技手段，支撑北京地区高端服务业的快速增长，加快北京市经济发展方式转变和产业结构升级，在京津冀区域乃至全国发挥创新发展的示范效应。金融发展应侧重于吸引高科技的市场化金融要素，大力打造债券市场、企业票据市场、区域股权交易市场等多层次资本市场体系，鼓励各项金融创新和金融科技新业态的入驻发展。要注意完善金融信用环境建设和金融人才制度，优化金融软环境，加强对新兴金融科技业态的监管，化解金融风险，使区域金融市场规范、有序、高效运行。要充分发挥出金融对经济社会发展的核心支撑作用。②

3. 实现文化与科技的融合应用

北京市创新文化的培育离不开文化与科技的有机融合。"任何一个技术创

---

① 2018年5月28日，习近平在中国科学院第十九次院士大会、中国工程院第十四次院士大会上的讲话。

② 中共北京市委党校马克思主义理论研究中心：《中国现代化经济体系建设理论与实践》，中国社会科学出版社2019年版。

新活跃、经济繁荣的时代，都需要重大的人文创新来导引，需要文化的繁荣。"① 在文化与科技的融合方面，为了打破部门条块分割、行业协同不足所导致的文化与科技发展的割裂，国家发布《国家文化科技创新工程纲要》，建立由科技部、中宣部、发改委、教育部、工业和信息化部、财政部、文化部、广电总局、新闻出版总署、国家文物局、中国科学院、中国工程院等部门参加的文化科技创新工程部际联席会议机制，建立专家咨询机制，通过创新组织方式推动文化与科技在广度、高度、深度、跨度上的全面整合。

2019年北京召开的"世园会"便是熔生态、文化、科技于一炉的典范。首先，"世园会"通过文化运作，宣扬生态理念。2019年4月29日至10月7日，AI类②的世界园艺博览会在北京市延庆区举办。共有86个国家、24个国际组织，以及国内外知名企业、协会等120多个非官方机构参展，创下历史参展方数量上的纪录。"世园会"应用了最新的设计理念和科学技术，让全世界都看到了中国举办大型博览会的专业化、国际化水平，反映了中国政府的智慧，体现了中国社会的发展进步，推动了国际社会的交流合作。③"世园会"科技体现了专用于生态与园林的特色，如自动化园艺设备、远程控制的设施、环境调控装置等。同时有现代科技支撑的便利措施，如高水平的5G通信网络，以5G为"中枢神经"将传统园林艺术展示为人、科技、自然与文化有机结合的智慧场景。游客可在5G展厅体验无人机、无人驾驶、8K高清视频、自动售卖等应用。园方结合游客习惯，研发出专门应用程序，向游客提供全方位的科技体验服务：通过"一部手机游世园"，获取吃、住、行、游、乐一条龙式的全程智慧导游。还有许多科技成果分布在展场，像卡塔尔园中有被大树托起的"空中花园"独特建筑，以及裸眼3D（三维）技术、动态全息等先进展窗所采撷的古今文明。"世园会"通过23万棵树木，8000多种中外园艺精品，820多种蔬菜、果树、中草药，向莅临现场的934万人次④游客展示了中华民族和谐融通的生态文化。

---

① 金吾伦：《新文化的内涵及其作用》，《光明日报》2004年3月16日。
② AI类世界园艺博览会是由国际园艺生产者协会（AIPH）批准，国际展览局（BIE）认可的级别最高、影响最大的园艺博览会，是政府间的国际活动。
③ 李瑶：《国际展览局称赞北京世园会树立新标杆》，《北京日报》2019年12月2日第1版。
④ 魏梦佳、胡璐：《北京世园会累计接待入园游客934万人次》，《光明日报》2019年10月9日第3版。

4. 强化专业人才的专业知识支撑

建立"以人为本"的创新文化，形成"尊重人才、鼓励创新、宽容失败"的创新文化。加强人才队伍建设，引进和培养相结合，兼收并蓄，广揽国内外人才，统筹国际国内创新人才资源，不断壮大人才队伍。协同发挥高校、企业、科研机构、产业集聚区等各方作用，大力培育技术创新人才和应用创新型人才；依托国家重大人才工程项目和高层次人才特殊支持计划，引进一批高水平研究型科学家和具备产业创新经验的高层次科技领军人才。建立互联网智库，形成具有政策研究能力和决策咨询能力的高端咨询人才队伍；鼓励技术创新人才投身形式多样的科普教育活动。创新人才使用机制，畅通高校、科研机构和企业间人才流动渠道，鼓励通过双向挂职、短期工作、项目合作等柔性流动方式加强人才互通共享；发展专业人才市场，建立人才数据库，完善面向全球的人才供需对接机制。

5. 实现政府、企业、大学的创新螺旋式上升

勒特·雷德斯道夫1997年构建了三螺旋模型的理论系统，用以分析政府、企业和大学（含科研机构）三者间在知识经济时代的互动关系。他认为政府、产业和大学在履行传统的政策协调职能、财富生产和知识创造外，还通过互动将知识转化为生产力，推动创新螺旋式上升，孕育了以知识为基础的创新型社会。这种交互作用表现为各自内部交流与变化、两两产生互动、三者的功能重叠形成混合型组织三种方式，以满足技术创新和知识传输的要求。政府、产业、学校根据市场要求相联结，构成三者相互影响的三螺旋理论系统。三螺旋理论不强调大学、企业和政府何者为中枢，而以三者"交叠"之处为核心，通过"反身互动"融合大学、产业和政府机构之间的制度安排。借鉴三螺旋理论，北京市创新文化体系的建构也应做好政府、企业、大学的定位，充分调动三者的积极性，发挥各自的优势，形成创新合力。发挥北京丰富的高校教育资源，拓展大学的研究和社会服务两大使命，制定促进大学科技成果转化的创新政策，加快大学科研成果产业化步伐，促进北京市创新能力的螺旋式提升。

五 结论

早在2006年的全国科技大会上，我国就提出到2020年建设成创新型国家的战略目标,党的十八大明确提出实施创新驱动发展战略。从创新型国家到创新驱动再到现代化创新文化体系,具有内在一致性。2016年5月19日颁布的《国家创新驱动发展战略纲要》提出了三步走战略:第一步,到2020年进入创新型国家行列,基本建成中国特色国家创新体系;第二步,到2030年跻身创新型国家前列;第三步,到2050年建成世界科技创新强国,成为世界主要科学中心和创新高地。为此,我们所建设的北京创新文化体系,需要体现新形势下中央制定的战略目标,为国家创新驱动发展提供充足的战略与实践支撑。

创新异常复杂和困难,是一个多方面、多维度、多层次的弃旧扬新过程,包括知识创新、技术创新、制度创新、管理创新、组织创新、商业模式创新、理论创新、文化创新等诸多维度。同时,科技创新又是一个从科学研究到应用基础研究再到研发成果的产业化和市场化的链式过程,经济学家约瑟夫·熊彼特认为,创新是创造性破坏,每一次大规模的创新都会淘汰旧的技术和生产体系,并建立起新的生产体系。企业创新离不开一个运行良好的高效率的国家创新体系。因此,要实施创新驱动发展战略、建设现代化经济体系和创新型国家,必须构建一个运行良好的现代化国家创新体系。在国家创新体系的支撑下,通过理论创新、制度创新、科技创新、文化创新、商业模式创新、管理创新等全方位、多层次、宽领域的创新来实现高质量的经济发展,夯实现代化经济体系的根基。

目前,世界各国普遍认识到创新对国家综合国力提升的巨大作用,推动创新文化的发展也成为国际综合国力竞争的焦点。美国强调对科技创新的支持是经济竞争力的关键,力图保持领先优势和对全球经济的领导地位;欧盟提出要建立创新型欧洲,探索欧洲复兴之路;日本、韩国出台"未来开拓战略"和科技发展长远规划。[①] 可以说,当今时代谁在科技创新方面占据了优势,谁就能在发展上掌握主动权。因此,建设创新型城市,必须抓住创新,尤其要抓住科技创新这个"牛鼻子",通过构建现代化创新文化体系,为现代化经济体系、科技体系建设打下牢固的动力基础。

对我国而言,创新是引领发展的第一动力,是畅通国内大循环、塑造我

---

① 韩保江:《多维度把握建设现代化经济体系的目标要求和现实路径》,《经济日报》2017年11月4日第4版。

国在国际大循环中主动地位的关键。"十四五"时期以及未来更长时期，我国经济社会发展比过去任何时候更需要通过培育创新文化提供社会经济发展的解决方案，需要增强创新这个第一动力。增强创新能力、培育创新文化环境是我国从大国走向强国的必然要求和关键所在。必须坚持创新在我国现代化建设全局中的核心地位，坚定不移实施创新驱动城市发展战略，推动科技创新在畅通循环中发挥关键作用，为推动经济高质量发展培育新动能、提升新势能、塑造新优势。要强化国家战略科技力量，将加强基础研究、注重原始创新摆在更加突出的位置，强化企业创新主体地位，加强科技创新和技术攻关，推动科技成果转化为现实生产力。通过北京市政府的顶层设计，使北京各大产业充分运用政治、文化、国际交往、科技创新的首都资源条件，实行"文化+"战略，融合科技、金融领域，提倡以质量效益为基础的模式，以具有北京城市特色的战略性创新文化体系助力北京创新型城市发展。

在历史教育中传承优秀传统文化的实践调研：以北京为例

李 凯*

摘 要 中华优秀传统文化是现代中国人的精神家园。历史学科作为人文教育的重镇，理应充分发挥其立德树人的作用。我们针对北京地区历史教育工作进行了调研，虽然老师们呈现出不少优秀的教育教学实践教育活动，但它们存在一些问题。讲不完、专业性强、学生不理解、老师阐释不正确、应试色彩与作秀痕迹多、学生不感兴趣，等等，都制约着历史教育功能的发挥。我们经过仔细的分析与论证，给出若干处理方案：历史学科中华优秀传统文化教育需要抓主要矛盾，历史教育工作者需要充分考虑学生的接受力和理解力，中华优秀传统文化教育要发挥历史学科特色，教师应充分发挥好启发式讲授的合理作用，历史教育工作者须树立历史教育的中国话语权。形成具有中国特色、中国风格、中国气派的历史教育话语权，推动马列主义普遍真理、中华优秀传统文化与中国历史教育实际有效地结合，是我们不懈努力的方向。

关键词 传统文化；历史学科；历史教育；中国话语权

党的十八大以来，党中央高度重视中华优秀传统文化的传承发展。习近平总书记在中共中央政治局第十三次集体学习时强调："要认真汲取中华优秀

---

* 北京师范大学历史学院副教授。

传统文化的思想精华和道德精髓，大力弘扬以爱国主义为核心的民族精神和以改革创新为核心的时代精神，深入挖掘和阐发中华优秀传统文化讲仁爱、重民本、守诚信、崇正义、尚和合、求大同的时代价值，使中华优秀传统文化成为涵养社会主义核心价值观的重要源泉。要处理好继承和创造性发展的关系，重点做好创造性转化和创新性发展。"2014年3月，教育部印发的《完善中华优秀传统文化教育指导纲要》，2017年1月中共中央办公厅、国务院办公厅印发的《关于实施中华优秀传统文化传承发展工程的意见》，这两份文件都要求中华优秀传统文化教育与学校课程建设进行深度结合，前者还对学校教育内容和方式提出了明确建议。各个高校、广大中小学的一线教育中，中华优秀传统文化教育正有声有色地开展起来。

习近平同志在致中国社会科学院中国历史研究院成立的贺信中指出："历史研究是一切社会科学的基础"，"历史是一面镜子，鉴古知今，学史明智"。"当代中国是历史中国的延续和发展。新时代坚持和发展中国特色社会主义，更加需要系统研究中国历史和文化，更加需要深刻把握人类发展历史规律，在对历史的深入思考中汲取智慧、走向未来"。随着党和国家的重视，学术研究的深入，北京教育文化资源的开发，以及新《历史课程标准》（《义务教育历史课程标准》2011年颁布，《普通高中历史课程标准》2018年颁布）、部编初中历史教科书（2016年颁布）与统编高中历史教科书（2019年颁布）的使用，中华优秀传统文化的分量越来越重，历史教育遇到了前所未有的大好时机。把历史学科与中华优秀传统文化教育相结合，使中学历史学科发挥立德树人的应有作用，是当代历史学者与教育工作者义不容辞的责任。

一线教学实践中，中华优秀传统文化教育与现代学科相融合，尤其是发挥统编教科书立德树人的优势，是最为行之有效的做法。编写统编历史教材是国家在党的十八大以后的重大任务。为落实习近平总书记有关教材建设的讲话精神，中共中央办公厅于2016年印发《关于加强和改进新形势下大中小学教材建设的意见》，对我国学校教材建设进行顶层设计，决定对中小学道德与法治（思想政治）、语文、历史三门教材实行统一编写、统一审查、统一使用。这明确了编写中学历史教材是国家事权，体现国家意志，事关党对教育工作的领导，事关中国特色社会主义事业兴旺发达、后继有人，事关党和国家长治久安、实现中华民族伟大复兴的中国梦，具有非常深刻的历史意义和战略意义。这将使国家未来各方面事业的接班人在基础教育阶段接受良好的历史教育，是一项神圣的事业。我校历史学科多名专家学者参与主编或编写《中外历史纲要》《国家制度与社会治理》《经济与社会生活》等统编高中教科书，如何把统编教科书精神好好地贯彻到基层，是当下需要解决的重大问题。习近平同志指出："一个民族、一个国家，必须知道自己是谁，是从哪里来的，要到哪里去。""无论哪一个国家、哪一个民族，如果不珍惜自己的思想文化，丢掉了思想文化这个灵魂，这个国家、这个民族是立不起来的。"（习近平总书记与北京大学师生座谈时的讲话）如何基于中华优秀传统文化形成国家和民族认同、构筑各民族共有精神家园、铸牢中华民族共同体意识，是历史教育的重大落足点；而落实统编历史教科书的教学任务，无疑是中华优秀传统文化教育的主阵地。

我们经过针对北京地区不少中学的调研发现，历史学科落实中华优秀传统文化，尤其是围绕统编历史教科书，虽然出现不少优秀的教育教学实践教育活动，但是存在一些问题。这些问题在很多学校都存在，制约着历史课堂传统文化的开展：

第一，教科书信息量非常大，但老师的课时与精力非常有限；尤其是在当下给学生减负的要求之下，如何能否保质保量完成教学任务，还不能增加额外的负担，是传统文化教育面临的第一难题。有老师指出，即便是初中，"初中历史课本每一册看起来是薄薄的一本书，其实涵盖的学习内容非常多，特别是对初一学生来说知识量很大"。"我觉得新教材内容太丰富了，把握不好该怎样给新生做到精讲，更困惑的是如何在每周两节历史课，课后不能留太多作业的有限的课堂教学时间内，做到兴趣培养和保证高分两者兼顾呢？""学生对古人类以及传说故事等特别感兴趣，上课总是有很多的问题，比如古人类生不生病呀？如果都去回答就会耽误上课，如果不回答又怕挫伤他们的积极性，所以一节课的内容很难完成。"而高中这样的问题更为严峻，高中"头一年，第一学期得从元谋人讲到当代中国，第二学期，得从外国古代说到当代，这么大的跨度的历史书我没见过，老师们课时量极其紧缺，历史老师要一周两节撑死了三节，一学期36课时或者54课时，一学年不过是70多课时，如果三学时也不过100多课时，老师们谈何容易"。"高中第二年每课都是一个专题领域，都是在赶进度，完不成教学任务是重大事故。"这样紧张的教学状态，制约了教学效果。

第二，传统文化的教学内容难度大，不少内容连老师也难以应对；学生的差异性大,有不少学生的理解力差,听不懂,跟不上,文史基础薄弱。"有孩子很多字不会写,经常用拼音,连考试都要用拼音代替。语文学得不好,也会影响历史的学习。""学生没有历史基础,讲史料很难进行,学生难理解,如果解释太多时间就不够,所以我认为还是以兴趣为主,古文的史料尽量少涉及。""学生在课堂学习中要兼顾多方面:读图,阅读史料(例如很多冷僻的字和地名读不懂材料),掌握学习方法、学科语言等所以每一课时推进的速度很慢。""有的学生一点就透,有的学生需要掰开了揉碎了漏一点都听不懂,差异性很大。""教材中出现的大量专业名词,不好解释,不要说学生,老师也搞不大清楚。比如早期国家的形成,社会治理,法律制度,户籍管理,医药卫生,人口迁移等,超出中学范围,我们上大学也没学过,需要专家指导。"

第三,教学受考试牵引,老师怕自己教的考试不考,考的又没教;难以站在学生的立场上,让传统文化喜闻乐见、入脑入心。有老师说:"中高考对阅读能力(表格,文本等)和阅读速度的要求特别大,当前学生缺乏阅读能力,阅读习惯不好,课堂上学生不会看书,读不进去,爱听你讲,一让看书就垂头搭脑了。形象生动的方法,学生喜欢,但真的很难应对中高考。""学生喜欢听古时候的故事,从故事里也颇受启发,从眼神和注意力角度能看出来,但最怕考试,爱听不等于记住,真正的记忆需要反复练习。"于是教研员与一线教师们习惯于从应考的角度出发,探讨历史学科教学的策略,而从中学生角度的探索少:比如哪些形式学生喜闻乐见,哪些内容学生感兴趣,等等。历史学科中华优秀传统文化教育往往停留在死记硬背的层次,老师未能深入诠释中华优秀传统文化的合理性;呈现的内容也较为枯燥,未能以生动、具体、有过程的历史情境吸引学生;历史教育围绕考试开展,难以调动学生的兴趣、探究性和内驱力,文化育人的过程性容易被忽视。往往老师们完成教学任务都不容易,围绕传统文化开展综合实践课或者探究活动课更难。这大不利于中华优秀传统文化教育的开展。

第四,在当下历史教学中,虽然中华优秀传统文化的内容分量增多,但许多内容的阐释并不正确。不少问题没有跳出西方中心论,不少人仍是以他人之长量自己之短,把中国古代文化制度等同于封建枷锁,认识不到中国古代文化制度与中国特色社会主义道路的关系,不能有效地涵育学生的文化自信。习近平总书记在武夷山九曲溪畔的朱熹园考察期间指出:"如果没有中华五千年文明,哪里有什么中国特色?如果不是中国特色,哪有我们今天这么成功的中国特色社会主义道路?"习总书记的指示,精当地揭示出反映出历史与现实之间的连续性。但是很多内容我们的阐释工作并不到位,没有让历史活起来。

第五,历史学科开展优秀传统文化教育停留在形式上,作秀痕迹较重,导致学生不感兴趣。很多活动不过是穿袍戴帽贴标签、做给人看,并没有把中央精神与中华优秀传统文化的思想贯彻落实。习近平总书记2014年2月24日在中共中央政治局第十三次集体学习时的讲话中指出:"中华文化源远流长,积淀着中华民族最深层的精神追求,代表着中华民族独特的精神标识,为中华民族生生不息、发展壮大提供了丰厚滋养。"精神追求、精神标识和丰富滋养,绝不是贴标签喊口号可以完成,也不是几个活动就可以立竿见影。这些问题不解决,历史学科落实中华优秀传统文化教育的工作就不会到位。

以上的问题比较复杂,其中有的是知识结构问题,比如陈旧的知识结构不能应对今天的教学状态,一堆学术内容讲不清楚,需要补课。有的是教法实施问题,比如拘泥于老套路,抓不住重点,句句当作重点。有的是理解偏差,不能把握中华优秀传统文化的价值,被动完成教学任务,不能发挥历史学科课程思政的作用,流于形式主义;比如把考试和日常教学对立化,不能以考促学,落实国家精神,难以实现国家要求的教学评一体化。还有的是价值观偏差,没有有效落实党中央精神,没有依据统编教科书树立中华民族的历史文化认同,陷入西方中心论甚至流于历史唯心主义、历史虚无主义,难以生成文化自信与文化自觉,更没有中国历史教育的学术话语权,以及中国气派。为解决在历史学科中面临的中华优秀传统文化教育的若干问题,本课题进行了澄清、阐释与建议。

第一,如何利用统编历史教科书的历史信息,更好地在中学实践中推行中华优秀传统文化教育。从通史的角度、专题史的角度还是综合实践课程的角度?比如2003年实验版《普通高中历史课程标准》与教科书全面推行了必修三册与选修六册专题模块的教学,2018年《普通高中历史课程标准》变专题模块为必修通史学习、选择性必修专题模块学习,这样的形式如何有利于中华优秀传统文化的教育的开展?我们如何能够抓大放小,教科书中哪些问题需要精讲,哪些问题需要梳理以及阐释?又如何利用祖国文化遗产形成学生的文化素养?

第二，哪些内容在历史教学实践中老师们讲不清楚，学生存在疑惑。比如中国古代经济史，不管是农业、手工业还是商业，距离现代社会都较远，学生和教师都存在知识盲区。中国古代思想史博大精深，不管是孔孟思想还是宋明理学，它们年代久远，哪一部分都是无底洞，如果轻描淡写，学生能否明白？如果展开，到哪个分寸算是理想？再如中国古代科技史，专业性非常强，古代天文、数学、中医药、农学任何一部分都很晦涩，怎么能以绘声绘色的方式开展，在突出中国传统科技的学术特点的同时，让学生喜闻乐见？

第三，中学生对哪些问题的理解存在价值偏差。在思想多元的当下，中学生能否正确地认识中华优秀传统文化的特色，并对中国文化公允地作出评价，他们的理解能否符合唯物主义历史观与党中央立德树人的精神，是本课题研究的另一重点。往往中学生对中华优秀传统文化存在种种价值偏差：（1）西方中心论。以西方现代社会为唯一标尺，权衡人类一切文明成果，以他人之长量自己之短，这样导致的结论是，中国古代制度是低等的、中国古代政治是专制与人治、中国古代经济是落后封闭的、中国古代文化是保守愚昧的，中国古代的典籍处处打着封建烙印、不值一学。他们颠倒是非，歪曲真相，对中国的历史缺乏应有的敬意，以为一无是处，形成了严重的文化自卑心理，倒向历史虚无。（2）历史相对主义。借口历史认知存在相对性，随意歪曲历史，抹杀历史学科中既有的真理性，陷入了相对主义。比如光辉灿烂的中国古代科技文化成就，因为与西方现代科技的路数不吻合，于是在有的人眼中被认为是中国古人的吹嘘与捏造。这完全无视中国文化的特性。（3）文化自负。中国古代的制度文化完美无瑕，用不着批评与发展；它不仅在古代是金科玉律，也是挽救现代社会弊病的不二法门，甚至愚忠愚孝、鬼神迷信都是好的。这样的看法，无视事物的特殊历史背景以及古代文化制度的局限，不仅背离了马克思主义唯物史观，也背离了中国古代制度文化的实际。这些错误的观点在中学教育中不是个案，需要进行深入研究，总结教训。只有在马克思主义唯物史观的基础上，以事实说话、以理服人，才能有效地破除种种偏见，从而对中学生进行积极的引导。

第四，中华优秀传统文化体大思精，如何针对中学生发挥历史学科的长项，也是需要仔细研究的话题。在语言、文学、艺术等学科中，经典诵读、书法、绘画、舞蹈等教育实践有声有色，历史学科与之相比，就未免冷清。许多老师不能发挥历史学科特色，历史老师讲上了文学、哲学、艺术，历史课程有和其他学科同质化的问题，同是讲孔子，何以区分历史和语文的讲法？同是讲王羲之顾恺之，何以区分历史与美术书法的讲法？历史是讲史实的学科，呈现"人事有代谢，往来成古今"的过程，在从无到有、从小到大、盛极而衰的过程中人们能获得智慧，是历史学科的特色。如何以生动、具体、有过程的历史现象，激发中学生的学习热情、深化学生的历史思维、运用历史知识解决问题，发挥其他学科不可取代的作用，是本课题着重探讨的话题。本课题针对中学生突出历史学科特色，在历史环境中探索中华优秀传统文化的合理性问题（以现代中国需求作为出发点，突出优秀的文化内容，批判地继承，去粗取精，去伪存真）、历史性问题（突出历史学科特征，中华优秀传统文化是在一定历史背景中发生作用的）、生动性问题（生动的、具体的、有过程的历史信息才是有教育意义的，它们也是中华优秀传统文化教育的立足点）、永恒性问题（中华优秀传统文化跨越时空，在当下也发挥巨大意义），总结规律（即司马迁所说"通古今之变"）。这样能够形成中学生乐于接受的、符合国家立德树人要求以及历史学科特征的实践策略。

北京是中国教育文化的首善之区，广大教育工作者对中华优秀传统文化教育一贯重视；北京东城、西城、海淀、朝阳、丰台等区，历史学科教学名师经验丰富，教学成果蔚为大观，教科研水平在全国领先。我们利用北京地区的有利条件，由高校课程与教学论教师召集团队，囊括中国古代史专家以及教师进修学校、教研中心的教研员，调动一系列教育教学资源。这是本课题深入开展与顺利完成的基本前提。在历史统编新教科书的教学实践，以及中华优秀传统文化教育的调研中，我们围绕历史学科传统文化教育的若干问题，进行了一定的理论分析，提出一些可操作性的解决方案。

第一，历史学科中华优秀传统文化教育需要抓住工作的主要矛盾。没有一门学科像历史学这样需要如此依赖知识，而把年代久远的中国古代历史文化讲清楚、起到教育作用，也必须用相当量的史实进行诠释，但没有必要句句是重点。历史老师一般来说受考试的牵引，不是不会讲，而是爱把教科书上每一句话都展开来讲，怕考试考到而自己没讲到。为了学生记得住、会考试，老师们费很大力气去找论文和学术著作，并不辞辛劳地澄清教材上每个内容，可谓事无巨细。我们见过，不少老师完不成教学任务，甚至到下课才完成一小部分。从北京地区的一线教学实践看，赶课时成了最关键的任务，学生听得也是晕头转向，谈不到理性思考，也很难产生教育效果。这样的做法，是把考试教条化，不仅疲于奔命，而且不分主次一把抓在新形势下也难以应考。我们主张删繁就简，挑选主要矛盾讲，是完成教学任务的重要方式，这一观点有较大合理性。从教法来说，不遗余力地展开每一个问题是不可取的，因为把所有内容都当作重点，就意味着没有重点。有无相生、难易相成，只有删繁就简有所侧重，才能真正意义上突出重点。但如果删繁就简的结果，是若干散乱的知识块，或者与这一课的主题不吻合，即便能够完成教学任务，课堂效果也不会好。因为如元谋人、北京人、半坡遗址、良渚遗址这样的内容，呈现出的不是历史，而是历史概念。如果简单随意地分解知识，不仅课堂是碎片化的，而且学生脑海中并没有形成知识框架。因此教学的最佳策略是，既要遴选重点内容，更要把重点内容串联起来，从而使学生头脑中拥有思维观念，这就是抓大概念、抓主要矛盾的做法。《普通高中历史课程标准（2017年版）》（以下简称《课标》）指出："重视以学科大概念为核心，使课程内容结构化，以主题为引领，使课程内容情境化，促进学科核心素养的落实。"这里的大概念，也是对教学内容进行删繁就简的过程。我们认为它具备若干特征：一是它以主干历史现象为载体，能容纳细碎知识；二是它囊括了种种观点与宏观认识；三是它呈现出人们建构知识的过程，人们的理解可能千差万别。大概念应包含两方面的内容：一为知识层面，它属于重要的、典型的、有历史感的知识，能够囊括一系列细碎知识点；二为非知识层面，它属于一种主线、观点、道理与价值观，能够串联起貌似琐碎的若干重点知识。换言之，《课标》提倡大概念教学的一个重要初衷就是给教学做减法，这对历史学科传统文化教育格外重要。以白寿彝先生为代表的老一辈历史教育家主张政治史是整个历史教育的主干，同样抓住了主要矛盾。

第二，历史教育工作者需要充分考虑学生的接受力和理解力。教科书出于编纂的需要，以及国家和社会的要求，不得不罗列知识点并采用大量概括性语言，从而提供宏大叙事。但相当的内容并不是一定要讲，许多内容从常理来讲也不一定是考查重点，或者就难以出题考查。这样围绕《课标》要求、课堂主题以及教学实际需求淡化枝权，既是当下迫切需要解决的问题，也是一张一弛的教育智慧。首先，非历史学科的、过于精专的细碎知识点，诸如科技、美术等内容，除了社会背景等历史性内容之外，不建议着力讲授，因为它们超出了历史学的知识结构。其次，尽可能通过具象的历史情境表达历史信息，老师不必花大力气空讲理论和概念。再次，教科书在撰写过程中，为避免堆砌非历史学科术语，以及减少流水账叙述，不得不使用相当篇幅的概括性文字。这些内容如果很难渗透历史学科素养的话，也不建议展开。老师应该改变一口吃成胖子的急于求成心理，不能把三年乃至一生的学习任务，放置在一年、一学期乃至一节课。尤其是学生的差异性很大，面对文史基础薄弱的学生一刀切，效果就非常不好。就此而言，老师讲授统编教科书的中国古代历史文化内容，不是故作深刻，而是把学生引领到一个中华文明的大博物馆，同学们泛观博览已然目不暇接，如能对史学方法掌握一二更是难能可贵。我们不能忽视，初中只是扫盲式的常识介绍，不应该忘记学生只是涉世未深的初中生；高中教学也不过是在初中基础上的深化，高一一年课堂之上的学习只是高中历史学习的一小部分，高一课堂之下、高二乃至高三两年的时间仍旧是建构历史知识体系并涵育素养的关键时期。课上讲不完的内容，也可以布置学生课下自己阅读教科书完成，更可以用纪录片、录像、讲座片段等资源弥补课堂教学细节的不足。这样一节课的信息量也能减轻，腾出精力围绕中华优秀传统文化的主要内容设置探究问题。

第三，中华优秀传统文化教育要发挥历史学科特色，学生要在耳濡目染中形成历史感。我们在北京地区看到这样的现象：老师想调动学生的积极性，殚精竭虑把课上用的材料印成卷子，带领学生逐条研读，但一堂课下来呼应老师的学生屈指可数，不少人心不在焉；即便是参与研读，不知所云的也大有人在。更有学生抱怨历史课枯燥乏味，本能排斥。学生对历史课尤其是年代久远的中国古代历史文化的热情不高、参与度不大，历史教育工作难以落实。究其原因，除了学生的阅读力、理解力，老师讲授的方式也不容忽视。如果老师脱离了历史感，就大大降低了教学活动的魅力。我们说，建立历史感应让学生融入历史环境中，体会到"人事有代谢，往来成古今"的穿梭、变迁之感。拥有历史感的好材料应包括以下几个特征：（一）材料应以史料为主，有力地反映当时的社会面貌，具备充分的可信度。（二）材料是过程性的"史"，能够反映特定场景中历史的变迁，而不是静态的"论"。（三）材料须具有一定的吸引力，呈现方式应该多样化，能够较容易地把学生代入到历史场景中。（四）材料应运用学生已有的历史知识与生活经验进行有效解读。（五）材料不应当贴标签，可有可无。在教学中，不管是老师呈现材料、口述材料还是师生探究材料，都不该违背历史感。如果教学材料能够传达清晰的历史感，历史课的气氛应是另外一个样子。就此而言，历史学科学习中华优秀传统文化有自身的路径，历史老师不应该跑到其他学科越俎代庖。

第四，历史学科中华优秀传统文化教育应重视古老的启发式讲授。启发式讲授把启发和讲授结合起来，讲授是启发的铺垫与引领，启发是讲授的补充与延伸，兼顾老师的主导作用和学生的主体性。它不仅在人类教育史上地位突出，而且在当代历史教学中也作用巨大，绝不应该被人们污名化，或将之等同于填鸭式灌输。我们必须从实际出发，尊重历史学科规律与教学规律，不能跟风，把偶然现象当作必然规律，把小概率事件当成大概率事件，把某地区某时间段出现的某个特殊教育现象放之四海而皆准。我们不能机械理解发挥学生的主体性，更不能搞形式主义。一方面，学生的思想飞跃可能是无声无形的，我们不能把学生的主体性庸俗化理解，等同于瞎折腾与无导向教育，把历史教育带入死胡同；另一方面，学生主体性的发挥并不简单，与老师的启发式讲授相得益彰。即便是西方高校，以讲授为主的大课与以探究为主的小班研讨课并存，是常态；我们不能看到后者的热闹就否认前者的价值。中国古代历史文化的教育效果，很大程度上不在于外在的花拳绣腿，而在于思想性的内功；试图通过某种程式或套路提高历史教学水准，基本上是徒劳无功。

第五，中华优秀传统文化教育与历史教育，植根于几千年的中华文明，本该拥有自己的一套话语系统。但至今这一系统尚未有效建立，相当程度上受西方话语的影响。21世纪以来历史教育改革很大程度上热衷于外来的理论，虽产生了种种合理的教育实践，但也出现不少问题。框架宏大晦涩、理论应用错位、学生缺乏兴趣、实践虎头蛇尾、概念叠床架屋、常规教学被排斥甚至历史虚无主义泛滥等反常状态，超乎了借鉴的"度"，不仅违反了历史学科规律，也大不利于立德树人工作的落实。习近平总书记指出，绵延几千年的中华文化，是中国特色哲学社会科学成长发展的深厚基础。我国的历史教育应当拥有自己的话语体系，相当层面我们应当淡化乃至跳出洋理论的窠臼。我国几千年历史教育实践，提供了中国特色历史教育的话语土壤。"记功司过"的伦理教化功能、"寓论断于叙事"的表达方式、起承转合完备的历史教学技能、"无征不信"的治学原则、古代史家强调的"史识""经世致用"的使命感，以及探研究诘的问题意识等史学遗产，是我们当代历史教育的宝贵源泉。中国古圣先贤的历史教育理论与经验、近现代一大批马列史家的研究成果与教育思想，以及广大优秀教师的实践，为我们提供了解决问题的思考纬度。构建体现中国特色、中国风格、中国气派的历史教育话语体系，推动马列主义普遍真理、中华优秀传统文化与中国历史教育实际有效地结合，是我们不懈努力的方向。我们认为，历史现象带有复杂性，中国古代的事物与现代西方的概念不能牵强地捏合，只有实事求是地辨析概念，针对中学生的特点理清思路，才能有效地突破西方中心论、客观地认识中华优秀传统文化的面貌，发挥其优势。

中华优秀传统文化是本土的，而历史学是现代学科，如何把两者结合，在理论上自圆其说，在教学实践上行之有效，这是研究难点之一。我们的思路在于两点：一方面，中华优秀传统文化教育与历史学科本身不相矛盾，对一切文化现象我们不应该采取绝对拿来主义的态度，应取其精华，去其糟粕。另一方面，学术内容与学生的接受力应协调，否则起不到应有的作用。促进马克思主义普遍真理和中华优秀传统文化的融合，是解决这一难题的关键。